LO SPAZIO LETTERARIO

STORIA E GEOGRAFIA DELLA LETTERATURA ITALIANA

1 dalle Origini all'Umanesimo
2 dal Rinascimento all'Illuminismo
3 dal Neoclassicismo al Decadentismo
4 il Novecento
5 principi e strumenti

PIETRO GIBELLINI GIANNI OLIVA GIOVANNI TESIO

LO SPAZIO LETTERARIO

STORIA E GEOGRAFIA DELLA LETTERATURA ITALIANA

4

il Novecento

EDITRICE LA SCUOLA

IN COPERTINA: *Amici al caffè,* 1930 (ritrae molti collaboratori della "Ronda"). Dipinto di A. Bartoli, Roma, Galleria Nazionale d'Arte Moderna (Fototeca Storica Nazionale).

Ristampe

3 4 5 6 1995 1994 1993 1992

OFFICINE GRAFICHE «LA SCUOLA» - BRESCIA

ISBN 88 - 350 - **8391** - 5

PRIMO NOVECENTO

DALLA BELLE ÉPOQUE ALLA GRANDE GUERRA

Alla pagina precedente: Antonio Sant'Elia, «Centrale elettrica», 1914. Milano, Collezione Accetti.

PRIMO NOVECENTO
CONTESTO

PER UNA DEFINIZIONE DEL NOVECENTO

Una definizione semplicemente cronologica. Mentre nelle sezioni precedenti di questo libro abbiamo definito le varie epoche con delle categorie culturali (Umanesimo, Rinascimento e così via fino a Decadentismo, con la sola eccezione del Tardo Medio Evo, per il quale abbiamo usato una categoria piuttosto storica che culturale), il XX secolo viene qui definito semplicemente coi suoi estremi cronologici: Novecento.

Fra le definizioni più frequentemente avanzate, ricorrono termini come «crisi», «malessere», «perdita della totalità», cioè di un mondo certo di valori. Questi concetti insistono sullo smarrimento spirituale o sulla «crisi d'identità» seguiti a una rapida trasformazione del modo di vita, dei ruoli sociali, degli abiti mentali. A ben pensarci, il mondo è cambiato negli ultimi cento anni più che nei venti secoli precedenti.

Tre fasi. Le due guerre mondiali sono punti-svolte di un colossale rivolgimento. Le assumiamo quindi per distinguere tre fasi del secolo: un primo, un secondo e un terzo Novecento.

La «grande guerra» (1914-18), segna la fine del vecchio mondo liberale e aristocratico col crollo degli Imperi e la nascita del primo Stato comunista. L'intervallo fra le due guerre vede l'ascesa degli Stati totalitari che conduce alla seconda guerra mondiale (1939-45), conclusa con l'Europa in macerie e l'apocalittico fungo atomico di Hiroshima; mentre il Terzo Mondo, finalmente decolonizzato, non riesce a liberarsi dalla miseria e dalla guerra, le due superpotenze, nel reciproco timore distruttivo (pax atomica), alternano momenti di guerra «fredda» o indiretta con un dialogo di pace, avviato anche dal crollo delle ideologie nelle plaghe cruente del Vietnam e dell'Afghanistan, dove si lacerano le bandiere del dogmatismo manicheo di chi vedeva tutta la ragione o tutto il torto nell'Oriente socialista o nell'Occidente liberale.

Grande è pure il rivolgimento sociale ed economico: si pensi ai processi rivoluzionari innescati dal conflitto fra socialismo e capitalismo, che da tensioni interne (alimento alle due guerre mondiali) vengono a proiettarsi sul piano internazionale come lotte fra schieramenti, nel persistente divario fra paesi ricchi e paesi poveri. Il cambiamento della vita è radicale, in rapporto alla frenetica evoluzione tecnologica, che porta in pochi decenni dal cavallo all'automobile, dall'inchiostro al computer. Lo sviluppo dei mezzi di comunicazione sociale (i giornali, la radio, il cinema, la tv) trasforma il pianeta in un «villaggio elettronico», per dirla con MacLuhan, con grandi vantaggi ma con impatti rischiosi, come l'appiattimento mentale degli individui. L'energia atomica, col suo ambiguo volto di servizio e distruzione, simboleggia l'inquietudine dell'uomo novecentesco, quasi «apprendista stregone».

Nuovi problemi della cultura. Insieme al vertiginoso mutare della storia cambiano anche le coordinate culturali: si pensi alla teoria della relatività di Einstein, allo sviluppo di scienze nuove, come la psicologia o la sociologia, che mentre trovano applicazioni pratiche vengono poste in crisi da altre discipline: come gli scienziati smontano l'atomo, così la psicanalisi smonta il concetto di «io». La psicanalisi problematizza la psicologia, così come l'antropologia, col suo fondo strutturale e sincronico, tende a ridimensionare lo storicismo sociologico. La filosofia assiste a un intrecciarsi di scuole e vede succedere all'idealismo e allo storicismo (idealista o marxista) nuove ricerche che muovono da una *tabula rasa* gnoseologica o comunque da uno stato di crisi (esistenzialismo, fenomenologia). La stessa filosofia, a disagio come disciplina autosufficiente, tende ad appoggiarsi, come riflessione, ad altre «scienze umane» (antropologia, psicologia, sociologia, linguistica). Verso la religione cadono molte posizioni di «partito preso» (pro o contro): mentre dentro la Chiesa si confrontano tradizione e innovazione, la ricerca tende a rimpiazzare la certezza, e anche nei laici il tema del «silenzio di Dio» assume un ruolo centrale e sollecitante.

Gli scrittori fra impegno ed evasione. Disagio, malessere, crisi, sono parole-chiave che troviamo nella grande letteratura europea, che dà l'accorato affresco o fa la spietata critica del crepuscolo della grande società borghese: l'analisi di Mann, la memoria di Proust, l'assurdo di Kafka, la deformazione linguistica di Joyce ne sono i momenti forti.

Ma anche nelle poetiche delle arti, crisi e ricerca del nuovo sono termini-chiave: l'avanguardia pittorica, dal futurismo al surrealismo, dalla pop-art all'informale, sostituisce all'idea del «bello» (specchio di un mondo sentito come «totalità») la ricerca del «nuovo», il rispecchiamento del «brutto», la sperimentazione o la estrema razionalità (si pensi all'astrattismo pittorico, all'architettura funzionale). Segno principe del disagio conoscitivo si ha nel romanzo. È stato detto, giustamente, che fino a Balzac i personaggi dei romanzi cercano il loro posto nel mondo; nel grande romanzo novecentesco i personaggi cercano (e spesso invano) di trovare un posto al mondo nella loro testa.

Gli intellettuali fra impegno ed evasione. Di fronte alla crisi, la risposta degli intellettuali oscilla variamente fra impegno ed evasione. L'amara impotenza o la complicità di fronte alle guerre o al dispotismo hanno fatto parlare per gli intellettuali di un «tradimento dei chierici» (Julien Benda). Si spiega così che, nei tre periodi novecenteschi, acquistino ciclicamente rilievo le posizioni di «dissenso» degli intellettuali nei confronti del potere politico o economico. Al confino, nel *Lager* o nel *gulag*, si finisce anche in quanto scrittori. Gli intellettuali devono assumere spesso una posizione di «apocalittici» o di «integrati» (per usare una formula assai nota). Sono fra Scilla e Cariddi. Possono slittare dalla protesta alla strumentalizzazione politica (abbracciando una forma di potere) oppure farsi «cattivi maestri» di una rabbia distruttiva (terrorismo) o autodistruttiva (suicidio, droga). Possono d'altro canto deviare la difesa dell'autonomia letteraria in disimpegno o riflusso, mancando a una missione che anche i documenti ecclesiali (dalla *Populorum progressio* alla *Sollicitudo rei socialis*) richiamano. E per sfuggire al vecchio ruolo di mosca cocchiera (di un regime o di un partito) possono farsi servi delle nuove sirene, del danaro e dei mass media.

Periodizzazione e geografia novecentesca. L'enorme sviluppo dei mezzi di comunicazione spiega come nel Novecento la geografia letteraria assuma un respiro mondiale. La cultura diventa rapido scambio di idee e modelli. Questo, nel primo Novecento (dalla *belle époque*

Un celebre ritrovo di intellettuali nella Firenze del primo Novecento: il Caffè delle Giubbe Rosse (Fotot. Stor. Naz.).

alla grande guerra, 1900-1918), dà ragione del ruolo traente delle riviste. Si guarda all'estero, soprattutto quando nel secondo Novecento (fra le due guerre, 1919-1939) il chiuso regime fascista ostacola l'immissione di idee e di libri stranieri. Ed è impensabile, nel terzo Novecento (dal dopoguerra ad oggi), una comprensione della nostra letteratura che prescinda dalla larga e immediata circolazione delle opere straniere.

Ma non è significativo che due interpreti esemplari della moderna crisi, Pirandello e Svevo, si siano formati in quella Mitteleuropa cui ancora apparteneva, del resto, quel crogiolo di culture che fu Trieste? Il terzo, Federigo Tozzi, sapeva trovare nella provincia i succhi di una autenticità di misura europea. E proprio la fedeltà alle radici provinciali, fuor d'ogni angusto provincialismo, poteva alimentare i polmoni d'un Gadda a un respiro senza frontiere. (Anche se la difficoltà linguistica può rendere più ardua la comprensione dei suoi libri fuori d'Italia rispetto a scrittori maggiormente «traducibili», come Moravia, Calvino, Sciascia).

Ma se la circolazione dei libri attenua le distanze, non è del tutto incolore, nello spazio e nel tempo, la mappa d'Italia. Basterebbe vedere come Firenze rappresenti, prima e dopo la grande guerra, un centro di singolare attrazione per molti scrittori, in virtù di un suo resistente primato linguistico-letterario. Quando, nel secondo dopoguerra, si afferma un'idea più globale e attiva della cultura, ecco che la forza d'attrazione è esercitata soprattutto dai grandi centri dell'editoria e del giornalismo, specialmente Milano, mentre verso Roma avviene un'immigrazione di autori attirati dai richiami del cinema e della televisione, oltre che dalle lusinghe del potere politico. Così, se il siciliano Vittorini e il ligure Montale migrano da Firenze a Milano, ecco per converso che il lombardo Gadda passa da Firenze a Roma, come il padano-friulano Pasolini, l'abruzzese Flaiano e tanti altri. E nell'età del video in diretta e della telematica, una certa geografia intellettuale — nei salotti o nelle redazioni — sembra ancora tracciabile in questa Italia una e molteplice.

L'ITALIA NEL PRIMO NOVECENTO

Cultura e società

Antipositivismo e letteratura. L'età del Decadentismo continua nel primo Novecento. I motivi conduttori del pensiero, del gusto, della sensibilità, che caratterizzano il nuovo secolo, sono lo sviluppo di premesse radicate nel secolo precedente e specialmente nei suoi ultimi venti anni. Alla base di tutto continua ad esserci l'opposizione al positivismo. Si contesta che l'unica realtà conoscibile sia quella dei fenomeni, si respinge il meccanicismo e la causalità con cui i fatti vengono concatenati, il materialismo a cui sono ridotti i valori estetici, morali e religiosi.

La crisi del Naturalismo e del Verismo è ormai compiuta. La sensualità accesa e aristocratica degli eroi di D'Annunzio, le loro stanchezze onnipotenti, la commistione di letteratura e vita, la parola ricca ed estenuata costituiscono i motivi cruciali del passaggio: fissano dei modelli con cui gli scrittori del primo Novecento sono costretti a fare i conti. La poesia di Pascoli ausculta le voci e le cose di un mondo piccolo e cosmico, guarda al di là delle apparenze e ne esprime il mistero, adatta la poesia del Simbolismo europeo in modi che fanno lezione. Un'inquietudine mondana e un'ansia di fede attraversano i protagonisti dei romanzi di Fogazzaro, che si dibattono tra scienza e religione, tra religione e morale.

La scienza. Le stesse scoperte scientifiche rivelano una realtà assai mobile, complessa e sfuggente. I raggi X, la radioattività, la scoperta dell'elettrone sono altrettante tappe di un mondo nuovo. Proprio nell'anno del passaggio del secolo (1900) nasce ad opera di Max Planck la teoria dei «quanti» e ad essa fa seguito la teoria della relatività di Einstein (1905). Planck scopre che il caso governa i salti degli elettroni dall'una all'altra delle loro orbite attorno ai nuclei. Einstein, trattando una realtà fisica che non è immediatamente evidente e che non può essere ridotta alla verifica sperimentale, introduce nel metodo scientifico il valore decisivo dell'intuizione. La verità della scienza deve essere trovata con un salto della fantasia.

Un altro avvenimento che si colloca nella crisi di fine secolo è la scoperta della psicanalisi ad opera del viennese Sigmund Freud. Con la psicanalisi si affacciano concetti nuovi come «conscio» e «inconscio», vengono individuate zone psichiche inesplorate, viene indagata la fondamentale sfera della sessualità e studiata la complessa simbologia dei sogni. Si tratta degli avvenimenti di un'avanguardia concettuale destinata ad agire soprattutto più avanti nel secolo. Per ora, nella letteratura e nella filosofia, l'incidenza è minima.

La filosofia. La cultura e la letteratura italiane sono prevalentemente influenzate dall'idealismo o sono sensibili allo spiritualismo e all'irrazionalismo presenti in alcuni importanti pensatori europei. L'idealismo espresso dal pensiero di Benedetto Croce (1866-1952) e di Giovanni Gentile (1875-1944) respinge il positivismo perché materialista e perché soffoca ogni autonomia di decisione e di azione. L'idealismo sostiene il primato del soggetto e dell'idea, rivendica il valore dell'iniziativa dell'uomo contro ogni determinismo, afferma la sua fede nella libertà e nel progresso dello spirito.

Più marcatamente spiritualistiche sono alcune correnti filosofiche francesi come l'intuizionismo di Henri Bergson (1859-1941) o il contingentismo di Emile Boutroux (1845-1921). Bergson rivendica allo spirito una superiore forza di slancio e di vitalità creatrice. Boutroux introduce nelle leggi scientifiche il criterio della contingenza. Secondo Boutroux nella concatenazione dei fenomeni non vale il criterio della necessità. Nelle maglie strette dei fenomeni si aprono dei punti di rottura, che sono altrettanti spazi di libertà e di azione vitale. Anche il pragmatismo degli americani C.S. Peirce (1839-1914) e William James (1842-1910), introducendo l'idea che l'azione pratica è l'unico criterio di verità, spinge verso l'affermazione del fare e verso l'esaltazione della volontà.

Sollecitazioni fortemente irrazionalistiche vengono dalla lettura delle opere di Sören Kierkegaard, di Friedrich Nietzsche, di Georges Sorel. Sorel e il sorelismo influenzano soprattutto il pensiero politico e sindacale. Propugnano una lotta di classe impregnata di passione rivoluzionaria, predicano la spontaneità e l'impetuosità dell'azione violenta, mirano a tenere separato il proletariato dalla borghesia contro ogni tentativo di compromesso e di conciliazione. La contrapposizione netta delle classi antagoniste è per Sorel la condizione necessaria della violenza rivoluzionaria.

Il modernismo. Anche nel pensiero cattolico corrono fermenti profondi, inquietudini e travagli. Si tratta di comporre i concetti di tradizione e rinnovamento, dogma e storia, naturale e soprannaturale alla luce delle nuove prospettive di pensiero e della nuova realtà sociale. Nasce il movimento del modernismo, che non ha un volto solo. Nella figura di Romolo Murri (1870-1944) esso assume un'impronta più politica e sociale; nella figura di Ernesto Buonaiuti (1881-1946) un'impronta più meditativa e spirituale, più sofferta e drammatica. Ad affiancare il travaglio modernista nasce la rivista "Il Rinnovamento" (1907-1909), fondata da alcuni illuminati laici milanesi, tra cui Alessandro Casati e Tommaso Gallarati Scotti. Anche il romanzo di Fogazzaro, *Il Santo* (1905), appartiene a questo clima. Pur condannato da Pio X nell'enciclica *Pascendi* (1907), il modernismo poneva l'esigenza di adeguare ai tempi che cambiano i valori eterni della fede, gettando le basi di un travaglio ripreso nel poderoso rinnovamento ecclesiale del Concilio Vaticano II (1962-1965).

Cultura e politica

La «belle époque». Le inquietudini e i fermenti che attraversano i primi quindici anni del Novecento si inseriscono in una realtà storica e sociale mossa e contraddittoria. L'espansione industriale e la nuova coscienza operaia provocano un sensibile miglioramento delle condizioni di lavoro e di vita. L'Italia può dare di sé un'immagine di attivismo, di vivacità, di ripresa, dopo gli anni difficili del periodo postunitario e gli anni traumatici di fine secolo. Per esprimere questa condizione di ottimismo è stata coniata l'espressione esteriore di *belle époque*. L'elettricità, le Esposizioni universali con cui ogni paese dà di sé la misura del progresso raggiunto, l'automobile, i piaceri della borghesia si mescolano nell'espressione come un impasto di progresso tecnologico e di mondanità.

Ma le contraddizioni restano profonde. La crescita industriale penalizza l'agricoltura. Il divario tra Nord e Sud, tra città e campagna, tra produzione e mercato si risolve ancora facendo ricorso all'emigrazione oltre oceano. Nell'impresa coloniale della Libia (1911) si accavallano i miti di un'Italia guerriera e i sogni della piccola proprietà. Le sorti dell'Italia in armi sono cantate da D'Annunzio nelle *Canzoni delle gesta d'oltremare*. Per i morti e i feriti della guerra di Libia Pascoli scrive il discorso *La grande proletaria si è mossa*. Nel discorso di Pascoli l'Italia contadina risolve i suoi problemi trovando nella nuova colonia il sogno a cui aspira: la piccola proprietà.

Nazionalismo e antigiolittismo. A spingere verso l'imperialismo coloniale sono in prima fila i nazionalisti. Il movimento nazionalista, iniziato da Enrico Corradini (1865-1931), ha un proprio organo, "Il Regno" (1903-1906), e diventa partito nel 1914. Tra i suoi principi c'è una volontà di potenza e di lotta, che si traduce in affermazione di energia individuale e nell'esaltazione della potenza nazionale. Ma la necessità di una politica forte e aggressiva non è soltanto uno dei punti di sbocco del pensiero nazionalista. È una risposta diffusa al giolittismo che domina la vita parlamentare. Giolitti è a capo del governo quasi ininterrottamente dal 1903 al 1914. La sua figura caratterizza tutta un'epoca. Il suo disegno politico, fatto di pesi e di contrappesi, mira a ottenere il consenso. Mantenere la stabilità delle istituzioni tenendo conto dei mutamenti sociali in atto e dell'ascesa di nuovi ceti è la sua strategia. Il suffragio universale, l'alleanza con i socialisti e con i cattolici rispondono a questa strategia. Lo stesso Giolitti disse che il suo sistema di governo «apparentemente semirivoluzionario» era il solo «veramente conservatore».

La cultura e la sensibilità del primo Novecento sono largamente antigiolittiane. La politica mediocre delle cose pratiche, del buon senso, della conciliazione e del compromesso ripugna allo slancio di fede e di azione che attraversa l'intero arco delle forze intellettuali di destra e di sinistra: dai nazionalisti ai sindacalisti rivoluzionari. C'è nella cultura dell'età un'esigenza di passione morale e ideale che il sistema di Giolitti non è fatto per assecondare. Come Lando Laurentano, un personaggio del romanzo *I vecchi e i giovani* (1913) di Luigi Pirandello, la generazione antigiolittiana sente «un dispetto amaro e cocente» del tempo in cui è costretta a vivere. È chiusa nelle angustie di un ideale di equilibrio, basato su calcoli meschini, che non condivide. Tra l'Italia gretta e affarista della borghesia dedita agli intrighi e l'Italia dalle grandi aspirazioni di rinnovamento morale, sceglie quest'ultima; è antiborghese perché i valori borghesi mirano al calcolo spicciolo mentre essa aspira ad essere «una fiaccola che bruci ed illumini» (Prezzolini).

La guerra. La guerra diventa un'aspirazione, un'occasione che non deve essere mancata. I proclami che sono serviti per l'impresa coloniale di Libia vengono rinnovati in occasione della grande guerra. In essa agiscono fattori diversi, economici, politici, sociali, ideologici. L'imperialismo nazionalista si confonde con l'appello liberal-democratico di coloro che vedono nella guerra l'«ultima guerra», capace di aprire un'epoca di democrazia e di pace. Sono spinte e motivazioni diverse, ma sono tutte legate a un fondo psicologico comune: a una cultura della guerra come risposta esistenziale. Irrazionalismo, rifiuto della grigia vita del compromesso, desiderio di applicarsi ad un grande compito e a un grande riscatto morale. C'è chi vede la guerra come un'ascesi di massa — un'esaltazione mistica — e c'è chi la vede come una festa. Le parti più riflessive della società diffidano dell'ebrezza bellicista, rimanendo neutraliste in nome di valori democratici (alcuni liberali), di solidarietà fra i popoli (alcuni socialisti) o di ideali pacifisti (i cattolici). Ma per la cultura italiana più appariscente la guerra è un'esigenza di vita.

Manifestazione interventista contro la Triplice Alleanza a Milano nella primavera del 1915.

PRIMO NOVECENTO

GEOGRAFIA CULTURALE

CROCE E LA NUOVA ESTETICA

La biografia

La formazione. Benedetto Croce, nato a Pescasseroli (L'Aquila) nel 1866, studia a Napoli e poi a Roma, dove segue i corsi di Antonio Labriola (1843-1904), forse il solo filosofo di statura veramente europea del secondo Ottocento italiano. Tornato a Napoli (dove trascorrerà la maggior parte della sua vita), vi conduce le prime ricerche erudite e scrive libri come *I Teatri di Napoli dal Rinascimento alla fine del secolo decimottavo* (1891) e *La rivoluzione napoletana del 1799* (1897).

La battaglia filosofica di Croce ha come obbiettivo principale il positivismo. Il suo pensiero si forma alla lezione hegeliana di Bertrando Spaventa, riconosce nello storicismo di Vico un ascendente non lontano e vede nel magistero risorgimentale di De Sanctis un punto di riferimento sicuro. Per un certo tempo, dietro l'insegnamento di Labriola, si accosta anche al marxismo. Ma il legame è di breve durata. Nei saggi critici raccolti in *Materialismo storico ed economia marxistica* (1900), il marxismo esce ridotto a metodologia della storia. Croce pensa che, con la sua attenzione ai problemi economici, il marxismo possa essere un metodo utile per comprendere meglio la storia, ma che non sia adatto a fondare un vero e proprio sistema filosofico. Sfuggito al determinismo positivistico, egli ritiene che il materialismo storico, base del socialismo scientifico, cada in un determinismo di tipo nuovo: un determinismo della storia, in cui si annulla ogni libertà di azione.

"La Critica". Nel 1903 Croce fonda la rivista bimestrale "La Critica", che diventa l'organo militante del suo pensiero. "La Critica" dura ininterrotta fino al 1944 e si avvale fino al 1923 della collaborazione stretta di Giovanni Gentile. Diventa un centro notevole di idee e il veicolo di un costume intellettuale lontano dalla retorica. I suoi bersagli costanti sono il positivismo, il filologismo esasperato, l'estetismo. Croce vi pubblica dal 1903 al 1914 le *Note sulla letteratura italiana della seconda metà del secolo XIX*, che formano i primi quattro volumi della *Letteratura della nuova Italia* (altri due se ne aggiungeranno negli anni 1939-40). Molte altre opere, prima che in volume, vedono la luce su "La Critica". Tra le altre *Goethe* (1919),

Ariosto, Shakespeare e Corneille (1920), la *Storia della storiografia italiana nel secolo XIX* (1921), i saggi sugli autori europei dell'Ottocento confluiti nel volume *Poesia e non poesia* (1923). È una presenza attivissima nel campo della filosofia, della storia, della critica letteraria, del costume. Attraverso "La Critica", Croce influenza la formazione di almeno due generazioni di studiosi di discipline diverse.

Nel 1920-21 diventa ministro dell'Istruzione con il governo Giolitti. I due uomini sono accomunati dalla «straordinaria capacità di eliminare in poche battute essenziali, l'ingombrante bagaglio ideologico dei teorici e dei retori: cioè delle parole inutili, e di tradurre il proprio giudizio con un'evidenza stilistica (sia pure di diverso timbro) che lascia dietro di sé la prosa di tanti altri scrittori contemporanei» (Valeri).

Di fronte al fascismo, dopo un primo tempo di attesa e persino di benevolenza, Croce passa all'opposizione e redige il *Manifesto degli intellettuali antifascisti* (30 aprile 1925), in cui richiama il diritto alla giustizia e alla libertà, all'educazione intellettuale e morale. Nel secondo dopoguerra è presidente del Partito Liberale, deputato alla Costituente e dal 1948 senatore di diritto. Muore a Napoli nel 1952.

Il pensiero

La storia. La filosofia di Croce si fonda e si sviluppa a partire dall'estetica. L'estetica costituisce il centro di una meditazione scandita nel tempo in alcune opere fondamentali: le *Tesi fondamentali di un'estetica come scienza dell'espressione e linguistica generale* (1900), l'*Estetica* (1902), il *Breviario d'estetica* (1912) e l'*Aesthetica in nuce* (1929). Le ultime due opere sono le sintesi, più estesa la prima e ridotta a voce di enciclopedia la seconda, delle idee crociane sull'arte. Anche l'idea di storia, una delle idee portanti della riflessione crociana, si forma entro l'orizzonte estetico. Contro il positivismo che riduce la storia a fenomeno inteso naturalisticamente e che spiega tutto con le leggi della meccanica, Croce scrive abbastanza presto *La storia ridotta sotto il concetto generale dell'arte* (1893) e lavora poi a precisare ciò che distingue l'una dall'altra.

La storia per Croce è il processo attraverso cui lo spirito si realizza, è la dinamica dello spirito nel suo svolgimento. Nella storia lo spirito si esprime. Tutto passa attraverso la storia e lo stesso Croce ha condensato il suo pensiero nella formula dello «storicismo assoluto». Non è un caso che la maggior narrativa etico-politica di Croce sia proprio quella storiografica: la *Storia del Regno di Napoli* (1925), la *Storia dell'età barocca in Italia* (1929), la *Storia d'Italia dal 1871 al 1915* (1928), la *Storia d'Europa nel secolo decimonono* (1932). Si tratta di rievocazioni «nelle quali l'ottimismo liberale dello storico è proiettato luminosamente sulle involuzioni o le contraddizioni dei periodi esaminati per affermare con fervore oratorio la fede nel progresso indefettibile dello Spirito» (Muscetta).

La visione progressista e positiva che Croce ha della storia è affermata a livello teorico nel volume *La storia come pensiero e come azione* (1939), ma è particolarmente evidente nella *Storia d'Italia dal 1871 al 1915* e nella *Storia d'Europa nel secolo decimonono*. Nella *Storia d'Italia dal 1871 al 1915,* proprio negli anni in cui il fascismo trionfa, Croce scagiona la classe politica liberale da ogni responsabilità. Contro l'interpretazione di chi vedeva nel fascismo lo sbocco di un processo che ha le sue radici negli anni postunitari, avanza l'interpretazione della malattia morale. Come un fisico sano può essere attaccato dai germi, così il fascismo è uno smarrimento di coscienza, una depressione civile, un'ubriacatura prodotta dalla guerra: una malattia, insomma, che ha preso lo Stato, uscito sano dai travagli postrisorgimentali.

L'estetica. L'arte si distingue dalla storia perché è intuizione e non è legata alla conoscenza razionale. È autonoma perché non appartiene né alla logica né all'economia né all'etica;

Filippo Tommaso Marinetti
Clemente Rebora
Carlo Linati
Treves (editore)
Guido Gozzano
Italo Svevo
Scipio Slataper
Marino Moretti
Renato Serra
Pietro Jahier
Giovanni Boine
Camillo Sbarbaro
Alfredo Panzini
Luigi Antonelli
Sergio Corazzini
Aldo Palazzeschi
Luigi Chiarelli
Corrado Govoni
Grazia Deledda
Benedetto Croce
Federigo Tozzi
Aldo Palazzeschi
Giovanni Papini
Giuseppe Prezzolini
Ardengo Soffici
Dino Campana
Sem Benelli
"La Voce"
"Lacerba"
Luigi Pirandello
Rosso di San Secondo

non ha come fine il concetto, l'utile o la morale, ma esprime il sentimento, che plasma e trasfigura. È lirica e pura, cioè separata da tutti gli elementi estranei (concettuali, utilitaristici, morali) che entrano nella composizione dell'opera. Croce scrive che l'«arte è l'elaborazione poetica dell'espressione». Ma l'espressione poetica è diversa dalla pseudoespressione del sentimento naturale o immediato. Non basta essere mossi da un sentimento perché esista la poesia. La poesia non è uno sfogo passionale, sentimentalistico, sensualistico, ma è travaglio teoretico, è sentimento che si conosce e che si esprime con autogoverno e «interno freno»; non è inconsapevole e istintivo, ma «attivo e cosciente».

La concezione intuitiva dell'arte e della poesia porta alla negazione della pluralità delle arti perché l'espressione poetica non può essere divisa in territori: è unica e indivisibile. Anche i generi letterari vengono considerati nella loro qualità di categorie esteriori e didattiche. Gli stessi fattori tecnico-espressivi rischiano di essere giudicati piuttosto come modi di espressione letteraria che come espressione poetica. Croce distingue infatti la poesia dalla letteratura. Mentre la prima è arte, la seconda è veste e ornamento e appartiene al gusto. La liricità della poesia induce a scartare nella rievocazione della poesia ogni elemento perturbatore, che può essere liquidato come non-poesia. Ad esempio, nel saggio *Poesia di Dante* (1921) Croce legge la *Divina Commedia* per parti antologiche e non riconosce alla struttura del poema dantesco il valore di necessità.

Nella sua concezione artistica Croce riprende l'identità di forma e contenuto sostenuta dal De Sanctis (i due termini corrispondenti in Croce sono intuizione-espressione), ma anche se ne allontana. De Sanctis scrive infatti: «La forma non è *a priori*, non è qualcosa che stia da sé e diversa dal contenuto, quasi ornamento o veste (...) o aggiunto di esso; anzi è essa generata dal contenuto, attivo nella mente dell'artista: tal contenuto, tal forma». Ma poi avvisa: «in arte tutto è questione di esecuzione». Proprio la parte esecutiva è quella più trascurata nell'interpretazione di Croce. Egli sa cogliere l'immagine e il motivo del fatto poetico, ma non si interessa all'elaborazione stilistica, alla genesi del suo linguaggio, al processo di formazione. Un ultimo corollario della concezione estetica di Croce riguarda l'impossibilità di una storia letteraria. L'individualità della poesia, la perfezione poetica di ciascuna opera in sé impedisce che si possa scrivere una storia, perché il giudizio estetico verrebbe piegato ad altre considerazioni e trattato con criteri estranei. Mentre De Sanctis può scrivere con passione civile la sua *Storia della letteratura italiana*, l'unica indagine critica che Croce ammetta è quella monografica: autore per autore, opera per opera.

La critica letteraria

Il primo saggio delle *Note sulla letteratura italiana della seconda metà del secolo XIX* apparse su "La Critica" riguarda Carducci, che è giudicato l'ultimo grande poeta d'Italia. Croce è lontano da ogni concessione alla poesia decadente ed è incapace di comprendere l'inquietudine che attraversa la poesia contemporanea. Giacomo Debenedetti, a proposito del *Canzoniere* di Umberto Saba, racconta che quando il poeta triestino mandò al filosofo la poesia *A mia moglie* insieme con qualche sonetto militare, ricevette questa risposta: «Le sue poesie hanno qua e là dei motivi vivaci, ma mancano ancora di qualunque elaborazione formale». Senza voler attribuire all'aneddoto più peso del dovuto, esso è però indicativo. Croce resiste ad accogliere la poesia contemporanea nelle sue ricognizioni. Diffida della poesia «pura» e della poesia «ermetica», le trova oscure e intellettualistiche, compromesse con falsi problemi, con elementi estranei come il divertimento e il gioco verbale. Confutando Mallarmé, sostiene che la poesia non si fa con le idee, ma nemmeno con le parole: si fa con «la poesia stessa», con «quella creazione della fantasia che è tutt'insieme, nell'atto stesso, viva parola». Nega valore alla poesia simbolista perché la poesia non è mai simbolo, «cioè segno d'altro», ma si esprime in «immagini». I simboli, per Croce, sono segni di concetto e dunque non appartengono all'arte.

La scarsa propensione al giudizio sui contemporanei rientra nella mentalità di conservatore. Se ne ha conferma nelle molte riserve su Pascoli, che Croce giudica frammentario; su D'Annunzio, che definisce «dilettante, ma artista»; su Fogazzaro, a cui non nasconde la sua antipatia. Si può aggiungere il giudizio fortemente limitativo di Pirandello, la stroncatura di Graf, l'ostilità nei confronti del Futurismo: tutti giudizi che hanno un comune denominatore nel rifiuto del Decadentismo visto come degenerazione, malattia morale. Tra i viventi lo persuade il solo Riccardo Bacchelli, che sente congenialmente. I suoi grandi libri critici Croce li scrive sugli scrittori del passato. Oltre ai volumi già ricordati si possono citare *Poesia popolare e poesia d'arte* (1933) sulla letteratura italiana dal Tre al Cinquecento, i saggi di *Poesia antica e moderna* (1941), i tre volumi di *Poeti e scrittori del pieno e tardo Rinascimento* (1945-1952).

IL CREPUSCOLARISMO

La poetica

Un termine. Il termine «crepuscolarismo» è introdotto da Giuseppe Antonio Borgese in un articolo pubblicato sulla "Stampa" di Torino del 10 settembre 1910. Nell'articolo Borgese parla di Marino Moretti, Fausto Maria Martini, Carlo Chiaves e usa l'immagine del crepuscolo per esprimere l'agonia in cui versa, secondo lui, la poesia italiana: «Si direbbe che dopo le *Laudi* e i *Poemetti* la poesia italiana si sia spenta. Si spegne infatti, ma in un mite e lunghissimo crepuscolo, cui forse seguirà la notte». L'uso negativo di Borgese viene assunto a designare come un'etichetta il carattere di trapasso che la nuova poesia presenta con i suoi toni sfumati e perplessi e con le sue atmosfere d'ombra.

Nel panorama mosso e non sempre afferrabile della poesia italiana del primo Novecento, il Crepuscolarismo viene a situarsi all'imbocco del secolo, nel punto di uscita dalla poesia dannunziana e pascoliana che gli sta alle spalle. La poesia crepuscolare, naturalmente a un diverso grado di coscienza nei diversi poeti, è la prima in cui s'avverta decisamente la crisi della civiltà borghese, la moderna aridità dell'uomo, la sua angoscia esistenziale; la solitudine e l'incomunicabilità, la lucida impotenza, la morte, la crisi della poesia. Poesia della crisi e crisi della poesia perché nel contesto borghese in cui dominano il guadagno e il denaro la poesia è negata, non ha un suo spazio plausibile. Qui si avverte un elemento che separa la linea crepuscolare da quella futurista: mentre i crepuscolari pensano che la poesia sia improponibile nel contesto sociale contemporaneo, i futuristi «cercano di costruire una poesia non tanto accettabile dal mondo borghese, quanto omologa rispetto ad esso, rispetto ai prodotti industriali che ne emanano, e, a tempi lunghi, pertanto, credono che tale poesia potrà diventare la voce ufficiale del sistema di produzione, chiudendo così l'iato apertosi fra produzione industriale e produzione intellettuale con la prima rivoluzione industriale e con il romanticismo» (Bàrberi Squarotti).

I motivi e le forme. L'improponibilità della poesia si mostra nelle scelte tematiche, che compongono nell'insieme una sorta di inventario degradato: la tristezza grigia e infinita delle domeniche, la noia e il tedio delle ore, le figurine emarginate e stinte, la febbre inquietante della città notturna, la polvere dei quartieri, lo squallore dei sobborghi, i luoghi e le stanze della vita quotidiana, i cimiteri e gli ospedali, le vecchine, le beghine, le figurine incolori. Il poeta crepuscolare vi si aggira in una estraneità che varia di tono e di misura, ma in cui sempre gioca la sua abulìa, il suo destino di «inetto», di incapace. Il dato biografico assume in questa prospettiva una nuova funzione. L'autobiografia diventa il racconto di un «sé» che si registra come cosa tra le cose e tira all'impassibilità della pietra; di un «io» che può sdoppiarsi per guardarsi vivere e che racconta il suo vuoto interiore. Questa scelta di fondo del poeta crepuscolare prende in poesia la forma abbassata e conforme della discorsività e del colloquio. L'introduzione di forme prosastiche, di parole comuni, di ritmi parlati, di spezzature improvvise, di piccoli o grandi strappi, di urti tra tono alto e tono basso, tra aulico e prosaico, appartiene alle ragioni di una poetica della disillusione e del negativo.

Guido Gozzano e la scuola dell'ironia

La biografia. GUIDO GOZZANO nasce il 19 dicembre 1883 in una Torino divisa tra industria e socialismo, tra positivismo e letteratura. La famiglia appartiene alla buona borghesia; il padre è ingegnere e la madre Diodata Mautino è la figlia del senatore Massimo Mautino, amico di Massimo d'Azeglio e di Cavour. Per parte di madre non mancano a Gozzano gli echi di un passato risorgimentale, che entrerà nei suoi versi con la luce ambigua dell'affetto e dell'ironia. Nel 1903 prende la licenza liceale e si iscrive a giurisprudenza, anche se non arriverà mai alla laurea. Sotto l'influenza di svariate letture, ma soprattutto di D'Annunzio e dell'estetismo dannunziano, scrive poesie che poi ripudia, e quando pubblica nel 1907 *La via del rifugio*, presso l'editore torinese Streglio, la sua uscita dal dannunzianesimo è quasi compiuta. Nel 1906 conosce alla «Società di Cultura» la scrittrice Amalia Guglielminetti. Ne nasce un rapporto difficile, che per Gozzano ha più il sapore dell'esperimento che di un'autentica convinzione amorosa.

Nel 1907 ha conferma dell'aggravarsi del male che da tempo lo affligge: una lesione polmonare, che cerca di curare con i soggiorni in montagna e al mare, sognando viaggi esotici e salutari. Intanto matura la sua seconda raccolta, *I colloqui*, che esce nel 1911 da Treves, e pubblica su quotidiani e su riviste: poesie, prose, racconti, fiabe. Sei fiabe apparse sul "Corriere dei Piccoli" nel 1910-11 le pubblica nel 1914 con il titolo *I tre talismani*.

Nel 1912 fa un viaggio in India che dura tre mesi. Dovrebbe mandare al "Momento", il quotidiano cattolico torinese a cui collabora, e al bolognese "Resto del Carlino", dei servizi che non manderà mai. Soltanto ad agio, in modo del tutto letterario, reinventando su libri già stampati, scrive poi il suo viaggio in alcuni articoli pubblicati dal 1914 al 1916 sulla "Stampa", "La Lettura", "La Donna". Il libro uscirà postumo, nel 1917, con il titolo *Verso la cuna del mondo*. Postume escono anche le novelle *L'altare del passato* (1918). Da alcuni anni lavora al poemetto *Le farfalle*, che resta incompiuto. Muore nel 1916.

La scuola di Arturo Graf e il Crepuscolarismo torinese. Uno dei fatti culturali salienti della Torino di fine secolo è il magistero universitario di Arturo Graf. Graf insegna letteratura all'università dal 1876. Intorno alla sua figura di maestro severo e sensibile gravitano molti scrittori torinesi; alla sua scuola si forma quasi l'intero versante crepuscolare e naturalmente anche Gozzano, che ne è la voce più avanzata e sicura. Alla scuola di Graf si preparano GIULIO GIANELLI (1878-1914) e CARLO VALLINI (1885-1920). Vallini si può almeno ricordare come inventore della formula «la scuola dell'ironia», che compare nel suo poemetto *Un giorno* e che può essere usata per caratterizzare un intero ambiente culturale e poetico: «Prosegui per la tua via / e non farmi da precettore: / per me la scuola migliore / è la scuola dell'ironia. / È più saggia, se tu sapessi, / della saggezza tua calva: / è quella che ancora ci salva / dal ridicolo verso noi stessi».

A Gianelli e a Vallini vanno aggiunti il più anziano COSIMO GIORGIERI CONTRI (1872-1943), CARLO CHIAVES (1883-1919), NINO OXILIA (1888-1917), autore con Sandro Ca-

A sinistra: Guido Gozzano, a sinistra, con il poeta genovese Giuseppe de Paoli e l'amico torinese Giacomo Garrone (Fotot. Stor. Naz.). *A destra:* Copertina della prima edizione de *La via del rifugio* di Gozzano.

masio della commedia *Addio, giovinezza!*. Con Oxilia si manifesta un indirizzo, che pur muovendosi nell'ambito gozzaniano, se ne allontana per accogliere elementi di provenienza futurista. Abbastanza eloquente in questo senso è il suo *Saluto ai poeti crepuscolari*, scritto alla vigilia della morte avvenuta in guerra. Il *Saluto* dice tra l'altro: «morto è il Passato e con le baionette / stiamo uccidendo il Presente / per mettere in trono il Futuro». Umori lunatici e beffardi, vagamente surreali, esprime infine ERNESTO RAGAZZONI (1870-1926), traduttore di Poe e poeta inquieto, che con il Crepuscolarismo intrattiene qualche parentela.

D'Annunzio e Graf. Per capire Gozzano, la presenza di Graf, al di là delle circostanze biografiche, conta molto.

Graf è poeta e autore di diverse raccolte. La sua maniera «prosaica e sentenziosa, sarcastica e disperata» (Guglielminetti) è per Gozzano una maniera poetica da sperimentare perché costituisce l'opposto della maniera dannunziana. Da un lato Graf aiuta Gozzano ad uscire dal dannunzianesimo; dall'altro lato D'Annunzio serve a Gozzano per non cadere nella grettezza e nella facilità degli ottocentisti minori come Vittorio Betteloni, Olindo Guerrini, Pompeo Bettini, Domenico Gnoli. E in ogni caso il destino letterario di Gozzano, che pure si gioca tra questi due poli, è nutrito anche di altre letture: i classici (soprattutto Petrarca e Leopardi), gli autori franco-belgi (Jules Laforgue, Albert Samain, Maurice Maeterlinck,

Georges Rodenbach), di cui accoglie modi, temi, pagine intere fino al limite del «plagio». In realtà bisogna stare attenti; non di plagi si tratta ma di una concezione letteraria molto avanzata e moderna: la letteratura vive di sé, in un circuito di ambiguità e di allusività; la letteratura come «menzogna», sempre distaccata dalla vita e nutrita di carta.

Letteratura e vita: l'ironia di Gozzano. Letteratura e vita sono i due poli esistenziali della scrittura di Gozzano, come D'Annunzio e Graf i due poli stilistici. Essa oscilla, non senza funambolismi, sul filo dell'ironia. L'ironia, in altri termini, è un po' la cerniera che connette la divisione letteratura-vita. Contro il disagio della civiltà, che estrania l'uomo dalla natura (dalla vita), l'unica possibile risorsa è nel «rifugio» della letteratura, nelle pieghe dei suoi miti, nella tana chiusa della sua perfezione. Vita, per Gozzano, è «salute», «forza», «verità». Vita è l'«analfabeta» (*L'analfabeta*), che dice nel suo parlato sentenzioso: «Chi troppo studia e poi matto diventa! / Giova il sapere al corpo che ti langue? / Vale ben meglio un'oncia di buon sangue / che tutta la saggezza sonnolenta». Vita è il passato glorioso, il «tempo sacro del risveglio» (*Torino*), la sua memoria intatta. Ma già l'«analfabeta»: «Ripensa i giorni dell'armata Sarda, / la guerra di Crimea, egli che seppe / la tristezza ai confini delle steppe / e l'assedio nemico che s'attarda». Vita, ancora, è l'amore: la freschezza indifferente di Graziella (*Le due strade*), l'ingenuità dell'amica di Nonna Speranza, il fascino prosaico della signorina Felicita.

Questo piccolo campione dovrebbe far intendere l'atteggiamento di Gozzano. La vita è lì, in un palpito, in un desiderio, in una speranza, ma dev'essere infilzata come la vellutata farfalla di *La via del rifugio* e diventa subito morte. Il passato si fissa in una stampa conchiusa; la vita, imbalsamata come «Loreto impagliato», viene consegnata all'orrido museo dei salotti antichi (dove vivono tutte le «buone cose di pessimo gusto») o nella «bellezza riposata dei solai», popolata di funebri silenzi. Si tratterebbe di un incanto piuttosto patetico se non ci fosse l'ironia a segnare la dissonanza, a sottolineare un distacco. In bilico tra regressione e ragione l'ironia funziona come difesa: ricorre al giro prosastico del dialogo, resuscita oggetti e parole stridule, fa scattare i contrasti (tra campagna e città; tra borghese e poeta), fa rimare «camicie» con «Nietzsche».

«I colloqui». Questa capacità di contrasto, di uso ironico, tocca il suo vertice con *I colloqui*. Rispetto alla scelta antologica di *La via del rifugio*, la seconda raccolta di Gozzano ha la struttura del poema. È scandita in tre sezioni: *Il giovenile errore, Alle soglie, Il reduce*. *Il giovenile errore* allude all'amore; *Alle soglie* è una meditazione della morte; *Il reduce* fa pensare al ritorno. Sono le tre stagioni di un tragitto esistenziale, ma non c'è nei tre gradi un vero progresso e la coscienza di Gozzano è già tutta acquisita in partenza. Dopo aver meditato su amore e morte il poeta torna all'unica possibile vita, che è quella del disincanto e della letteratura. Nel contrasto tra letteratura e vita ha vinto la letteratura come luogo dell'artificio, unica risorsa contro un presente ispido: unica possibile difesa.

L'eroe negativo di questo approdo è Totò Merùmeni. Totò è l'*alter ego* del poeta, suo doppio e suo portavoce. Abita in una villa dalle «sale vaste» e dai «bei / balconi secentisti guarniti di verzura»: la villa che «sembra tolta da certi versi miei». Totò pensa alle «gaie brigate», ai banchetti, alle danze di un tempo, ma il salone è stato spogliato dagli antiquari e Totò vive «in quel silenzio di chiostro e di caserma» con la madre malata, una vecchia prozia e «uno zio demente». Tuttavia è «quasi» felice. Ha scelto l'esilio; il sognato amore di attrici e principesse è stato surrogato dalla «cuoca diciottenne» e Totò si è fatto spaventosamente chiaroveggente e insensibile. Ma è «quasi» felice: «Alterna l'indagine e la rima. / Chiuso in sé stesso, medita, s'accresce, esplora, intende / la vita dello Spirito che non intese prima». La chiusa è molto istruttiva: «Perché la voce è poca, e l'arte prediletta / immensa, perché il Tempo — mentre ch'io parlo! — va, / Totò opra in disparte, sorride, e meglio aspetta. / E vive. Un giorno è nato. Un giorno morirà». Totò Merùmeni-Gozzano, preso dalla sottile angoscia della vita immediata, che ferisce e morde nel momento in cui scorre, si costruisce con la scrittura un apparato difensivo contro questa crudeltà.

Sergio Corazzini e il Crepuscolarismo romano

Il Crepuscolarismo romano ha in SERGIO CORAZZINI (1886-1907) il poeta più significativo, ma comprende altri poeti che hanno contribuito a formare un gruppo abbastanza omogeneo.

È stato fatto il nome di TITO MARRONE (1882-1967), un siciliano trapiantato a Roma sul finire dell'Ottocento, come di un poeta che preannuncia la poesia crepuscolare romana. Le raccolte poetiche di Marrone (*Cesellature*, 1899; *Le rime del commiato* e *Le gemme e gli spettri*, 1901) si svolgono nel tentativo di superare l'influenza di Carducci, Pascoli, D'Annunzio e anticipano temi e modi crepuscolari. Soprattutto hanno eco tra i crepuscolari romani i *Poemi provinciali* e le *Carnascialate* (da collocare tra il 1902 e il 1908), che Marrone leggeva agli amici e in pubblico nelle sale di Roma. La caratteristica della poesia di Marrone, che sarà anche di Corazzini, è la prevalenza del dato esistenziale — della sua cupa angoscia — sulla maniera letteraria. Sulla letteratura, insomma, prevale il grido della vita. Anche FAUSTO MARIA MARTINI (1886-1931) scrive raccolte che appartengono all'ambiente crepuscolare romano: *Le piccole morte* (1906) e *Poesie provinciali* (1910). E un certo fondo crepuscolare è in TRILUSSA che nel suo romanesco colloquiale, quasi italiano, stempera in un buon senso bonario e ironico il dialetto di Belli e Pascarella, tolto dalle osterie plebee e immesso nelle portinerie dei piccolo-borghesi.

Più di ogni altro, Corazzini sa dare voce alla sua angoscia, che è precoce come la sua poesia. Il destino breve, il tracollo del padre che lo costringe a interrompere gli studi appena dopo il ginnasio, la tisi che lo mina e lo uccide, le vicende interiori di un'esistenza angustiata, sembrano offrire l'esempio più tipico del grido crepuscolare legato al male di vivere. La poesia di Corazzini è la voce a tratti drammatica, a volte languida, di una rinuncia fortemente legata alla biografia. Tanto in Gozzano la pratica della letteratura mira a escludere i riferimenti immediati alla biografia quanto invece in Corazzini biografia e letteratura tendono a congiungersi. La sua storia si configura nei versi e nei libri poetici come un universo di lacrime e di sangue: *L'amaro calice* (1905), *Le aureole* (1905), *Piccolo libro inutile* (1906), *Libro per la sera della domenica* (1906). Il travaglio del vivere impossibile si identifica nelle «vecchie case polverose», nel suono incrinato dell'organetto di Barberia, nelle chiese fuori mano, nelle figure della devozione popolare (ad esempio i cuori di Gesù che stillano sangue).

Il valore d'esempio della poesia di Corazzini è stato individuato nel distacco progressivo dalla metrica regolare e nel «bisogno di una modulazione interiore e diretta, esprimente fuori da schemi metrici fissi i movimenti divaganti e raccolti del sentimento e della riflessione» (Solmi). È un'altra ragione di differenza rispetto a Gozzano. Mentre Gozzano lavora infatti all'interno di forme prevalentemente chiuse e di metri tradizionali, facendovi urtare, in ritmi e rime inconsuete, lo stridore sottile del suo malessere, Corazzini gioca il suo spazio interiore in versi più liberi e sciolti; asseconda, per così dire, gli spasimi del suo travaglio esistenziale. Si vedano ad esempio i versi della prima parte di *Toblack*, nella raccolta *L'amaro calice*: «... E giovinezze erranti per le vie / piene di un grande sole malinconico, / portoni semichiusi, davanzali / deserti, qualche piccola fontana / che piange un pianto eternamente uguale». Qui gli endecasillabi sono frantumati, rispetto al convenzionale ordine metrico, in una ricerca tutta interiore di ritmo. Si veda infine la *Desolazione del povero poeta sentimentale*, che fa parte del *Piccolo libro inutile*: «Perché tu mi dici: poeta? / Io non sono un poeta. / Io non sono che un piccolo fanciullo che piange. / Vedi: non ho che le lagrime da offrire al Silenzio. / Perché tu mi dici: poeta?».

Marino Moretti e l'amore della provincia

A MARINO MORETTI (1885-1979), secondo una lunga consuetudine critica, tocca impersonare gli aspetti più abituali e consueti della poesia crepuscolare; una sorta di via di mezzo tra la sapienza calibratissima di Gozzano e la studiata corrispondenza interiore del verso di Corazzini, tra menzogna e verità, tra ironia e abulìa, tra narrazione e lirismo. In più, la capacità di inventario degli oggetti crepuscolari che Moretti è riuscito ad esprimere fa dei suoi versi un luogo quasi didattico. In altre parole, per comprendere con evidenza che cosa si intenda per Crepuscolarismo e di quali temi e motivi esso sia portatore ci si rivolge a Moretti come a una specie di esempio eloquente. Ancora, in Moretti più che in altri poeti crepuscolari, si trovano dichiarazioni che hanno la chiarezza di un programma di poetica. Si prenda ad esempio *Che vale?*, prima composizione di *Poesie scritte col lapis* (1910): «Non c'è né duolo né gioia, / non c'è né odio né amore; / nulla: non c'è che un colore, / il grigio, e un tarlo, la noia».

Il discorso in verità è meno semplice. Si è parlato della neutralità a cui Moretti porta il dissidio poeta-borghese e di una scrittura di «grado zero» totalmente priva di determinazioni, tutta risolta in se stessa, senza residui di giudizio; tutta immersa nella prosaicità e priva di ironia. Moretti sarebbe un registratore impassibile di un mondo in cui entra senza dissidi. Anche in lui però la raggiunta prosaicità comporta uno studio. Moretti si serve di materiale letterario che già esiste in opere altrui e non guarda la realtà come un ingenuo. L'uso di questo materiale provoca nella sua opera una trama di echi letterari molto serrata. Insomma, l'opera di «normalizzazione» e di «neutralità» non è un fatto spontaneo, ma viene ottenuta attraverso la viva consapevolezza di un gioco letterario che diventa ambiguità.

Biograficamente la vita appartata che Moretti vive a Cesenatico (Forlì) lo mette in una condizione di periferico, ma anche ciò non rispecchia tutta la complessità di un percorso. Moretti si è educato a Firenze, dove ha incontrato sulla sua strada Aldo Palazzeschi, un poeta che sta nel suo universo poetico in più modi. Moretti, poi, fu collaboratore del "Corriere della Sera" per più di trent'anni: dal 1923 al 1954. E dunque l'immersione totale nella provincia non va presa alla lettera. Tra le sue raccolte poetiche vanno ricordate *Poesie scritte col lapis* (1910), *Poesie di tutti i giorni* (1911), *Il giardino dei frutti* (1916), molto rimaneggiate negli anni. Nella produzione più recente va ricordato almeno il *Diario senza le date* (1965). Moretti è anche scrittore di moltissimi racconti e romanzi di ambiente romagnolo. Si possono ricordare tra tutti *L'Andreana* (1935) e *La vedova Fioravanti* (1941). Né vanno dimenticate le prose autobiografiche e memorialistiche, *Via Laura* (1931) e *I grilli di Pazzo Pazzi* (1951).

Il culto futurista della macchina e del dinamismo è qui esemplificato da un dipinto di Luigi Russolo, «Dinamismo 1912 (l'automobile)», Parigi, Museo d'arte moderna, e da un bronzo di Umberto Boccioni, «Forme uniche nella continuità dello spazio» (1913), Milano, Galleria d'arte moderna.

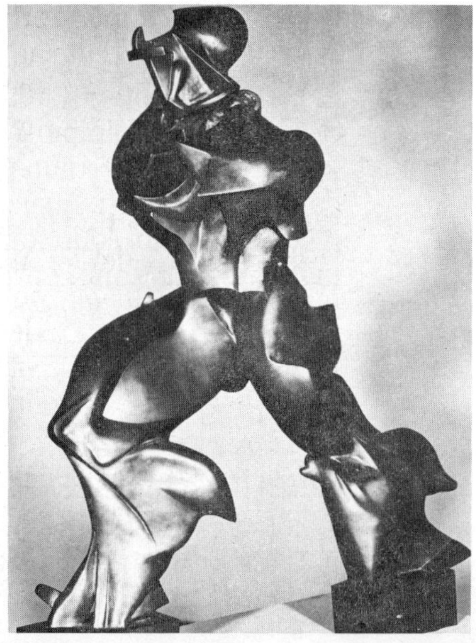

IL FUTURISMO

Il movimento e la poetica

Il movimento. Il Futurismo nasce ufficialmente con il *Manifesto del Futurismo*, che appare sul "Figaro" di Parigi il 20 febbraio 1909. Nell'aprile dello stesso anno compare sulla rivista "Poesia" *Uccidiamo il chiaro di luna!*, il testo con cui Marinetti chiama a raccolta i «fratelli» futuristi: «Olà! grandi poeti incendiari, fratelli miei futuristi!... Olà! Paolo Buzzi, Palazzeschi, Cavacchioli, Govoni, Altomare, Folgore, Boccioni, Carrà, Russolo, Balla, Severini, Pratella, D'Alba, Mazza! Usciamo da Paralisi, devastiamo Podagra e stendiamo il gran Binario militare sui fianchi del Gorisankar, vetta del mondo!».

Il «periodo eroico» del Futurismo dura fino al maggio del 1920, non senza sussulti interni. Nel 1915 avviene il distacco da "Lacerba", la rivista fiorentina fondata a Firenze da Giovanni Papini e da Ardengo Soffici, e ad esso fa seguito uno spostamento di interessi verso aspetti finora meno praticati come il teatro, il cinema, la danza. Compaiono *Il Teatro futurista sintetico, La cinematografia futurista*, il *Manifesto della danza futurista*. S'accentuano anche gli interessi politici: l'11 febbraio 1918 viene pubblicato per la prima volta su "L'Italia Futurista" il *Manifesto del partito politico futurista*. È questa la stagione dei manifesti sociali (nel 1919 *Democrazia futurista*; nel 1920 *Al di là del Comunismo*) e del movimentato dialogo con il fascismo, che culmina nell'uscita di Marinetti dal Fascio il 29 maggio 1920. Lo spostamento a destra del movimento dei Fasci, la conversione alla gerarchia e all'ordine non collimano, in senso lato, con i principi anarchicheggianti del movimento futurista. Inoltre i futuristi non se la sentono di abbandonare i loro principi antimonarchici e anticlericali su cui i Fasci sono invece disposti a cedere nel loro disegno di ascesa al potere. Il ricongiungimento di Marinetti al fascismo avviene intorno al '23, ma anche nel Futurismo è iniziato un tempo diverso. Con l'ossequio formale al fascismo, comincia anche la fase meno fervida del movimento.

Con il Futurismo nasce in Italia la cosiddetta avanguardia storica. Esso, come gruppo, ha i suoi principi; al di là dei contrasti si riconosce in un vivo nucleo di idee, è caratterizzato da un impegno di pensiero e di azione che tende alla totalità: ad abbracciare ogni aspetto della vita pratica e artistica. Del febbraio 1910 è il *Manifesto dei pittori futuristi*, a cui segue il *Manifesto tecnico*, tutt'e due firmati da Umberto Boccioni, Carlo Carrà, Luigi Russolo, Giacomo Balla e Gino Severini. Nel 1911 esce il *Manifesto dei musicisti futuristi* ad opera di Balilla Pratella; nell'aprile dello stesso anno il manifesto *La scultura futurista* di Boccioni. I futuristi intuiscono che il processo di industrializzazione sta cambiando la qualità della vita e dell'arte e vogliono «non solo accettarlo ma accelerarlo, spingerlo al massimo» (Luperini). L'adesione entusiasta agli aspetti più esteriori della civiltà moderna è il tratto saliente dell'ideologia futurista.

Ideologia e poetica. Il Futurismo ha il culto del moderno e l'elogio della macchina ne è l'aspetto più evidente. Attraverso l'immagine della macchina passa l'incontenibile energia dell'uomo futurista: «Il tipo non umano e meccanico, costruito per una velocità onnipresente, sarà naturalmente crudele, onnisciente e combattivo». Così si legge in *L'uomo moltiplicato e il regno della macchina*. La guerra, «sola igiene del mondo», diventa l'espressione massima di questo mito e sottolinea la distanza dalla concezione storica dell'anarchismo. Mentre l'anarchia, dice Marinetti, «rinnegando il principio infinito dell'evoluzione umana, arresta il suo slancio parabolico unicamente all'ideale della pace universale e allo stupido paradiso fatto d'abbracci in aperta campagna e di palme agitate», il Futurismo afferma invece come principio assoluto «il divenire continuo e l'indefinito progredire, fisiologico ed intellettuale, dell'uomo». Considerando «come superata ed ancora superabile l'ipotesi della fusione amichevole dei popoli», non ammette per il mondo che «un'unica igiene: la guerra». Così in *La guerra, sola igiene del mondo*.

Gli aspetti ideologico-politici del pensiero futurista, la spinta dimostrata dai futuristi a coinvolgere nella loro utopia ogni aspetto della vita, non devono far dimenticare che la loro «rivoluzione» fu soprattutto artistica e letteraria. I manifesti futuristi sono i veicoli privilegiati di questa «rivoluzione» e sono per se stessi dei documenti letterari, poiché non si limitano a fornire i precetti del gruppo, ma diventano luoghi di ricerca di un linguaggio nuovo. Non hanno semplicemente il compito di formulare un programma o di chiamare a raccolta, ma sono veri e propri testi letterari.

Non va però taciuta l'assenza di risultati artistici persuasivi (se non forse nelle arti figurative). Di altri gravi limiti insiti nel Futurismo è maestra la storia: l'odio verso la tradizione e verso i musei, e la celebrazione della macchina e della velocità, sembrano il presagio del degrado del patrimonio artistico ed ecologico recato al nostro paese dalla società industriale; la sostituzione del gesto al testo, nelle manifestazioni terminate spesso in rissa, dava forza anche ai non-artisti; l'organizzazione insegnava agli intellettuali a organizzarsi in *clan*. Sono elementi di intolleranza che, appoggiati a un'ideologia neopagana e al culto della violenza, dànno valore emblematico alla triste fine di Marinetti, fra i ranghi della repubblica di Salò. Ciò detto, torniamo ai fermenti di idee recati dal Futurismo.

Sono particolarmente importanti il *Manifesto tecnico della letteratura futurista* (11 maggio 1912) insieme con le *Risposte alle obiezioni* (11 agosto 1912), che furono scritte da Marinetti per rintuzzare le critiche al *Manifesto tecnico*; e poi ancora *Distruzione della sintassi, Immaginazione senza fili, Parole in libertà* (1913). In questi testi nasce il Futurismo letterario, la cui poetica si può condensare in alcuni precetti fondamentali: distruzione della sintassi, verbo all'infinito per «dare il senso della continuità della vita e l'elasticità dell'intuizione che la percepisce», abolizione dell'aggettivo e dell'avverbio. Così scrive infatti Marinetti in *Risposte alle obiezioni*: «Credo necessario sopprimere l'aggettivo e l'avverbio, perché sono ad un tempo, e a volta a volta, i festoni variopinti, i panneggi a sfumature, i piedistalli, i parapetti e le balaustre del vecchio periodo tradizionale». Gli altri caratteri elencati da Marinetti sono: il potenziamento del sostantivo restituito al suo valore «tipico e totalitario», l'«immaginazione senza fili», cioè l'invenzione di immagini non vincolate da un filo logico, la distruzione della punteggiatura, l'uso di spazi bianchi per indicare le pause, l'uso di «onomatopee rumorismi e segni matematici», l'uso di «caratteri tipografici e colori tipografici diversi», di «parole riplasmate e deformate a scopo rumoristico», l'adozione di tavole sinottiche. Si tratta di precetti in cui si possono individuare due degli aspetti più interessanti del Futurismo. Il primo aspetto è il legame con il grande Simbolismo francese, alla cui lezione molti principi rimandano. E qui conviene fare una piccola digressione didattica.

La spinta simbolista. Il Simbolismo, come ricordato altrove, è una tendenza poetica che si manifesta con più di una variante e per questo non si può dire che sia propriamente una scuola. Ha un nucleo di idee comuni, ma non un vero e proprio programma obbligatorio. Ha i suoi nomi ricorrenti, che ne rappresentano i risultati maggiori. Charles Baudelaire ne è considerato il precursore e poi vengono i nomi di Arthur Rimbaud, Paul Verlaine, Stéphane Mallarmé, e in ultimo del neosimbolista Paul Valéry. I principi poetici a cui si ispira il Simbolismo mirano principalmente alla suggestione: a suggerire più che a dire, a far intuire più che a enunciare. I simbolisti mirano a penetrare il mistero attraverso una profonda ricerca di musicalità. Rispondendo a un'inchiesta, Mallarmé nel 1891 dice: «Nominare un oggetto significa abolire tre quarti di godimento della poesia che deriva dalla soddisfazione di intuire a poco a poco; suggerirlo, ecco il sogno. È il perfetto uso del mistero che costituisce il simbolo: evocare un oggetto a poco a poco per mostrare uno stato d'animo o, inversamente, scegliere un oggetto e liberare da esso uno stato d'animo mediante una serie di rivelazioni». Valéry, per parte sua, fa consistere il Simbolismo nell'«intenzione di parecchi gruppi di poeti (non sempre in rapporti amichevoli tra loro) di prendere dalla Musica il loro bene». Soltanto nella musica forma e contenuto si fondono infatti senza residui.

Questa tensione verso il mistero da squarciare oltre l'apparenza comporta un lavoro molto rigoroso sulla parola e sul ritmo, sull'aspetto fortemente autonomo del linguaggio. Esso non deve rispondere a un significato sempre comprensibile, ma deve far sentire un mondo diverso. Non ha obbligo, insomma, di trasmettere un contenuto, di comunicare delle idee o dei messaggi. L'aspetto quasi ascetico dell'officina simbolista consiste in questa religione della trascendenza formale e della sua autonomia dai contenuti, in questo sogno di creare un assoluto, di ricercare una forma che abbia «la precisione e la rigida conseguenza di un problema matematico» (Poe). È la tendenza più tecnica e formale della poesia simbolista, che ha in Mallarmé-Valéry i suoi rappresentanti maggiori. Ma essa s'incrocia con la tendenza più sensibilmente irrazionalistica e quasi mistica del poeta «veggente», del poeta orfico che sprofonda nel mistero per svelarne il fondo inattingibile. E questa è piuttosto la linea di Rimbaud, a cui si rifanno tutti i movimenti che all'ascetismo logico-matematico della parola preferiscono l'immersione abbandonata e sregolata nell'universo misterioso della vita occulta.

Immaginazione senza fili. Così è del Futurismo. Nelle *Risposte alle obiezioni* Marinetti distingue infatti tra intelligenza e intuizione: «Per *intuizione*, intendo (...) uno stato del pensiero quasi interamente intuitivo e incosciente. Per *intelligenza*, intendo uno stato del pensiero quasi interamente intellettivo e volontario». L'immaginazione senza fili è la traduzione di questa diversità. Essa si affida all'incoscienza e all'intuizione, abolisce la logica e l'ordine del significato consapevole, procede per immagini apparentemente lontane, fruga il mondo per accostarne gli estremi, combina sorprendentemente l'incompatibile, esercita un'arte divinatoria, si affida all'analogia. Ancora Marinetti scrive: «La poesia ideale che io sogno, e che altro non sarebbe se non il seguirsi ininterrotto dei secondi termini delle analogie, non ha nulla a che fare con l'allegoria. L'allegoria, infatti, è il seguirsi dei secondi termini di parecchie analogie, tutte legate insieme *logicamente*. L'allegoria è anche, talvolta, il secondo termine sviluppato e minuziosamente descritto di una analogia».

L'analogia, dunque, e non l'allegoria. La prima accosta intuitivamente valori lontani, crea armonie sconosciute di rapporti, fissa come un lampo il mistero delle cose, è una «epifania», ossia una improvvisa manifestazione di verità. È fulminea e irrazionale e non può essere giocata come un sistema. È diversa dall'allegoria perché l'allegoria sta sempre in luogo di un'idea o di un concetto che si sanno o si presuppone che si sappiano, agisce all'interno di un sistema di valori riconosciuti e riconoscibili; è infine enunciativa e affermativa, mentre l'analogia allude e suggerisce.

Parole in libertà. Si potrà meglio intendere ora il secondo aspetto importante della poetica futurista: l'insistenza particolare sulle «parole in libertà», sviluppo coerente del verso libero già praticato in Francia e teorizzato dal milanese GIAMPIETRO LUCINI,

importante tramite fra Scapigliatura e Futurismo. Nelle «parole in libertà» si manifesta tutta la ricchezza dell'uso analogico. L'abolizione di ogni nesso logico determina folgorazioni e sorprese, innesca cortocircuiti di parole come altrettante rivelazioni. La conseguenza estrema delle «parole in libertà» sono le tavole «parolibere», le quali cercano di riunire in un solo colpo gli scompaginati linguaggi tradizionali, di rendere simultaneamente qualità tradizionalmente separate, di immergerle nel flusso totale della vita senza più separazioni. Le parole si devono vedere, udire, odorare, toccare; devono congiungere i sensi in un unico magma espressivo. Nella volontà di farsi vedere, udire, odorare, toccare, la tavola parolibera supera i limiti della parola consueta per esprimere «l'immediata percettibilità fisica degli oggetti e della loro materialità» (Carpi). E questa conclusione esprime bene il grado di complessità di certi problemi del Novecento letterario. Dall'elogio del mistero, della verità oltre le cose, si trapassa al trionfo delle cose stesse, alla loro fisicità più completa. Si spiega in parte come mai nella poesia del Novecento il mistero che c'è oltre le cose passi così spesso attraverso le cose stesse; non cerchi di eluderne l'esistenza, ma le restituisca investite di un ruolo tutto nuovo, che è il contrario di una loro presunta neutralità.

Il poeta futurista e la società borghese. Negli anni Venti ormai, distinguendo il Futurismo dalla concezione dei riconosciuti maestri simbolisti, Marinetti scrive: «Noi abbiamo sacrificato tutto al trionfo di questa concezione futurista della vita. Tanto, che oggi odiamo dopo averli immensamente amati, i nostri gloriosi padri intellettuali: i grandi genî simbolisti Edgar Poe, Baudelaire, Mallarmé e Verlaine. Noi serbiamo loro rancore, oggi, di aver nuotato nel fiume del tempo, tenendo continuamente rivolta indietro la testa, verso la lontana sorgente azzurra del passato (...)». Lo scrive in *Noi rinneghiamo i nostri maestri simbolisti ultimi amanti della luna*. È un po' la sintesi di ciò che separa la concezione futurista da tutta la letteratura che è nata dal dissidio tra poeta e società borghese. L'autonomia del fatto poetico non deve tradursi in separatezza tra poesia e società. Il Futurismo mira infatti non alla separazione ma all'inserimento dell'artista nella società e giudica che l'autonomia del fatto artistico come tale appartenga già al passato. I futuristi passano dalla parola in quanto tale alla sua sensorialità perché mirano ad una sua più alta comunicazione. La parola per i futuristi non è incomunicabile, non è simbolo di alienazione. Anche il nuovo rapporto che essi tentano di instaurare con il pubblico entra in questa dimensione: la parola non è solo scritta, ma detta; declamata nelle sale e nelle piazze; è spettacolo e festa. Pur non trattandosi che di un passo, è tuttavia il primo passo di «riconquista del mondo intero all'operazione poetica» (Asor Rosa). L'ottimismo del movimento è il fondamento della sua utopia «totale».

Filippo Tommaso Marinetti e il Futurismo milanese

L'attività di promotore e di massimo animatore esplicata da Marinetti nell'ambito del Futurismo, ha fatto del suo nome quasi un sinonimo del movimento. Si tratta di una identificazione criticamente non del tutto accettabile perché, quantunque non priva di ragioni, risulta troppo unilaterale ed esclusiva. Marinetti è il capofila, ma all'interno del movimento ogni voce ha un suo carattere specifico e non trova necessariamente in Marinetti la radice unica. Resta peraltro vero che senza Marinetti il Futurismo sarebbe un movimento dall'immagine molto ridotta.

Nato ad Alessandria d'Egitto il 22 dicembre 1876, Marinetti si trasferisce a Parigi nel 1893 per conseguire il *baccalauréat* e poi si iscrive a legge all'università di Pavia per compiacere il padre, che nel frattempo si è trasferito a Milano dopo aver accumulato in Egitto un'ingente fortuna. Nel 1899 si laurea a Genova, ma la sua attività è soprattutto volta alla letteratura. I suoi primi lavori sono scritti in francese (il poema *La conquête des étoiles*, 1902; le liriche di *Destruction*, 1904; la commedia *Le roi Bombance*, 1905) e rientrano nell'atmosfera decadente e simbolista che Marinetti molto contribuisce a far conoscere in Italia. Nel 1905 dà vita a Milano alla rivista "Poesia", che dura fino al 1909, anno di nascita ufficiale del Futurismo, e che è un po' il banco di prova del movimento.

Con la nascita del Futurismo la vita di Marinetti è quasi interamente scandita dalle sue molte opere (in primo luogo i manifesti, che fondono in un unico impasto le esigenze della propaganda e la vitalità della scrittura). Tra le sue prose di esperimento, la più nota è *Zang Tumb Tumb* (1914), nella quale «il paroliberismo conosce la sua attuazione suprema e insuperata» (De Maria). Ma importanti sono anche il romanzo *Mafarka le Futuriste* (1910) e i molti lavori di teatro.

Con Marinetti Milano diventa il cuore dell'avanguardia e la cosa è abbastanza spiegabile, non soltanto con il fatto biografico che a Milano Marinetti ha casa. A Milano l'industrializzazione, l'intraprendenza borghese, lo sviluppo ideologico e sociale scorrono su un antico fondo populistico o «follaiolo» collegabile a sua volta con la stagione scapigliata. Inoltre a Milano «era sempre rimasta operante un'ala sperimentale della cultura italiana (soprattutto in campo figurativo), che nel divisionismo aveva toccato la sua ultima espressione fra grandi clamori ancora non sedati» (Asor Rosa). Alla temperie futurista milanese vanno ascritti, tra gli altri, PAOLO BUZZI (1874-1956), che più di tutti ha avvertito la matrice lombarda della sua cultura (fu anche scrittore di versi in dialetto), ed ENRICO CAVACCHIOLI (1884-1954). Nelle sue raccolte poetiche come *L'incubo velato* (1906) e soprattutto *Le ranocchie turchine* (1909), Cavacchioli mostra nella vena parodica e grottesca una resistenza sottile ad accogliere intimamente e completamente, com'è poi dimostrato dalla terza raccolta *Cavalcando il sole* (1914), il dettato futurista. In ogni caso ciò che non fece la teoria futurista fece forse la presenza diretta di Marinetti, e Buzzi e Cavacchioli non sentirono, come altri, esigenze di scissione.

Altri Futurismi

Il Futurismo fiorentino. Il Futurismo fiorentino sembra il frutto di un incontro tattico piuttosto che un'effettiva adesione di poetica. È un episodio legato alla rivista "Lacerba", fondata da Giovanni Papini e Ardengo Soffici il 1° gennaio 1913. È lo scrittore Aldo Palazzeschi a fare da intermediario tra Marinetti e Papini-Soffici. Marinetti può così contare su una nuova filiale futurista e sulla carica propagandistica che ne può venire al movimento, mentre Soffici, accreditando il movimento con cui ha in precedenza polemizzato, soddisfa l'esigenza, anche papiniana, di una più radicale spinta ribellistica. L'equivoco di fondo con cui l'alleanza è impiantata, sfocia l'anno dopo in nuovi contrasti determinati anche da ragioni di temperamento e da motivi di rivalità. Marinetti pretende la piena adesione della rivista ai principi futuristi: l'antipassatismo, le parole in libertà, il dinamismo plastico, l'arte dei rumori e anche il programma politico. Questo provoca la rottura dell'impegno tra risposte, repliche e spiegazioni. La polemica ha ancora un seguito quando Papini, Palazzeschi e Soffici tentano di distinguere, sul numero di "Lacerba" del 14 febbraio 1915, i veri e i falsi futuristi. In *Futurismo e marinettismo* riconoscono infatti al Futurismo il carattere di movimento, ma accusano il marinettismo di esserne una semplice appendice.

Il Futurismo romano. A Roma ha vita un importante cenacolo futurista, caratterizzato dalla convivenza di poeti e artisti, di poeti-artisti, di artisti-poeti. Tra i poeti meritano di essere ricordati LUCIANO FOLGORE (pseudonimo di Omero Vecchi, 1888-1966) e AURO D'ALBA (pseudonimo di Umberto Bottone, 1888-1965). Anche qui però, come altrove, il passaggio di poeti al Futurismo non è senza resistenza. In Folgore, ad esempio, pur essendo evidente l'agio con cui si muove nei frangenti futuristi delle raccolte migliori (per tutte, si veda *Città veloce*, 1919), si riconosce una leggerezza di favola, una sottile vena fantastica e divertita, che già prelude a una stagione in cui il Futurismo sarà soltanto un ricordo.

TRA CREPUSCOLARI E FUTURISTI: PALAZZESCHI E GOVONI

Aldo Palazzeschi. Va considerato a parte ALDO PALAZZESCHI (pseudonimo di Aldo Giurlani, 1885-1974). La sua opera è stata associata al Crepuscolarismo e al Futurismo, alternativamente o insieme, ma la realtà è che Palazzeschi sfugge a caratterizzazioni o ad appropriazioni troppo strette. Se c'è nella sua opera un momento crepuscolare (ma forse è meglio parlare di una tendenza simbolista che si svolge in un'atmosfera ipnotica, di fiaba e di sogno), il suo crepuscolarismo non è in fondo che una contraffazione. Già le note dominanti delle prime raccolte (*I cavalli bianchi,* 1905; *Lanterna,* 1907; *Poemi,* 1909) sono umoristiche e narrative. L'allegria di Palazzeschi adotta per gioco i materiali usuali della maniera crepuscolare per farci sopra i suoi sberleffi. Contraffacendo Corazzini, si pone in *Poemi* la domanda: «Son forse un poeta?». Ma la risposta è giocosa e la chiusa può essere assunta come la migliore autopresentazione: «Il saltimbanco dell'anima mia». In *Lasciatemi divertire* il gioco è anche più spinto. Contro i professori pronti a sentenziare «a tutte le porte», Palazzeschi mette la veste del saltimbanco e pronuncia le sue tiritere insensate. Nella voce del pedante che obbietta alle esibite «corbellerie», alle evidenti «indecenze», alle «strofe bisbetiche» e soprattutto nella stralunata ricchezza della bizzarria del canto si è molto vicini al versante futurista.

Il legame con il Futurismo è biograficamente documentabile. La «canzonetta» *Lasciatemi divertire,* ad esempio, con il titolo *E lasciatemi divertire!,* appartiene alla raccolta *L'incendiario,* che viene pubblicata per la prima volta (1910) nelle edizioni futuriste della rivista "Poesia". E già si è visto nell'episodio del Futurismo di "Lacerba" come Palazzeschi tenga le fila dell'accordo, ma anche tenga aperta un'uscita di sicurezza. Il poema *L'incendiario* è il punto di forza della raccolta omonima. Nella fraternità che si stabilisce tra l'incendiario imprigionato e il poeta che lo libera di fronte a una folla atterrita, Palazzeschi fissa un'equazione (poeta = incendiario) che è futurista: il filisteismo borghese vi è ritratto nell'immobilismo e nella paura, nei riti di una cultura conformista. Ma si tratta di un'equazione giocata con leggerezza tutta di carta, «da poesia»: «Anch'io sai, sono un incendiario, / un povero incendiario che non può bruciare, / e sono come te in prigione. / Sono un poeta che ti rende omaggio, / da povero incendiario mancato, / incendiario da poesia».

Se poi con il Futurismo ci sono altri contatti (alcuni di questi possono far pensare a un'influenza di Palazzeschi su Marinetti com'è stato fatto notare per *Il Teatro di Varietà,* il manifesto del 1913 dove si professa: «Tutta la gamma del riso e del sorriso per distendere i nervi»), Palazzeschi sfugge ai troppi imperativi marinettiani e futuristi. Ad esempio è estraneo al mito della macchina, al senso delle grandi città, al culto dei muscoli e dello sport e una conferma è anche nei romanzi. *Il codice di Perelà* (1911) prospetta una contestazione antiborghese, che punta su modi razionali e non irrazionali. Un altro romanzo, *Due imperi... mancati* (1920), è tutt'altro che un inno alla guerra «unica igiene del mondo».

Palazzeschi ha continuato a scrivere romanzi e novelle (il romanzo più noto del secondo tempo palazzeschiano che si apre con gli anni Trenta è *Le sorelle Materassi,* 1934). Dopo la seconda guerra mondiale, a parte *Bestie* (1951), che è fatto di novelle con animali scritte in gran parte prima, si può ricordare il romanzo *Roma* (1953). Nell'ultima stagione, oltre a una rinnovata produzione poetica, si segnalano *Il doge* (1967) e *Stefanino* (1969) con i quali l'avanguardia storica di Palazzeschi sembra coincidere, non senza ragioni, con i tempi della Neoavanguardia che intanto ha fatto di lui uno dei suoi maestri.

Corrado Govoni. Come si è parlato di Palazzeschi scrittore «senza lettere» (Baldacci), il quale per superare questa sua intrinseca debolezza di studio e di cultura ha giocato astutamente con le offerte che gli ha proposto la storicità del Novecento, uscendo ed entrando nei momenti e nei movimenti con accortezza svicolante, così si è parlato per CORRADO GOVONI (1884-1965) di «raffinato primitivismo»: di una natività non facilmente inquadrabile. Più piena che in Palazzeschi è la sua adesione crepuscolare nelle raccolte *Le fiale* (1903), *Armonia in grigio et in silenzio* (1903), *Fuochi d'artifizio* (1905). Ma si tratta di un'adesione giocata in termini di «collezionismo catalogante» (Sanguineti), ossia come un affollato inventario di tutti i luoghi tipici del Crepuscolarismo. Si veda questo esempio in prosa assai istruttivo: «Ho sempre amato le cose tristi, la musica girovaga, i canti d'amore cantati dai vecchi nelle osterie, le preghiere delle suore, i mendichi pittorescamente stracciati e malati, i convalescenti, gli autunni melanconici pieni di addii, le primavere nei collegi quasi timorose, le campane magnetiche, le chiese dove piangono indifferentemente i ceri, le rose che si sfogliano sugli altarini nei canti delle vie deserte in cui cresce l'erba; tutte le cose tristi della religione, le cose tristi dell'amore, le cose tristi del lavoro, le cose delle miserie». Basterebbe poco a far scattare in questa materia assiepata il punto di fuga e di rottura: volgere la materia nel suo contrario.

Anche per Govoni il passaggio al Futurismo c'è, ma è condizionale. I suoi titoli futuristi sono *Poesie elettriche*, edite da "Poesia" nel 1911; *Inaugurazione della primavera* e *Rarefazioni*, ambedue del '15. Pur avendo poi ancora scritto molto, anche in prosa e per il teatro, i tempi migliori di Govoni restano questi.

A sinistra: Aldo Palazzeschi, Carlo Carrà, Giovanni Papini, Umberto Boccioni e Filippo Tommaso Marinetti in una foto di Nunes Vais del 1914 (Farabolafoto). *Sotto:* Autoritratto di Corrado Govoni, pubblicato su "Lacerba".

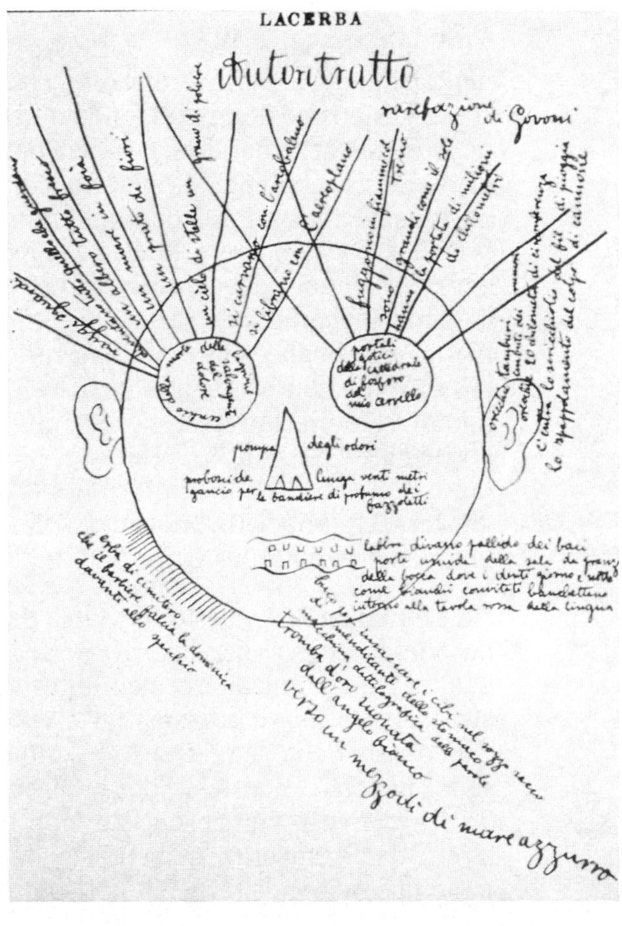

LE RIVISTE FIORENTINE E I LORO PROTAGONISTI

"Il Regno", "Hermes", "Il Leonardo"

Antipositivismo e antigiolittismo. Il primo Novecento è percorso da un'ansia di novità e di azione, che non tocca soltanto le organizzazioni e i movimenti sindacali o politici. Anche la cultura cerca di trasformarsi in movimento, se non addirittura in partito. È quanto succede, ad esempio, con il movimento nazionalista di Enrico Corradini. Gli intellettuali si ritrovano nelle riviste e stendono programmi non soltanto di pensiero ma di azione, organizzano l'opposizione della cultura. Gli obbiettivi di lotta sono principalmente due: il positivismo e il giolittismo. Nella lotta contro il positivismo si mescolano influenze diverse (idealismo, spiritualismo, irrazionalismo) e spesso nascono equivoci e confusioni. Nel giolittismo viene individuato un sistema di equilibri che non corrispondono alla forte esigenza di rinnovamento spirituale e morale. C'è nelle generazioni maturate nel clima della rinascita idealistica un bisogno ideale che il giolittismo non appaga. Il giolittismo è visto come la negazione di ogni nobile intento, una pratica politica che spegne ogni entusiasmo morale.

Il centro più vivo dell'opposizione antigiolittiana è Firenze. Tra il 1903 e il 1915 a Firenze vengono pubblicate molte e importanti riviste: "Il Regno" (1903-1906), "Hermes" (1904-1906), "Il Leonardo" (1903-1907). Esse precedono di qualche anno la nascita della rivista più complessa e duratura dell'epoca, "La Voce" (1908-1916). Infine, dalla scissione vociana di Giovanni Papini e di Ardengo Soffici, prende vita "Lacerba" (1913-1915). Si tratta di una cronologia ben definita, che è quasi eloquente per se stessa.

"Il Regno", "Hermes". "Il Regno" è l'espressione del movimento nazionalista. Il suo esponente di punta è Enrico Corradini, che era già stato tra gli animatori del "Marzocco", la rivista dell'estetismo fiorentino fondata nel 1896 da Angiolo Orvieto. "Il Regno" esalta la funzione dirigente della borghesia. La sua polemica antiborghese è rivolta alla borghesia che si adagia e che si accontenta, incapace di coprire il ruolo che le spetta. È francamente antisocialista e antidemocratico. Parla di «popolo», ma il popolo non è il proletariato organizzato delle fabbriche, la classe operaia. È invece la moltitudine anonima ricca di energie vergini da sfruttare per un uso nuovo del consenso. L'estremismo demagogico del "Regno" è nettamente contro la visione del progresso razionale e graduale della politica giolittiana. Anche "Hermes" esprime idee analoghe, ma è più letterario. Nasce per opera di GIUSEPPE ANTONIO BORGESE (1882-1952), che si era fatto conoscere scrivendo sul "Leonardo" e che poi, quando "Il Leonardo" si indirizza verso interessi più filosofici, fonda la nuova rivista. Si potrebbe dire che "Il Regno" è più politico, "Hermes" più letterario, "Il Leonardo" più filosofico. È però importante non separare lo spirito di fondo che anima le tre riviste. I collaboratori sono spesso gli stessi e gli obbiettivi polemici sono comuni: la lotta contro il positivismo, la denuncia di una democrazia senza nerbo e di un socialismo accomodante, la sfida alla «viltà borghese».

"Il Leonardo". Questo proclama del "Leonardo" (fondato da Giovanni Papini) può essere facilmente esteso alle altre riviste: «Siamo accomunati qui nel Leonardo più dagli odi che dai fini comuni; miglior cemento in verità; e ci riuniscono più le forze del nemico che le nostre. Positivismo, erudizione, arte verista, metodo storico, materialismo, varietà borghesi e collettiviste della democrazia — tutto questo puzzo di acido fenico, di grasso e di fumo, di sudor popolare, questo stridor di macchine, questo affaccendarsi commerciale, questo chiasso di *réclame* — son cose legate non solo razionalmente, ma che si tengon tutte per mano, strette da un vincolo sentimentale, che ce le farebbe avere in disdegno se fosser lontane, che ce le fa invece odiare perché ci sono vicine».

Le letture del "Leonardo" sono eclettiche: da Kierkegaard a Dostoevskij, da Nietzsche a Stirner, da Bergson a Sorel. L'irrazionalismo e lo spiritualismo si mescolano. Anche l'idealismo crociano trova seguito e posto. Croce si compiace dell'ansia di novità e di critica, che anima la generazione del Novecento, anche se il compiacimento non è di lunga durata perché il sistema crociano è troppo conservatore per dei giovani impazienti e curiosi, che non vogliono farsi ingabbiare in un sistema.

È merito del "Leonardo" aver fatto conoscere in Italia il pragmatismo americano di Charles S. Peirce e di William James, soprattutto attraverso gli interventi dei filosofi Giovanni Vailati (1863-1909) e Mario Calderoni (1879-1914). Vailati e Calderoni insistono sul pragmatismo come riforma del positivismo scientifico, come critica della scienza e come rinnovamento della sua metodologia. Non a caso Vailati ammonisce Papini: «La verità, le leggi (...) sono rotaie su cui i fatti, e in particolare le nostre azioni, si devono muovere; tu dal tuo istinto di libertà sei portato a concepire l'uomo come una nave che crea la propria rotta e non ha solchi davanti a sé, ma solo dietro, cioè quelli che essa stessa fa». Papini è infatti tentato da altri aspetti del pragmatismo, tende all'esaltazione del valore pratico dell'azione e al fanatismo della volontà, scivola verso interpretazioni che conducono al misticismo e all'occultismo. L'ultimo "Leonardo" si sposta così verso interessi prevalentemente filosofico-religiosi: Pascal, Blondel, antichi testi indiani, testi mistici.

"La Voce"

La rivista più importante dell'epoca è "La Voce". Dal 20 dicembre 1908 (data d'inizio delle pubblicazioni) al 28 marzo 1912 è diretta da Giuseppe Prezzolini. Poi la direzione passa a Giovanni Papini fino all'ottobre. Dal 7 novembre torna a Prezzolini, che la tiene fino al 28 novembre 1914. Dal 15 dicembre di quell'anno "La Voce" cambia decisamente impronta passando alla direzione di Giuseppe De Robertis, che la tiene fino alla cessazione delle pubblicazioni. A questi quattro passaggi di direzione corrispondono grosso modo tre periodi diversi.

Primo periodo. Corrisponde alla prima direzione di Prezzolini. Risponde a un programma, che nel primo numero del 1909 Prezzolini annuncia così: «Ci si propone qui di trattare tutte le questioni pratiche che hanno riflessi nel mondo intellettuale e religioso ed artistico; di reagire alla retorica degli italiani obbligandoli a veder da vicino la loro realtà sociale; di educarci a risolvere le piccole questioni e i piccoli problemi, per trovarci più preparati un giorno a quelli grandi; di migliorare il terreno dove deve vivere e fiorire la vita dello spirito».

I temi che vengono trattati sono vari e disparati: la questione meridionale, la scuola media, l'università, la crisi del clero, la religione, l'anticlericalismo, il giornalismo, il modernismo, il nazionalismo, la questione sessuale, la Massoneria, le ferrovie, l'irredentismo e persino la crisi degli olivi in Liguria. Argomenti politici e ideologici si mescolano con le note di costume. Molto spazio è riservato alla conoscenza dell'Italia periferica: la Calabria, la Sicilia, la Basilicata, Trieste.

I collaboratori hanno origini e mentalità diverse, spesso polemizzano tra loro, ma sono accomunati in un intento di rinnovamento morale e di serietà laboriosa. Gli studiosi si alternano agli scrittori ma la prevalenza è dei primi. Benedetto Croce, Giovanni Amendola, Luigi Einaudi, Romolo Murri, Gaetano Salvemini sono tra i più assidui. Soprattutto Salvemini si può dire che abbia dato alla prima "Voce" un'impronta di concretezza non letteraria. I suoi due temi fondamentali sono la questione meridionale e l'inserimento delle masse contadine nel gioco politico: di qui il suo insistere sull'analfabetismo, sul suffragio universale, sull'organizzazione della scuola (la scuola media e l'università) e della cultura. Quando gli sembra che "La Voce" non dia sufficiente spazio alla campagna contro l'impresa di Libia, se ne stacca per fondare una sua rivista, "L'Unità" (1911-1920). Nel punto di andarsene precisa a Prezzolini: «Per me la coltura vera oggi consiste nel parlare di Tripoli. Tutto il resto non è coltura, è letteratura. La stessa questione meridionale oggi è letteratura».

Secondo periodo. Il secondo periodo della "Voce" corrisponde alla direzione di Papini e alla seconda direzione di Prezzolini. La rivista prende un'impronta più letteraria e più filosofica. La concretezza dei problemi proposti durante il primo periodo è sostituita da un maggiore e più esclusivo interesse per la letteratura e per la filosofia. Si tratta di una "Voce" che si fa nello stesso tempo più ideologica, spostandosi con decisione su una linea interventista: l'impresa libica è vista come un'impresa che può riscattare l'avvilito morale della nazione. La cultura della guerra e del suo significato di riscatto nazionale prepara fin d'ora le prove dell'interventismo maggiore della prima guerra mondiale.

Intanto si moltiplica lo spazio riservato agli scrittori. Papini apre la sua direzione con un articolo intitolato *Dacci oggi la nostra poesia quotidiana*. Per Papini è giusto che ci si preoccupi del miglioramento materiale e intellettuale del paese: la salute della gente, il lavoro, saper leggere e scrivere, ragionare bene, vedere chiaro nelle questioni e non lasciarsi imbrogliare dalle parole e dai miraggi. Ma anche l'anima deve avere il suo spazio e questo spazio deve essere coperto dalla poesia, che diventa un'esigenza di prima necessità: «Io non chiedo che tutta la nostra vita sia fatta di poesia. Avrei paura di una simile vita, anche se fosse possibile. Desidero soltanto un po' di poesia ogni giorno — la mia poesia quotidiana, necessaria all'anima come il pane è necessario al corpo».

Prezzolini conferma il programma: «"La Voce" aprirà le sue colonne (...) come finora non aveva fatto, alla creazione artistica dei suoi collaboratori. Essa pubblicherà non soltanto novelle, racconti, versi, non soltanto disegni originali e riproduzioni di quadri o di scolture, ma ogni forma di lirica, dal diario al frammento, dallo schizzo alla impressione. Purché ci sia la vita». Agli scrittori che già collaborano, se ne aggiungono altri di diversa impostazione e cultura: con Soffici, Papini, Boine, Jahier, Rebora, Sbarbaro troviamo Saba, Govoni, Panzini, Palazzeschi, Sibilla Aleramo, Lucini.

La filosofia prende il sopravvento durante la seconda direzione di Prezzolini, quando "La Voce" diventa «rivista di idealismo militante». Il numero del 19 dicembre 1912 è interamente dedicato alla filosofia contemporanea in Italia. Benedetto Croce e Giovanni Gentile polemizzano intorno all'«idealismo attuale». Tra i due filosofi si combattono due temperamenti e due sistemi diversi. La saggezza storicistica di Croce, che sempre si richiama alla necessità di distinguere razionalmente, fa riscontro al senso religioso e drammatico di azione che c'è nella filosofia gentiliana. Tra i due filosofi avviene una battaglia di pensiero che è esemplare per comprendere un po' tutto il cammino della "Voce". C'è nell'intera storia della rivista una disciplina incerta, una disponibilità agli incroci, alle miscele, ai passaggi improvvisi, alle conversioni. Tutto ciò denuncia un'impazienza. L'esigenza di una concretezza capace di rinnovare e di rifondare la realtà sociale si mescola ad un irrazionalismo diffuso, alla prevalenza dell'impulso psicologico, alla frenesia di slancio e di azione. "La Voce" è un importante veicolo di cultura europea, ma i riferimenti sono eclettici, le letture spesso deformanti: Nietzsche, Weininger, Simmel, Sorel, Bergson, Péguy, Ibsen, intuizionismo, pragmatismo. Lo stesso concretismo della prima "Voce" non è mai disgiunto da un'impostazione letteraria e dall'ansia di essere protagonisti.

Terzo periodo. Con la direzione di De Robertis nasce la cosiddetta «seconda "Voce"». Si tratta di una rivista che non ha più decisamente mire ideologiche. L'unico impegno è la letteratura; l'unica morale diventa il rigore che essa pretende per se stessa. Laddove la letteratura si misurava con i problemi concreti del rinnovamento, qui mira al rinnovamento di se stessa e dei suoi metodi. De Robertis scrive gli articoli *Saper leggere, Collaborazione alla poesia*, avviando la sua ricerca sulla parola poetica. Nasce la critica che Croce definisce spregiativamente «degli scartafacci», cioè delle carte in cui i poeti hanno elaborato i loro testi:

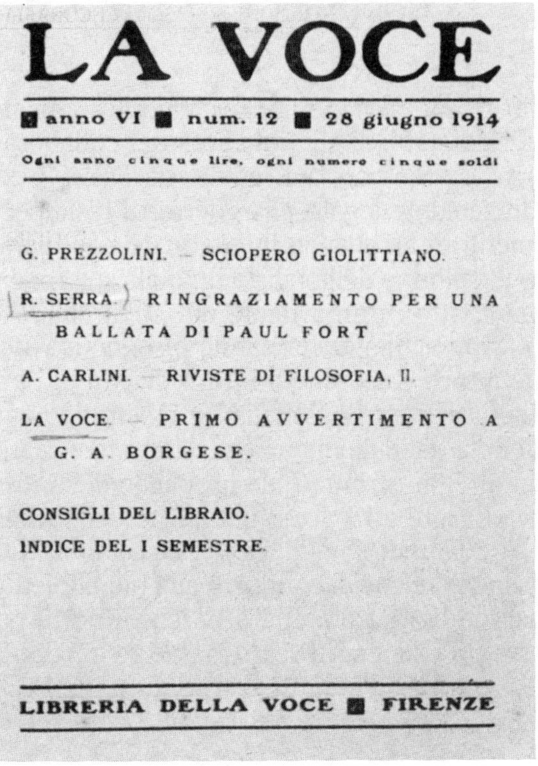
LA VOCE

anno VI ■ num. 12 ■ 28 giugno 1914

Ogni anno cinque lire, ogni numero cinque soldi

G. PREZZOLINI. — SCIOPERO GIOLITTIANO.

R. SERRA. — RINGRAZIAMENTO PER UNA BALLATA DI PAUL FORT

A. CARLINI. — RIVISTE DI FILOSOFIA, II.

LA VOCE. — PRIMO AVVERTIMENTO A G. A. BORGESE.

CONSIGLI DEL LIBRAIO.

INDICE DEL I SEMESTRE.

LIBRERIA DELLA VOCE ■ FIRENZE

Frontespizio di un numero (il 12 dell'anno VI) della «seconda "Voce"».

LACERBA

QUINDICINALE

Anno I, n. 2 — Firenze, 15 gennaio 1913 — Costa 4 soldi

KRAUS

AFORISMI

Frontespizio del secondo numero di "Lacerba", 15 gennaio 1913.

una critica che si fonda sull'attenzione all'officina degli scrittori, alla dinamica di un'opera che nasce e viene facendosi attraverso ritocchi e ritorni.

Caratteristica del distacco avvenuto dalla prima "Voce" è la posizione che De Robertis prende a proposito della guerra. De Robertis sostiene che è inutile abbandonare la letteratura per dedicarsi a facili esaltazioni. La guerra è una calamità inevitabile a cui ognuno deve pagare il suo tributo, ma cambierà poco nella vita degli uomini. È una posizione ben diversa da quella che "La Voce" era venuta via via assumendo. Vicino alla posizione di De Robertis è Renato Serra, una delle coscienze più avvertite del primo Novecento. Nell'*Esame di coscienza di un letterato*, pubblicato sulla "Voce" del 30 aprile 1915, Serra fa eco a De Robertis: «Credo che abbia ragione De Robertis; quando reclama per sé e per tutti noi il diritto di fare della letteratura, malgrado la guerra». Serra, nonostante ciò, fu uno dei primi caduti di una guerra nella quale era entrato come volontario.

"Lacerba"

"Lacerba" nasce il 1° gennaio 1913 per iniziativa di Giovanni Papini e Ardengo Soffici. Papini e Soffici trovano che "La Voce" sia troppo impegnata sul piano civile e vogliono fare una rivista artistico-letteraria lontana dal «civismo», dal «filosofume», dal «catonismo». La sensibilità artistica deve prevalere su ogni altra, come arrogantemente annunciano le prime parole dell'*Introibo*: «Tutto è nulla, nel mondo, tranne il genio. Le nazioni vadano in isfacelo, crepino di dolore i popoli se ciò è necessario perché un uomo creatore viva e vinca».

In "Lacerba" si possono distinguere due periodi: il primo va fino allo scoppio della guerra europea; il secondo fino all'intervento dell'Italia. Nel primo periodo prevale il disimpegno politico: aristocrazia intellettuale ed estraneità ai problemi concreti ne sono le caratteristiche essenziali. La rivista rifiuta ogni idea di partito e i giochi (sporchi) della democrazia parlamentare. Di fronte alle prime elezioni a suffragio universale (1913), la parola d'ordine è: «Freghiamoci della politica». In questo primo tempo avviene anche l'incontro con il Futurismo marinettiano. Sia pure tra riserve e contraddizioni, si allarga l'area dei collaboratori e compaiono nuove firme: da Boccioni a Carrà, da Severini a Pratella, da Russolo a Folgore.

Il secondo periodo di "Lacerba" è fortemente legato alla guerra. Il disimpegno politico diventa impegno interventistico; gli elementi di arroganza intellettuale e le dichiarazioni di violenza verbale, che già hanno percorso le colonne della rivista fin dalla sua nascita, diventano pedagogia della guerra. Papini ha già scritto in un articolo del 1913 che la «vita non è sacra», che il sangue è il «vino dei popoli forti», «l'olio di cui hanno bisogno le ruote di questa macchina enorme che vola dal passato al futuro — perché il futuro diventi più presto passato». Queste parole denunciano l'influenza futurista e nazionalista e mostrano come tra il primo e il secondo periodo di "Lacerba", al di là delle dichiarazioni d'intenti, ci siano fortissimi legami. Il linguaggio interventista si fa sempre più sfrontato, la propaganda contro il governo e contro Giolitti sempre più incendiaria: «Eccettuati i preti, una parte dei socialisti e pochi trippai amanti del quieto vivere a costo di qualunque umiliazione, nessuno in Italia approva l'inerzia che il governo ci impone, che ci snerva e che ci condurrà alla più abbietta depressione morale, se non, alla fine, a una reazione esasperata che a parecchi potrà costare assai cara». Tra dichiarazioni, appelli, manifesti, proclami si va verso la guerra e, raggiunto lo scopo, il 22 maggio 1915 la rivista chiude.

Giuseppe Prezzolini

Fino alla «grande guerra». La storia della "Voce" si identifica per più versi con un importante periodo della vita di Prezzolini. Nato nel 1882 a Perugia in una famiglia borghese (il padre era prefetto del Regno), Prezzolini matura molto presto un'acuta insofferenza per le convenzioni del suo ambiente. Lascia la scuola al tempo del ginnasio e fa da sé le sue scoperte culturali. La conoscenza di Papini diventa un fatto decisivo perché ne scaturisce un'amicizia duratura, documentata nel carteggio *Storia di un'amicizia* (1966-68). Insieme, Papini e Prezzolini fondano "Il Leonardo". È il tempo della vita interiore. Con l'aiuto di Bergson, di cui segue in Francia le lezioni, Prezzolini scopre il valore della vita «continua e tumultuosa», e scrive il suo primo libro, *Vita intima* (1903), dove afferma la fede nella potenza inesauribile della volontà. La realtà non è che rappresentazione del pensiero; non sono i fatti esterni a contare, ma l'esplorazione degli abissi dello spirito, il flusso che vi scorre «come un torrente di liquida lava», il senso di potenza che ne viene. L'altro aspetto dell'individualismo idealistico di Prezzolini è il suo spiritualismo, l'interesse religioso che lo muove al dialogo con Dio, alla lettura dei mistici tedeschi, alla fase estrema della negazione del mondo.

Ad aprire una nuova stagione di pensiero è l'incontro con la filosofia crociana. Croce dà a Prezzolini il senso di una concreta attenzione alle cose e alla storia, una meno eccitata disciplina morale. Scrive libri attenti ai movimenti e alla loro dinamica sociale come *Cos'è il modernismo?* (1908), *La teoria sindacalista* (1909). La storia prende nel suo pensiero il valore che prima, nella vita intima, aveva la ricerca di comunione con il Tutto, con Dio. Nasce "La Voce", con l'ambizione di riformare il carattere degli Italiani attraverso la cultura. Prezzolini diventa un organizzatore infaticabile, tiene insieme collaboratori, che hanno idee e personalità diverse, spesso opposte; non detta programmi suoi, ma cerca di comporre dissidi, di resistere ai tentativi di fare della rivista un movimento di gruppo. Pubblica gli scritti di molte personalità formate e di molte che si stanno formando, diventa un divulgatore, uno scopritore di talenti. La sua nuova coscienza della storia lo porta a vedere l'importanza della vita quotidiana, del dovere che bisogna compiere nonostante tutto, perché anche l'uomo mediocre ha in sé un frammento dello spirito divino. L'idealismo, che prende l'etichetta di «idealismo militante» nel periodo della sua seconda direzione, copre il ruolo che prima ricopriva il misticismo: diventa la religione laica dell'uomo moderno. Per Prezzolini è il periodo più ottimistico e positivo.

Dopo la guerra. Dopo la guerra, che ha auspicato e che ha fatto da volontario, inizia invece il tempo della disillusione e dello scetticismo. La guerra lo convince che l'esperienza della "Voce" è stata inutile. La realtà della guerra distrugge i suoi ideali di rinnovamento. Nascono libri aspri come *Dopo Caporetto* (1919) e *Vittorio Veneto* (1920) contro le colpe dei capi. In un'antologia degli scrittori di guerra, *Tutta la guerra* (1918), risaltano al contrario l'umanità e la bellezza della guerra combattuta dal popolo. Di fronte al fascismo l'atteggiamento di Prezzolini è ambiguo. Gli ripugnano sia i metodi di molti fascisti sia il comportamento di molti oppositori, non ha stima del suo paese e lo confessa. Scaturiscono da una vena caustica, impietosa, disillusa, la biografia di *Niccolò Machiavelli* (1927) e più avanti l'autobiografia *L'italiano inutile* (1954) e il ritratto *L'Italia finisce* (1958). La sua vita si svolge intanto sempre più lontana dall'Italia. Prima diventa corrispondente dell'agenzia americana Foreign Press Service, che ha lo scopo di far conoscere gli Stati Uniti in Europa; poi nel 1925 viene nominato capo della sezione stampa dell'Istituto di cooperazione intellettuale della Società delle Nazioni. Infine, nel 1930, diventa professore di letteratura italiana alla Columbia University e resta negli Stati Uniti fino al 1961. Dall'esperienza americana nascono i libri *Tutta l'America* (1958) e *I trapiantati* (1963), un viaggio nel mondo degli immigrati. Tornato in Italia, Prezzolini si trasferisce a Lugano, dove muore nel 1982.

Giovanni Papini

Fino alla «grande guerra». Papini nasce a Firenze nel 1881, in Borgo degli Albizzi, dove il padre ha una bottega artigiana. Fin dall'infanzia la sua formazione si muove in una selva di passioni libresche. La sua è molto presto una fame enciclopedica di conoscenza e di libri. Dirà poi: «Sapere, sapere, saper tutto. (Ecco la parola del mio disastro: tutto!)». Alla fame di conoscenza congiunge un atteggiamento da iconoclasta, la «malattia della grandezza», il bisogno di confondere e di stroncare. S'intitola *Stroncature* (1916), anche se non tutte lo sono, un suo volume in cui strapazza D'Annunzio, Croce, Romain Rolland.

Il suo itinerario di pensiero, quanto mai vario e mosso, è stato interpretato di volta in volta come un sintomo di aridità e di opportunismo oppure come un segno di reale inquietudine conoscitiva, come esempio eloquente dei travagli di un'epoca. Certo Papini è attore, impresario, protagonista delle più importanti vicende culturali del primo Novecento. Nella sua battaglia contro il positivismo, viene tentato dall'idealismo bergsoniano, dal pragmatismo, dall'occultismo e infine, come denuncia nel volume *Il crepuscolo dei filosofi* (1906), dal desiderio di liberarsi da ogni filosofia per un vitalismo allo stato puro. Come organizzatore di cultura fonda "Il Leonardo" con Prezzolini e prende lo pseudonimo di Gian Falco; per qualche tempo è redattore del "Regno" di Corradini; per qualche mese del 1912 è direttore della «Voce», dove reclama un maggiore spazio per la poesia (*Dacci oggi la nostra poesia quotidiana*). Nel 1911 fonda con Giovanni Boine una rivista di cultura religiosa, "L'Anima", e nel 1913 fonda con Ardengo Soffici la rivista "Lacerba".

Come scrittore pubblica i racconti metafisici intitolati *Il tragico quotidiano* (1906) e *Il pilota cieco* (1907). Scrive *Un uomo finito* (1912), l'autobiografia del suo «deluso titanismo intellettuale» (Contini), in cui fa i conti tra aspettative gigantesche e delusioni profonde. In una pagina famosa rievoca l'amicizia con Prezzolini e ricorda: «Quanti libri abbiamo stroncato, quante idee abbiamo riscoperto, quante glorie abbiamo stritolato, quanti sistemi abbiamo smontato, di quante opere abbiamo scritto l'indice e la prefazione, a quanti paradossi abbiamo dato l'aire e a quante saette abbiamo limato la punta!». Pubblica le prose poetiche intitolate *Cento pagine di poesia* (1915) e a guerra avanzata le poesie di *Opera prima* (1917), rispetto a cui Giuseppe Ungaretti riconoscerà un suo debito. In occasione della guerra sulle colonne di "Lacerba" aveva scritto: «Amiamo la guerra ed assaporiamola da buongustai finché dura. La guerra è spaventosa — e appunto perché spaventosa e tremenda e terribile e distruggitrice dobbiamo amarla con tutto il nostro cuore di maschi».

Dopo la guerra. Anche per Papini la guerra segna uno spartiacque. I fermenti religiosi e misticheggianti già presenti nel suo pensiero si traducono nel gesto d'ordine della conversione al cattolicesimo. Scrive la *Vita di Cristo* (1921), che non è propriamente una biografia, ma un libro di meditazioni sulla vita di Gesù. L'avvento del fascismo trova lo scrittore emarginato dalla cultura militante nel suo rifugio di Bulciano, un piccolo paese dell'alta Val Tiberina. Alterna libri in cui mostra la sua attenzione per il mondo delle cose semplici e segrete,

Giovanni Papini con le figlie nel 1921.

come *Seconda nascita* (1923), ad altri di satira del costume contemporaneo, che fanno parlare di un suo ritorno al «paganesimo», come *Gog* (1931). Nel 1937 è nominato all'Accademia d'Italia e nel 1939 dà alle stampe la sua più smaccata celebrazione del fascismo e della guerra: *Italia mia*.

Dopo le vicissitudini della guerra, vissuta tra Bulciano e La Verna, Papini pubblica un nuovo libro controcorrente, che sintetizza la sua inquieta posizione nei riguardi della Chiesa dei «preti» e delle gerarchie, *Le lettere agli uomini di papa Celestino VI* (1946). Ma il libro che fa più scalpore è *Il diavolo* (1953): quattordici edizioni in brevissimo tempo e molte polemiche sui giornali. Nel libro sostiene che anche il diavolo sarà salvato da Dio. Nella salvezza finale del diavolo c'è l'elogio molto autobiografico della capacità di sovvertire e di rovesciare. Papini è malato, soffocato a poco a poco da una forma di paralisi progressiva.

Scrive ancora per il "Corriere della Sera" delle «schegge», che vengono raccolte in due volumi: *La spia del mondo* (1955) e *Le felicità dell'infelice* (1956). Essi danno l'ultima misura di uno scrittore, che sente il richiamo degli opposti ed è tentato da una continua oscillazione di umori intellettuali e poetici. La sua morte avviene a Firenze l'8 luglio del 1956.

Ardengo Soffici

Prima della «grande guerra». Soffici nasce a Rignano sull'Arno (Firenze) nel 1879. La sua origine è di buonissima borghesia rurale, ma il dissesto delle finanze paterne lo costringe a trasferirsi a Firenze, dove lavora nello studio di un avvocato e si forma una cultura da autodidatta. Inizia presto la carriera di pittore e nel 1904 va a Parigi, dove rimane fino al 1907. Qui conosce l'opera di Laforgue, Lautréamont, Rimbaud (*Arthur Rimbaud* è un suo libro del 1911). Avvicina Picasso, Max Jacob, André Derain, Georges Braque, Gino Severini e fa amicizia con Blaise Cendrars e con Apollinaire. A contatto con le avanguardie pittoriche e letterarie parigine s'investe di un ruolo da pedagogista feroce e, tornato in Italia, divulga le sue scoperte dei pittori impressionisti e postimpressionisti sulle colonne della "Voce" e poi di "Lacerba", che fonda insieme con Papini nel 1913. Dal rumoroso e contraddittorio incontro con F. T. Marinetti e con il movimento futurista nascono le poesie di *Simultaneità* e *Chimismi lirici*, raccolte nel 1915 sotto il titolo *BIF & ZF+18*.

Scrive anche un romanzo, *Lemmonio Boreo* (1911). Pubblica un taccuino di viaggio, che intitola *Arlecchino* (1914) e uno zibaldone di schizzi, ritratti, avventure, frammenti, intitolato *Giornale di bordo* (1915). *Lemmonio Boreo* è un'esaltazione del vitalismo, del protagonismo irrazionale, della violenza. C'è chi vi ha visto prefigurato con molto anticipo lo squadrismo fascista. Si tratta di un terzetto di personaggi sradicati (un intellettuale, un contadino, un vagabondo), che fanno giustizia dei torti in cui si imbattono nel loro vagabondare. I bersagli polemici del romanzo sono per un verso la viltà della borghesia incapace di rigenerazione e di guida, e per altro verso la democrazia e il socialismo. Anche per Soffici, come già per Prezzolini e per Papini, la guerra è osannata e pregustata e quando scoppia si arruola come volontario, facendo esperienza di fronte e di retrovie.

Dopo la guerra. Da questa esperienza nascono *Kobilek* (1918) e *La ritirata del Friuli* (1919), dove è raccontata la sconfitta di Caporetto. Anche per Soffici la guerra segna un «ritorno all'ordine», un'esigenza di recupero di tradizione, che viene sigillata dalla piena adesione al fascismo. Più ancora che per Prezzolini e Papini, è per Soffici il primo tempo a contare nella storia della letteratura e della cultura italiane. Tra le opere degli ultimi anni si può ricordare l'autobiografia in quattro volumi, che ha come sottotitolo «autoritratto d'artista italiano nel quadro del suo tempo»: *L'uva e la croce* (1951) è dedicato all'infanzia, *Passi tra le rovine* (1952) all'adolescenza, *Il salto vitale* (1954) alla giovinezza, *Fine di un mondo* (1955) alla «virilità». Soffici muore nel 1964.

GLI SCRITTORI DELLA "VOCE"

Espressionismo e poetica del frammento

La tradizione romantica europea. Le origini del Decadentismo europeo non hanno in Italia la complessità e la profondità che hanno in Francia o in Germania. Qui il Romanticismo è stato molto più ardito nello scandagliare i processi del sentimento e della passione, della natura e della scrittura. Rousseau, Diderot, Novalis, Friedrich Schlegel scrivono opere, che anticipano i problemi e i dissidi dell'uomo contemporaneo. In Rousseau c'è l'abbandono della distinzione tra fantasia e realtà, in nome del primato della fantasia; nella sua psicopatia c'è lo strappo radicale tra individuo e società. In Diderot c'è il riconoscimento del «genio», che guidato dalla fantasia abolisce ogni distinzione etica tra buono e cattivo, tra errore e verità; in Novalis il potere magico e divinatorio del poeta, l'oscurità e la suggestione delle immagini; in Schlegel l'autonomia del bello dal vero e dal morale. Essendo mancato in Italia un così consistente travaglio romantico, il Decadentismo si afferma su basi più moderate.

Il frammentismo e "La Voce". I problemi del rinnovamento e dell'aggiornamento di una letteratura in ritardo, già posti dagli scrittori e dalle riviste decadentistiche di fine secolo, vengono ripresi con piglio rinnovato nell'ambito delle riviste fiorentine, da "Hermes" al "Leonardo", e soprattutto sulle colonne della "Voce". Nei principi morali e religiosi che caratterizzano il clima vociano, nelle pose agonistiche e irrazionali, nell'inquietudine antipositivistica e antiborghese si esprime una nuova ricerca ricca di fermenti europei. Essa è mossa dalla sfiducia nei progetti della ragione e non crede negli inganni della logica e dell'intelletto. La ricerca letteraria asseconda questa crisi teoretica e la poetica del frammento ne è la manifestazione più evidente.

Giovanni Boine, uno degli scrittori più assidui della "Voce", scrive: «Ma se uno pensasse a scatti, gli scoppiassero dentro cose profonde come lampi senza alone, senza riverbero logico (...) farebbe male a non darci come gli viene il pensiero suo, a scatti, a guizzi, a motti». Solo nel frammento può essere colta la verità della vita, che è illuminazione improvvisa, manifestazione folgorante, scheggia, scaglia, squarcio istantaneo. Poste così le cose, è logico che il dramma, il romanzo, i componimenti lunghi in genere vengano banditi come inadeguati. È ancora Boine a scrivere: «Ma basta signori scrittori, basta romanzi (...). Signori scrittori, siamo uomini; lasciamo la letteratura e facciamo della lirica».

Il termine «espressionismo». Il frammentismo vociano è spesso unito a una forte dose di risentimento morale, che sulla pagina vibra nell'urto e nello scalpore della scrittura. A causa dello stile fortemente espressivo e vibrato si parla spesso per gli scrittori vociani di «espressionismo». Il termine «espressionismo», come il termine «impressionismo», nasce in campo artistico-figurativo e poi si estende alla letteratura. Nemmeno l'Espressionismo, come già l'Impressionismo, sta a indicare una vera e propria scuola o un gruppo omogeneo. Sulla base di alcuni tratti comuni prende caratteri diversi nelle singole opere e nei singoli autori. Si tratta insomma di una categoria che non può essere ridotta a formula e che ha valore prevalentemente indicativo di tendenza stilistica. Storicamente l'Espressionismo nasce nel primo decennio del Novecento in Austria e in Germania ed è una delle forme con cui si manifesta la volontà di rinnovare l'arte e la letteratura. Si contrappone all'Impressionismo, ma nello stesso tempo ne assume qualche tratto e questo spiega come spesso due termini che sembrano contrapporsi possano invece convivere all'interno della stessa opera o dello stesso autore. Nell'Espressionismo si distinguono in particolare una tendenza mistico-cosmica e una tendenza più marcatamente politico-sociale, di contestazione diretta. La spinta comune, irrazionalistica come quella di tutti i movimenti che inaugurano il Novecento, è data dalla consapevolezza del dissidio tra io e realtà vissuto in forma di strappo, di violenta frattura. Nella pagina il dissidio si attua come urlo, urto, scoppio, con stridori e durezze ritmiche, con contratture e slogature sintattiche, con forzature lessicali: attraverso la dissonanza, la deformazione, il grottesco. Anche l'Espressionismo è legato alla poetica del frammento, ma più del Simbolismo ne accentua i caratteri di tragedia e di tumultuosa disperazione. Si può dunque ricorrere al termine «espressionismo» per caratterizzare lo stile dei più importanti scrittori vociani. La riforma morale che essi auspicano passa attraverso una scrittura fortemente percossa e scalpellata.

Gli scrittori vociani

Nella pagina anticonformistica e innovativa i cosiddetti «vociani» trasferiscono la loro ansia di rinnovamento. I più importanti sono: PIERO JAHIER (1884-1966), CLEMENTE REBORA (1885-1957), GIOVANNI BOINE (1887-1917), CAMILLO SBARBARO (1888-1967), SCIPIO SLATAPER (1888-1915).

Piero Jahier. Jahier esordisce sulla "Voce" con una serie di articoli di argomento religioso (*Quel che rimane di Calvino*, 1909; *I Valdesi delle Valli*, 1909; *I protestanti in Italia*, 1910). Il suo primissimo articolo si intitola *Inchieste sulla religione* e viene pubblicato il 14 gennaio 1909. È siglato «G.B.» (Gino Bianchi), uno pseudonimo a cui Jahier ritorna nel libro *Resultanze in merito alla vita e al carattere di Gino Bianchi* (1915), che combatte vocianamente la meschinità della vita impiegatizia e burocratica. Sul fondo calvinistico della sua educazione religiosa, Jahier coltiva una forte ansia democratica e fa della guerra, vissuta come spinta ideale alla solidarietà tra gli uomini e le classi, un drammatico punto di verifica. Dall'esperienza della guerra escono i libri più importanti: *Ragazzo* (1919) e *Con me e con gli alpini* (1919). Come quasi tutti i libri della giovane letteratura vociana, si tratta di libri autobiografici. In essi stilisticamente si dissolve il confine tra poesia e prosa. Tutto vibra in un unico fiotto di scabroso lirismo, che annulla gli steccati.

Clemente Rebora. Milanese, laureato in lettere, amico di Antonio Banfi e di Angelo Monteverdi, si era dedicato con passione all'insegnamento. Le raccolte più importanti di Rebora sono i *Frammenti lirici* (1913) e i *Canti anonimi* (1922). I primi sono stilisticamente più espressionisti; i secondi hanno più frequenti adagi e riposi. La poesia di Rebora è una poesia di contrasti: tra campagna e città (moderna), tra purezza e utilità. Il suo cardine è un'inquietudine morale e intellettuale, che aspira ad un ordine. La poesia diventa per lui «un'azione interna, un duro combattimento in favore di quest'ordine irraggiungibile» (Luzi). L'ansia religiosa che lo muove trova sbocco, prima nella conversione (1929), avvenuta senza i sospetti clamori papiniani, e poi nel sacerdozio (1936): vivendo fra i padri rosminiani, ripudiò e distrusse in parte i suoi scritti, sentiti come *vanitas*.

Ma i *Frammenti lirici* e i *Canti anonimi* recano immanente una tensione etica ed esistenziale che già prelude alla conversione. Alla quale, più che la lettura dei grandi scrittori russi come Tolstoj e Dostoevskij (ma Rebora tradusse lo stupendo *Cappotto* di Gogol'), contribuì l'esperienza dolorosa e straziante della guerra. Rebora ha lasciato poesie di guerra che vincono, per intensità, le più celebri di Ungaretti e vietano di accostarlo a tal riguardo ai vociani interventisti (o ai futuristi bellicosi, cui pur diede lezioni di sperimentalismo autentico). Le dissonanze stilistiche, gli stridori, le sfasature ritmiche sono i segni evidenti di un processo operativo che sembra non lasciare residui. Così il Mengaldo ha sintetizzato l'espressionismo reboriano: «In pochi poeti come in Rebora, lo stile, più che riflettere, è un'ideologia, è immediatamente ideologia, anzi si direbbe la surroghi e ne colmi i vuoti con una sorta di gesticolazione psicologica e morale che da un lato veicola l'attivismo del soggetto, e la sua volontà d'intervento nel mondo, dall'altro mima il caos peccaminoso della realtà rugosa, con una duplicità che si ritrova in forme simili un po' in tutti i vociani più tesi».

La statura critica di Rebora va crescendo, dopo molti ritardi e incomprensioni (l'incomprensione anche per il convertito, in un'Italia dove abbondano i convertiti da sempre o coloro che non si convertirono mai). «Ci è grato confessare con enorme ritardo le nostre lacune su Rebora» scriveva coraggiosamente Oreste Macrì; e quasi similmente Luciano Anceschi: «Quanta fatica abbiamo corso per far nostro Rebora; e oggi invece, come ci è caro e vicino, come ci tocca ogni cosa che lo riguardi». La ragione di quel ritardo, la ragione del tardivo ma unanime riconoscimento della poesia di Rebora (propiziato e celebrato da un saggio di Contini) è forse nel suo carattere atipicamente «impuro». Il suo linguaggio è scheggiato con asprezze dantesche, irto di vertiginosi consonantismi, prosciugato da ogni nesso inessenziale, acceso da ardimentose invenzioni metaforiche, severo in un lessico scelto fino alla rarità ma contrastato da audaci cali realistici. Eppure la poesia di Rebora non è mai poesia per la poesia. Vi pàlpita, sempre, una tensione esistenziale, vitale, morale, che ne fa cosa rara, nell'eterna nostra accademia. Ecco perciò che egli «attraversa» polemicamente D'Annunzio, citandolo per antitesi: volge in aspre dissonanze le rotonde sonorità del Vate, mentre oppone ai temi enfatici dell'Imaginifico una visione più drammatica e umanamente solidale. Così, mentre apre la via alla poesia postdannunziana (Montale compreso), si inserisce come voce lirica in quella grande «linea lombarda» in cui le ragioni espressive e realistiche, formali e morali si legano dinamicamente. La conversione che condusse il laico e mazziniano scrittore vociano a farsi sacerdote, guardando con crescente distacco e sorridente indifferenza le sue poesie, cala nel sangue della vita una traiettoria che, da Petrarca in poi, era stata spesso ideale finzione, paradigma astratto di un itinerario prefissato dalla vanità del bello al mistero del giusto.

Giovanni Boine. Nel 1907, giovanissimo, è collaboratore della rivista modernista "Il Rinnovamento", dalla quale si stacca molto presto, pur serbando inalterata l'amicizia con uno dei direttori, Alessandro Casati. Stabilitosi a Porto Maurizio (Imperia) nel 1910, vi resta fino alla morte. Diventa uno degli animatori della stenta vita culturale portorina (dirige la biblioteca, organizza cicli di conferenze) e diventa nel giro di pochi anni uno tra gli interlocutori capitali di Giuseppe Prezzolini e della "Voce", alla quale reca l'originalissimo contributo di una drammatica ispirazione religiosa, non però del tutto compatibile con gli istituti del cattolicesimo «romano». Dall'«esperienza religiosa» di Boine (è questo il titolo di uno dei suoi saggi più significativi, pubblicato sull'"Anima" nel 1911) deriva la particolare fisionomia di un intellettuale, che è a un tempo anarchico e conservatore, antipositivista e anticrociano, e di uno scrittore di eccezionali capacità espressive.

Nei saggi pubblicati sulla "Voce" e intitolati *Un ignoto* e *Estetica dell'ignoto*, polemizzando con Croce, dice risentito: «Voglio che la mia lirica sia travata di obbiettività, e la mia obbiettività sia tutta intimamente travata di liricità, e voglio esprimermi intero». Scrive un romanzo, *Il peccato* (1914), che è la storia di una crisi religiosa, dell'amore proibito di un intellettuale per una novizia: una storia in cui, come annota lui stesso, prevale sui fatti piuttosto scarsi «il lirico intrecciarsi di molto pensiero». Scrive anche recensioni, che sono raccolte nel volume postumo *Plausi e botte* (1918). Ma più che un ordinato esercizio di critica si tratta, nell'estremismo che le anima, di una sorta di poetica in esercizio. Nelle opere di cui parla, Boine va cercando la traccia dei suoi fantasmi interiori e la conferma delle sue idee. Le prose liriche di *Frantumi*, anch'esse pubblicate postume in volume, sono ricche di un risentito e personalissimo impasto ritmico-lessicale. Vi ricorrono immagini e parole che agiranno nella poesia del primo Montale, e non a caso si è parlato di una «linea ligure», che da Ceccardo Roccatagliata Ceccardi (1871-1919) porta a Montale attraverso Boine e Sbarbaro.

Camillo Sbarbaro. Sbarbaro pubblica presso la Libreria della Voce, nel 1914, il suo primo importante libro di versi: *Pianissimo*. Il primo cronologicamente, *Resine*, era uscito a Genova nel 1911. Con i *Frammenti lirici* di Rebora e i *Canti orfici* di Campana, *Pianissimo* segna un nuovo percorso della lirica del Novecento. Il disadattamento esistenziale e sociale dell'io poetico, il rapporto radicalmente disarmonico con il reale vi sono enunciati da Sbarbaro con una forza che ritrova le proprie fondamentali radici tra Leopardi e Baudelaire. I risultati sono, per più versi, molto alti. In un certo senso dopo *Pianissimo* Sbarbaro non sarà più in grado di toccare una così ferma intensità di dettato, pur assolvendo a un ruolo di primo piano nella storia della prosa italiana tra le due guerre. Opere come *Trucioli* (1920) e *Liquidazione* (1928) attestano un esplicito rapporto di continuità con il repertorio dei temi proposti in *Pianissimo*: è identica la disarmonia di colui che dice io, identico il suo dissidio con il mondo, ma si fa più irta e talora artificiosa la ricerca formale, pur destinata a momenti di commosso disgelo, ad esempio nei *Versi a Dina* (1931). Un simile allentamento di tensione, non privo di qualche cedimento consolatorio, è in altre raccolte di prose dello Sbarbaro degli anni della maturità e della vecchiaia (*Fuochi fatui*, 1956; *Scampoli*, 1960). Esse sigillano le linee di una vicenda umana e intellettuale orgogliosamente appartata e discreta.

Camillo Sbarbaro nel 1958 (Publifoto).

Scipio Slataper. Anche in Slataper il dissidio tra l'io e le cose, tra la ragione e il mistero, tra periferia (triestina) e centro (fiorentino) si muove in ansia esistenziale e ricerca stilistica. È costante in lui la ricerca del dialogo, la necessità di avere degli interlocutori. Ne sono un documento importante, più ancora che le lettere dell'*Epistolario*, le lettere *Alle tre amiche* (la suicida Anna, la velleitaria Elody e Gigetta, che diventerà sua moglie). In queste lettere ci sono luoghi affini ad altri del goriziano e quasi coetaneo CARLO MICHELSTAEDTER (1887-1910), autore di *La persuasione e la rettorica* (1912), la sua tesi di laurea pubblicata postuma, e suicida per lucida negazione morale.

Le lettere *Alle tre amiche* costituiscono l'antecedente dell'opera più nota di Slataper: *Il mio Carso* (1912). Anche *Il mio Carso* — anzi *carso*, con la minuscola, come scrive l'autore, quasi semplice pietra, nome comune per un destino comune — è una sorta di autobiografia lirica. C'è una divisione in tre parti che corrispondono a tre epoche della vita: infanzia, adolescenza, giovinezza. Le tre epoche sono formalmente distinte ma non sono rigorosamente tracciate e la memoria dell'io narrante passa dall'una all'altra con disinvoltura, mescola fatti e tempi. L'epoca più mitica è l'infanzia, popolata di nonni, zie, zii, cugine; di battaglie e di giochi, di colloqui con la mamma e con se stesso bambino, di figure indimenticabili come quella di Vila: un mondo che erompe incalzante e quasi ansimante, tutto fatto di accostamenti veloci di odori e di colori. La seconda e terza epoca lasciano molto più spazio alla meditazione morale, ai temi della città (Trieste), al senso del patriottismo e del dovere, al nesso letteratura-vita, al soggiorno fiorentino e al tirocinio della "Voce". La terza parte in modo particolare è occupata dalla meditazione della morte, a cui l'io narrante è indotto dal suicidio della fidanzata Gioietta. La morte è vista come tormento orribile, a cui occorre ribellarsi. La vita va comunque sia vissuta, anche se è impossibile «penetrare dentro una persona e amarla così perfettamente

Scipio Slataper (Fotot. Stor. Naz.).

Dino Campana in un ritratto di Gentilini.

ch'essa sia legata a noi come corpo nel corpo». La volontà non può vincere il caso che regna nell'universo, ma l'eroismo è proprio questo: obbedire alla coscienza sapendo che non si migliora niente, che l'uomo è «il tutto di fronte al niente». Il finale è un inno al tormento dell'anima che non si rassegna, alla città di Trieste, simbolo di amore e di lavoro.

Il mio Carso è il frutto di un insieme di elementi non sempre fusi: la nascita triestina di Slataper, la lettura di Ibsen e di Hebbel, i viaggi in Austria e in Germania, la cultura italiana assorbita negli anni fiorentini da lui intensamente vissuti. È una tensione che si sente anche nello stile. L'esile struttura tripartita del libro corrisponde alla scoperta del Carso, alla discesa dal Carso vergine alla città e alla consapevolezza di un compito da assolvere tra gli uomini. La parola, che anche in Slataper tende a contorcersi e a caricarsi espressionisticamente, è nutrita di dialettismi e di parlar toscano, dotta e povera a contrasto, fresca e mondana, spezzata e musicale, lirica e prosastica. Alla fine, il senso della natura, che predomina nella prima parte e che tende a riunire, nel vitalismo irrazionale, mondo delle cose e mondo degli uomini, si placa gradualmente. «Alla separazione tra natura e storia, subentrata alla loro fusione nell'atmosfera musicale, si accompagna la scoperta del simbolo, che permette l'unificazione stilistica dei due principali momenti del mondo poetico dell'autore» (Mutterle). Espressionismo e Simbolismo trovano in Slataper una loro ragione di convivenza, se non proprio di armonia.

IL SIMBOLISMO ITALIANO

Già si è parlato di Simbolismo a proposito della poetica futurista (pag. 744) e là si rinvia per la precisazione del termine. Aspetti dettati dal Simbolismo europeo sono certamente presenti in D'Annunzio, in Pascoli, in Lucini e anche nei crepuscolari. Suggestioni simboliste sono entrate nella cultura letteraria italiana tra i due secoli in modo vario e spesso indiretto. Si è già visto ad esempio quanto abbia contato l'attività di divulgazione operata da Ardengo Soffici, la sua importanza per la conoscenza di Rimbaud e dei pittori impressionisti e postimpressionisti. Il Simbolismo per molti poeti è stata una zona di passaggio piuttosto che una poetica esclusiva. Questo spiega perché suggestioni simboliste abbiano agito in molti poeti che sono stati considerati sotto altre etichette didattiche, ma anche perché pochi possano essere considerati propriamente simbolisti.

Arturo Onofri. Un poeta che ha meditato sull'esperienza simbolista europea in modo assiduo e motivato è ARTURO ONOFRI (1885-1928).

L'itinerario di Onofri è contenuto in alcune raccolte: *Liriche* (1907), *Poemi tragici* (1908), *Canti delle oasi* (1909), *Orchestrine* (1917), *Arioso* (1921). Ma nemmeno Onofri appartiene tutto all'ambito simbolista. Superata la fase dei debiti carducciani, pascoliani e soprattutto dannunziani, Onofri vive una fase crepuscolare nei *Canti delle oasi*. Con *Orchestrine* diventa più propriamente frammentista e simbolista. In ultimo poi volge a modi e a forme d'ordine vagamente neoclassicistici.

La fase simbolista di Onofri è quella che coincide con la collaborazione alla "Voce" di De Robertis. Proprio sulla "Voce" compaiono le sue dichiarazioni di poetica più impegnative. Si tratta di paragrafi che intitola *Tendenze*. In uno di questi paragrafi si può trovare un'affermazione quanto mai esemplare: «Alle domande: di che tratta questa poesia? che significa? a che si riferisce? per che scopo è stata scritta? bisogna poter rispondere: di niente, niente, a niente, per niente. *Niente* potrebbe essere il motto della lirica come noi l'intendiamo». È un modo per segnare il distacco dalla poesia come messaggio; la poesia non è utile, non serve a esprimere una morale, non serve a nient'altro che a se stessa.

Dino Campana. Un altro poeta che si può ascrivere all'ambito simbolista, pur con tutte le prudenze di ogni catalogazione, è DINO CAMPANA. Nato a Marradi, nell'Appennino tosco-emiliano, nel 1885, dopo il liceo si iscrive alla facoltà di chimica pura dell'università di Bologna. L'anno dopo si trasferisce a Firenze, all'Istituto di Studi Superiori. Nel 1906 viene ricoverato nel manicomio di Imola, da cui esce l'anno dopo per iniziare tutta una serie di peregrinazioni, in Francia, in Belgio, in Russia (a Odessa), in Svizzera, nell'America del Sud, in vari luoghi d'Italia. Scoppiata la guerra, cerca di arruolarsi come volontario, ma viene riformato. Nel 1916 inizia la turbinosa relazione con la scrittrice Sibilla Aleramo, che termina nell'inverno del '17 e lascia amari strascichi (oltre che un bell'epistolario). Nel 1918, dopo un nuovo tentativo di arruolamento, è ricoverato all'Istituto fiorentino per le malattie mentali e poi trasferito all'ospedale psichiatrico di Castel Pulci, dove muore nel 1932.

I «Canti orfici». Sono tutta l'opera edita da Campana e hanno una storia esterna accidentata. Campana li porta nell'autunno del 1913 a Firenze, alla redazione di "Lacerba", dove incontra Soffici e Papini. Il manoscritto però viene smarrito da Soffici e Campana è costretto a ricostruire il testo, che pubblica a sue spese presso un tipografo di Marradi, Bruno Ravagli. I *Canti orfici* hanno come sottotitolo *Die Tragödie des letzen Germanen in Italien* (La tragedia dell'ultimo tedesco in Italia) e sono provocatoriamente dedicati «a Guglielmo II imperatore dei germani». Una dedica che deve essere interpretata soprattutto come un omaggio a Nietzsche, il filosofo della notte.

Il titolo è chiaramente ispirato all'esperienza simbolista e in particolare alla poetica della «veggenza», che ha nel Rimbaud delle *Illuminations* il suo esponente più alto. L'orfismo è propriamente una religione misterica dell'antica Grecia. Essa si rifà al mito di Orfeo, il cantore sceso agli Inferi per ricondurre alla terra la sposa perduta. Il simbolismo orfico allude alla forza della poesia di «vedere» al di là della cosiddetta realtà, che è apparenza. È una poesia da cui sprigiona una energia visionaria, capace di penetrare nelle viscere del mistero.

Struttura e motivi. La struttura dei *Canti orfici* è quella del poema. Campana ha dei modelli: la *Commedia* di Dante (scrive: «Dante e la sua poesia di movimento, mi torna tutta in memoria»), il *Faust* di Goethe, la *Laus vitae* di D'Annunzio, ma non si tratta che di esili riferimenti. Più di tutte queste opere contano di fatto le *Illuminations* di Rimbaud e *Le spleen* *de Paris* di Baudelaire. Le sezioni portanti sono tre: *La Notte, Notturni, La Verna*. Il viaggio nella notte ha un po' la funzione di una discesa infernale (la notte in Campana è perdizione e conoscenza insieme) e l'ascesa alla Verna, il monte dell'Appennino tosco-emiliano su cui san Francesco d'Assisi ricevette le stigmate, è un po' come una salita al Purgatorio, ma un vero e proprio sviluppo di poema qui non c'è e non bisogna insistere troppo su queste corrispondenze soltanto indicative. La poesia di Campana è piuttosto un insieme di frammenti e di illuminazioni, che solo a posteriori si possono comporre in un disegno coerente.

Lo conferma la varietà dei materiali con cui i *Canti* sono costruiti: si va dal poemetto in prosa alla poesia di diverso metro, al diario. La prosa è vera e propria poesia simulata, ha ritmo e misura di poesia. Ad esempio il finale in prosa della sezione *La Notte* è: «Fuori è la notte chiomata di muti canti, pallido amor degli erranti», e una delle poesie della sezione *Notturni*, intitolata *La speranza*, riprende in versi: «O tu chiomata di muti canti / Pallido amor degli erranti». Si tratta di uno scambio frequente, che mira a spezzare gli steccati, come è proprio di tutto il Simbolismo, tra poesia e prosa.

I motivi conduttori dei *Canti* sono il viaggio, la notte, la città. Il viaggio riflette l'inquietudine del poeta, la follìa del suo andare randagio e senza tregua da un luogo all'altro, per ampi spazi (spiccano i crepuscoli mediterranei, la Pampa, la «passeggiata in tram in America e ritorno»). Ma subito dopo spicca il sogno e la nostalgia di un porto. La notte non è meno ambigua. Anche la notte oscilla tra visioni laide e spaventose, inquietanti e catastrofiche, e la dolcezza invece di un luogo fraterno: «Agli inquieti spiriti è dolce la tenebra». La città ha la stessa ambiguità del viaggio e della notte. Da un lato c'è la città come immagine del nuovo inferno e dall'altro un'attrazione perversa che prende e che conquista. L'impulso distruttivo di Campana si smorza spesso nella tenerezza e nell'incanto. Le sue città del resto sono Firenze, Genova, Faenza, Bologna e non hanno i caratteri estremi dell'infernale modernità di Parigi.

La poesia di Campana è molto discussa dai critici proprio per questo suo carattere di incertezza, come se l'autore fosse rimasto a metà di un coraggio creativo sospeso tra Carducci, Pascoli, D'Annunzio e i richiami di Baudelaire e di Rimbaud. Comunque stiano le cose, Campana resta un poeta isolato e solitario nel panorama del primo Novecento italiano. La sua lezione sarà intesa soltanto più avanti, nel tempo dell'Ermetismo fiorentino, quando il Simbolismo verrà ripreso tra le due guerre con più precisa determinazione.

LA LEZIONE DI RENATO SERRA

Il «mito Serra» e la provincia. Renato Serra nasce a Cesena il 5 dicembre 1884 e muore sul monte Podgora il 20 luglio 1915 nel corso della seconda battaglia dell'Isonzo. È uno tra gli interpreti più inquieti della generazione coinvolta nella crisi della cultura positivistica e poi nella guerra. Molti elementi hanno contribuito a fare della sua personalità un mito: la straordinaria precocità intellettuale (si laurea ventenne a Bologna con Giuseppe Albini dopo aver frequentato le lezioni di Carducci); l'umbratile discrezione con la quale attende allo studio dei classici e dei contemporanei, decidendo di non abbandonare più, a partire dall'ottobre del 1909, la propria città e la professione di bibliotecario comunale. E ancora: i rapporti elegantemente conflittuali con l'intera area della cultura vociana (con la significativa eccezione dell'amicizia con Giuseppe De Robertis, direttore della "Voce" letteraria); la morte precoce in un'oscura trincea del Carso.

Nell'esperienza di Serra è capitale l'incontro con Carducci. La coscienza dell'esaurirsi del modello carducciano riguarda tutti gli intellettuali e gli scrittori italiani nati tra il 1880 e il 1890 e dunque anche Serra. Ma Serra, invece di liquidare definitivamente i suoi debiti con un modello in via di esaurimento, preferisce fare appello al carduccianesimo come a una sorta di «superstizione volontaria». Lo scrive a De Robertis in una fondamentale lettera del 20 marzo 1915. Il carduccianesimo diventa cioè una maschera dietro la quale occultare le proprie contraddizioni conoscitive e esistenziali, la complessa organizzazione dei propri strumenti di ricerca: un guscio in cui rifugiare la propria modernità.

«Le lettere». Serra rifiuta l'ottimismo storicistico di Croce, il suo provvidenzialismo laico che armonizza ogni atto storico e resta di fatto così distante dall'ansiosa ricerca di nuovi territori messa in atto dalla "Voce" e dai vociani. Profondamente radicato nel suo ambiente provinciale di Cesena, Serra si muove in uno spazio libero e avventuroso di letture: tra Montaigne e Sainte-Beuve, tra Tolstoj e Nietzsche. Gli scritti pubblicati in vita da Serra non sono molti. Alla fine del 1910 accetta di raccogliere tre saggi (*Giovanni Pascoli, Antonio Beltramelli, Per un catalogo*) in uno dei Quaderni della Voce dal titolo *Scritti critici*. Nell'estate del 1914 fa uscire presso l'editore romano Bontempelli un altro volumetto, *Le lettere*, personalissimo bilancio della letteratura italiana nel corso dell'anno 1913. Si tratta di un'opera importante ma inseparabile dall'orizzonte ideologico di Serra, e dunque non può essere letta come un bilancio disinteressato della letteratura italiana del primo Novecento. Nelle *Lettere*, Serra non punta tanto a restituire una verità obbiettiva quanto piuttosto a dar conto delle vicende letterarie più recenti sulla base di una sua misura tutta interiore, e pertanto anche fortemente arbitraria.

L'«Esame di coscienza di un letterato». Il fatto che quasi tutte le pagine pubblicate di Renato Serra appartengano alla critica letteraria non significa che di Serra si possa parlare come di un critico in senso stretto. La cosa è tanto meno possibile per il lavoro dell'ultimo Serra. Almeno a partire dal 1912, il centro della ricerca serriana è infatti la riflessione sulla storia (sulla conoscibilità della storia). Essa coincide con una delle fasi estreme della guerra libica e resta affidata alle pagine di un saggio rimasto inedito e pubblicato postumo: *Partenza di un gruppo di soldati per la Libia*. Si tratta di un documento decisivo che testimonia l'agnosticismo serriano a proposito della conoscibilità della storia. «La storia — scrive in un articolo che pubblica sul giornale di Cesena "Il Cittadino" — è triste, assurda come la vita e contraddittoria come la realtà: essa si ribella perennemente al nostro istinto di comporla in un'armonia sola, in cui non ci sia niente di sciupato, nessuna goccia di sangue sparsa in vano, nessuna lacrima non asciugata, nessuno sforzo e nessun grido senz'eco, nessuna cosa perduta assolutamente, caduta dimenticata...».

Diventa prevalente in Serra una disposizione all'autoanalisi e all'«esame di coscienza», presente nello stesso titolo del più alto tra i suoi scritti della maturità: l'*Esame di coscienza di un letterato*. Pubblicato sulla "Voce" il 30 aprile 1915, da un mese Serra e la sua classe sono stati chiamati alle armi. Nell'*Esame di coscienza* Serra mette a nudo con spietata lucidità la debolezza, la fallacia, la miserabilità delle motivazioni addotte dai fautori della guerra. L'esercizio della ragione si fa qui letteralmente implacabile, sprovvisto com'è degli schermi della retorica e della falsa coscienza. La guerra è insensata e inutile perché non cambia niente: «Non migliora, non redime, non cancella; per sé sola. Non fa miracoli. Non paga i debiti, non lava i peccati. In questo mondo, che non conosce più la grazia». Pure, l'approdo dell'avventura intellettuale trepidamente delineata in questo scritto è l'accettazione della guerra e del suo destino collettivo di orrore e di morte. In questo modo l'*Esame di coscienza di un letterato* appare scisso tra due poli. All'impietoso accertamento razionale tiene dietro la volontà di ricomporre sul terreno del comportamento e della «passione» una lacerante ferita intellettuale.

Delle due allucinanti settimane trascorse sul Podgora, dove nel pomeriggio del 20 luglio 1915 troverà la morte, Serra fa in tempo a dare conto, giorno dopo giorno, nelle mirabili note del cosiddetto *Diario di trincea*, accolto dall'amico Luigi Ambrosini nel 1917 tra i suoi *Racconti di guerra*: oltre alla «passione» bruciata e spenta, tocca ora alla «ragione» e alla «coscienza» di illuminare gli eventi con la desolata obbiettività del postero di se stesso: impavido davanti alla morte e pur dolorosamente consapevole della sua totale inutilità.

IL TEATRO

Tra la fine del secolo e gli inizi del Novecento dominano sui palcoscenici italiani due tipi di teatro: quello realistico, eredità dell'Ottocento postunitario, ispirato prevalentemente ad autori francesi, e quello psicologico, di derivazione anglossassone, scandinava e russa (soprattutto Ibsen). Il primo, accentuando i suoi caratteri, giunge troppo spesso agli eccessi naturalistici; il secondo, esasperandoli a sua volta, si spinge non raramente verso il Simbolismo più sofisticato. L'uno e l'altro, nei loro risultati più stanchi, sono diventati espressione della piattezza del mondo borghese e della sua mediocrità, ritratta sulle scene ormai senza più voli di fantasia. Viene a mancare la scintilla vivificatrice capace di salvare dalla deriva l'istituzione teatrale, che è ridotta a sfavillante ritrovo mondano dell'aristocrazia elegante e lussuosa.

Il teatro di poesia

Sono gli esteti della fine del secolo, D'Annunzio soprattutto, ad avvertire sotto pelle i sintomi della crisi sottolineando la malinconica sclerosi dello spettacolo: «Ormai l'Italia ha il teatro che si merita — scrive un anonimo sul "Marzocco" di Firenze — (...) un teatro semplicemente industriale, alimentato alla meglio più che altro di merce straniera, esercitato come possono da parecchie compagnie di comici randagi; goduto da un pubblico sempre più scarso fra la nausea e l'indifferenza. (...) Il teatro è lo specchio della vita; e in un paese dove la vita è misera, ridicola, grottesca, neppure il teatro può essere niente di meglio».

Un modello dannunziano. Alla situazione scoraggiante si può rimediare combattendo in nome di forme nuove che siano prima di tutto opera di poesia. In un clima sospeso tra sensibilità decadente e culto del classicismo, si propugna un genere che richiami da vicino la tragedia greca, la sola che toccando le più alte vette della drammaticità e del lirismo sia in grado di riproporre esempi artistici universali ed immortali. Ma se in passato, ad eccezione di Shakespeare, nessuno era mai riuscito a raggiungere livelli ragguardevoli, è ora riconoscibile tra i contemporanei un battistrada ardito, che si accinge a ripercorrere le tappe degli antichi e a gareggiare con loro. Allorché D'Annunzio allestì *La città morta* (1898), da più parti si gridò alla nascita del dramma lirico e Angelo Conti, padrino indiscusso dell'estetismo italiano, poté ritenere il poeta l'unico della sua generazione che avesse sentito il dovere di parlare alla folla con il linguaggio della poesia, sradicando le convenzioni del teatro borghese di stampo naturalistico.

Insomma, ai tempi dello sconforto per l'immiserimento del nostro teatro, sembra che D'Annunzio abbia trovato la chiave per uscire dalla crisi, non solo riproponendo in nuova veste la tragedia dell'Ellade, ma imponendosi di operare concretamente in campo teatrale con la dovuta attenzione anche alla sua organizzazione tecnica. A questo mirano i tentativi di fondazione del teatro all'aperto presso il lago di Albano, che hanno lo scopo di ospitare tragedie greche o lavori scritti su quel modello. Tutto ciò per cancellare dal palcoscenico le oscenità di un «reale» disgustoso e volgare, che non lascia alcun segno negli spettatori.

Gli autori. Ad imitazione del modello dannunziano, si fa strada in Italia un vero e proprio genere teatrale di ispirazione storica e mitologica, che va sotto il nome di «teatro di poesia»; una moda apprezzata lungamente dal pubblico borghese che evadendo dallo squallore della vita di tutti i giorni si immedesima nei grandi ideali e nei conflitti superumani degli eroi. Tra gli autori più rappresentativi si possono ricordare SEM BENELLI (1877-1949) con la sua *Cena delle beffe* (1909), in cui si fondono il gusto per l'ambiente storico e accenti di esasperato erotismo; ERCOLE LUIGI MORSELLI (1882-1921), di cui si ricordano l'*Orione* (1910) e il

Glauco (1919), ambientati in tempi lontanissimi e favolosi. Accanto a questi, non sono da trascurare i conterranei di D'Annunzio: ETTORE MOSCHINO (1867-1941) con *Tristano e Isotta* e *Cesare Borgia*; e ROMUALDO PÀNTINI (1877-1945) con *Tiberio Gracco, La notte di S. Giuliano, Dramma antico, La schiavona* (opera scopertamente esemplata sulla *Figlia di Iorio* nella rievocazione di un Abruzzo ancestrale).

Il teatro sintetico futurista

Il «teatro di poesia» però, accanto alle strutture drammaturgiche più tradizionali (naturalismo, commedia borghese), è oggetto della contestazione globale dei futuristi, i quali concepiscono un'appariscente rivolta teatrale contro il «quietismo» ottocentesco. Ad esso oppongono il dinamismo, sostituendo lo stile tornito con le «parole in libertà» e superando lo snodarsi lineare degli atti con la «sintesi». FILIPPO TOMMASO MARINETTI, trascinatore del movimento futurista, stende nel 1911 un *Manifesto* dei drammaturghi con non poco successo. I seguaci danno vita a diversi esperimenti scenici, i cui testi vengono raccolti nel *Teatro sintetico futurista* (1915). La contestazione dei modelli letterari del passato porta all'invenzione di brevi scene rispondenti al ritmo della vita moderna, «esasperato dalle velocità terrestri, marine e aeree, e dominato dal vapore e dall'elettricità». Occorre soprattutto liberarsi della tecnica che implica la prolissità e realizzare «in pochi minuti, in poche parole e in pochi gesti innumerevoli situazioni, sensibilità, idee, sensazioni, fatti e simboli». Mettendo in mostra un forte senso della caricatura e dell'assurdo, Marinetti giunge a dire che gli «atti» tradizionali devono essere sostituiti dagli «attimi», e durare così una manciata di secondi; il tutto all'insegna della subitanea alzata d'ingegno, con diretto coinvolgimento degli spettatori. Nelle sue varie sfaccettature (teatro di varietà, dell'assurdo, occultista, astratto, visionico) va osservato che lo sperimentalismo futurista fu in complesso un tentativo generoso di svecchiamento, ma rimase poco più che una verbale ventata distruttrice. In pratica i testi elaborati non possiedono le caratteristiche per incidere nel profondo e trasformare il reale decorso del teatro novecentesco.

Umberto Boccioni, «Una serata futurista a Milano». Sul palcoscenico sono raffigurati Boccioni, Pratella, Marinetti, Carrà e Russolo. Disegno del 1911 (Fotot. Stor. Naz.).

Pirandellismo e grottesco

Una nuova drammaturgia. Più rivoluzionario è indubbiamente il sotterraneo mutamento dei contenuti e delle forme attuato da Pirandello e dagli scrittori del «grottesco». Il vero e proprio teatro «nuovo» nasce dalla lenta evoluzione di quello ottocentesco in linea con i rivolgimenti storico-sociali. Il meccanismo del vecchio dramma, incentrato sulla fedele riproduzione dei rapporti umani, è alterato dalla perdita delle certezze e dai dubbi che assalgono l'uomo del Novecento. L'avvento dell'era capitalistica e il trauma della guerra mondiale lacerano la coscienza individuale e l'uomo si ritrova alienato, in compagnia della propria solitudine. Nell'Europa del tempo è in atto la trasformazione del codice drammatico tradizionale e si scardinano le unità aristoteliche di tempo, luogo, azione. Già con Ibsen e Čechov il «tempo» aveva rotto gli argini del presente proiettandosi verso il passato o l'avvenire; e in Italia, con i futuristi e Pirandello, in Europa con gli espressionisti, le scene si svolgono anche in successione inversa al tempo cronologico. Inoltre, dappertutto il dramma rompe l'unità veristica della scena e si proietta nello «spazio» con la «scena multipla». I personaggi stessi, più che figure reali, diventano simboli e proiezioni dell'uomo interiore. Ne consegue una completa e rinnovata fisionomia dell'«azione» teatrale.

Pirandello è il primo autore italiano che getta le fondamenta di una nuova drammaturgia. La sua attività coincide con la dissoluzione delle verità assolute (positivismo, idealismo) e innesta sulle scene il germe del casuale, del relativo; scopre i sintomi dell'incomunicabilità e del male di vivere. Attraverso il suo tragico umorismo egli rivela le incongruenze e gli imprevisti dell'esistenza, dilatando le proprie radici etniche per esplorare l'infelicità universale.

Al superamento del naturalismo dà un prezioso contributo il cosiddetto «teatro del grottesco», costituito da autori non organizzati in gruppo, i quali però operano, più o meno consapevolmente congiunti, dalla prima guerra mondiale agli anni Venti. Con il termine «grottesco», tratto dal sottotitolo di *La maschera e il volto* di LUIGI CHIARELLI (1884-1947) si vuole indicare una realtà non verosimile, deformata dall'ironia dell'autore, il quale scavalca il principio veristico dell'impersonalità per affermare la sua «visione del mondo», spesso in chiave parodistica. Per ottenere ciò si serve di un personaggio che lo rappresenta e che sottolinea la contraddittoria fenomenologia dell'azione.

Gli autori. Capolavoro di questo genere è appunto *La maschera e il volto* del Chiarelli (scritto nel 1913 e rappresentato nel 1916). Qui, il marito tradito, invece di punire la moglie come vorrebbero le convenzioni sociali, la perdona, preferendo far credere di averla uccisa, mentre in realtà si limita a cambiare residenza fuggendo all'estero con lei; il che prova come a contare sia l'immagine che di sé si offre ai propri simili e non l'effettivo svolgimento dei fatti. Del resto in *Così è (se vi pare)* (1917) di Pirandello, l'accertamento della verità sul conto del signor Ponza e della signora Frola è impossibile, tanto da farne scaturire il concetto (teorizzato da un personaggio conduttore) della relatività di ogni forma di conoscenza. Anche in *L'uomo che incontrò se stesso* (1918) di LUIGI ANTONELLI (1882-1942), altro testo esemplare del filone, domina il tema dell'ambiguità e si fanno assai labili i confini tra verità e illusione.

Per comodità di inquadramento storico si può includere con qualche forzatura nell'ambito del «grottesco» buona parte della complessa opera di ROSSO DI SAN SECONDO (1887-1956), la cui vena non si apparenta con il paradosso e l'umorismo, ed esprime l'angoscia dell'uomo moderno attraverso la creazione di atmosfere suggestive e allucinate. I sentimenti contrastati (l'amore insoddisfatto che diventa ossessione, l'accesa emotività) trasportano i personaggi di Rosso verso il sogno o li sprofondano in determinati propositi di morte. Tra la copiosa produzione del drammaturgo siciliano si può ricordare *La bella addormentata* (1919) e *Marionette, che passione!* (1918). In quest'ultima opera i tre protagonisti, simbolici personaggi dai nomi astratti, accomunati dalla delusione amorosa e tuttavia ancora ardenti d'amore, concertano insieme un modo per fuggire la realtà, fino a che si rassegnano al destino irrimediabile.

IL ROMANZO

Frammentismo e romanzo. Il periodo che va dagli inizi del Novecento alla grande guerra è quasi interamente dominato dalla poesia e dalla prosa frammentistica. Il frammentismo vociano non si distende mai in una costruzione vera e propria, ma coglie lo scatto, insegue e registra l'illuminazione istantanea e folgorante. La poetica del frammento imposta dalla "Voce" detta una legge a cui pochi sfuggono, di proposito o d'istinto. Non sono molti gli scrittori disposti a puntare sul romanzo come strumento «adatto a stabilire un rapporto saldo e continuativo con larghi settori pubblici» (Spinazzola). Quelli che lo fanno scelgono la narrazione di consumo come GUIDO DA VERONA (1881-1939) o LUCIANO ZUCCOLI (1868-1929). I più letti sono infatti i romanzieri d'appendice, che scrivono storie ad effetto, di fattura letteraria molto andante, e pubblicano a puntate sui giornali. Fogazzaro e D'Annunzio appartengono ad un'altra stagione. Dei romanzi dannunziani il solo *Forse che sì forse che no* (1910) sta nei confini del Novecento e di quelli fogazzariani ci stanno i meno felici (*Il Santo*, 1905; *Leila*, 1910). Pirandello non si impone come narratore ma come drammaturgo; Italo Svevo e Federigo Tozzi lavorano quasi in solitudine e vengono scoperti tardi.

Alfredo Panzini. Cosicché si possono considerare eccezioni scrittori di romanzi come ALFREDO PANZINI (1863-1939) o GRAZIA DELEDDA (1871-1936). Ma anche Panzini, nonostante l'etichetta di «romanzo» apposta su molte delle sue opere, non è propriamente un romanziere. Formatosi alla scuola di Carducci, resta un uomo di educazione umanistica e carducciana. I suoi libri migliori (*La lanterna di Diogene*, 1907; *Santippe*, 1914; *Il padrone sono me*, 1922) scaturiscono da una vena personale tra ironica e sentimentale, che si manifesta per saggi, variazioni, divagazioni. Già Renato Serra osservava che anche quando «della novella c'è la favola e la forma esteriore non c'è quasi mai lo spirito vero». E spiegava: «L'interesse dell'autore non è nei personaggi, di cui gli accade di raccontarci la storia; è nel suo proprio cuore. La voce di lui parla su bocche diverse; la sua narrazione è sopra tutto un lungo e meditativo soliloquio, variato a tratti di immagini e di figure leggere».

Grazia Deledda. Diverso il discorso per la Deledda. Essa esordisce con racconti che non si discostano dagli usuali intrecci e toni usati nei romanzi d'appendice: storie di drammi e di passioni intricate, colpi di scena, linguaggio di poche pretese. Da questo esordio procede però in lei una vocazione decisa e sicura. La semplicità discorsiva sarà sempre una sua aspirazione, così come la preoccupazione di tener desta l'attenzione del lettore attraverso una struttura compositiva che non indulge né a intermezzi né a divagazioni. La pagina della Deledda si regge su caratterizzazioni semplificate, svolge pochi motivi essenziali, che tratta con tinte uniformi e compatte. Nei suoi romanzi maggiori come *Cenere* (1903), *Elias Portolu* (1903), *L'edera* (1908), *Colombi e Sparvieri* (1912), *Canne al vento* (1913), *Marianna Sirca* (1915) compare una Sardegna arcaica, barbarica e solenne, immersa nella solitudine e nel silenzio. Si tratta di una immobilità e di una lontananza, che assumono quasi i caratteri di un assoluto: più che la condizione specifica di una regione e della sua storia, la Deledda riesce a scandire nelle sue opere una voce universale, che si solleva sui fatti e sulle singole figure. I drammi che si dibattono nei romanzi deleddiani sembrano insomma prescindere da una cultura antropologica precisa «per colpire un fondo lontano e identico di disperazione, passione, peccato» (Dolfi). Questo spiega perché la Deledda abbia avuto un così vasto pubblico, anche a livello europeo: e non a caso fu insignita del premio Nobel (1926).

Sibilla Aleramo. Una citazione può essere riservata anche a SIBILLA ALERAMO (pseudonimo di Rina Faccio, 1876-1960). Rientrano infatti nell'atmosfera di anteguerra (nonostante la data del secondo) i due suoi primi libri. Con il romanzo *Una donna* (1906), di impianto

Grazia Deledda riceve il Nobel per la letteratura (1926).

ancora naturalistico, la scrittrice racconta la sua storia travagliata, dalla nascita all'abbandono della casa coniugale. Il romanzo poté diventare un manifesto, un esempio di emancipazione femminile, un grido di coraggio lanciato da una donna in un mondo di vischiosi perbenismi borghesi. Nel *Passaggio* (1919) vive ancora la stessa materia, almeno per scorci e riferimenti, ma l'impianto è profondamente diverso. Scandito in brevi capitoli che hanno il ritmo del poemetto in prosa, il richiamo va al frammentismo vociano. Il titolo allude alla trasformazione di una donna da larva fino alla consapevolezza di sé e della vita: «La vita è grande. Le possibilità di farla sempre più grande sono infinite. Siamo nati per vincere, per affermare, per l'eroismo, per il martirio, per l'intimo accordo con il mistero». Clemente Rebora definì *Il passaggio* un'«apocalisse d'amore».

A parte questi pochi nomi, il solo vero romanziere di respiro europeo, oltre naturalmente a Svevo e Pirandello, è Federigo Tozzi. Tozzi in verità viene scoperto solo dopo la grande guerra (e del resto anche Svevo pubblica *La coscienza di Zeno*, il romanzo che gli dà la notorietà europea, nel 1923). Ma nonostante questo, proprio perché la sua formazione e la maggior parte della sua opera maturano nel clima di anteguerra, mettiamo il suo nome, con quelli di Svevo e di Pirandello, tra i protagonisti del primo Novecento.

PRIMO NOVECENTO
TRE PROTAGONISTI

LUIGI PIRANDELLO

LA VITA E L'AMBIENTE

Luigi Pirandello (Farabolafoto).

Luigi Pirandello nasce a Girgenti (oggi Agrigento) il 28 giugno 1867 nella campagna di Caos, dove la madre si è rifugiata per fuggire il contagio di un'epidemia di colera. La famiglia di Pirandello è una famiglia di patrioti: la madre ha contribuito coraggiosamente alla causa unitaria; tre fratelli di lei sono stati garibaldini e il padre è stato esule a Malta dopo il 1848 per il suo spirito antiborbonico. Il padre di Pirandello ha seguito Garibaldi fino all'Aspromonte e si è poi dedicato a un redditizio commercio dello zolfo.

Dopo aver frequentato il ginnasio ad Agrigento e il liceo a Palermo, Pirandello si iscrive alla facoltà di lettere a Roma, proseguendo gli studi all'università di Bonn, dove si laurea nel 1891 con una tesi sulla parlata di Girgenti. Nel secondo soggiorno romano, al ritorno dalla Germania, ha inizio la fase narrativa di Pirandello, che fino a quel momento ha scritto soltanto poesie. Il primo romanzo, *L'esclusa,* è del 1893. L'anno dopo Pirandello sposa Antonietta Portulano, da cui avrà tre figli: Stefano, Rosalia (Lietta) e Fausto. Le difficoltà economiche però crescono di anno in anno. La frana di una zolfara conduce la famiglia alla rovina e provoca in Antonietta, la cui dote è ingoiata dal dissesto, i primi sintomi di una grave malattia mentale.

Professore di stilistica presso l'Istituto superiore di Magistero femminile, Pirandello non tralascia l'attività critica e l'impegno di narratore. Ai saggi si affiancano, nel primo quindicennio del Novecento, numerose raccolte di novelle e diversi romanzi, che cominciano a renderlo noto e discusso. L'attività letteraria funge anzi da compensazione alle tristi vicende familiari negli anni della prima guerra mondiale: il figlio Stefano prigioniero degli Austriaci e malato, l'aggravarsi delle condizioni mentali della moglie, per la quale si rende necessario il ricovero in una casa di cura.

Alla poesia e alla narrativa Pirandello aggiunge l'attività di commediografo, che prende carattere di continuità dal 1916. L'attività drammaturgica precedente, che si può datare dal 1898, ha infatti carattere saltuario. È il teatro a dare a Pirandello una fama internazionale, dopo le prime incomprensioni del pubblico e della critica. Nel 1925 assume la direzione del Teatro d'Arte all'Odescalchi di Roma e si dedica anche alla regia. Prima con la sua compagnia e poi con quella di Marta Abba inizia lunghe *tournées* che portano i suoi lavori sui palcoscenici italiani e stranieri.

Nel 1924, a pochi mesi dall'assassinio di Matteotti, si iscrive con atto clamoroso al Partito Nazionale Fascista, pronto a «tenervi il posto del più umile e obbediente gregario» (così si esprime nella lettera a Mussolini) e nel 1929 entra a far parte dell'Accademia d'Italia. Ma le contraddizioni si fanno evidenti fin dal 1927 e sono molti gli episodi di frizione tra il regime e lo scrittore, che per alcuni anni è all'estero, a Parigi, a Berlino, in America. Nel 1934 a Roma la sua *Favola del figlio cambiato,* musicata da Malipiero, è fischiata da un gruppo di fascisti e nessun festeggiamento ufficiale viene preparato nella capitale per celebrare l'autore che nel novembre del 1934 ha ricevuto il premio Nobel. Nello stesso anno, nel discorso al Convegno Volta, Pirandello tende ad attribuire all'arte un'autonomia che la salvaguardi dalla politica del regime e infine, nella novella *C'è qualcuno che ride* (1934), appare una feroce satira di un'adunata fascista. Mentre attende alla riduzione cinematografica del *Fu Mattia Pascal,* lo scrittore muore a Roma il 10 dicembre 1936. Nelle disposizioni testamentarie rifiuta ogni cerimonia ufficiale.

LO SCRITTORE UMORISTA

Il saggio sull'umorismo. Nel saggio su *L'umorismo* (1908) Pirandello enuclea la sua poetica, distinguendo l'umorismo dal comico. Se il comico è fondato sull'«avvertimento del contrario», l'umorismo è invece costituito dal «sentimento del contrario». Di fronte ad una vecchia signora con i capelli tinti, imbellettata e abbigliata giovanilmente, non può che scaturire un'impressione comica. «Ma se ora interviene in me la riflessione — scrive Pirandello —, e mi suggerisce che quella vecchia signora non prova forse nessun piacere a pararsi così come un pappagallo, ma che forse ne soffre e lo fa soltanto perché pietosamente s'inganna che, parata così, nascondendo così le rughe e la canizie, riesca a trattenere a sé l'amore del marito molto più giovane di lei, ecco che io non posso più riderne come prima, perché appunto la riflessione, lavorando in me, mi ha fatto andar oltre a quel primo avvertimento, o piuttosto, più addentro: da quel primo *avvertimento del contrario* mi ha fatto passare a questo *sentimento del contrario.* Ed è tutta qui la differenza tra il comico e l'umoristico». L'umorismo è dunque un tipo d'arte propria dei tempi di decadenza, capace di cogliere le contraddizioni della realtà e degli individui in uno «stile di cose» e non «di parole»: non ancorato cioè a vecchie preoccupazioni formali e retoriche ma aderente all'intima necessità espressiva dello scrittore.

La vita è un flusso continuo mentre gli uomini tendono a cristallizzarla in forme rigide. Forma è il ruolo che la vita ci assegna nella famiglia e nella società, forme sono dentro di noi gli ideali, i sentimenti, i concetti. Senza volerlo e senza saperlo, gli uomini si adattano sul volto delle maschere, ma l'umorismo «vede in tutto una costruzione o illusoria o finta o fittizia del sentimento e con arguta, sottile e minuta analisi la smonta e la scompone». Dalla disgregante azione dell'umorismo deriva la condizione dell'uomo «fuori di chiave»; di chi si trova ad essere violino e contrabbasso al tempo stesso. È la scomposizione dell'io; l'uomo si vede vivere e scopre che la sua coscienza non è unitaria, che in essa ci sono vari strati, che egli non è come pensa di essere, ma come appare agli altri: tanti quanti sono coloro con cui entra in relazione. All'unitario della personalità si sostituisce la frantumazione del molteplice e il prisma della coscienza. Il personaggio che ne viene fuori è il risultato della disgregazione del «carattere», come non poteva accadere nel teatro goldoniano o in quello romantico e naturalistico.

Significato dell'opera. Questa concezione della vita coincide con il pensiero europeo contemporaneo (da Dilthey a Simmel a Bergson), ma è anche il risultato di un particolare radicamento nella cultura siciliana, a cui rimandano lo stesso tema della maschera e della finzione, la vita come teatro, l'individualismo acceso e la stessa poetica dell'umorismo con il suo singolare accostamento di comico e di tragico. Il legame regionale non deve assolutamente vietare di cogliere la dimensione europea della «visione del mondo» di Pirandello, intonata alla crisi generale dello scientismo positivistico. Il concetto pirandelliano della relatività di ogni cosa è anche il frutto del fallimento della ragione: la logica diventa uno strumento che non aiuta a costruire delle certezze, ma a riflettere sull'immagine contraddittoria e dispersa del reale. I grandi personaggi pirandelliani sono acutissimi ragionatori, ma il loro ragionare è la fonte di una grande sofferenza.

Al fallimento della ragione va aggiunto in Pirandello lo scacco della storia. La sua famiglia, come si è visto, ha generosamente contribuito al compimento degli ideali risorgimentali, ma il fallimento del Risorgimento, che si è concluso con la «bancarotta del patriottismo», con la fine incolore degli entusiasmi, con gli scandali bancari e con la sempre più accentuata depressione del Mezzogiorno, lascia in lui e nella sua opera un segno profondo. La stessa adesione di Pirandello al fascismo è dovuta alla sua personale storia psicologica, all'avversione maturata per una democrazia di impronta scandalistico-clientelare, più che ad una fondata consapevolezza ideologica. La crisi che Pirandello esprime si afferma come il vistoso effetto della crisi postrisorgimentale. Anche per questo l'itinerario intellettuale e artistico dello scrittore è tra i più rappresentativi della coscienza contemporanea. Dalla scoperta del suo relativismo, il personaggio pirandelliano non passa al mito superomistico di D'Annunzio o ai vari rifugi di Pascoli e di Fogazzaro, ma prende coscienza della crisi, ne conosce i termini, ne denuncia i risultati e la catastrofe. Pirandello insomma, come è stato detto, «assai più dei chiassosi gruppi del "Leonardo" o dei futuristi rappresenta quell'*avanguardia* che, in altri paesi d'Europa, con nomi diversi (dal Surrealismo all'Espressionismo) seppe esprimere l'angoscia e l'opposizione dell'uomo moderno, dopo la crisi della società ottocentesca. Quell'*avanguardia* che, nell'ambito della civiltà decadente, rappresenta il filone più autentico, più ricco di acquisizioni, più capace di conoscere il mondo in cui viviamo» (Salinari).

ROMANZI E NOVELLE (1889-1915)

L'esperienza poetica. Pirandello ha scritto alcune raccolte poetiche. La prima, *Mal giocondo* (1889) viene dall'esperienza siciliana e romana (negli anni universitari). Nel periodo di Bonn canterà poi il rinnovamento della natura e del cuore in *Pasqua di Gea* (1891). Nel '95, imitando Goethe, pubblicherà le *Elegie renane* e ancora, nel 1912, *Fuori di chiave.* In *Mal giocondo* si avverte la lezione di diversi modelli letterari, da Carducci a Graf, e l'opera è indicativa soprattutto come testimonianza morale. Pirandello vi ritrae i fatti della sua vita, la sua fede disillusa, la solitudine sofferta, il sentimento doloroso, ma anche le esperienze sociali della sua gioventù; in particolare la Roma corrotta del primo governo Crispi, verso cui converge lo sdegno morale del poeta.

Primi romanzi e le «Novelle per un anno». Certo la fama di Pirandello è legata, molto più che alla sua poesia, tutto sommato marginale, all'esperienza di narratore e di drammaturgo. Nel 1893 scrive il primo romanzo, *L'esclusa,* espressionisticamente teso, oltre ogni apparente verismo dell'involucro, alla denuncia delle ossessive maschere sociali che opprimono l'individuo. Invece che sulla legge naturalistica di causa-effetto, il romanzo si regge sul principio di casualità. Non un fatto, ma la presunzione di un fatto è alla base della vicenda di Marta Ajala, cacciata di casa perché accusata ingiustamente di adulterio e riammessa dal marito proprio quando l'adulterio è stato veramente consumato. Ed è ancora il caso, l'irrazionale, a scombussolare i progetti umani nella narrazione gustosamente comico-grottesca del secondo romanzo, *Il turno,* scritto nel 1895.

Nelle *Novelle per un anno* (duecentocinquanta novelle delle trecentosessantacinque che lo scrittore avrebbe voluto comporre), la Sicilia e Roma costituiscono i due poli ambientali prevalenti. Nel ricco inventario umano che esse costruiscono prende corpo il contrasto tra purezza siciliana e corrotto ambiente cittadino (*Lumíe di Sicilia,* 1900), ma anche la denuncia dei rapporti sociali ingiusti (*Padron Dio,* 1898), che condannano alla sottomissione (*In corpore vili,* 1895) o al suicidio (*In silenzio,* 1905). Vi compaiono l'assurdità dei pregiudizi borghesi (*Marsina stretta,* 1901), lo scandalo del trasformismo e la riduzione del socialismo ad accademia (*La balia,* 1903), l'incidenza beffarda del caso nella vita e la penosa condizione umana esaminata alla luce dell'umorismo che tutto scompone.

«Il fu Mattia Pascal»; «Uno, nessuno e centomila». Molte novelle sviluppano temi che vengono ripresi nei romanzi e nei drammi. In *E due!* (1901) è narrata ad esempio una vicenda che già fa presagire il romanzo esemplare di questa prima stagione pirandelliana, *Il fu Mattia Pascal* (1904). Dalla prigione di un matrimonio fallito e di un modesto impiego come bibliotecario, Mattia evade, e a Montecarlo vince una grossa somma alla *roulette.* Legge sul giornale che al suo paese, Miragno, è stato scoperto un cadavere, identificato dai famigliari con il suo nome e cognome. Gli sembra allora di essere nella condizione ideale per mutar vita. Assunta l'identità di Adriano Meis, approda a Roma. Ma la sua vittoria è effimera: non può sposarsi, non può sfidare nessuno a duello perché per la società è come se non esistesse. Deve perciò fingere il suicidio di Adriano Meis e rientrare nella sua vecchia forma, tornando a Miragno. La moglie però nel frattempo si è sposata di nuovo e a Mattia non rimane che vivere la propria definitiva alienazione. Da quel momento potrà essere solo «il fu Mattia Pascal».

La vicenda paradossale di Mattia Pascal interpreta la condizione dell'uomo moderno. Uomo senza qualità, inetto, antieroe, Mattia è un personaggio in cerca di un'identità che non trova. La persona romantico-positivistica scopre il vuoto, si accorge di non poter costruirsi una realtà esterna, di non avere neppure una realtà interiore, di essere insomma un personaggio che non può fare altro se non guardarsi vivere. Nell'emblematico romanzo *Uno, nessuno e centomila,* la cui gestazione risale forse al 1909, Vitangelo Moscarda è un nuovo Mattia Pascal che si accorge, in seguito ad una banalissima osservazione della moglie, di essere non l'«uno» che crede, ma «centomila». La sua personalità si sgretola in pezzi (uno per ogni osservatore), si sminuzza nelle apparenze in cui gli altri lo costringono (tante quanti gli altri sono). Se ciascuno infatti è soltanto ciò che agli altri appare, la sua personalità ne esce polverizzata. L'«uno» presunto, passando per questo processo di moltiplicazione incontrollabile, diventa «nessuno», perde la propria identità, non si ritrova. Avere centomila facce vuol dire non averne una su cui poter consistere e contare. Per Vitangelo tuttavia una salvezza c'è ed in questa volontà di salvezza il romanzo, pubblicato nel 1925, riflette alcuni caratteri dell'ultimo Pirandello. Dopo aver abbandonato la moglie, ceduto i suoi averi ed essersi rifugiato in un ospizio, Vitangelo si affida al ritmo della natura, alla Terra Madre, e rinasce attimo per attimo, rifiutandosi al travaglio della ragione, che è colpevole di aver scoperto il vuoto: «Quest'albero, respiro tremulo di foglie nuove. Sono quest'albero. Albero, nuvola... (...) muojo ogni attimo, io, e rinasco nuovo e senza ricordi: vivo e intero, non più in me, ma in ogni cosa fuori».

«I vecchi e i giovani». Se questo è il punto d'arrivo della ricognizione pirandelliana, le ragioni storiche di questo risultato vanno cercate e rintracciate nel romanzo *I vecchi e i giovani* (1909). La duplice ambientazione (la Sicilia delle ribellioni postunitarie e la Roma degli scandali coevi) conduce alla registrazione di un doppio fallimento. Fallisce il Risorgimento perché i propositi di rinnovamento non hanno lenito le piaghe del Mezzogiorno e sono sfociati nella vergognosa gazzarra degli scandali; fallisce anche la speranza socialista, per l'immaturità dei dirigenti e delle masse. Si tratta di una delusione storica che sta alle radici di tutto Pirandello e che presiede alla manifestazione del forte disagio esistenziale espresso nella sua opera.

Altre novelle. Incrinati i rapporti sociali, l'uomo appare abbandonato a se stesso, si interroga, si sente prigioniero di un ruolo soffocante che gli altri gli attribuiscono e gli impongono. È un tema ricorrente in molte novelle: ad esempio in *Tirocinio* (1905), da cui scaturisce la commedia *Il piacere dell'onestà*, e in *Tutto per bene* (1906), che dà poi vita alla *pièce* omonima. Il motivo della maschera dolorosa che necessariamente deve essere accettata per continuare ad esistere è svolto nella novella *La patente* (1911) e in *Certi obblighi* (1912). Nella novella *La carriola* c'è il dramma della tranquilla follia di chi cerca di rompere, anche se per un solo attimo al giorno, il cerchio della propria alienazione, la prigione delle forme in cui è costretto. La novella *Stefano Giogli, uno e due* (1909) ruota attorno al dramma di una personalità disgregata, mentre *Nel gorgo* (1913) si affaccia freudianamente l'abisso spaventoso della coscienza e degli atti involontari. Altre novelle registrano il desiderio di rinascita e il bisogno di consolazione nella natura (*Ciàula scopre la Luna*, 1912); vicende in cui vibra un soffio di poesia (*Notte*, 1912) e da cui traspare una delicatissima sofferenza interiore (*Pena di vivere così*, 1920). Si tratta di una sofferenza che emerge nettamente nella lucida amarezza delle poesie *Fuori di chiave* (1912). Il poeta, «senza cuor ridotto», si sente dissonante con sé e con gli altri, sempre «fuori di chiave»: violino e contrabbasso nello stesso tempo.

«Giustino Roncella nato Boggiòlo»; «Quaderni di Serafino Gubbio operatore». Il romanzo *Suo marito* (pubblicato nel 1911 e poi apparso con il titolo *Giustino Roncella nato Boggiòlo*) è ambientato in una Roma popolata di ridicoli letterati invidiosi e pettegoli. Attraverso la vicenda di un marito, abile *manager* delle spontanee doti letterarie della moglie, Pirandello affronta il tema della mercificazione dell'arte e mette in mostra i motivi dell'incomunicabilità, della diversità e della solitudine.

Ma ormai la stagione teatrale preme. Pirandello è maturo per tale esperienza. Già annunciata dalla struttura scenica e dallo spiccato carattere dialogico di molte novelle, essa appare ora prefigurata in un altro romanzo del 1915, intitolato *Si gira...* e ristampato poi col titolo *Quaderni di Serafino Gubbio operatore* (1925). Si tratta di un romanzo di struttura molto moderna. Emancipato anch'esso da ogni compromesso naturalistico, innesta nella sua compagine tronconi narrativi diversi e adotta la tecnica del *flashback*: una tecnica eminentemente cinematografica, attraverso cui il ricordo s'inserisce a sprazzi e a lampi nel vivo corso della narrazione. In forma diaristica è narrata la storia dell'operatore cinematografico Serafino Gubbio, del suo impatto con il cinema, del suo tragico «silenzio di cosa», della sua volontà di testimoniare l'alienazione dei tanti condannati come lui a non essere altro che «una mano che gira una manovella». Impassibile nella sua professionalità, Serafino filma la scena agghiacciante, e ovviamente non prevista dal copione, in cui l'attrice Varia Nestoroff viene uccisa con una fucilata dal suo geloso spasimante Aldo Nuti, a sua volta sbranato da una tigre. Ma per l'orrore diventa muto.

La parabola di Serafino è anche quella di Pirandello che si dispone ad «evolvere da un atteggiamento di partecipazione attiva al dramma delle sue creature (testimoniata dalla precedente stagione novellistica) a un atteggiamento di pura rappresentazione» (De Castris). È questo l'atteggiamento con cui si apre la stagione teatrale.

IL TEATRO RINNOVATO (1916-1920)

Il teatro dialettale. Il personaggio si pone di fronte all'autore e chiede di essere rappresentato, come accade nel primo dei *Colloqui coi personaggi* (1915): lo scrittore deve dar vita, fuori del tempo, al pianto e al riso delle sue creature. Venuto fuori dai casi innumerevoli delle novelle, il personaggio trova nel palcoscenico il luogo più diretto e complessivamente unitario della sua espressione, della sua sofferenza e della sua pena. Il teatro si erge così sulla narrativa come canto conclusivo.

Nel 1916, come per tornare ai luoghi che hanno originato la sua concezione umoristica, mista di comicità e di tragedia, Pirandello scrive alcuni testi dialettali, tra cui *'A birritta cu 'i cincianeddi (Il berretto a sonagli), Pensaci, Giacuminu!* e *Liolà,* poi tradotti tutti e tre in lingua. Nella maschera grottesca dello scrivano Ciampa (*Il berretto a sonagli*) c'è il tema della parte che si deve dolorosamente recitare per vivere tra gli altri; in *Pensaci, Giacomino!* troviamo la lotta del prof. Toti che, contro ogni ipocrisia sociale, sa distinguere la persona dal personaggio: l'uomo che lui è e il professore che agli altri appare. In *Liolà* c'è l'esaltazione del fecondo dongiovanni contadino che in una Sicilia mitica vive senza legami di sorta.

Il teatro dialettale di Pirandello non è che un punto di partenza. Proprio nello stesso 1916 lo scrittore pubblica infatti un atto unico, *All'uscita,* che già sembra annunciare temi e innovazioni dell'opera matura, in particolare dei *Sei personaggi in cerca d'autore.* Il testo è antinaturalistico per la polverizzazione della trama che vi è sottesa e la scenografia è già nuda ed essenziale. I fantasmi che vi appaiono poi, prima di scomparire del tutto, mostrano il loro attaccamento alla vita, mentre il «Filosofo», portavoce della ragione e della disillusione, spiega loro la legge dell'esistenza, la pena di vivere cercando continuamente di dar consistenza alle illusioni.

«Così è (se vi pare)». Accanto a questo «mistero profano», alle origini del teatro nuovo di Pirandello c'è la parabola di *Così è (se vi pare),* rappresentata nel 1917. La «struttura del villaggio siciliano» ne ispira il «disegno spaziale»: un «centro di sofferenti all'interno d'un cerchio di intriganti» (Bentley). Desta curiosità in un capoluogo di provincia la strana situazione della signora Frola e del signor Ponza, suo genero. Questi non permette alla suocera di salire in casa per stare un po' con la figlia e proibisce alla moglie di far visita alla madre. Il consigliere Agazzi, la sua famiglia e altri borghesi incuriositi si tramutano in inquisitori per fare luce sulla vicenda. Ponza dichiara la sua verità: la signora Frola è impazzita in seguito alla morte della figlia, sua prima moglie; caritatevolmente la seconda moglie si presta a coltivare a distanza la pietosa illusione di essere la figlia della signora Frola. Chiamata in causa, quest'ultima prospetta invece una verità tutta diversa: la frenesia amorosa del Ponza ha portato sua figlia in una casa di cura; mancandogli la moglie, il genero impazzisce e pensa che sia morta, cosicché quand'essa gli si ripresenta, ormai ristabilita, perché lui la riaccolga occorre simulare un secondo matrimonio. A chi credere dunque? Ogni sforzo per appurare la verità si vanifica. Alla fine si pensa di risolvere la situazione interrogando la signora Ponza. Ma questa, apparendo velata, afferma di essere la figlia per la signora Frola, la seconda moglie per il marito, e per sé nessuna: «Per me, io sono colei che mi si crede».

La commedia risente della polemica pirandelliana contro l'ambiente ipocrita della provincia, teso a svelare il segreto della signora Frola e del signor Ponza, che oltre tutto è un subalterno dell'«inquisitore» Agazzi: le didascalie riflettono infatti l'immagine espressionisticamente caricata di una borghesia pettegola e intrigante. Pirandello ne sgretola le certezze conoscitive con gli acidi del suo relativismo. Non c'è più una realtà esterna, conoscibile in maniera oggettiva: i fatti si muovono verso opposte possibilità soggettive di interpretazione. Il personaggio di Laudisi, con la sua risata a chiusura di ogni atto, sigla l'inutile sforzo di

Sopra: I *Sei personaggi in cerca d'autore* in una scena dell'allestimento di G. Patroni Griffi con Lina Sastri, Marina Bonfigli, Pino Misiti, Giulio Bosetti (Cooperativa Teatro Mobile). *A destra:* Luigi Pirandello con Marta Abba e Lamberto Picasso durante le prove di *La nuova colonia.* Roma, Teatro Argentina, 1928 (Farabolafoto).

conoscere la verità. Egli è il Copernico della situazione e rivela come l'oggettività della conoscenza finisca nel relativo delle percezioni soggettive. Rivolgendosi alla signora Cini, dice: «...Io sono realmente come mi vede lei. Ma ciò non toglie, cara signora mia, che io non sia anche realmente come mi vede suo marito, mia sorella, mia nipote (...)». Ne consegue che anche l'individuo, come qui accade alla signora Ponza, viene percepito dagli altri in maniera sempre diversa: finendo molteplice, perde la sua unità. Sottoposta a tensioni polemiche antiborghesi e antipositivistiche, la commedia trova la sua unità nel dolore dei due protagonisti che cercano di difendersi l'un l'altro, di proteggere il loro volto e la loro verità con delicatissima misura e reciproca comprensione.

«Il giuoco delle parti». La tradizionale forma di spettacolo è ormai compromessa dal relativismo e dal problematicismo di Pirandello. La forma nuova disorienta lo spettatore, ne smonta le rassicuranti certezze, gli impedisce vie di fuga o di consolazione; portando le situazioni al loro punto di rottura, mette in mostra tutto il «grottesco» della vita, parodizza il perbenismo del teatro borghese. Così accade nell'opera *Il giuoco delle parti* (1918). Il solito triangolo amoroso (Lui, Lei, L'Altro) è infatti smontato come un congegno perfetto dove ognuno gioca il suo ruolo fino all'estremo. Leone Gala, tradito nei suoi sentimenti dall'infedeltà della moglie Silia, è stato costretto a costruirsi una maschera d'indifferenza protettiva: vuotandosi della vita, si è rifugiato nella lucida costruzione di una parte. Come marito tocca a lui sfidare chi ha offeso la moglie, ma spetta a Guido, l'amante di Silia, sostenere per davvero il duello. Portando fino in fondo la divisione dei ruoli, però, il fragile equilibrio tra ragione e sentimento che Leone si è costruito si rompe. La maschera creata per vendetta e per difesa lascia scoperto il volto di una tragica solitudine.

«Tutto per bene». Nel dramma *Tutto per bene* (1920) il vedovo Martino Lori si accorge che la moglie, da lui amata in vita e perennemente onorata da morta, lo ha tradito, e che la figlia non è sua. Martino ha vissuto onestamente la parte che la società gli ha fatto assumere, senza alcun sospetto, ma d'improvviso il mondo gli crolla addosso: gli altri — persino la figlia — lo disprezzano pensando che egli abbia «finto» la parte di uomo affettuoso e devoto alla memoria della moglie. Soltanto ora Martino si rende conto che per gli altri era estremamente diverso da come si pensava. La maschera si sbriciola e dentro di essa c'è il vuoto. Soltanto una nuova forma in cui consistere e in cui poter continuare a vivere potrà salvarlo dall'angoscia del suo smarrimento.

Con i suoi personaggi che amaramente si vedono vivere e che con i loro dolorosi sofismi scombussolano le consuetudini pigre del senso comune, Pirandello non solo popola le scene di idee che urtano e che sconvolgono la morale corrente, ma coinvolge le stesse strutture formali del teatro. I suoi testi, mentre discutono la vita, discutono il teatro stesso come convenzione, come forma di espressione. È il cosiddetto «metateatro»: il teatro cioè che parla del suo modo di essere, di come è fatto e di come debba essere fatto. Il personaggio diventa portatore di due direzioni di senso: una è legata al suo grumo di esistenza e di dolore, al suo valore di portavoce o di emblema di un disagio esistenziale e culturale; l'altra è invece legata al suo nucleo di contestazione del sistema teatrale, delle sue convenzioni e delle sue possibilità di rinnovamento. Insomma, mentre esprime una «visione del mondo» Pirandello esprime insieme una diversa «visione del teatro» come forma d'arte.

I CAPOLAVORI TEATRALI (1921-1922)

«Sei personaggi in cerca d'autore». Nel 1921 Pirandello scrive e fa rappresentare l'opera che molti ritengono la più rilevante del Novecento teatrale e che è messa in scena in tutto il mondo: *Sei personaggi in cerca d'autore*. La trama è frantumata, ogni convenzione abbattuta; al pubblico non viene offerta un'opera fatta, ma «da fare». Lo spettatore è provocato fin dall'inizio: il palcoscenico è vuoto, senza quinte né scena, un macchinista inchioda rumorosamente assi d'attrezzatura, gli attori entrano alla spicciolata e si apprestano a provare un lavoro pirandelliano, *Il giuoco delle parti*. All'improvviso, dal fondo della sala, entrano sei personaggi. Nati vivi dalla fantasia di un autore, essi sono stati da lui rifiutati e ora chiedono che il loro dramma spaventoso venga rappresentato.

Il Padre e la Madre hanno avuto un Figlio; ben presto però il loro matrimonio è fallito e la Madre, andata a convivere con un altro uomo, si è creata una nuova famiglia (la Figliastra, il Giovinetto e la Bambina). Un giorno il Padre concupisce la Figliastra nel retrobottega di Madama Pace, ma la Madre interviene a tempo per sventare il misfatto. La nuova famiglia è in difficoltà economiche da quando è morto l'uomo con cui la Madre conviveva. Il Padre allora prende tutti in casa con sé, ma in ogni membro della famiglia così ricostruita cova l'angoscia: il Padre è schiacciato dal rimorso, la Figliastra medita propositi di vendetta, il Figlio, vissuto fino a quel momento con il Padre, nutre sdegno per tutti, la Madre è impietrita dal dolore. Questo dramma che gli attori si provano a rappresentare suscita solo ilarità nei personaggi che lo hanno ispirato. Essi stessi rappresentano perciò la loro storia fino all'epilogo tragico: la Bambina annega in una vasca e la Figliastra si allontana di casa per sempre.

I sei personaggi vivono nell'angoscia di non avere un autore che sollevi la loro squallida vicenda all'immutabile ed eterno mondo dell'arte: essi anelano ad uscire dal doloroso fluire dell'esistenza, dal chiuso mondo delle forme, per eternarsi in una forma assoluta. Pirandello, infatti, nella *Prefazione* alla commedia distingue tra ciò che «ha forma» e ciò che «è forma»: «Tutto ciò che vive, per il fatto che vive, ha forma, e per ciò stesso deve morire: tranne l'opera d'arte, che appunto vive per sempre, in quanto è forma».

L'opera rappresenta il dramma dell'incomunicabilità. Il Padre infatti afferma: «E come possiamo intenderci, signore, se nelle parole ch'io dico metto il senso e il valore delle cose come sono dentro di me; mentre chi le ascolta, inevitabilmente le assume col senso e col valore che hanno per sé, del mondo com'egli l'ha dentro? Crediamo d'intenderci; non c'intendiamo mai!». E rappresenta insieme, ma invertito, il dramma della pluralità degli aspetti in cui una persona viene moltiplicata dalla considerazione altrui. Qui Pirandello non lamenta la disgregazione della personalità per se stessa, ma il fatto che, nonostante i molti aspetti possibili, si possa essere giudicati nell'aspetto meno felice. È ancora il Padre a dire: «Non siamo uno con tutti, siamo tanti. Ce ne accorgiamo bene, quando in qualcuno dei nostri atti, per un caso sciaguratissimo, restiamo all'improvviso come agganciati e sospesi, alla gogna, per una intera esistenza, come se questa fosse assommata tutta in quell'atto!».

Negli anni confusi e agitati del primo dopoguerra il dramma viene letto come una radiografia della società borghese: «Vi si constatava la rovina di quanto si era abituati a rispettare e a onorare come verità sociale: la famiglia, e perciò la patria; la logica e perciò la politica e l'economia politica; l'amore e perciò il rispetto altrui e l'onorabilità propria; le concezioni tradizionali dell'arte e perciò la conservazione di ogni ideale; ne derivava, per chi vi fosse predisposto, un invito a una condotta irrazionale di rivalsa, con partenza da zero» (Giudice). Proprio per questo il dramma, se da una parte può essere percepito come auspicio di una nuova società antiborghese, dall'altra viene interpretato come esorcizzazione dei fantasmi di una dissoluzione incombente e come invito alla restaurazione dei valori borghesi in crisi.

«Enrico IV». Accanto ai *Sei personaggi* sta un altro capolavoro: l'*Enrico IV* (1922). Un gentiluomo, durante una cavalcata storica di carnevale, batte la testa cadendo da cavallo e il suo cervello ne risente. Egli crede di essere Enrico IV (l'imperatore scomunicato da Gregorio VII e costretto ad umiliarsi a Canossa), i cui panni indossa al momento della caduta da cavallo avvenuta per colpa del suo rivale in amore, Tito Belcredi. Dopo vent'anni dall'episodio, nella villa dove il sedicente Enrico IV vive circondato da una piccola corte che lo asseconda, si presentano i protagonisti del lontano fatto. C'è Matilde Spina, la donna amata, legata ora a Tito Belcredi; c'è lo stesso Tito Belcredi; c'è il nipote di Enrico, Carlo di Nolli, con la fidanzata Frida, che è la figlia di Matilde, e c'è infine un medico che è convocato da Carlo perché faccia rinsavire lo zio. Il medico ha un suo piano: intende riportare il paziente indietro nel tempo facendogli apparire all'improvviso Frida col costume che la madre indossava vent'anni prima: cosa possibile perché la figlia è il ritratto della madre da giovane.

Ma il pazzo non è più pazzo. Dopo dodici anni è rinsavito anche se ha preferito assumere consapevolmente la forma che il caso gli ha voluto imporre, sperimentando il piacere di vivere lontano dal contingente e dall'angoscia del quotidiano. E tuttavia la vita si prende la sua rivincita: l'esperimento del dottore accentua in Enrico, che si trova faccia a faccia con Frida-Matilde, la consapevolezza di non aver vissuto per tanti anni, di essere ingrigito in esilio, di essere arrivato con una fame da lupo a un banchetto già apparecchiato. Allora egli cinge in un abbraccio la bella Frida e trafigge con una spada l'antico rivale, Tito Belcredi, che si è fatto avanti per proteggerla. A questo punto Enrico non potrà fare altro che rientrare nel ruolo di pazzo, riassumendo sul volto la maschera, e questa volta per sempre.

Anche con l'*Enrico IV* Pirandello ripudia il vecchio teatro. Ad apertura di scena sembra di trovarsi nell'ambito di una tragedia a sfondo storico, ma basta attendere le prime battute ammiccanti per comprendere che si è alla presenza di uno svuotamento della tragedia storica di un D'Annunzio (ad esempio la *Francesca da Rimini*) o di un Sem Benelli (*La cena delle beffe*). Inoltre i piani della narrazione si moltiplicano e si sovrappongono: la recitazione di Enrico IV oscilla tra la finzione della follia e la realtà del presente, tra la consapevolezza di ciò che è accaduto al personaggio storico e ciò che è accaduto a se stesso. Anche i visitatori operano su due piani: sul piano della realtà quando parlano tra loro e sul piano della finzione quando recitano per assecondare il «pazzo».

Come ha fatto nei *Sei personaggi,* Pirandello rifiuta anche il criterio della verosimiglianza. L'azione è quasi del tutto assente: i fatti sono già accaduti o sono rievocati o sono oggetto di meditazione. L'*Enrico IV* è il dramma del tempo trascorso irrimediabilmente e dei rapporti di solitudine assegnati agli uomini. Se il protagonista ha preferito rifugiarsi nella forma dell'imperatore tedesco, vivendo il piacere di ciò che è già accaduto ed è perciò immutabile, tale scelta è un'esplicita accusa contro chi nella vita quotidiana ci esclude e ci tradisce, contro i «cari amici della vita». Pazzia non è quella di Enrico IV; vera pazzia è invece confidarsi con qualcuno. Anzi, la volontaria e lucida maschera di Enrico è perlomeno cosciente rispetto alla maschera che ognuno assume nella vita di relazione senza saperlo. Dice infatti l'imperatore ai suoi ospiti: «Il guajo è per voi che la vivete agitatamente, senza saperla e senza vederla la vostra pazzia».

L'ULTIMO PIRANDELLO E I MITI

La tecnica del «teatro nel teatro» fa ricorso anche ad altri accorgimenti. In *Ciascuno a suo modo* (1924) la vicenda rappresentata è discussa e criticata dal pubblico: la platea diventa palcoscenico. In *Questa sera si recita a soggetto* (1930) le modalità della rappresentazione di un dramma siciliano della gelosia diventano oggetto di dibattito tra regista e attori. Ma non sempre gli accorgimenti sono convincenti, e possono apparire come «trovate» esteriori e formali, irrigidite e di maniera.

Non mancano tuttavia nell'ultima produzione pirandelliana lavori importanti come *Non si sa come* (1934), un dramma aperto all'inconscio per il tema degli atti inconsapevoli o per quello della rimozione delle azioni colpevoli e perciò affine alle tarde novelle come *Soffio* (1931), *Cinci* (1932), *I piedi sull'erba* (1934), *Il chiodo* (1936), che si prestano infatti a letture psicanalitiche. Sono importanti anche i lavori teatrali in cui vengono discussi da Pirandello tre miti moderni: il mito sociale (*La nuova colonia,* 1928), il mito religioso (*Lazzaro,* 1929), il mito estetico (*I giganti della montagna,* pubblicato tra il 1931 e il 1934 e rimasto incompiuto). Ad essi è da aggiungere la *Favola del figlio cambiato,* testo drammatico in versi liberi, musicato da Gian Francesco Malipiero e rappresentato nel 1934.

Servendosi di favole Pirandello vuole offrire una sua soluzione alle esigenze politiche ed esistenziali dell'umanità, criticando la società borghese ed esaltando per converso i valori naturali, che riconducono lo scrittore alla Gran Madre, all'isola delle sue origini. La civiltà borghese è negata in nome di archetipi matriarcali e valori tellurici. Se i contrabbandieri di Currao, nella *Nuova colonia,* falliscono nell'intento di fondare una società più giusta è perché si lasciano irretire dalle lusinghe della società borghese che li attira a sé con gli oggetti e con il benessere, ma anche perché essi non si sono rinnovati eticamente, come succede invece alla prostituta Spera. Questa, diventata madre, si contrappone al cosmo borghese di cui è capace di denunciare con carica espressionistica l'ipocrisia sociale, divenendo il simbolo di un rinnovamento radicale.

Negato il riscatto politico e sociale, l'autore lascia che si salvi l'uomo che si affida alle leggi naturali dell'esistenza. Perciò in *Lazzaro* esalta una religione immanente, non segnata dalla mortificazione ma dalla gioia e dall'esaltazione vitale: valori insiti in un altro personaggio femminile che si chiama Sara. Degna di rilievo in questo senso è la *Favola del figlio cambiato,* dove il mito è recuperato come folclore. Delle «Donne» malefiche hanno sottratto ad una popolana il suo bambino per farlo re, ma, diventato re, egli preferisce ritornare dalla madre. Qui Pirandello rovescia il mito imperialista e futurista della civiltà industriale e gli oppone il mito salutare della Madre, ispiratrice di una profonda rigenerazione morale.

Negli incompiuti *Giganti della montagna* è affrontato il mito estetico, non senza riferimenti al fascismo. I giganti sembrano infatti alludere al totalitarismo al potere: sono cultori bestiali della prassi, si dedicano a «scavi e fondazioni, deduzioni d'acque per bacini montani, fabbriche, strade, colture agricole». Il tentativo dell'attrice Ilse di portare ai servi dei giganti lo spettacolo, che non a caso è quella *Favola del figlio cambiato* contestata nel '34, si conclude con la morte violenta della donna. Pirandello sottolinea così l'opposizione tra l'opera d'arte e la società imbarbarita dei «servi fanatici della vita». Ma la catastrofe finale sottolinea anche l'influenza negativa che possono esercitare i «servi fanatici dell'arte»: in particolare quel mago Cotrone che vorrebbe far librare la poesia in un universo di completa autonomia e di pura evasione fantastica.

ITALO SVEVO

LA VITA E L'AMBIENTE

Italo Svevo in una foto di Umberto Veruda (1893).

La biografia. Italo Svevo (pseudonimo di Ettore Schmitz) nasce a Trieste il 19 dicembre 1861. Il padre Francesco si occupa di vetrami e influisce profondamente sull'educazione dei figli (Svevo ha due fratelli: Adolfo e Elio), per i quali predispone una formazione di tipo commerciale, con studi in Germania e apprendimento delle lingue. Viene di qui il dissidio, soprattutto vivo in Italo e in Elio, tra le esigenze della vita pratica e la vocazione dello scrivere. Completati gli studi a Trieste alla Scuola Superiore di Commercio «Revoltella», Svevo è costretto ad accettare un impiego presso la sede triestina della Banca Union di Vienna, a causa delle difficoltà finanziarie che portano al tracollo della ditta paterna. Rimane alla Union per quasi vent'anni.

Nei momenti liberi frequenta la Biblioteca Civica e legge i classici italiani (Boccaccio, Machiavelli, Guicciardini), legge Carducci, De Sanctis e i romanzieri francesi: Flaubert, Daudet, Balzac, Stendhal, Zola. In Germania ha molto letto i romantici tedeschi e si è infatuato del teatro di Schiller. Scrive anche versi, che presto abbandona; abbozza *pièces* teatrali e nel 1891 pubblica un breve monologo intitolato *Prima del ballo*. Pubblica inoltre due racconti: *Una lotta* (1888) e *L'assassinio di via Belpoggio* (1890). *Una lotta* racconta l'antagonismo dei due protagonisti Arturo Marchetti e Ariodante Chigi, in cui già si intravede il rapporto tra il personaggio inetto e il personaggio energico e attivo. *L'assassinio di via Belpoggio*, come già *Una lotta*, esce sull'"Indipendente", il quotidiano intorno a cui si raccolgono i gruppi liberal-nazionali di Trieste. Sull'"Indipendente" pubblica anche interventi di letteratura e di teatro, importanti per comprendere la sua formazione culturale e per conoscere il tenore delle sue letture, fra le quali resta fondamentale quella di Schopenhauer.

Sono gli anni della «scapigliatura» sveviana, dell'amicizia di Svevo con il pittore Umberto Veruda. Veruda gli ispira il personaggio del Balli in *Senilità*, così come Giuseppina Zergol, una popolana di cui si è invaghito, gli suggerisce la figura di Angiolina nello stesso romanzo. In questo periodo Svevo professa idee socialisteggianti alimentate prevalentemente dalla sua vocazione anticonformistica, ma anche legate a certe letture che viene facendo di Darwin, Marx, Bebel. Si tratta di idee poi destinate a cadere sotto altri impulsi, anche se durerà sempre viva un'insofferenza per i più gretti valori borghesi. Il distacco dal socialismo, motivato come rifiuto delle manifestazioni di violenza, si fa via via più accentuato e dopo la guerra diventa definitivo e radicale. Ma nemmeno i principi liberal-nazionali sono troppo vivi in Svevo, affezionato se mai alle idee di un cosmopolitismo tollerante dovuto anche ai frequenti viaggi fatti in Inghilterra per ragioni di lavoro.

Nel 1892 pubblica il suo primo romanzo, *Una vita*, presso l'editore Vram di Trieste, dopo il rifiuto di Treves a cui lo ha proposto con il titolo *Un inetto*. Ma il romanzo viene ignorato da pubblico e critica e Svevo ritorna alla vocazione del teatro, scrivendo alcune commedie (*Un marito, Inferiorità, Terzetto spezzato, L'avventura di Maria, La rigenerazione*). Nel 1896 sposa Livia Veneziani e a partire dal 1899 entra nella ditta di vernici sottomarine del suocero, facendosi assorbire da un'intensa attività industriale. L'insuccesso di *Senilità,* il secondo romanzo che stampa a puntate sull'"Indipendente" e subito dopo in volume (1898), ancora presso Vram, lo inducono al proposito di non scrivere più. Intorno al 1908 avviene il suo incontro con la psicanalisi. Più avanti, a conflitto mondiale iniziato, tradurrà *L'interpretazione dei sogni* di Freud.

Nonostante le professioni di silenzio, Svevo continua a leggere (Tolstoj, Dostoevskij, Cechov, Gončarov) e a scrivere. Si tratta di un'attività che intensifica specialmente negli anni della guerra, a causa del ridotto ritmo di lavoro nella fabbrica. Collabora al quotidiano "La Nazione" diretto dall'amico Giulio Cesari e mette mano al terzo romanzo, *La coscienza di Zeno,* che pubblica nel 1923 e che ancora una volta poco ottiene sul piano del riconoscimento critico. Ma l'intervento di Joyce, che Svevo ha conosciuto fin dal 1905 e che è stato suo insegnante di inglese, riesce a scuotere, insieme con una precedente segnalazione di Montale, l'interesse della critica francese. Nel 1926 esce un numero della rivista "Le Navire d'Argent" interamente dedicato allo scrittore triestino. L'anno successivo (1927) Svevo pubblica la seconda edizione di *Senilità* linguisticamente riveduta, e il 13 settembre 1928 muore tragicamente a Motta di Livenza per un incidente d'auto.

Caratteri della formazione culturale. Nella formazione culturale di Svevo agiscono elementi diversi, legati all'ambiente mercantile di Trieste, alla famiglia, alle origini ebraiche, alle sue letture: i realisti francesi fino al naturalista Zola, e soprattutto Schopenhauer, Nietzsche, Freud. L'ascendenza ebraica, nonostante i modi sfumati e quasi reticenti con cui affiora qualche volta nelle dichiarazioni dello scrittore, si esprime decisamente nella condanna di ogni forma di antisemitismo e nello spirito cosmopolita, contrario ad ogni estremismo irredentistico. Vanno inoltre precisate alcune caratteristiche di fondo dei debiti sveviani: la sua diffidenza antipositivistica per le teorie scientifiche applicate all'arte (la lettura di Zola è guidata da questa riserva mentale); l'importanza decisiva di Schopenhauer, da cui Svevo mutua la concezione del carattere immutabile dell'uomo, l'assoluta casualità che determina le condizioni della vita naturale e preserva dall'orgoglio antropocentrico, la formazione stessa dell'idea di «inettitudine».

L'inettitudine dei personaggi di Svevo è una lucida contemplazione della saggezza negativa che oppone se stessa allo spirito di affermazione espresso dall'ambiente mercantile dell'intraprendente, ma gretta borghesia triestina. Anche l'incontro con Freud non è né pacifico né scontato. Intanto avviene quando già *Una vita* e *Senilità* sono stati pubblicati da tempo e sempre Svevo amerà precisare il suo debito. Una volta scrisse: «Freud non può avere per la letteratura altra importanza di quella ch'ebbero a suo tempo Nietzsche o Darwin», e il 10 dicembre 1927 ad un suo interlocutore: «Grande uomo quel nostro Freud ma più per i romanzieri che per gli ammalati». Ribadisce così, quasi alla vigilia della morte, il suo personalissimo uso di Freud come autore e della psicanalisi come terapia: vive in Svevo la coscienza che la malattia non può essere espunta dalla condizione dell'uomo moderno.

UNA VITA, SENILITÀ

«Una vita». Il dissidio tra azione e contemplazione, tra individuo e società, è già nei primi racconti di Svevo: *Una lotta* e *L'assassinio di via Belpoggio.* In essi si affaccia anche il tema della morte, che associato al vero e proprio paradigma gioventù-vecchiaia, costituisce il filo rosso di tutta la narrativa sveviana da *Una vita* agli abbozzi del *Vecchione* scritti da Svevo dopo *La coscienza di Zeno.* Forse nessun altro scrittore ha saputo avvertire come Svevo, nel nostro panorama letterario, la funzione di queste coppie oppositive ed è riuscito a incatenarle in una dialettica debole (tanto più anticipatrice) dell'esistere. La letteratura, in questa prospettiva, viene ad essere il luogo della mediazione, l'ambigua e precaria via d'uscita, un esorcismo della paura, la prova estrema di una saggezza lucidamente negativa.

Da *Una vita* a *La coscienza di Zeno* il passo non è breve. In *Una vita* resta l'impaccio abbastanza evidente tra la materia autobiografica di Svevo e la sua traduzione letteraria. Inoltre il protagonista del romanzo, Alfonso Nitti, nel suo conflitto con la società rigidamente divisa in classi e in ambienti non comunicanti e nella sua estrazione provinciale, appoggia ancora troppo la sua angoscia su ragioni esterne. Dal punto di vista costruttivo Svevo risente dei riverberi di una poetica ancora naturalista, ma già fa sentire la sua via d'uscita puntando sulle deficienze caratteriali di Alfonso Nitti, sulle sue evasioni fantastiche, sui suoi «sogni da megalomane», sul compenso che si aspetta dai progetti letterari. Il romanzo è fatto muovere sopra il filo interiore dei vagheggiamenti del protagonista fino allo scacco finale del suicidio, che pure rientra in una consolidata tipologia tardo-romantica.

«Senilità». In *Senilità* il rapporto con il Naturalismo si fa più labile. Nel secondo romanzo viene accentuato lo sviluppo di quel filo interiore che già percorre i giorni grigi di Alfonso. Soprattutto si definiscono meglio, attraverso il nuovo protagonista Emilio Brentani, il senso del disadattamento esistenziale e il «valore» dell'inettitudine. Emilio, come Alfonso, vive di un piccolo impiego; come Alfonso ama la letteratura (ha pubblicato anche un romanzo) e come Alfonso è roso da un malessere che gli impedisce l'azione. Ma la sua è più apertamente un'inettitudine ragionante; comincia ad assumere, anche se embrionalmente, i tratti della consapevolezza, se non dell'ironia di Zeno, e si condensa persino in una finale rassegnazione. La vicenda dei rapporti con il Balli e dell'amore per Angiolina, incrociata con la vicenda dei rapporti di Emilio con la sorella Amalia, e poi di questa con il Balli e del Balli con Angiolina, conserva lo schema, molto *sui generis*, del romanzo di formazione (*Bildungsroman*): del romanzo, cioè, in cui le peripezie formano il carattere. Emilio infatti giunge alla fine a una coscienza precisa: «Erano passati per la sua vita l'amore e il dolore e, privato di questi elementi, si trovava ora col sentimento di colui cui è stata amputata una parte importante del corpo. Il vuoto però finì coll'essere colmato. Rinacque in lui l'affetto alla tranquillità, alla sicurezza, e la cura di se stesso gli tolse ogni altro desiderio».

Lungomare nei dintorni di Trieste agli inizi del Novecento.

Questo stato senile, fissato in una sorta di abbandonato distacco o di distaccato abbandono, si può forse spiegare rinviando per opposizione ad un testo di Giuseppe Prezzolini apparso sul "Leonardo" con il titolo *Decadenza borghese.* La borghesia è in decadenza perché non è capace — scrive Prezzolini sotto lo pseudonimo di Giuliano il Sofista — di «condurre apertamente e disperatamente, con tutte le forze e con tutti i mezzi, la guerra, assurgere a coscienza di aristocrazia e preferire la bella morte della battaglia al lento imputridire della senilità». In Svevo accade proprio il contrario di ciò che Prezzolini prospetta in questo passo. Ciò che in Prezzolini è giudicato negativo, in *Senilità* è salvezza. La consapevolezza della «senilità» come condizione, sottolineata dal fascino ambientale di una Trieste sulla via del tramonto, esprime alla maniera di Schopenhauer tutto il suo valore. Nella decisione di Emilio c'è la coscienza di una scelta, che costituisce l'unica possibile salvezza: quella del negativo.

LA COSCIENZA DI ZENO

Un romanzo nuovo. La compattezza con cui il romanzo è costruito ha indotto molti lettori a ritenere *Senilità* il capolavoro di Svevo, ma si tratta di un equivoco, il sintomo di una resistenza ad accogliere la forma più aperta del romanzo maggiore, *La coscienza di Zeno.* Con *La coscienza di Zeno* Svevo adotta una nuova forma e un nuovo linguaggio. L'architettura del romanzo è molto diversa dai due precedenti. Non si tratta più di una narrazione concepita, almeno esteriormente, in maniera naturalistica. Ossia: riguardo per la cronologia, progressivo svolgimento dei caratteri, ordinata sequenza e rispetto gerarchico dei fatti, concatenazione causale delle azioni. Pur non essendo strettamente naturalisti o realisti, i primi due romanzi di Svevo conservano almeno alcune di queste caratteristiche.

I capitoli di Zeno. Con *La coscienza di Zeno* l'impianto invece è diverso. Lo psicanalista «dottor S.» induce il paziente Zeno Cosini, un vecchio commerciante triestino, a scrivere la sua autobiografia perché scrivendo rinverdisca il suo passato. Non si tratta di un procedimento ortodosso, ma il dottore ne fa uso come preludio al trattamento psicanalitico vero e proprio. Poiché il paziente si è sottratto «sul più bello» alla cura, truffando il dottore del frutto di un'analisi lunga e paziente, è il dottore stesso, per vendetta, a pubblicare il manoscritto dell'autobiografia. Essa è ripartita in capitoli tematici. Dopo la *Prefazione* del dottor S. e il *Preambolo* del protagonista narrante, seguono i capitoli intitolati *Il fumo, La morte di mio padre, La storia del mio matrimonio, La moglie e l'amante, Storia di un'associazione commerciale.* Chiude infine un diario intitolato *Psico-analisi,* che registra in quattro tempi i fatti successi dopo l'abbandono della cura.

Nel capitolo *Il fumo* Zeno Cosini fa la storia della sua fissazione del fumo e dei dubbi che l'accompagnano: «Che io forse abbia amato tanto la sigaretta per poter riversare su di essa la colpa della mia incapacità?». Zeno racconta i mille propositi di smettere, la superstizione delle date legate all'«ultima sigaretta», il tentativo di cura radicale nella stretta clausura di una casa di salute: tentativo durato nemmeno una notte e conclusosi con una fuga liberatoria.

Nel capitolo *La morte di mio padre* è raccontato il rapporto di Zeno con il padre, la sua distanza da lui: la serietà del padre e la distrazione di Zeno, l'attivismo positivo del commerciante di poche letture ma di molto senno e la scioperata inconcludenza del figlio di famiglia, la combattività del primo e l'inerzia del secondo. È un rapporto che si anima drammaticamente nel periodo improvviso della malattia e della morte poiché il padre, in punto di morte, dà a Zeno un tragico schiaffo.

La storia del mio matrimonio è una storia di storditezze, di equivoci, di errori, di vicissitudini stravaganti e di ridicolo. Zeno entra in confidenza con un commerciante astuto e intraprendente, Giovanni Malfenti. Introdotto in casa sua, vi conosce le quattro figlie: Ada, Augusta, Alberta e Anna. Finisce per sposare Augusta, ma dopo aver provato un colpo di fulmine per Ada e aver cercato a lungo di farla innamorare di sé. Ada gli preferisce Guido Speier e Zeno si fidanza con Augusta, che sposa senza trasporto.

Nel capitolo *La moglie e l'amante* c'è la storia del rapporto matrimoniale con Augusta, la solidità e la «salute» di lei: «Essa sapeva tutte le cose che fanno disperare, ma in mano sua queste cose cambiavano di natura. Se anche la terra girava non occorreva mica avere il mal di mare! Tutt'altro! La terra girava, ma tutte le altre cose restavano al loro posto». Zeno, pensando di «fare un regalo» alla moglie, si mette a lavorare, ma il suo agire è imprevedibile e casuale e crea dei dissidi con il responsabile a cui il padre ha affidato la ditta; cosicché ritorna allo studio del violino e alla sua «simulazione di attività». L'incontro con Enrico Copler, un amico di università venuto a Trieste per curare la nefrite, determina un nuovo corso di avvenimenti. Zeno conosce infatti Carla Gerco, una signorina che vive con la madre della beneficenza di Copler, e ne fa la sua amante. Fra tradimenti e rimorsi, fra menzogne e finte malattie, il rapporto con la Gerco va avanti per due anni finché essa decide di sposare il suo maestro di canto, a cui lo stesso Zeno l'ha affidata.

Con il capitolo *Storia di un'associazione commerciale,* il racconto indugia sull'impresa economica avviata dal cognato di Zeno, Guido Speier. Zeno è associato all'impresa e si dedica al nuovo ufficio di consulente e di contabile con un certo zelo. Ma Guido è male avviato, si spende tra amanti e ingenuità finanziarie e scivola a poco a poco verso il tracollo finendo vittima di un suicidio architettato per equivoco e difesa. Zeno, che intanto ha preso a giocare in borsa come lo stesso Guido faceva, riesce a salvare il salvabile riducendo della metà la perdita della sostanza. Il capitolo si chiude con la partenza di Ada per Buenos Aires, dove abitano i genitori del marito. Si allontana così uno dei personaggi che più occupano le pagine del romanzo.

Il diario. L'ultimo capitolo è un diario in quattro riprese. La prima reca la data del 3 maggio 1915, la seconda del 15 maggio, la terza del 26 giugno e l'ultima del 24 marzo 1916. La guerra è scoppiata, Zeno ha smesso la cura psicanalitica e ne fa un bilancio negativo. Analizza il suo stato e fa osservazioni ironiche sulla sua guarigione: «Ne rido di cuore. La miglior prova ch'io non ho avuta quella malattia risulta dal fatto che non ne sono guarito». La capacità di convivere con la propria malattia è come una persuasione di salute e in ciò Zeno è molto aiutato dal successo che è riuscito a costruirsi a poco a poco con il commercio: «Ammetto che per avere la persuasione della salute il mio destino dovette mutare e scaldare il mio organismo con la lotta e soprattutto col trionfo. Fu il mio commercio che mi guarì e voglio che il dottor S. lo sappia». La vita stessa, considera Zeno, è una manifestazione di malattia e a differenza delle altre malattie è sempre mortale, non sopporta cure. La vita attuale, poi, è inquinata alle radici ed è vano qualsiasi sforzo di «darci la salute». Gli incontrollabili ordigni della tecnologia e del progresso non hanno più alcun rapporto con le braccia dell'uomo che li produce. L'ordigno, sostiene Zeno, «crea la malattia con l'abbandono della legge che fu su tutta la terra la creatrice. La legge del più forte sparì e perdemmo la selezione naturale». La conclusione è logica: «Altro che psico-analisi ci vorrebbe: sotto la legge del possessore del maggior numero di ordigni prospereranno malattie e ammalati».

L'ultimo capoverso è ispirato infine a una sottile e ragionata profezia, un apologo quasi fiabesco per un'immagine di distruzione cosmica: «Forse traverso una catastrofe inaudita prodotta dagli ordigni ritorneremo alla salute. Quando i gas velenosi non basteranno più, un uomo fatto come tutti gli altri, nel segreto di una stanza di questo mondo, inventerà un esplosivo incomparabile, in confronto al quale gli esplosivi attualmente esistenti saranno considerati quali innocui giocattoli. Ed un altro uomo fatto anche lui come tutti gli altri, ma degli altri un po' più ammalato, ruberà tale esplosivo e s'arrampicherà al centro della terra per porlo nel punto ove il suo effetto potrà essere il massimo. Ci sarà un'esplosione enorme che nessuno udrà e la terra ritornata alla forma di nebulosa errerà nei cieli priva di parassiti e di malattie».

La riforma della struttura. *La coscienza di Zeno* è un romanzo che si offre a molte prospettive di lettura, ma dal punto di vista strutturale le caratteristiche essenziali sono due: l'assenza apparente di gerarchia nei fatti narrati e il passaggio dalla terza persona alla prima.

Nell'organizzazione tematica dei capitoli, Svevo dispone il discorso di Zeno secondo un andamento molto libero, dentro il quale la memoria del passato si incrocia continuamente con la coscienza della situazione attuale. Zeno si muove tra passato e presente con molta libertà ed esprime le sue nevrosi in un procedimento fatto di abbandoni e di riprese. L'assenza di gerarchia è apparente nel senso che i vari temi del fumo, del rapporto con il padre, del matrimonio e dell'amante o dell'impresa commerciale hanno sì una funzione d'ordine, ma essa non obbliga ad un rispetto strettamente conseguente dei fatti, che spesso trapassano da un capitolo all'altro mostrando di sé aspetti nuovi in contesti diversi.

Quanto al passaggio dalla terza persona dei precedenti due romanzi alla prima della *Coscienza di Zeno,* essa dipende in modo decisivo proprio dalla meditazione sulla psicanalisi. In una lettera a Valerio Jahier, Svevo scrive che dopo aver conosciuto l'opera di Freud fece «la cura nella solitudine senza medico», e ammette: «Se non altro da tale esperienza nacque il romanzo». Lo scrittore è consapevole delle difficoltà che crea l'adozione dell'io narrante nel suo romanzo: la difficoltà soprattutto di separare la tentazione della propria autobiografia dall'autobiografia del personaggio che parla di sé. Scrivendo a Eugenio Montale, lo stesso Svevo confessa in proposito: «(...) io so di uno o due punti dove la bocca di Zeno fu sostituita dalla mia e grida e stuona». Il punto di sutura tra Zeno e Svevo sembra farsi invece evidente nell'ultimo capitolo e specialmente nell'ultimo tratto del «diario», nella profezia dell'apocalisse cosmica e nella certezza negativa della vita come malattia. Non bisogna però dimenticare che la conclusione finale, pur essendo strettamente coerente, si distacca dagli altri capitoli del romanzo. Qui il flusso narrativo si muove tra aforismi ed episodi vivaci e lugubri, ridicoli e tragici, umoristici e persino grotteschi, tra considerazioni ironiche e bugie autoprotettive, tra malattie dietro cui nascondere la colpa o con cui garantirsi un'impunità. La salvezza di Svevo dall'uso strumentale dell'autobiografia di Zeno è tutta nel gioco di specchi tra menzogna e verità sottolineato fin da principio. Zeno, come si è detto, scrive le sue memorie dietro consiglio del medico psicanalista, ma le impasta di verità e di menzogna proprio per rendere inutile il lavoro terapeutico che lo psicanalista si ripromette.

Svevo-Proust. La riforma strutturale che il romanzo di Svevo introduce nel panorama del romanzo europeo è stata paragonata all'opera di grandi narratori come Proust e Joyce. Ma è necessario segnare in proposito differenze sostanziali da Proust, perché «Svevo scrive per fissare il presente e così renderlo conquistabile e servibile: nega, in certo senso, la memoria come attività creatrice, ammette soltanto un ricordo affidato alla registrazione immediata di quel presente» (Debenedetti). Si tratta di una distanza anche stilistica, perché la lingua letteraria di Svevo è l'esatto contrario di quella proustiana. È stato più volte sottolineato lo «scrivere male» di Svevo, con riferimento al particolare ambiente della sua formazione: una Trieste eccentrica, coagulo di molte civiltà, dialettofona, rimasta fuori da una linea italiana di tradizione letteraria. *La coscienza di Zeno* contiene molte considerazioni sul rapporto con la parola e sul contrasto tra lingua e dialetto. Ad esempio la distanza di Zeno da Guido Speier è sentita anche come distanza di linguaggio: «Egli parlava il toscano con grande naturalezza mentre io e Ada eravamo condannati al nostro dialettaccio». Svevo cercò anche di correggere le sue mende e nella seconda edizione di *Senilità* (1927) modificò molti vocaboli. Resta però il fatto che il difetto della sua lingua (ma anche il suo pregio) è più sintattico che lessicale: «quello cioè di una lingua che, dovendo possedere tutta la fluidità e la sinuosità necessaria all'analisi e al sentimento interiore del tempo, urta troppo di frequente, quasi ad ogni pagina, nelle durezze del concreto esteriore» (Bonora).

Veduta del Canale a Trieste ai primi del Novecento.

Svevo-Joyce. La differenza da Joyce è legata soprattutto all'uso del «monologo interiore». Il monologo interiore è lo strumento per eccellenza di Joyce (l'*Ulysses*): il personaggio è abbandonato a se stesso fino alle più notturne e allucinate eruzioni dell'inconscio, alle associazioni più inattese e incongrue, agli impasti più estremi del proprio mondo interno e profondo. In Svevo accade diversamente. Nei suoi romanzi, e anche nella *Coscienza di Zeno* che è il più innovatore, c'è sempre l'assiduo e sorvegliato contatto con il concreto esteriore e con il controllo ragionante dei nessi psichici. *La coscienza di Zeno* diventa il frutto del compromesso più avanzato di Svevo, di una riforma piuttosto che di una rivoluzione narrativa. Il dato più evidente delle conquiste di Svevo è l'ironia. Attraverso la conquista dell'ironia, la salvezza negativa così lucida e compatta di Emilio Brentani in *Senilità,* si muove in un'ambiguità tanto più elusiva e priva di certezza. La nuova forma del romanzo di Svevo non scompagina del tutto la tradizione, pur essendo perfettamente sintonizzata con una coscienza avanzata dell'uomo moderno.

TEATRO, NOVELLE, EPISTOLARIO

La fama di Svevo è essenzialmente dovuta ai romanzi, ma non si deve dimenticare la produzione teatrale, anche se essa resta legata per certi aspetti al clima verista, naturalista e alla funzione emblematica del danaro nel mondo borghese. Non mancano i segnali della produzione europea, specie di Ibsen e di Strindberg: soprattutto nel profilo delle figure femminili, animate, in un mondo dominato dai valori maschili, da un coraggioso agonismo (ad esempio in *Un marito*). Queste influenze non intaccano l'originalità di Svevo, che dimostra di avvertire a suo modo le situazioni e di saperle elaborare secondo un gusto accordato in larga misura ai motivi di fondo della sua poetica.

Anche nelle novelle (la più nota è *La novella del buon vecchio e della bella fanciulla*) compaiono, tra favola e apologo, quelle doti di nitida fattura, che qualcuno fa risalire a certi modi della tradizione ebraica mitteleuropea. Così sono molto interessanti le lettere: sia quelle scritte alla moglie, sia quelle inviate a letterati italiani e stranieri. In esse si ritrova quasi allo stato puro la sostanza autobiografica di tutta l'opera sveviana.

FEDERIGO TOZZI

LA VITA E L'AMBIENTE

Federigo Tozzi.

Federigo Tozzi nasce il primo gennaio 1883 a Siena, dove il padre gestisce una trattoria. Proprio il rapporto con il padre è un elemento fondamentale della biografia di Tozzi e della sua opera, specie se associato alla diversissima figura della madre, donna di salute cagionevole e soggetta a crisi epilettiche. Uomo sanguigno e autoritario, la cui forza fisica e i cui appetiti entrano nella piccola mitologia di una Siena ancora borghigiana, il padre di Tozzi accumula una discreta fortuna e rappresenta agli occhi del figlio una ragione di tormento e di angoscia.

Dopo le elementari, Tozzi è iscritto al Collegio Arcivescovile di Siena, ma non conclude nulla. Iscrittosi alle Belle Arti, ne è espulso; e nemmeno riesce a concludere gli studi alle Scuole Tecniche. La sua è una formazione da autodidatta. La morte della madre (1895) si aggiunge come uno scacco tragico ai molti insuccessi accumulati e comincia per Tozzi un periodo di lunga macerazione interiore. Il suo apprendistato culturale si svolge tra impulsi socialisti e scandagli d'anima (una parola diffusissima nel clima culturale del primo Novecento e assai frequente nel primo lessico dello scrittore). Punte di misticismo appassionato si mescolano ad un socialismo individualistico e anarchicheggiante, più sentimentale e ribellistico che scientifico. Le letture sono disparate: da Poe a Maeterlinck, da Comte a Max Nordau, senza contare le più dirette sollecitazioni dell'ambiente toscano, ad esempio Papini.

Nel 1907 Tozzi vince un concorso alle ferrovie ed è aiuto applicato a Pontedera e poi a Firenze. È una stagione che offre materia per il romanzo *Ricordi di un giovane impiegato,* pubblicato soltanto postumo con il titolo *Ricordi di un impiegato* (1920). La morte del padre mette lo scrittore in grado di lasciare l'impiego e di gestire l'eredità. Si sposa e scrive, collabora ad alcune riviste e pubblica i suoi primi libri: due di poesia, *La zampogna verde* (1911) e *La Città della Vergine* (1913). Inoltre, a testimonianza del suo interesse per la tradizione toscana e per le fonti di un primitivismo tutto indigeno, un'*Antologia di antichi scrittori senesi, dalle origini fino a Santa Caterina* e una raccolta di *Mascherate e strambotti della Congrega dei Rozzi di Siena.*

L'interesse per Santa Caterina e la spinta religiosa che vi è sottesa, vissuta fino al passaggio dal socialismo anarcoide al cattolicesimo, si ritrovano anche nella raccolta *Le cose più belle di Santa Caterina da Siena* (1918). Negli anni 1913 e 1914 Tozzi pubblica la rivista "La Torre" con Domenico Giuliotti, un altro convertito toscano, che imprime al suo cattolicesimo reazionario un'impronta aggressiva: «Reazionari, invochiamo e propugniamo a viso aperto, contro i figuri demagogici, la necessità del boia; cattolici, mentre le monarchie vacillano, difendiamo la Chiesa».

La cattiva gestione dell'eredità paterna aggrava la situazione finanziaria e Tozzi si trasferisce a Roma con la famiglia. Ma sono nuove delusioni, che si allentano un poco soltanto con la pubblicazione di *Bestie* (1917) e di *Con gli occhi chiusi* (1918): due opere centrali nel percorso dello scrittore dal frammento al romanzo. In questi anni finisce anche *Il podere* e in breve tempo scrive *Tre croci.* I due romanzi vengono pubblicati nel 1920, poco dopo la morte, che avviene a Roma il 21 marzo 1920. Soltanto dopo la morte compaiono altre opere: le novelle di *Giovani* e *L'amore* (1920), il romanzo *Gli egoisti,* insieme con il dramma *L'incalco* (1923), e il romanzo-diario *Novale*: una raccolta di lettere degli anni 1902-1903 scritte a una donna (Isola) conosciuta attraverso un'inserzione su un giornale e di altre lettere degli anni tra il 1906 e il 1908 scritte alla futura moglie Emma.

DA NOVALE A CON GLI OCCHI CHIUSI

Dal frammento al romanzo. Il percorso della narrativa di Tozzi può essere indicato come «uno sforzo di svincolarsi dall'autobiografia, di dare alla materia autobiografica l'impronta e la portata della cosa creata con invenzione poetica» (Debenedetti). In secondo luogo può essere indicato come progressivo superamento della poetica del frammento e come conquista del romanzo.

Sono le due facce della stessa medaglia, i due aspetti di un'unica tensione. Forzando un poco i tempi effettivi della scrittura, che nel caso di Tozzi sono aggrovigliati, si può dire che in questo percorso *Novale* sta come esempio del primo travaglio, *Bestie* come esempio del secondo, e che alla confluenza dell'uno e dell'altro troviamo *Con gli occhi chiusi:* un'opera letterariamente matura e superiore al pur contemporaneo romanzo *Ricordi di un impiegato.*

«Novale». *Novale* racconta il tentativo di orientare una vita tra remore dannunziane (ne è una spia lo stesso titolo prezioso) e professioni di sincerità scandalosa: il tutto misto a velleitarie aspirazioni di redenzione sociale. Il giovane Tozzi, nelle lettere a due donne (Isola ed Emma) esprime a tentoni la sua ansia di assoluto, così diffusa nel clima culturale del primo Novecento. Ne scaturisce un personaggio ancora troppo confusamente compromesso con i dati immediatamente autobiografici. Ma già il racconto si fa strada e lascia presagire il personaggio più filtrato della narrativa posteriore, come accade nel racconto della storia di Isola (diventerà poi Ghìsola in *Con gli occhi chiusi*), del suo tradimento e della maternità nascosta.

Il sentimento del mistero e dell'attesa imprevedibile, portata ai limiti estremi dell'intollerabilità, e l'improvvisa manifestazione del dolore, a cui la vita concede tregue insidiose, vengono a Tozzi dalle suggestioni del Simbolismo. Ce n'è traccia nelle due raccolte poetiche, *La zampogna verde* e *La Città della Vergine,* che si muovono tra manierismi dannunziani e vocaboli dialettali o «primitivi», cioè presi nella lontana tradizione di una Toscana rimasta vergine e intatta. Ma per quest'aspetto di dolorosa attesa, di balenanti misteri, si deve piuttosto guardare al volume di prose *Bestie,* pubblicato nel 1917, quando Tozzi ha già nel cassetto *Ricordi di un impiegato* e *Con gli occhi chiusi.* Le prose di *Bestie* sono almeno parzialmente composte nello stesso periodo di questi due romanzi.

«Bestie». L'importanza di *Bestie,* dal punto di vista storico, consiste nel fatto che, pur essendo un libro di frammenti, consente di cogliere in formazione il passo narrativo di Tozzi. Con sensibilità allarmata lo scrittore registra virtù emblematiche e traccia movimenti drammatici attraverso un suo bestiario campagnolo di lumache, rondini, gatti, farfalle, usignoli, capre, formiche, conigli, zanzare, mosche, pipistrelli. Nelle pieghe di un discorso che ancora si muove entro un ambito di riferimenti frammentisti e di richiami simbolisti, già lascia intravedere il passo del narratore che non si limita a cogliere attimi di folgorata verità, ma si distende a tratti, se non in un racconto, in un suo indizio, in un suo presagio. Attraverso l'apparizione di queste «bestie», o semplicemente attraverso il loro nome, passano fili di trame intraviste, immagini e motivi in cui già si agita una storia.

«Ricordi di un impiegato». Sono un vero e proprio romanzo, il cui primo germe è nelle lettere di *Novale*. In forma di diario, Leopoldo Gradi, *alter ego* di Tozzi, racconta le difficoltà dell'impiego in provincia. Le coincidenze tra la vita di Tozzi, come viene narrata nelle lettere di *Novale*, e i fatti dei *Ricordi*, sono molte: il padre autoritario e padrone, il concorso alle ferrovie, l'impiego a Pontedera, il trasferimento nella grande città. C'è anche un leggero intreccio: un amore, più covato che vissuto, per una donna (Attilia) e la morte di lei, che viene a sciogliere ogni cosa.

Ciò che qui conta è che in Leopoldo comincia davvero a dipanarsi il personaggio tozziano all'incrocio tra autobiografia e sforzo di oggettivazione. La meschinità della vita di provincia in cui Leopoldo cade come una mosca in un liquido vischioso non sembrerebbe diversa dall'atmosfera di oppressione denunciata in tanti romanzi naturalisti, né il personaggio dell'impiegato sarebbe cosa nuova per se stessa. La novità di Tozzi e del suo personaggio, la cui vita è condotta ai margini di una vicenda apparentemente verista, consiste in realtà proprio nella contestazione dei canoni da cui sembrerebbe dipendere. A Tozzi non interessa infatti restituire un pezzo di vita o denunciare una condizione di disagio ambientale e sociale. I fatti del breve romanzo di Leopoldo non vivono in un rapporto di causa-effetto, ma patiscono la radice oscura del male; i fili che li collegano non sono visibili ma angosciosamente irreali e allucinati. Leopoldo non esprime una condizione particolare, ma un difetto dell'esistere. Con lui si configurano le caratteristiche dell'«inetto» tozziano: l'angoscia, l'inerzia, il fallimento. Anche in Dario Gavinai, il protagonista del romanzo *Gli egoisti*, accade la stessa cosa. Dario si muove tra abulia e velleitarismo, tra sensuosi vagheggiamenti e ansie inconcludenti, in una solitudine inutilmente inquieta e senza sbocco.

«Con gli occhi chiusi». Ma l'inetto tozziano per eccellenza è Pietro, il protagonista del romanzo *Con gli occhi chiusi*. Pietro è figlio di Domenico Rosi ed è completamente schiacciato dalla personalità del padre. Nella sua psiche oppressa vive l'oscura coscienza del dolore: «Vi sono esseri che non chiedono nulla a nessuno e rinunziano a tutto; e, non essendo rispettati come gli altri, pare che di loro se ne possa fare quel che si vuole. Perciò quel che riguarda gli altri lo trovano antipatico. Se qualcuno li ama, non vogliono cambiarsi; chiedendo che cosa questo bene esiga. E allora lo evitano».

L'amore di Pietro per Ghìsola, la nipote dei contadini Giacco e Masa, che lavorano il podere del padre, è fatto di intermittenze e di fonde tortuosità. Vi sono poi tratti in cui il bestiario consueto tocca risultati di corrispondenza quasi metafisica: «Intanto un sogno cupo aveva invaso Pietro: il cavallo era trascinato, all'inverso, con il calesse, dentro una spalancatura interminabile della sua anima». Lo scoraggiamento e l'affanno, l'oscuro tormento e la disturbata relazione con il mondo sono i caratteri di Pietro, che sta «con gli occhi chiusi», ossia non ha consapevolezza di sé e del mondo. Il personaggio nasce sulla traccia dei riscontri biografici di Tozzi (il padre grossolano, la morte della madre, l'insuccesso scolastico, la fede socialista), ma ne esce narrativamente autonomo. La biografia si obbiettiva in romanzo: specialmente nella prima parte, dove è molto riuscito l'amalgama tra psicologia umana, paesaggio e mondo animale.

La seconda parte narra le astuzie di Ghìsola e i suoi inganni. Pietro la crede ingenua e innocente mentre lei passa da un amante all'altro ed entra addirittura nel giro di una casa di appuntamenti. Si tratta della parte più compromessa con un impianto di tipo naturalistico, meno persuasivamente fusa nelle dissonanze di un processo interiore.

In questa divaricazione tra prima e seconda parte si rivela nel romanzo l'incertezza di un disegno non ancora del tutto consapevole; che non risponde, cioè, ad un programma preciso fino ai dettagli. L'incertezza dipende dall'orientamento culturale del primo Novecento e dagli immediati riferimenti di Tozzi, che agiscono anche sul suo linguaggio fortemente lavorato, lessicalmente e sintatticamente aspro e tormentato (si pensi ai vociani espressionisti come Boine, Jahier, Slataper). Ma come accade per il processo di ricerca narrativa il linguaggio tozziano ha una sua originalità funzionale. Sul fondo della provincia senese, marginale e separata (e dunque più conservativa), innesta la lingua primitiva e arcaica dei testi mistici e dei cronisti e usa materiali di linguaggio popolano. La disarmonia che ne nasce è la stessa di cui i protagonisti dei romanzi sono portatori.

IL PODERE, TRE CROCI, I RACCONTI

«Il podere». La disarmonia espressa dai personaggi tozziani costituisce il legame più autentico tra i due ultimi romanzi, *Il podere* e *Tre croci*, e i romanzi precedenti: *Ricordi di un impiegato* e *Con gli occhi chiusi*. Se non sempre è facile stabilire con certezza la cronologia delle opere di Tozzi, resta fermo che il legame tra i vari romanzi è dato soprattutto dalle dissonanze interiori che i vari personaggi esprimono nel loro sviluppo narrativo. Resta evidente nel *Podere* e in *Tre croci* la centralità del rapporto tra padre e figlio.

Nel *Podere* questo rapporto è espresso perché vi si tratta di un'eredità che viene dilapidata in una trama di congiure, di liti e contrasti, di cambiali e colpi della sorte. Ne è al centro Remigio Selmi, aiuto-applicato alla stazione di Campiglia e richiamato al letto del padre morente, che lo tratta come un estraneo. Nella inettitudine di Remigio a salvare l'eredità paterna dai loschi maneggi di Giulia, che è stata l'amante del vecchio Selmi, si compie un inconscio bisogno di catastrofe e di annientamento.

«Tre croci». La cosa, pur nella diversità dell'ambientazione e nella diversa — non espressa — dipendenza dal padre, accade con evidenza anche maggiore in *Tre croci*. Anche qui è un affare di cambiali prima vere e poi falsificate; ad esse si aggrappa la navicella consunta dei tre fratelli Gambi, i quali vivono dei magri affari di una libreria antiquaria per finire in un comune delirio di morte. Anche il fatto che tutte le loro aspirazioni si appuntino sulla buona tavola, su una ghiottoneria vorace e smemorante, è stato visto come espressione della loro protesta. Dilapidano per fornirsi i bocconi migliori e così facendo distruggono, attraverso la roba, «il potere del padre che li ha resi degli incapaci» (Debenedetti).

Per *Il podere* e *Tre croci* c'è anche un altro legame che riguarda la costruzione romanzesca. E soprattutto in questo consiste la differenza dai romanzi precedenti e in particolare da *Con gli occhi chiusi*. Nel *Podere* e in *Tre croci* c'è una condotta narrativa più rapida e conseguente, più stretta e compatta, che fa pensare alla narrativa naturalista e verista. Se con il romanzo *Con gli occhi chiusi* Tozzi «poteva sembrare ispirato (...) da un bisogno di denunziare e acclarare le psicologie affidandosi alla guida erratica della curiosità, si direbbe ispirato questa volta dalla volontà di un rendiconto completo, schietto e più brutale» (Ulivi).

Battitura del grano sull'aia in un podere toscano ai primi del Novecento.

Paese toscano agli inizi del Novecento.

Nel *Podere* e in *Tre croci* Tozzi sosta meno sui complessi del protagonista (è stato osservato che i tre fratelli di *Tre croci* sono in realtà tre facce di un prisma unico, di un unico personaggio) e mira diritto allo scopo. Stringe la vicenda in un incalzare di eventi che sembrerebbero condurre alla stessa fatale conclusione dei romanzi naturalisti. Invece non è così. Se i due romanzi rispondessero a un meccanismo di tipo naturalistico rappresenterebbero un passo indietro rispetto alla centralità di *Con gli occhi chiusi.* Ed è invece lontana dal Naturalismo la «visione del mondo» che li informa. Le cose non sono in Tozzi, come nella narrativa naturalista e verista, un dato esterno che incombe sull'uomo e ne determina il comportamento, ma sono proiezioni di uno stato psichico, il risultato di un processo interiore che tende a prendere narrativamente connotati esteriori perfettamente oggettivati. Da questo punto di vista, la giustezza del meccanismo di *Tre croci,* la creazione di un dramma quasi scenico, potrebbe essere vista, al di là dei compromessi, come il risultato più stringente.

I racconti. Tozzi scrive anche dei racconti, riuscendo spesso a risultati così notevoli che qualche critico ha visto nel racconto la misura più persuasiva del Tozzi narratore. I motivi che vi ricorrono sono quelli della gioventù offesa dalla grettezza dell'ambiente ostile. Ad esempio l'illusione di diventare un grande pittore covata da Dario Gavinai nel romanzo *Gli egoisti,* è anticipata nel sodalizio dei tre giovani Benedetto Bichi, Rocco Materozzi e Don Vincenzo Ciurlini del racconto *Pittori,* che era già uscito con il titolo *Tre giovani.* Sono egoismi e contrasti, sopraffazioni e violenze, ambienti borghigiani e da piccola città, aneliti e sconforti. Tutti insieme, anche nei risultati più deboli, i racconti di Tozzi testimoniano un percorso che si viene faticosamente e contraddittoriamente compiendo tra sofferenza e rigore.

SECONDO NOVECENTO

TRA LE DUE GUERRE

Alla pagina precedente: Alberto Savinio, «Annunciazione», 1932. Milano, Collezione Boschi.

SECONDO NOVECENTO
CONTESTO

L'AVVENTO DEL FASCISMO

Il fascismo al potere. Lo sviluppo economico-sociale dell'Italia prebellica, la pratica politica che sfocia nell'intervento, le speranze e le attese legate alla guerra, dal conflitto escono in crisi, e da questa crisi ha origine il fascismo, sorto inizialmente anche come reazione al disordine sociale e ai moti prerivoluzionari operai (quasi «controrivoluzione preventiva»).

Il movimento dei Fasci nasce nel marzo 1919, ma assume rilevanza politica soprattutto a partire dal 1920; va al governo con Mussolini nell'ottobre del 1922 e dopo il delitto Matteotti (1924) si consolida in regime. La tappa considerata da molti storici come decisiva è quella del 3 gennaio 1925. Essa segna l'abbandono definitivo dello Stato costituzionale, liberale e parlamentare nel momento in cui, coi socialisti e i cattolici, larghe masse popolari si accingevano a entrare attivamente nella vita politica (di qui l'iniziale tolleranza della vecchia classe liberale, che riteneva di controllare il fascismo cogliendovi, in una versione più rozza e violenta, l'eredità di valori laico-risorgimentali).

Mentre le forze dell'opposizione, guidate da uomini come il liberale Giovanni Amendola e il socialista Filippo Turati, si rifugiano nella protesta morale dell'Aventino, Mussolini può lanciare in Parlamento le sue parole di sfida: «Se il fascismo è stato una associazione a delinquere, io sono il capo di questa associazione a delinquere!». Don Sturzo è già stato costretto a dimettersi dal Partito Popolare. I reparti della milizia sono mobilitati, si intensificano i sequestri e gli arresti, si chiudono circoli e ritrovi politicamente sospetti, vengono sciolte organizzazioni giudicate sovversive, vengono fatte perquisizioni domiciliari, vengono arrestate molte persone. Se prima di questa data molti potevano ancora pensare che il fascismo, finita la sua carica di reazione, si sarebbe trasformato o addirittura dissolto, ora non lo possono pensare più. Il processo di normalizzazione diventa un fatto esecutivo.

La fascistizzazione dello Stato. L'attività di normalizzazione è diretta a far rientrare il processo di mobilitazione della milizia e a contenere ogni espressione di arditismo estremo, di violenza sistematica, a far desistere dalle azioni di rappresaglia che, sotto la regia «dura» del segretario del partito Roberto Farinacci, hanno caratterizzato tutto il 1925. Il congedo di Farinacci è il fatto manifesto della svolta, che inizia con il 1926: «l'anno napoleonico della rivoluzione fascista», secondo l'espressione di Mussolini. Tutte le associazioni vengono poste sotto il controllo dello Stato (il 1° maggio 1925 è già stata istituita l'Opera dopolavoro per «promuovere il sano e proficuo impiego delle ore libere dei lavoratori»). Sono dispensati dal servizio i funzionari che non danno «piena garanzia di un fedele adempimento dei loro doveri»; la stampa viene rigidamente controllata; i fuoriusciti sono perseguiti fino alla perdita della cittadinanza e alla confisca dei beni. Le amministrazioni provinciali e comunali sono poste sotto la direzione dello Stato fascista: i prefetti diventano la più alta autorità della provincia e i sindaci elettivi sono sostituiti dai podestà di nomina governativa. Il Parlamento è interamente fascistizzato con la dichiarazione di decadenza di tutti deputati aventiniani. La legge per la «difesa dello Stato» del 20 novembre 1926 istituisce la pena di morte e il Tribunale Speciale, che è composto da un generale e da cinque consoli della milizia, funziona con la procedura del tempo di guerra e pronuncia sentenze contro cui non è ammesso ricorso.

Con la cosiddetta «legge Rocco» (prende il nome dal ministro che ne è l'autore e che darà il nome anche al codice penale e al codice di procedura penale del 1930) viene istituita il 3 aprile 1926 un'organizzazione giuridica pubblica del mercato del lavoro. Essa sopprime la libera iniziativa nei rapporti tra imprenditori e lavoratori. Nascono le Corporazioni, che sono ribadite nei principi della Carta del Lavoro del 30 aprile 1927 e diventano operanti a partire dal 1934. Ma fin d'ora sono proibiti gli scioperi e le serrate.

Nel marzo del 1928 entra in vigore la nuova legge elettorale, che stabilisce la lista unica. I candidati vengono scelti dal Gran Consiglio del fascismo su prevalenti indicazioni delle organizzazioni legalmente riconosciute dei datori di lavoro e dei lavoratori. Il 9 dicembre 1928 è la volta della legge sul Gran Consiglio, in base alla quale un organo di partito viene insediato come organo supremo che «coordina e integra tutte le attività del regime sorto dalla rivoluzione dell'ottobre 1922».

L'attività di normalizzazione e di fascistizzazione del paese tocca il suo apice coi Patti Lateranensi (1929) che chiudono provvisoriamente la vertenza fra Stato e Chiesa apertasi dopo Porta Pia, garantendo al fascismo un consenso più largo. Ben presto, però, le violenze contro l'Azione cattolica, l'ambizione di egemonia educativa di un'ideologia essenzialmente antireligiosa, e infine le leggi razziali contro l'ebraismo, renderanno esplicito lo stacco incolmabile tra fascismo e cattolicesimo.

FASCISMO E CULTURA

La politica del consenso. Si tratta di un consenso cercato in più modi. Uno di questi è la produzione dei cinegiornali che esaltano le imprese del regime, di film di evasione e di consumo oppure di smaccata retorica imperiale come «Scipione l'Africano» (1937) di Carmine Gallone.

In campo culturale, oltre che sulla radio, sul cinema, sul teatro, sull'arte, sulla scuola, il fascismo cerca di agire sull'organizzazione intellettuale. Fin dal 1923 è stata introdotta nelle scuole la cosiddetta «riforma Gentile», dal nome del filosofo Giovanni Gentile che l'ha concepita sulla base del suo idealismo attualistico: essa afferma il primato delle discipline umanistiche su quelle tecnico-scientifiche e introduce un principio di rigida selezione, che incide in modo cospicuo sui tassi di scolarizzazione. L'Opera Nazionale Balilla (poi Gioventù Italiana del Littorio), istituita il 3 aprile 1926, integra l'attività scolastica occupandosi dell'educazione fisica e militare. L'Accademia d'Italia, inaugurata il 28 ottobre 1929, inquadra in un prestigio di parata gli intellettuali più distinti delle quattro «classi» in cui è divisa: scienze morali e storiche; scienze fisiche, matematiche e naturali; lettere; arti. Nel 1925 viene fondato dall'industriale Giovanni Treccani l'Istituto dell'Enciclopedia Italiana che lavora, sotto la direzione scientifica di Gentile, alla stesura dei 35 volumi dell'Enciclopedia, usciti dal 1929 al 1937.

L'antifascismo e il «Manifesto» di Croce. Le voci degli intellettuali più irriducibili come Antonio Gramsci e Piero Gobetti vengono soffocate. Nel gennaio 1925 la rivista di Gobetti "La Rivoluzione Liberale" viene sequestrata due volte e durante l'anno un'altra dozzina di volte, fino alla cessazione delle pubblicazioni. Gobetti è costretto a partire per Parigi dove muore il 15 febbraio 1926. Dal '24 è esule don Sturzo. Il 7 aprile 1926 muore esule a Cannes Giovanni Amendola. L'8 novembre viene arrestato Gramsci, che morirà in carcere undici anni dopo, il 27 aprile 1937. Si tratta ancora, fin qui, di un fascismo che cerca di sconfiggere con metodi forti la resistenza degli intellettuali più lucidi e fermi. Poi, la normalizzazione e la fascistizzazione dello Stato riescono ad una più mediata e sottile opera di persuasione. Molti intellettuali vengono presi nell'ingranaggio delle organizzazioni fasciste, cooptati nelle imprese culturali del regime, come ad esempio l'Enciclopedia. È sintomatico che quando nel 1931 viene imposto ai professori universitari il giuramento di fedeltà al regime solo 11 su 1200 rifiutino.

Anche Benedetto Croce è invitato più volte a collaborare all'Enciclopedia, ma rifiuta. In una lettera ad Alessandro Casati del 2 aprile 1925 scrive: «Dopo il discorso di Gentile a Bologna credo che mi sarà dato ragione del rifiuto che opposi a partecipare all'Enciclopedia. Come sarei potuto stare alle dipendenze di un direttore che ha quelle idee sulla cultura?». Croce si riferisce, nella lettera, al convegno bolognese avvenuto a fine marzo, dal quale scaturisce il *Manifesto degli intellettuali fascisti* pubblicato il 21 aprile. Contro questo manifesto Croce redige un *Manifesto degli intellettuali antifascisti*, che viene pubblicato il 30 aprile con le firme di una quarantina di aderenti. Vi sono ribaditi i principi «di aspirazione alla giustizia, di generoso senso umano e civile, di zelo per l'educazione intellettuale e morale, di sollecitudine per la libertà, forza e garanzia di ogni avanzamento»; vi si fa un patetico richiamo, secondo la mai smentita fede crociana nei valori dello Stato liberale, alle «immagini degli uomini del Risorgimento, di coloro che per l'Italia operarono, patirono e morirono». Croce rappresenta d'ora in poi il punto di riferimento dell'antifascismo studioso e più ripiegato, ma influisce anche su chi è disposto a rischiare di più pagando duramente di persona: si pensi in particolare al gruppo di intellettuali torinesi usciti dalla lezione di Gobetti, come Augusto Monti (1881-1966), Carlo Levi (1902-1975) o i più giovani Leone Ginzburg (1909-1944) e Massimo Mila (1910-1989).

Il fascismo «di sinistra». L'affermazione e il consolidamento del fascismo in campo intellettuale non avvengono senza dissensi interni. C'è ad esempio un fascismo «di sinistra» che è attivo soprattutto su riviste come "Il Selvaggio" (1924-1943) di Mino Maccari o "L'Universale" (1931-1935) di Berto Ricci, le quali nel corso impresso dal regime alla sua svolta giudicano tradite le loro attese. E c'è il cosiddetto «fascismo critico» di Giuseppe Bottai, il quale, su riviste come "Critica fascista" (1923-1943) e in campo più propriamente artistico su "Primato" (1940-1943), prende dal regime una certa distanza. Si tratta di una semplificazione, che tuttavia corrisponde a quanto Ruggero Zangrandi (1915-1970) ha autobiograficamente raccontato nel suo libro-testimonianza: *Il lungo viaggio attraverso il fascismo* (1962). Affrontato il tema del «perché» tanti italiani furono fascisti, Zangrandi punta l'attenzione sui giovani della sua generazione e scrive: «Il quesito assume particolare interesse quando si riferisce a coloro che divennero adulti durante il ventennio. E un'indagine al riguardo può servire a mettere meglio in luce che cosa il fascismo rappresentò per quella generazione e come, di fronte alla realtà del fascismo, i giovani reagirono: rifiutandolo, parecchi accettandolo (anche con entusiasmo, al principio), i più cercando di "interpretarlo", di correggerne le storture più evidenti e alcuni, infine, di resistergli e perfino di avversarlo, a modo loro. Accorgendosi, in ultimo, di aver fatto come un lungo viaggio dentro la nebbia».

LA CRISI DEL REGIME

Dalla guerra di Spagna alla guerra mondiale. Anche se è difficile precisare in quale periodo esatto sia cominciata la crisi decisiva del regime fascista, probabilmente la nebbia di cui parla Zangrandi comincia a diradarsi con la guerra di Spagna (1936-1939) e prima ancora, nonostante il trionfalismo di parata, con l'avventura imperialistica in Abissinia (1935-1936). Nella guerra di Spagna tutto l'antifascismo in esilio (i comunisti, i socialisti, «Giustizia e Libertà») fa le prime prove della resistenza armata. Ma è l'inizio della guerra mondiale a costituire il segno della fine. Superata la crisi scoppiata nelle sue file in seguito al patto Molotov-Ribbentrop fra nazisti e sovietici, l'antifascismo riesce a trovare una nuova coesione. Il Partito comunista ricostituisce in Italia il proprio centro fin dall'agosto 1941 e il Partito socialista si riorganizza. Nel luglio 1942 nasce il Partito d'azione e nello stesso anno rinasce il Partito popolare con la nuova sigla di Democrazia cristiana; si riorganizzano anche i liberali. La stampa periodica clandestina riprende vita, si lavora per la costituzione di un Fronte nazionale d'azione, di cui si fa animatore GIAIME PINTOR (1919-1943).

Giaime Pintor. Pintor rappresenta emblematicamente la coscienza del nuovo letterato, che diventa guerriero nella convinzione di un rinnovamento possibile. Pintor può far pensare alla figura di Renato Serra. È un letterato, conosce perfettamente la letteratura tedesca, ha tradotto Rilke, è attento alle lettere contemporanee, è acuto e intelligente. Ma la guerra per Pintor ha un altro significato da quello serriano. *L'esame di coscienza di un letterato* rappresenta il frutto di una negazione molto consapevole e nobile. La lettera che Pintor scrive al fratello, il 28 novembre 1943, prima di partire per un'impresa che gli costa la vita, è invece il documento di un'affermazione: racchiude la misura di un impegno culturale rinnovato. Pintor nella lettera scrive tra l'altro: «La guerra ha distolto materialmente gli uomini dalle loro abitudini, li ha costretti a prendere atto con le mani e con gli occhi dei pericoli che minacciano i presupposti di ogni vita individuale, li ha persuasi che non c'è possibilità di salvezza nella neutralità e nell'isolamento». Di sé dice: «Senza la guerra io sarei rimasto un intellettuale con interessi prevalentemente letterari». E della società, della gioventù e del ruolo degli intellettuali pensa senza equivoci: «Una società moderna si basa su una grande varietà di specificazioni, ma può sussistere soltanto se conserva la possibilità di abolirle a un certo momento per sacrificare tutto a un'unica esigenza rivoluzionaria. È questo il senso morale, non tecnico della mobilitazione: una gioventù che non si conserva "disponibile", che si perde completamente nelle varie tecniche, è compromessa. A un certo momento gli intellettuali devono essere capaci di trasferire la loro esperienza sul terreno dell'utilità comune, ciascuno deve sapere prendere il suo posto in una organizzazione di combattimento».

Nella diversità del tono che c'è tra i documenti di Serra e di Pintor si misura la differenza di due epoche. All'inutilità del sacrificio che Serra oppone, pur pagando il suo debito, agli entusiasmi irrazionali dell'interventismo del suo tempo, fa riscontro la solida voce di Pintor uscita da anni di umiliazione. La negazione di Serra è la negazione di un'intelligenza che scandaglia l'immutabilità dell'uomo in anni di attivismo irrazionalistico; l'affermazione di Pintor colpisce invece la pigrizia intellettuale che si annida nella coscienza del letterato; la pigrizia che sfugge alle sue responsabilità e si rifugia appagata o anche angosciata nella solitudine interiore, in una resistenza individualistica e passiva.

Si tratta di un problema che appena due anni dopo verrà dibattuto tra Elio Vittorini e Carlo Bo in nome di due diverse «visioni del mondo». Esso tocca fortemente la letteratura perché vi è legato il molto parlare che si farà dopo la guerra di «impegno» sociale dello scrittore: molte svolte individuali vi sono implicate e animano il clima culturale del dopoguerra almeno fino alla metà degli anni Cinquanta.

SECONDO NOVECENTO

GEOGRAFIA CULTURALE

LA CULTURA DELL'ANTIFASCISMO

Antonio Gramsci

La formazione. ANTONIO GRAMSCI (1891-1937) e PIERO GOBETTI (1901-1926) sono due esempi diversi e complementari di quella cultura antifascista che dal 1925 viene spenta dal regime, soffocata nel carcere o nel confino, esiliata oppure costretta al dissenso più privato. I nomi di Gramsci e di Gobetti sono spesso uniti in un binomio un po' forzato, ma esso trova spiegazione nel fatto che operarono in un clima comune e nella stessa città.

Gramsci arriva a Torino dalla Sardegna nel 1911, poco più che ventenne, per frequentare l'università, e vi resta fino alla fine di maggio del 1922. La sua formazione giovanile a Torino passa attraverso tappe decisive. Il suo pensiero matura a poco a poco attraverso l'amicizia di Angelo Tasca, attraverso il contatto con gli argomenti del libero-scambismo legati alle idee di Salvemini, di Luigi Einaudi e della "Voce", e soprattutto attraverso l'incontro con i problemi di una realtà industriale in espansione. Per dedicarsi interamente all'impegno politico lascia l'università e scrive pagine incalzanti e polemiche su giornali socialisti come "Il Grido del Popolo", l'"Avanti!". Ritenendo che la vita pubblica si svolga come in una falsa arcadia, in un'adulazione «piatta e disgustosa», prende posizioni intransigenti, scrive sarcastico e tagliente. I testi di queste pagine sono raccolti in due volumi pubblicati postumi: *Scritti giovanili* (1958) e *Sotto la Mole* (1960).

L'11 febbraio 1917 fa uscire un numero unico intitolato "La Città Futura", scritto tutto da sé. Vi affiora l'influenza di Gentile, di Sorel, di Bergson, comune a tanta cultura del primo Novecento, insieme con le tracce di Salvemini e di Croce, definito «il più grande pensatore d'Europa in questo momento». Ma già c'è un'apertura che prelude alla fondazione dell'"Ordine Nuovo": il giornale che esce il 1° maggio 1919. Su di esso i giovani socialisti torinesi (Gramsci,Tasca, Umberto Terracini e Palmiro Togliatti) compiono il passaggio dal socialismo riformista al comunismo. Il Partito comunista è fondato nel 1921 e nasce da un'elaborazione originale di pensiero e di prassi, che supera sia i residui della concezione grettamente materialistica del socialismo riformista, sia le mitologie libertarie del rivoluzionarismo ispirato da Sorel. L'occupazione delle fabbriche del 1920 costituisce un po' il banco di prova delle nuove idee.

I «Quaderni del carcere». Il pensiero di Gramsci è soprattutto contenuto nei trentadue quaderni scritti in carcere. Nel secondo dopoguerra i «quaderni» furono stampati divisi per argomenti: *Il materialismo storico e la filosofia di Benedetto Croce* (1948), *Gli intellettuali e l'organizzazione della cultura* (1949), *Il Risorgimento* (1949), *Note sul Machiavelli, sulla politica e sullo stato moderno* (1949), *Letteratura e vita nazionale* (1950), *Passato e presente* (1951). Nei «quaderni» Gramsci storicizza i movimenti e i momenti culturali del passato, critica l'idealismo crociano e combatte nello stesso tempo le degenerazioni del marxismo volgare. I suoi punti di forza, che danno unità all'insieme, sono due: la conquista dello Stato e la gestione del potere da parte del proletariato. Nelle pagine dei *Quaderni* la concretezza degli scopi è fusa con la necessità di un'ampia verifica storico-culturale. Essa deve tener conto delle condizioni in cui la proposta di rinnovamento viene calata, perché non cada nel vuoto e non rischi di essere una pura costruzione della mente: inverosimile e cerebrale.

L'idealismo crociano che costituisce ancora una forte presenza nel numero unico "La Città Futura", è ormai superato. Gramsci riconosce a Croce il merito di avere ridato all'uomo un ruolo attivo, che il determinismo positivistico aveva appiattito. Ma la dialettica crociana, secondo Gramsci, resta puramente concettuale, non entra nei fatti e non dà luogo ad un vero storicismo perché si adagia nella lode dello Stato liberale; in esso legge l'equilibrio ideale della storia. L'anima di una dialettica non bloccata è invece l'innovazione. Tocca dunque al proletariato urbano, protagonista moderno della storia italiana, farsene carico. Tocca al proletariato isolare la borghesia e attuare l'alleanza della popolazione che lavora, proponendosi la più ampia convergenza di forze. In un'Italia storicamente divisa in due tronconi, ciò significa soprattutto che la classe operaia deve ottenere il consenso delle masse contadine (il Nord, in altre parole, deve congiungersi con il Sud). Si tratta di un progetto in cui anche agli intellettuali spetta una parte. Essi devono superare la loro condizione abituale di estraneità, l'incapacità di interpretare le esigenze e i bisogni delle masse; devono farsi banditori e organizzatori di una riforma profonda; devono farsi «organici» e concorrere alla creazione della coscienza rivoluzionaria del partito. Il partito, per parte sua, deve acquistare una figura «precisa e distinta» e diventare l'«intellettuale collettivo» della classe operaia. Gramsci parla del partito come di un «moderno Principe», che non può essere, come nel *Principe* di Machiavelli, una persona reale, un individuo solo, ma un organismo capace di creare il terreno per uno «sviluppo della volontà collettiva nazionale popolare verso il compimento di una forma superiore e totale di civiltà moderna».

La letteratura. Anche la letteratura nel pensiero gramsciano risponde a un'esigenza di organizzazione culturale e di critica militante; è legata al complesso delle considerazioni sugli intellettuali «organici» e sulla cultura di pochi, sulla necessità di una riforma intellettuale, morale e politica insieme: «Non si riesce a intendere concretamente che l'arte è sempre legata a una determinata cultura o civiltà, e che lottando per riformare la cultura si giunge a modificare il "contenuto" dell'arte, si lavora a creare una nuova arte, non dall'esterno (pretendendo un'arte didascalica, a tesi, moralistica), ma dall'intimo, perché si modifica tutto l'uomo in quanto si modificano i suoi sentimenti, le sue concezioni e i rapporti in cui l'uomo è espressione necessaria».

Il problema fondamentale diventa così un problema di sociologia letteraria, una considerazione della letteratura in rapporto alle classi sociali e all'uso che ne è stato fatto e se ne deve fare. Per questo (per capire meccanismi e forme) gli interessi di Gramsci vanno così spesso ai prodotti più oscuri e disdegnati del fatto letterario, come il romanzo giallo, il romanzo poliziesco, il romanzo d'avventura e il romanzo d'appendice. Se vuole diventare nazional-popolare la letteratura deve capire i meccanismi con cui si è manifestata nel passato. Soltanto così potrà evitare di continuare ad essere un prodotto separato ed esclusivo.

Significato di Gramsci. Il pensiero gramsciano resta naturalmente oscuro negli anni del regime. L'importanza della sua riflessione globale viene letteralmente scoperta quando sono

Carlo Emilio Gadda
Delio Tessa
Piero Gobetti
Antonio Gramsci
Umberto Saba
Virgilio Giotti
Giacomo Noventa
Attilio Bertolucci
Eugenio Montale
Sandro Penna
«Strapaese» e «Stracittà»
Massimo Bontempelli
Curzio Malaparte
Ignazio Silone
Giuseppe Ungaretti
"La Ronda"
Bruno Barilli
Emilio Cecchi
Vincenzo Cardarelli
Antonio Baldini
Riccardo Bacchelli
Alfonso Gatto
Carlo Bernari
Antonio Gramsci
Giorgio Caproni
Mario Luzi
Eugenio Montale
"Solaria" e "Letteratura"
Anna Banti
Gianna Manzini
Natalia Ginzburg
Alberto Savinio
Dino Buzzati
Tommaso Landolfi
Alessandro Bonsanti
Giuseppe Dessì
Romano Bilenchi
Carlo Emilio Gadda
Vasco Pratolini
Enrico Pea
Giovanni Comisso
Corrado Alvaro
Vitaliano Brancati
Salvatore Quasimodo

pubblicati, tra il 1948 e il 1951, i *Quaderni del carcere*. Essi si inseriscono con rigore di prospettiva nel serrato e vivace dibattito culturale e politico del secondo dopoguerra. La riflessione sui rapporti tra politica e cultura, tra politica e letteratura, tra letteratura e società, riceve impulsi vivaci da un pensiero che non è mai volgarmente strumentale. In altre parole, il pensiero di Gramsci, pur essendo orientato verso un preciso obbiettivo politico, non perde mai di vista la complessità dei problemi che prende via via a considerare, non si riduce mai in una formula o in uno slogan; è sempre riccamente articolato e stimolante. Attraverso la riflessione gramsciana passano temi fondamentali come il rinnovamento della letteratura, i suoi legami con le classi subalterne, i modi che investono questo legame, il nuovo realismo di cui necessita. Se il ruolo dello scrittore riprende figura dopo gli anni delle nebbie e dell'ombra, lo si deve anche a Gramsci e ai suoi *Quaderni*.

Piero Gobetti

Tra "Rivoluzione Liberale" e "Ordine Nuovo". La precoce e bruciante vocazione intellettuale di Gobetti si svolge in pochi anni, dal 1918 al 1925. Il pensiero gobettiano è fortemente influenzato dai furori etici della "Voce", evidenti nell'esperienza della sua prima rivista, "Energie Nove" (1918-1920). È già più maturo quando dà vita alla sua rivista fondamentale, "Rivoluzione Liberale" (1922-1925), e tuttavia anche qui l'impostazione resta vociana. "Rivoluzione Liberale" guarda alla prima "Voce", antepone i problemi alla letteratura, tratta di argomenti concreti e poco concede alla creazione letteraria, è attenta alla politica e alla storia sociale più che agli scrittori. Di mezzo tra le due riviste ci sono state per Gobetti esperienze decisive: dal gennaio 1921 all'ottobre 1922 ha svolto attività di critico teatrale sulle pagine dell'"Ordine Nuovo" di Gramsci ed è entrato in rapporto più assiduo con la nuova realtà sociale, come lo stesso Gramsci ricorderà: «Egli, nel lavoro comune del giornale, era stato da noi posto a contatto con un mondo vivente che aveva prima conosciuto solo attraverso le formule dei libri». La simpatia di Gobetti per l'"Ordine Nuovo" non ha atteso, in verità, l'esperienza ordinovista e si è già dichiarata per suo conto. Il 7 settembre del 1920, Gobetti scrive infatti ad Ada Prospero che diventerà sua moglie: «Io seguo con simpatia gli sforzi degli operai che realmente costruiscono un ordine nuovo. Non sento in me la forza di seguirli nell'opera loro, almeno per ora. Ma mi par di vedere che a poco a poco si chiarisca e si imposti la più grande battaglia del secolo».

A Torino gli intellettuali sono messi a confronto con una realtà non comune. Lo sviluppo industriale in espansione crea un energico antagonismo di classe. Ad una classe di industriali intraprendenti e moderni fa riscontro un'avanguardia operaia agguerrita e consapevole. A questa realtà guarda Gobetti, che è figlio di piccola borghesia (i genitori, venuti dalla campagna, a Torino gestiscono una drogheria). Ci guarda con animo diverso da quello gramsciano: con l'animo di un liberale che aspira ad una sorta di lotta congiunta delle forze migliori: gli operai e gli imprenditori come punte avanzate di un'unica avanguardia. L'elogio della libera iniziativa (non protetta né sussidiata dallo Stato) e la capacità di concorrenza europea espressa per la prima volta dai nuovi imprenditori costituiscono momenti ineliminabili di una attesa rigenerazione sociale, che non nasconde la lotta ma la esalta.

Il pensiero gobettiano e il fascismo. Il liberalismo gobettiano trova nel fascismo il suo reale antagonista. Si tratta di un'opposizione decisa, intransigente ed estrema. Nell'*Elogio della ghigliottina*, apparso su "La Rivoluzione Liberale" del 23 novembre 1922, Gobetti esprime la speranza paradossale che «i tiranni siano tiranni», che «la reazione sia reazione», e che ci sia chi abbia il coraggio di «levare la ghigliottina»: «Chiediamo le frustate perché qualcuno si svegli, chiediamo il boia perché si possa veder chiaro». La sua concezione della lotta resta legata a una moralità agonistica di stampo vociano. E del resto il suo stesso programma di

Piero Gobetti con la moglie Ada Prospero.

azione non si forma, come in Gramsci, intorno ad un movimento politico, ma intorno ad un giornale; non è tanto di azione diretta, ma di educazione; non si rivolge alle masse, ma ai quadri che hanno il compito di formarle: «un programma insomma di pochi intellettuali che parlano ad altri intellettuali, e quindi già in potenza minoritario» (Bobbio). Anche l'analisi del passato funziona all'interno di un progetto di rinnovamento prevalentemente intellettuale e morale ed è ben diversa dal modo in cui si fa storico Gramsci. Mentre Gramsci cerca le ragioni di un'antica subalternità di classe e di una esclusione che va sanata nell'azione politica, Gobetti riflette con simpatia autobiografica sugli spiriti anticonformistici, su eretici e scomunicati del loro tempo, su eroi misconosciuti e soffocati: la sua è una storia di figure fraterne più che una storia globale. Lo si riscontra in libri come *La filosofia politica di Vittorio Alfieri* (1923) o *Risorgimento senza eroi* (pubblicato postumo nel 1926 insieme con il volume *Paradosso dello spirito russo*, nel quale vengono individuate le due anime — religiosa e anarchica — della rivoluzione russa del '17). È una visione spesso appassionata; di un intellettuale che cerca la fraternità di altri intellettuali, scoprendo nella loro intransigenza e nelle loro profezie disarmate almeno un tratto di biografia personale. In forma originale è ancora una volta la lezione della "Voce" ad agire. È l'«autobiografia come problema» di cui Gobetti parla nell'introdurre il volume *La rivoluzione liberale* (1924). Il termine «autobiografia» associato al termine «problema» è d'uso tipicamente vociano. Nel già citato articolo *Elogio della ghigliottina* Gobetti esprime, proprio a proposito di fascismo, il risultato più eloquente di quest'uso: «Il fascismo in Italia è una catastrofe, è un'indicazione di infanzia decisiva, perché sogna il trionfo della facilità, della fiducia, dell'ottimismo, dell'entusiasmo. Si può ragionare del ministero Mussolini: come di un fatto d'ordinaria amministrazione. Ma il fascismo è stato qualcosa di più; è stato l'autobiografia della nazione».

Gobetti editore. Nel suo impegno tipicamente intellettuale, Gobetti guarda all'attività di editore come ad uno spazio quasi naturale. Sul modello delle edizioni della "Voce" affianca alla rivista "La Rivoluzione Liberale" la pubblicazione di libri e riesce a produrre nel giro di tre anni, dal 1922 al 1925, più di cento titoli. Si tratta di opere di cui sono autori, tra gli altri, Gaetano Salvemini, Luigi Salvatorelli, Giovanni Amendola, Luigi Einaudi, Guido Dorso, Tommaso Fiore, Augusto Monti, Natalino Sapegno. I temi sono quasi sempre attuali: il fascismo e le sue interpretazioni, la questione meridionale, problemi storici, ideologici, religiosi. Alcuni sono titoli letterari: gli *Ossi di seppia* (1925) di Eugenio Montale, *Amedeo e altri racconti* (1926) di Giacomo Debenedetti, *Italia barbara* (1926) di Curzio Malaparte, *Rosa di Sion* (1923) di Enrico Pea, e poi Adriano Grande, Mario Gromo, Achille G. Cagna: autori di importanza e di sensibilità diversa in cui Gobetti riconosce un aspetto problematico e vivo. Molti autori pubblicati nelle edizioni gobettiane sono assidui collaboratori della "Rivoluzione Liberale" oppure dell'ultima rivista che Gobetti fonda e che è destinata a sopravvivergli per qualche tempo, "Il Baretti" (1924-1928).

Nata come corrispettivo culturale e letterario della più militante e politica "Rivoluzione Liberale", la nuova rivista ha l'ambizione di aprirsi alla cultura e alla letteratura europea. Vi pubblicano Natalino Sapegno, Umberto Morra, Arrigo Cajumi, Lionello Vincenti, i più giovani Massimo Mila, Aldo Garosci, Leone Ginzburg. Vi si ritrovano Mario Gromo, Giacomo Debenedetti, Sergio Solmi. Leone Ginzburg scrive saggi sulla letteratura russa, Debenedetti fa conoscere Radiguet e Proust, Montale parla di Larbaud e di Joyce, Guglielmo Alberti interviene con contributi su Rivière, Gide e Mauriac. Leo Ferrero presenta il teatro francese; Lionello Vincenti il teatro tedesco. In clima di provincialismo e di autarchia culturale, "Il Baretti" compie un lavoro di aggiornamento culturale e letterario, che lascia traccia di sé, anche se la lezione che propone è presto soffocata da un regime sempre meno disposto a lasciare in vita le voci non allineate.

Significato di Gobetti. Se Gobetti ha lasciato eredi, che negli anni si sono richiamati al suo insegnamento, ha però inciso meno di Gramsci sul dibattito culturale e politico del secondo dopoguerra. L'attività molteplice che Gobetti ha svolto come pensatore, fondatore di riviste, editore, ha tenuto desta la riflessione culturale e politica fino a quando la sua voce non è stata spenta dal fascismo. Ma il suo pensiero non ha potuto, come in Gramsci, maturare pienamente; si è bruciato quasi frenetico in pochi anni di vita intellettuale.

La lezione gobettiana resta soprattutto una lezione di resistenza morale. La sua eco perdura in nomi come quelli di Carlo e Nello Rosselli, di Aldo Garosci, dei fuoriusciti antifascisti del movimento di «Giustizia e Libertà»; arriva anche alla guerra e al dopoguerra, legata alle vicende del Partito d'azione: il partito degli intellettuali che si illudono di poter fare politica con le pure armi della mente e dei principi morali. Ma si tratta di fili sottili, che in ogni caso esprimono, con il loro fallimento, un difetto d'origine. Gobetti più di Gramsci resta legato agli anni in cui si è espresso.

Leone Ginzburg, collaboratore del gobettiano "Baretti", tra Cesare Pavese e Franco Antonicelli nel 1932.

"LA RONDA" E IL RICHIAMO DELLA TRADIZIONE

La poetica

Caratteri della rivista. Molti degli scrittori che prima della grande guerra avevano proclamato la necessità della ribellione e del tumulto, dell'azione e della dismisura esistenziale e stilistica, ora pronunciano la nuova parola d'ordine di un ritorno all'equilibrio e alla regola. E del resto già la seconda "Voce" (quella diretta da Giuseppe De Robertis) aveva richiamato per tempo gli scrittori alla loro occupazione specifica. La rivista che meglio incarna lo spirito nuovo del dopoguerra, legandosi alla lezione prebellica della "Voce" derobertisiana, è "La Ronda". Fondata a Roma nel 1919, dura fino al 1923. Ne fanno parte scrittori di diversa natura e indirizzo, ma accomunati da un doppio rifiuto: il rifiuto delle avanguardie e delle sperimentazioni; il rifiuto di ogni confusione tra letteratura e vita. Il doppio rifiuto corrisponde, in positivo, a un recupero di tradizione letteraria.

I bersagli polemici della rivista sono soprattutto l'esperienza e le caratteristiche della prima "Voce": l'autobiografismo e lo spontaneismo che nel nome della sincerità e dell'immediatezza contraddistinguono le prove letterarie dell'esperienza vociana; il dilettantismo a cui conducono, l'assenza di ordine e di proporzione, la congestione dell'impegno, la confusione dei ruoli e dei compiti. Anche sul piano politico, l'antigiolittismo della "Voce" si tramuta nel giolittismo della "Ronda", professato in nome della competenza, del rifiuto della retorica e del pittoresco. Il bersaglio a cui toccano le punte più avvelenate è il Futurismo. Contro il Futurismo "La Ronda" professa ordine, equilibrio, misura.

Stile e tradizione. Un passo della pagina che apre le pubblicazioni della rivista afferma: «Il nostro classicismo è metaforico, è a doppio fondo, seguitare a servirsi con fiducia di uno stile defunto non vorrà dire per noi altro che realizzare delle nuove eleganze, perpetuare insomma insensibilmente la tradizione della nostra arte». Ricorrono qui due parole-chiave della sensibilità rondista: «stile» e «tradizione». Esse sono destinate ad essere riprese con diversa sensibilità morale in un articolo di Eugenio Montale sulla rivista gobettiana "Il Baretti". Ma qui c'è una terza parola che aiuta a interpretare le altre due in chiave formale: «classicismo».

La tradizione è soprattutto vista come recupero della prosa ordinata e misurata contro ogni frattura e avventura sperimentali. È il recupero di uno stile che si modella su una lingua illustre coltivata non soltanto in Toscana, ma dovunque. Il modello supremo è Leopardi: soprattutto il Leopardi delle *Operette morali* e dello *Zibaldone*. L'esempio da evitare è De Sanctis. Disturbano la sua scrittura risentita e il radicalismo politico applicato ad una storia letteraria giudicata parziale e faziosa. Ma il recupero di Leopardi non è meno parziale. Si tratta infatti di un Leopardi letto soprattutto come maestro di stile, spogliato delle sue idee, della complessità filosofica dei suoi pensieri. Vincenzo Cardarelli, lo scrittore a cui si devono i toni più polemici, scrive: «Pare a me che del pessimismo di Leopardi non si dovrebbe più parlare se non per metterne in rilievo i grandiosi effetti formali, che ne giustificano spessissime volte e volutamente la sua stessa aridità e limitatezza del pensiero». È il limite e la forza insieme della "Ronda", il cui merito è quello «d'aver restaurato genericamente, in un'età difficile e irta di confusioni e di ingenui rivoluzionarismi, il concetto di una letteratura più consapevole, più attenta alle sue regole intrinseche e imprescindibili» (Sapegno).

Il «capitolo» contro il «frammento». La visione costruttiva che "La Ronda" ha dello stile, il controllo critico che presiede alla «professionalità» della pagina, dà vita a quella che è stata chiamata «prosa d'arte» o anche «capitolo»: termini che sono sinonimi di altri come «prosa poetica» o «prosa lirica». Messo in auge dalla "Ronda", nel cui ambito assume regola e consacrazione, il «capitolo» si lega presto alla terza pagina dei quotidiani e in questa sede prende nome di «articolo» o di «elzeviro», diventa un modo di fare letteratura, ha maestri e seguaci e finisce per degenerare nelle forme del calligrafismo e del ghirigoro. È fatto di volta in volta di pretesti, che vengono denominati «scherzi», «capricci», «vagabondaggi», «fantasie». Il suo rischio è il puro gioco verbale, e cioè di esaurirsi nel pretesto che lo muove. Già nel 1927 Pietro Pancrazi osservava: «Non c'è tema, ormai, non argomento o motivo che non possa diventare un articolo».

Il «capitolo» rondesco può a prima vista confondersi con il «frammento» vociano: la sua brevità e il suo taglio parziale possono far pensare ad una parentela e ad un'affinità. In realtà tra «capitolo» e «frammento» corrono molte differenze di concezione, di scrittura, di spinta poetica. Distinguere il «capitolo» dal «frammento» serve a distinguere una mentalità e una tecnica: la scrittura nei rondisti è condotta ad un estremo di finitezza; nei vociani resta invece ricca di elementi volutamente incompiuti. Si può ricorrere a una differenza che, nonostante l'occasione polemica in cui è stata dettata, ha una sua validità obbiettiva: «Non vi è, nel frammento rondista, come vi era nel vociano, il senso di qualche cosa che è rimasto frammento per non essere riuscito a esprimersi per intero, il senso di una incompiutezza che è soltanto incompiutezza; al contrario, i frammenti rondisti sono puliti, compiuti, conclusi, privi di difetti» (E. De Michelis). In altre parole sia la pagina dei vociani, sia la pagina dei rondisti si rifà a misure frammentistiche, ma tra le due forme passano un'epoca e una mentalità: i primi insistono sul non-finito e sullo sperimentalismo dello stile spesso incandescente di modi, di toni, di forme; i secondi lavorano di fino e di finito: cesellano e levigano fino a togliere ogni impurità, fino ad eliminare qualsiasi disturbo ritmico e stilistico.

Scrittori rondeschi e capitolisti

Emilio Cecchi. L'esempio forse più alto di «capitolista» o di «articolista» è dato da EMILIO CECCHI (1884-1966). Cecchi si forma in ambiente fiorentino e i suoi interessi sono subito vari: la letteratura italiana, la letteratura inglese, l'arte, la musica. A contatto con "La Voce" scrive i primi saggi: Kipling e Pascoli come critico letterario, ma già anche le *Note d'arte a Valle Giulia* (1911), il primo libro come critico d'arte. Concepisce e scrive la *Storia della letteratura inglese nel secolo XIX*, che resta ferma a Keats e che viene pubblicata incompiuta nel 1915. Di questo suo periodo dirà: «Non ritengo che il libretto su Kipling e quello su Pascoli mi tradiscano. La loro sostanza ideologica, i giudizi che essi sostengono, più o meno li accetterei ancora. È la maniera nella quale sono scritti che oggi poco mi persuade. Troppo colorita, troppo concitata e romantica».

"La Ronda" rappresenta per Cecchi un modo di comporre ed equilibrare la sua inquietudine, di darle unità. Ma Cecchi non è un «rondista» ortodosso e soprattutto con i saggi sulla letteratura inglese (Belloc, Chesterton, Stevenson) contribuisce a smuovere il conservatorismo programmatico della rivista. Negli stessi anni della "Ronda", da Londra fa il corrispondente per "La Tribuna" di Roma, il giornale su cui ha cominciato a scrivere come critico letterario fin dal 1910, e in seguito scrive sul "Secolo", sulla "Stampa", sul "Corriere della Sera". Dalle sue collaborazioni alla "Ronda" e alla "Tribuna" nasce *Pesci rossi* (1920), il libro che più profondamente lo caratterizza e che costituisce il fondo di ogni passo successivo. Ad esso fanno seguito *L'osteria del cattivo tempo* (1927), *Qualche cosa* (1931), *Corse al trotto vecchie e nuove* (1941). Legato al giornalismo è anche il suo esercizio di critico letterario (*Di giorno in giorno*, 1954; *Ritratti e profili*, 1957; *Libri nuovi e usati*, 1958) nonché quello di inviato.

I viaggi che fa per conto dei giornali su cui scrive danno vita a libri in cui il dato locale, lo spunto anche minimo spingono la scrittura a dissolvenze incrociate di memoria e di cultura

Amerigo Bartoli, «Amici al caffè» (1930). Ritrae, riuniti al Caffè Aragno di Roma, molti dei partecipanti alla "Ronda". Roma, Galleria Nazionale d'Arte Moderna (Fotot. Stor. Naz.).

comparata, di geniali e quasi magiche analogie. Messico, Grecia, America, Africa sono le tappe di un itinerario, che ogni volta diventa libro (*Messico*, 1932; *Et in Arcadia ego*, 1936; *America amara*, 1939; *Appunti per un periplo dell'Africa*, 1954). Anche l'attività di critico d'arte non rallenta e nascono i volumi *Pittura italiana dell'Ottocento* (1926), *Trecentisti senesi* (1928), *La scultura fiorentina del Quattrocento* (1956). Ciò che congiunge in unità la disparità delle occasioni e nello stesso tempo increspa con sottile venatura romantica la nitida superficie della scrittura di Cecchi è forse il dissidio che nasce dalla nostalgia dell'ordine e dalla consapevolezza della sua inafferrabilità. Il mondo quotidiano di Cecchi è sempre in procinto di indicare l'insidia, è percorso da un'inquietudine che si applica ai più piccoli richiami.

Bruno Barilli. Anche l'attività di BRUNO BARILLI (1880-1952) è legata al giornalismo, ma la sua scrittura è più eccentrica. Autore di opere liriche (*Medusa*, 1914; *Emiral*, 1915) e critico musicale del "Corriere Italiano" e del "Tempo", la scrittura di Barilli si esercita sui temi della musica per difendere i valori popolari della tradizione italiana contro lo sperimentalismo europeo contemporaneo (Debussy, Stravinskij, Strauss) e ne nasce un libro come *Il paese del melodramma* (1929); nei libri di viaggio (*Parigi*, 1933; *Il sole in trappola*, 1941; *Ricordi londinesi*, 1945) si muove in scatti e paradossi, è barocchegiante ed estrosa, ricchissima di colori, ma è solo apparentemente fuori dal disegno di ordine rondesco, a cui resta legata per la sua natura «eminentemente mediata, riflessa, aproblematica» (Maxia).

Antonio Baldini. La personalità mossa e scapigliata di Barilli sembra bilanciarsi in una sorta di contrappeso di pigrizia e di comodità nella figura di ANTONIO BALDINI (1889-1962), la più rappresentativa del clima rondesco. La scrittura di Baldini è tutta riflessa e ammiccante, quasi giocata in un ristretto e ideale circolo di addetti. I libri di ritratti (*Amici allo spiedo*, 1932), di viaggi (le corrispondenze parigine raccolte in *La vecchia del Bal Bullier*, 1934; l'interpretazione di Roma in *Rugantino*, 1942), di racconti (il più noto è *Michelaccio*, 1924) ritraggono una realtà spesso aneddotica, percorsa da una cordialità fantasiosa e popolaresca: da cantastorie per un uditorio raffinato.

LA RONDA

LETTERARIA MENSILE

ANNO I - NUM. 1
APRILE 1919

Copertina del primo numero della “Ronda”.

Vincenzo Cardarelli.

Riccardo Bacchelli. Per RICCARDO BACCHELLI (1891-1985), come già per Cecchi, serve rifarsi alla prima formazione vociana, a cui risalgono i nomi di Baudelaire, Rimbaud, Claudel, Péguy e Whitman che tramano i *Poemi lirici* (1914). Il suo ritorno all’ordine avviene tuttavia in ambito rondesco, anche se con caratteri inequivocabilmente personali e spiccati. Bacchelli caratterizza la sua opera in direzione combinatoria, sperimenta e mescola ogni genere e si serve del romanzo soprattutto per la sua fruibilità potenzialmente infinita. Nel *Paradosso del romanzo* (1932) Bacchelli scrive che il genere romanzo «è quello in cui rientra tutto quanto non può stare negli altri meglio e più chiaramente definiti» e che dunque consente una varietà «ricca, inquieta, dinamica, vivacissima, illusoria». Bacchelli è saggista opulento, scrittore di teatro (almeno *Amleto*, 1919 e *L’alba dell’ultima sera*, 1949), traduttore (i *Romanzi e racconti di Voltaire*, 1938; *Lo Spleen di Parigi e altre traduzioni da Baudelaire*, 1947), storico (*La congiura di don Giulio d’Este*, 1931), ma è soprattutto scrittore di romanzi.

In *Lo sa il tonno* (1923) racconta una storia di pesci e di crostacei, che adombra passioni tutte umane. *Il diavolo al Pontelungo* (1927), uno dei romanzi più noti, si svolge tra Locarno e Bologna nell’ambiente anarchico di Bakunin e Andrea Costa, Andrea Cafiero e Abdon Negri annaspanti nel sogno di un’insurrezione, che è fallimentare. *La città degli amanti* (1929) è una satira, che si svolge in una città di utopia dove l’amore tocca l’asettica perfezione della scienza più esatta. In *Una passione coniugale* (1930) si direbbe che Bacchelli abbia invece voluto narrare una sorta di contrario: la passione irriducibile ad ogni determinismo. Si tratta di un tema ripreso in altri romanzi, da *Oggi, domani e mai* (1932) a *L’«Afrodite»: un romanzo d’amore* (1969). I titoli bacchelliani toccano ogni registro e si affacciano alle più disparate epoche della storia: la storia biblica del Vecchio e Nuovo testamento (*Il pianto del figlio di Lais*, 1945; *Lo sguardo di Gesù*, 1948), la storia romana (*I tre schiavi di Giulio Cesare*, 1958), quella medievale (la vita romanzata di San Francesco e soprattutto del padre Pietro Bernardone in *Non ti chiamerò più padre*, 1959), quella contemporanea (*Il figlio di Stalin*, 1953).

Ma il romanzo più impegnativo di Bacchelli è *Il mulino del Po*. Diviso in tre parti (*Dio ti salvi*, 1938; *La miseria viene in barca*, 1939; *Mondo vecchio sempre nuovo*, 1940), è la storia di una famiglia di mugnai della «Bassa» dalla ritirata russa di Napoleone (1812) alla prima guerra mondiale: un romanzo ciclico che inizia con un Lazzaro Scacerni nelle steppe innevate e termina con la morte di un altro Lazzaro Scacerni sul Piave. In esso convivono più moduli narrativi in uno scambio continuo tra letteratura colta e letteratura d'appendice, tra l'urgenza dei fatti e le lunghe soste digressive, tra racconto e saggio, il tutto contenuto in una compostezza da supremo ordinatore. Non a caso Bacchelli, anche in ragione di un'affinità storico-morale, è l'unico scrittore contemporaneo che Benedetto Croce abbia fatto suo senza riserve.

Vincenzo Cardarelli. Anche VINCENZO CARDARELLI (1887-1959), il cui vero nome è Nazareno Caldarelli, muove verso la stagione rondista da un inquieto retroterra di letture; soprattutto il Nietzsche di *Così parlò Zarathustra,* ispiratore dei *Prologhi* (1916), e poi Baudelaire, Rimbaud, Péguy. I *Prologhi* nascono in una mescolanza di liriche e di prose; cosa che accade anche per i libri successivi: *Viaggi nel tempo* (1920), *Il sole a picco* (1929), *Prologhi. Viaggi. Favole* (1931). Poi «le due categorie si voltano le spalle» (Contini) e le liriche e le prose prendono due distinte vie di pubblicazione. Le poesie, da *Giorni di piena* (1934) fino a *Poesie,* arrivano attraverso diverse revisioni all'edizione definitiva del 1958; le prose racchiudono via via il lavoro per lo più stampato su giornali e riviste. *Il cielo sulle città* (1939) nasce da prose di viaggio già apparse sulla "Gazzetta del Popolo" a partire dal 1932, e parla dell'Etruria, di Roma, delle Marche, della Laguna di Venezia, di Milano; *Lettere non spedite* (1946) costituisce uno speciale epistolario da cui emerge l'autoritratto di un uomo difficile; *Solitario in Arcadia* (1947) è una silloge di critica, che parte dalle pagine di fondazione della "Ronda" e attraverso considerazioni sulla poesia, Pascal, Nietzsche, Ibsen, arriva all'amato Leopardi dello *Zibaldone,* al rifiuto di Pascoli, al magistero di Dante; *Villa Tarantola* (1948) comprende le prose di memoria apparse sul "Corriere della Sera" fra il 1941 e il 1942; *Il viaggiatore insocievole* (1953) è intrecciato di moralità, elogi, caratteri, considerazioni, polemiche, ricordi.

La poesia di Cardarelli, nel suo svolgimento di selezioni, di revisioni, del costante illimpidimento stilistico a cui è sottoposta, «non lascia margini sfocati di non detto, ma pretende di contenere per intero e senza residui il proprio tema» (Mengaldo). Non si tratta di una «poesia pura» e si veda a questo proposito la polemica nel *Viaggiatore insocievole*: «Una delle maggiori presunzioni della poesia pura è quella di ristabilire, in contrasto con tutta l'esperienza poetica e critica dei tempi nostri, la tradizionale distinzione tra poesia e prosa». Per Cardarelli liriche e prose devono andare distinte editorialmente, ma il suo ideale poetico resta con Leopardi «la prosa nutrice del verso». L'assolutezza definitiva a cui la poesia di Cardarelli aspira non consiste nello scrupolo di «evitare qualunque espressione usuale o prosastica, nel ridurre la parola a puro suono, nella disperata ricerca delle immagini, in una metodica peregrinità di costrutti che non fanno corpo», ma consiste nella parola detta e quasi recitata con estrema pulizia, così come risulta dalla definizione che il poeta stesso ne dà in *Solitario in Arcadia*: «Poesia potrebbe anche definirsi: la fiducia di parlare a se stessi».

Altri capitolisti. Possono ancora essere ascritti all'ambito rondista alcuni scrittori come CARLO LINATI (1878-1949), NINO SAVARESE (1882-1945), GIUSEPPE RAIMONDI (1898-1985). Meno catalogabili in questo ambito, nel quale pure per un po' si sono mossi, sono ENRICO PEA (1881-1958) e ALBERTO SAVINIO (1891-1952), pseudonimo di Andrea De Chirico. Per Pea si potrebbe ricorrere all'etichetta espressionista, specialmente adatta alla sua trilogia narrativa costituita da *Moscardino* (1922), *Il Volto Santo* (1924), *Il servitore del diavolo* (1931): un'autobiografia dall'infanzia alla giovinezza in luoghi che vanno dalla Versilia all'Egitto e con figure memorabili come quella del nonno, suo primo educatore. Per Savinio va invece richiamato il cosmopolitismo che lo fa ateniese di nascita e parigino di educazione. Musicista, pittore, critico drammatico, narratore, va ricordato almeno il suo libro *Hermaphrodito* (1918), ricco di vibrazioni grottesche e surreali.

STRAPAESE E STRACITTÀ

I caratteri e le riviste

"Il Selvaggio" e "900". Un'altra manifestazione di «ritorno all'ordine», nel clima del dopoguerra, fu la ripresa delle tradizioni locali. La tradizione, che nella "Ronda" è intesa soprattutto come recupero di forma e di stile, viene coltivata come fonte di miti provinciali, come rifiuto di una cultura aperta ai movimenti e alle idee di respiro europeo, bollate come vizio cosmopolitico da sradicati, come corruzione di filoni caratteristici e popolari, come perdita di autenticità e di vivacità indigene. Il dissidio più significativo tra scelte provinciali ed europee, tra i fautori di un indirizzo culturalmente autosufficiente e i fautori di un indirizzo aperto all'Europa avvenne sulle colonne di due riviste che si contrappongono: "Il Selvaggio" e "900". "Il Selvaggio" nasce nel 1924 a Colle Val d'Elsa, in provincia di Siena, dove viveva lo scrittore Romano Bilenchi e dove l'incisore Mino Maccari possedeva una segheria di marmi. La rivista seguirà poi i trasferimenti di Maccari a Firenze, Siena, Torino, Roma e cesserà le pubblicazioni nel 1943. "900" viene fondata nel 1926 e le sue pubblicazioni durano fino al 1929. Ha un comitato di redazione che comprende alcuni tra i nomi più noti della cultura europea (ad esempio James Joyce e Ilja Ehrenburg), inizialmente è addirittura redatta in francese e ha per sottotitolo «Cahiers d'Italie et d'Europe».

Strapaese. Legato alle colonne del "Selvaggio" (ma anche alla rivista "L'Italiano" di Leo Longanesi) nasce il movimento di idee che viene chiamato «Strapaese». Mino Maccari, il fondatore della rivista, si firma «Orco Bisorco» e scrive il Manifesto del movimento sul numero del 1° settembre 1927: «Strapaese è stato fatto apposta per difendere a spada tratta il carattere rurale e paesano della gente italiana (...) Strapaese si è eretto baluardo contro l'invasione delle mode, del pensiero straniero e delle civiltà moderniste». «Strapaese» difende strenuamente l'amore delle «tradizioni e del paese», fa coincidere la cultura nazionale con la provincia toscana esaltata nei suoi umori rurali e borghigiani, nella sua lingua colorita e intrisa di sapori vergini, in un'immagine di franchezza e di coraggio brutale. Anche gli scrittori che esalta sono toscani: i testi di BRUNO CICOGNANI (1879-1971), le pagine di Federigo Tozzi lette però in chiave bozzettistica, e non, come avverrà soltanto in seguito, come espressione di una genialità europea. Il primo bersaglio di «Strapaese» è il novecentismo di Massimo Bontempelli, che propugna un' «italianità senza paese e senza spina», ridotta «ad un europeismo stinto e bischero».

Stracittà. Al movimento di «Strapaese» si oppone la formula polemica di «Stracittà», che fa capo alla rivista "900" fondata da Massimo Bontempelli e da Curzio Malaparte (anche se poi Malaparte se ne stacca nel 1927 per passare al più congeniale territorio strapaesano). "900", con cui la formula di «Stracittà» si identifica, sembra essere la perfetta antitesi del "Selvaggio" e di «Strapaese»: tanto è paesano l'uno quanto è cittadino l'altro, tanto l'uno si attesta a difesa della tradizione quanto l'altro professa di «infischiarsene», tanto per l'uno conta la forza barbara della terra quanto per l'altro la civiltà delle macchine. Con parole di Bontempelli, "900" proclama che «l'ammirazione per i passati è spesso un glorioso pretesto degli impotenti» e che la tradizione è peggio dell'uso della cocaina, «perché la cocaina non ha attaccato che sugli imbecilli; mentre la mania della tradizione ha preso anche certa gente, non certo di prima forza, ma che qualche lume d'intelligenza lo aveva, e con quella son diventati del tutto inutili».

Rapporti con il regime. Ma nonostante i proclami avversi e l'opposta radicalità dei principi «Strapaese» e «Stracittà» rappresentano un'antitesi solo parziale. Il «selvaggismo» di «Strapaese» si collega alla tradizione toscana di Giovanni Papini e di Ardengo Soffici, al *Dizionario dell'Omo salvatico* del primo (in collaborazione con Domenico Giuliotti) e al *Lemmonio Boreo* del secondo; alla rivolta becera e manesca che ha alimentato lo squadrismo fascista e ora si trova a fare i conti con la normalizzazione voluta dal regime. «Stracittà» guarda fuori, ha riferimenti europei, si propone di inglobare nella sua visione gli aspetti della vita moderna e industriale, ma il suo europeismo rischia di essere strumentale, subalterno ad un disegno di parata e di superficie; di essere, in altre parole, un timido compromesso tra due tendenze contrarie: tra l'autosufficienza a cui aspira la cultura fascista e l'apertura europea che tenta di ostentare. Ce n'è traccia in una dichiarazione ancora di Bontempelli: «Noi gli spiriti nuovi, noi siamo assetati di universale, e diffidiamo di qualunque internazionale. Per questo, noi nel momento stesso che ci sforziamo essere degli europei, ci sentiamo perdutamente romani» (settembre 1926). L'equilibrio tra europeismo e romanità è molto difficile e la sua difficoltà è resa evidente dallo stesso itinerario di Bontempelli. Egli passa infatti da un'adesione al regime a un distacco progressivo, che in queste parole è indicato con chiarezza: «Un saggio regime deve saper distinguere (se vuole interessarsi dell'arte) tra l'aiutare e il proteggere. L'aiuto può anche essere discreto, amorevole, fraterno (pericoloso sempre); la protezione è in ogni modo una cosa pesante e ingombrante, che pone il protetto in condizione di servitù» (agosto 1936).

Curzio Malaparte in una caricatura di Mario Vellani Marchi del 1928 (Fotot. Stor. Naz.).

Due campioni: Malaparte e Bontempelli

Curzio Malaparte. Uno degli scrittori più significativi di «Strapaese» è CURZIO MALAPARTE (Kurt Erich Suckert, 1898-1957). La personalità di Malaparte è inquieta e indisciplinata, intrisa di populismo nativo e di esibizionismo quasi inguaribile. Lo scrittore attraversa esperienze apparentemente diverse (si è visto come dopo aver fondato "900" con Bontempelli sia poi passato al "Selvaggio"), ma le confonde in un vitalismo versatile e dotato. La prima guerra fatta sedicenne come volontario nelle Argonne e poi in Italia offre la materia a uno dei suoi libri migliori, *La rivolta dei santi maledetti* (1921). In esso Malaparte dà la misura del suo fascismo «rivoluzionario»: il fascismo visto come rivoluzione antiborghese, antifilistea, antipolitica, fatta dal «popolo dei contadini e dei montanari» contro gli Italiani «falsi e bacati», retori, oratori, politicanti di «destra» e di «sinistra»: «liberali, democratici, socialisti, Italiani moderni, uomini di piazza, di governo, di caffè, di università, d'accademia, che dal settanta in poi hanno sputtanato in mille modi l'Italia eroica, santa, cristianissima del 1821 con la scusa del patriottismo o della retorica, della democrazia o della rivoluzione sociale, a piacere».

Nel fascio delle etichette e dei nomi c'è già tutto lo spirito «strapaesano», che Malaparte alimenta con il mito di un'Italia incorrotta e vergine (*Italia barbara*, 1925). Nascono in questa fase le cantate becere e terroristiche, che lo scrittore raccoglie nel volume *L'arcitaliano* (1928). Farà la stessa cosa nel secondo dopoguerra con *Il battibecco* (1949): una raccolta segnata dal facile gioco di una spavalderia tracotante, di un massacro indignato e indiscriminato. Questo perenne atteggiamento di sfida impunita crea a Malaparte qualche difficoltà con il fascismo e gli scema il prestigio di cui è giunto a godere. Lo scrittore allora compie viaggi per conto di giornali, da cui nascono libri come *Fughe in prigione* (1936), *Sangue* (1937), *Donna come me* (1940). Alla seconda guerra mondiale e al secondo dopoguerra rimandano invece libri che stanno tra resoconto giornalistico e invenzione letteraria, tra documento e romanzo: *Kaputt* (1944) parla degli orrori della guerra nazista; *La pelle* (1949), che forse è l'opera più nota, raffigura una Napoli eletta ad emblema di un'Italia stracciona e salvifica. Tra i libri infine dell'ultimo Malaparte si possono ricordare *Maledetti toscani* (1956) e il resoconto delle esperienze di viaggiatore dentro i comunismi di Russia e di Cina (*Io, in Russia e in Cina*, 1958).

Massimo Bontempelli e il «realismo magico». La formula in cui lo stesso MASSIMO BONTEMPELLI (1878-1960) ha condensato i principi della sua poetica è «realismo magico». L'immaginazione e la fantasia non devono servire a scrivere favole tipo «milleunanotte», ma a guardare nella vita più quotidiana e normale come in un'avventura. Il mondo immaginario va versato nel mondo reale e le favole devono nascere come degli oggetti. La spiegazione più chiara della formula «realismo magico» l'ha data lo stesso Bontempelli parlando della sua predilezione per i pittori del Quattrocento come Masaccio, Mantegna, Piero della Francesca. Bontempelli scrive in proposito: «Per quel loro realismo preciso, avvolto in un'atmosfera di stupore lucido, essi ci sono stranamente vicini». Non si tratta di un interesse esclusivo per la realtà, come si può riscontrare negli scrittori realisti o veristi, ma dell'interesse per una realtà che suggerisce qualche altra cosa «attorno e al di sopra di essa». Dice ancora Bontempelli: rifiutare la realtà per la realtà come la fantasia per la fantasia e vivere «del senso magico scoperto nella vita quotidiana degli uomini e delle cose». Si tratta insomma di unire precisione realistica e atmosfera magica: esprimere la meraviglia nel fatto più quotidiano.

Nell'opera di Bontempelli si riscontrano due momenti fondamentali. Il primo è dato dai racconti di *La vita intensa* (1920) e dal romanzo di ambiente milanese *La vita operosa* (1921), che narra le sconfitte di un reduce incapace di adattamento. Il secondo ha il suo centro nel romanzo *Gente nel tempo* (1937), che narra un'intricata vicenda di morti a scadenza fissa, legate alla misteriosa profezia di una dispotica «Gran Vecchia». Il primo è un Bontempelli che rappresenta la crisi della classe borghese a cui appartiene e ne esprime le nevrosi in modi stilisticamente più mobili; al secondo Bontempelli appartiene invece una scrittura che «si placa e si leviga e si rimodella sulle strutture nuove, e antiche, della mente che ha ritrovato il suo ordine e ha riscoperto l'ordine obiettivo del mondo» (Baldacci).

L'esperienza teatrale ha in Bontempelli un particolare risalto: si ricordi il pirandellismo ironeggiante di *Nostra Dea* (1925) e il clima magico di *Minnie, la candida* (1927). In *Nostra Dea* si gioca sul repentino mutamento della personalità della protagonista a ogni cambiare di abito. *Minnie, la candida* mette invece in scena il dramma di una donna spezzata, per troppo candore, dalle convenzioni della vita. Minnie è concreta e astratta al tempo stesso: incapace di distinguere il falso dal vero, vive in uno stato di confusione mentale e di dubbio continuo di fronte alle cose.

Tra i romanzi più noti di Bontempelli, si possono ricordare almeno *Il figlio di due madri* (1929) e *Vita e morte di Adria e dei suoi figli* (1930). *Il figlio di due madri* racconta la storia di un bambino che torna dalle ombre della morte e che viene conteso da due madri in un'atmosfera in cui fantastico e reale giocano una partita sempre sfuggente e ambigua. *Vita e morte di Adria e dei suoi figli* racconta di una donna bellissima che fa della propria bellezza un culto e una religione. A questo suo mito sacrifica ogni cosa, e quando si accorge dei primi sintomi del declino si chiude in un appartamento, superiore a tutto e a tutti, alla morte del marito e al destino dei figli: scomparendo infine nel rogo della casa che lei stessa ha preparato per non sottostare alle ingiunzioni delle autorità che la vogliono sfrattare. Anche qui la realtà lievita nello straordinario, si trasfigura in lucidi e concreti intrecci di sogno.

L'ERMETISMO

Cultura e poetica

Simbolismo e Surrealismo. L'Ermetismo ricopre un periodo storico che va dagli anni Trenta alla fine della seconda guerra mondiale. Nella sua specificità di tempi, di luoghi e di poetica, esso si pone storicamente come la fase estrema di un processo culturale e poetico, che deve essere fatto risalire molto più indietro: almeno agli inizi del Novecento, quando anche in Italia viene avvertita l'esigenza di un rinnovmento in linea con le proposte più avanzate della poesia europea. I punti di riferimento europei dell'Ermetismo sono principalmente due: il Simbolismo e il Surrealismo. Della linea simbolista, che partendo da Baudelaire arriva al neosimbolista Valéry, passando per Verlaine, Rimbaud, Mallarmé, si è parlato a proposito della poetica futurista e della ricerca analogica prospettata da Marinetti (vedi a pag. 744). Tocca invece qui fare una breve digressione sul Surrealismo.

Il Surrealismo è un movimento di avanguardia nato ufficialmente a Parigi nel novembre del 1924 intorno a un *Manifeste du surréalisme* e a un gruppo di poeti, tra cui André Breton, l'animatore principale del gruppo, Philippe Soupault, Louis Aragon, Pierre Reverdy. Esso nasce nell'ambito del Simbolismo di cui porta alle estreme conseguenze i principi direttivi. È stato detto che il Surrealismo è un atteggiamento filosofico, una mistica, una politica (tra scissioni e rivolte si accosterà al marxismo e al comunismo). Ma è soprattutto una poetica e un procedimento di scrittura. A questo proposito il *Manifeste* del '24 parla di «automatismo psichico attraverso cui si propone di esprimere sia verbalmente, sia per iscritto, sia in ogni altra maniera, il reale funzionamento del pensiero». E precisa: «Dettato del pensiero nell'assenza di ogni controllo esercitato dalla ragione, al di fuori di ogni preoccupazione estetica o morale».

Si tratta di un procedimento poetico attraverso cui viene abolito ogni controllo logico, ogni confine tra diversi livelli di realtà e di coscienza: tra immaginario e reale, comunicabile e incomunicabile, diurno e notturno, razionale e irrazionale, oggettivo e soggettivo. Il poeta surrealista mira a restituire la realtà occulta della psiche, a esplorare l'inconscio e il sogno: proprio quella «surrealtà» che gli uomini prosaici non sono in grado di cogliere. Nel sogno niente è contraddittorio e tutti gli oggetti hanno una loro unità. Il poeta deve mettersi nel flusso di incoscienza che soltanto nel sogno si esprime; deve trascrivere il libero gioco delle immagini che solo nell'inconscio si sprigiona.

L'utopia surrealista mira alla scrittura automatica: una scrittura priva di ogni mediazione razionale e ordinatrice. Che si tratti di un'utopia, ne sono consapevoli gli stessi surrealisti, i quali però guardano a questa utopia come ad un traguardo. Più semplicemente la proposta surrealista si traduce in un discorso poetico fondato sull'immagine, tendenzialmente privo di connessioni logiche e sintattiche, giocato tutto di accostamenti imprevedibili, allucinazioni e magie verbali.

La tradizione italiana. L'Ermetismo coglie del Surrealismo questa capacità di viaggio interiore e notturno, questo suo carattere di frontiera tra interno ed esterno, tra alto e basso, tra vita e morte. Ma resta distante dalle proposte più estreme, non assume vesti mistiche e occultistiche, non sprofonda nell'allucinazione, resta in una zona di «sogno sorvegliato» (Ramat), di calibrata immersione; tenta di battere una linea quasi perfetta di demarcazione e di transito tra veglia e sonno, tra controllo e abbandono, tra incubo e sogno, innestando gli inviti surrealisti su un fondo ben fermo di riferimenti ad una tradizione nostrana più vigilata. È vicino al mondo notturno dell'orfismo di Campana, che solo ora diventa il nome di un maestro; ricorre alla lezione di Onofri e dei poeti della "Voce" (soprattutto Rebora e Sbarbaro);

guarda a Ungaretti e meno a Saba e Montale; si sofferma sulla lezione della "Ronda" e sul nome di Cardarelli; risale a Leopardi e a Foscolo.

Le riviste. I poeti ermetici s'incontrano soprattutto sui fogli di alcune riviste, che nascono come organi ideali oppure svolgono un ufficio di fiancheggiamento e di sostegno. L'Ermetismo è un fatto soprattutto fiorentino e a Firenze le riviste ermetiche sono più di una: "Il Frontespizio" (1929-1940), "Campo di Marte" (1938-1939), "Il Bargello" (1929-1943). Il poeta Mario Luzi ha così ricordato il clima culturale di questi anni: «Firenze era allora la città letterariamente più viva d'Italia; due generazioni di scrittori e di critici, matura l'una che aveva la sua più alta autorità in Eugenio Montale, giovane e ancora in formazione l'altra che portava alla notorietà Elio Vittorini, Romano Bilenchi, Tommaso Landolfi, e già rivelava la fisionomia interessante di Carlo Bo, Leone Traverso, Gianfranco Contini, Oreste Macrì, Vasco Pratolini, Piero Bigongiari, Alessandro Parronchi, Renato Poggioli. Ben lungi dal contenderselo, occupavano di conserva il campo, formando una compagine intellettuale abbastanza omogenea; del resto la forza dell'eterodossia politica bastava allora a colmare le differenze che potessero esistere in un senso più interiore. Ma, insisto, c'era specialmente tra i più giovani una vera e propria comunanza di propositi e di fini morali ed estetici». Ma anche in altri centri nascono riviste, che hanno tempi di vita più o meno lunghi, travagli editoriali più o meno grandi e che dedicano ampi spazi alle idee e alle poesie dell'Ermetismo. Si possono ricordare a Genova la rivista "Circoli" (1931-1934), prima a Firenze e poi a Roma "Prospettive" (1937-1940), sempre a Roma "Primato" (1940-1943), a Milano "Corrente" (1938-1940). Infine, ancora a Firenze, non si deve dimenticare "Letteratura" (1937-1947).

La poetica. L'espressione più densa della poetica ermetica è stata offerta in una formula dal critico Carlo Bo, il quale in un articolo apparso sulla rivista "Il Frontespizio" nel settembre 1938 parla di «letteratura come vita». In questo articolo Bo rovescia la formula dell'estetismo dannunziano «vita come letteratura» e definisce atteggiamenti e significati del nuovo ruolo che il poeta ermetico si assume. La poesia, per il poeta ermetico, è la vita stessa; è per se stessa conoscenza e verità, non ammette di occupare i momenti di vacanza, di diventare un'attività secondaria. La poesia è un eterno scandaglio, una continua interrogazione, «una misura di coscienza in un esame che ha i limiti della nostra vita ma è inesauribile come un momento di verità».

Questo continuo stato di tensione poetica è per se stesso una morale. L'urgenza introspettiva del poeta, lo stato di perpetua e inquieta attesa, l'interrogazione dell'assenza che si apre ai confini dell'inconscio e del mistero, è una vera e propria religione: «Io scorgo in noi un infinito desiderio di conoscenza e soprattutto un affidarsi ingenuo e paurosamente eroico al rovescio della medaglia dell'essere (all'angoscia, al sogno, all'impossibile) per vedere semplicemente, aldilà d'ogni futura determinazione» (Macrì).

La poesia diventa frutto di un impegno che non conosce tregua e che non viene a patti con nessuna forma di gioco e di guadagno: il gioco la svia e il guadagno la corrompe. La poesia non deve essere oratoria, non deve contenere messaggi ideologici, deve essere pura e autonoma da ogni precetto. I caratteri della poesia ermetica sono l'assolutezza e l'essenzialità lirica; il «come» viene soppresso e la similitudine diventa analogia, scavalcando ogni passaggio logico e psicologico. I poeti ermetici tendono ad abolire le proposizioni subordinate, ad eliminare ogni nesso narrativo, affidandosi alla paratassi che non ammette gerarchie. Il linguaggio poetico si costruisce per sinestesie (parole-immagini pregnanti in cui convivono simultaneamente campi sensoriali diversi), è antinaturalistico e antidescrittivo; mira all'essenzialità, alla parola lirica e altamente selettiva.

Due accuse. Al carattere di sintesi estrema del linguaggio poetico è legata la prima accusa che viene mossa all'Ermetismo. Si tratta dell'accusa di oscurità, che ha fatto del termine «ermetico» un sinonimo di astruso e di incomprensibile. In realtà l'accusa per se stessa è il frutto di un ritardo culturale. Il «difficile» della poesia ermetica non è gratuito, ma viene da precisi principi di poetica: è il frutto di un'esplorazione non facile per sé. A confortare l'accusa di oscurità e ad affermarla in modo autorevole è intervenuto anche Benedetto Croce. La lezione crociana di chiarezza e di distinzione razionale, l'identità di intuizione e di espressione professata dalla sua estetica, impediscono di intendere i valori evocativi della parola, l'arcana suggestione che la muove.

Un'altra accusa che è stata mossa all'Ermetismo è di carattere storico-sociale: riguarda il rifiuto della storia che i poeti ermetici professano in nome dell'interiorità e della coscienza individuale. Si tratta infatti di una letteratura poetica che «evita le verità particolari o le accetta nell'immediata postulazione di una notizia maggiore e assoluta» (Bo): e cioè come segno di «Altro» e mai per se stesse. La distanza dell'Ermetismo dalla società e dalla storia è stata intesa come evasione e come privato rifugio incapace di impegno. Ma è anche questa un'interpretazione inesatta. L'opposizione al fascismo è certamente condotta dagli antifascisti militanti, ma si può parlare per l'Ermetismo di una forma di resistenza sia pure passiva. Il rigore poetico messo in mostra dagli ermetici, la loro capacità di ascolto e di attesa interiore stabiliscono perlomeno una distanza: non sono compromessi con il flusso della retorica di regime, e del consenso. Trovano anzi nella religione della parola, e spesso nella religione intesa in chiave problematico-esistenziale, un'àncora di resistenza, una «sintassi interiore» (Gatto) che li preserva dal conformismo fascista e che li preserverà poi (pur nelle diverse scelte di campo) dal rischio di piegare la loro voce al dogmatismo delle ideologie dominanti o alle seduzioni del potere.

La polemica Bo-Vittorini. Il sospetto che la morale del poeta ermetico si nutra esclusivamente di letteratura e si chiuda in un suo mondo separato dalla vita degli uomini, si fa alla fine aperta sfida quando si stendono i bilanci delle responsabilità contratte nei confronti del fascismo e della guerra. L'episodio più significativo è costituito da una polemica, che vede protagonisti Elio Vittorini e Carlo Bo. Vittorini, che dagli esordi fascisti si sta aprendo al marxismo, chiama a raccolta sulla sua rivista "Il Politecnico" tutti gli intellettuali italiani; non soltanto i marxisti, ma anche gli idealisti, i cattolici, i mistici. Bo risponde che non crede nei

Carlo Bo.

Frontespizio del primo numero di "Letteratura".

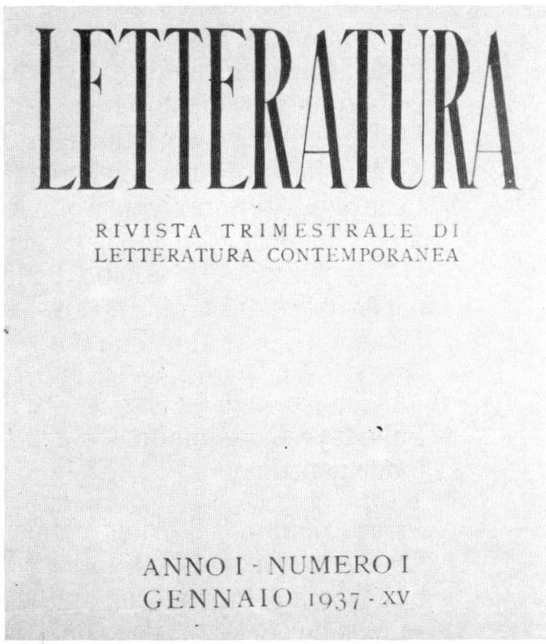

rimedi esterni proposti da Vittorini e si appella al rinnovamento interiore dell'uomo: «Siamo pronti a combattere con lui contro l'ingiustizia ma qualcosa dentro di noi ci avverte che questa ingiustizia comincia da noi, che il male che vediamo in spaventose forme esteriori ha una esatta rispondenza nel nostro cuore». La polemica continua in un nuovo articolo di Vittorini e in una conclusiva risposta di Bo, che ancora rivendica il valore interiore dell'esperienza. Poiché Vittorini ha chiamato in causa Cristo, Bo gli ribatte: «Cristo bisogna inventarlo dentro di noi e allora non nascerà più come un pretesto esterno (...). Permetti che io lo difenda in me in questa prigione di attesa e di dolore e allora è ancora un mezzo interiore, la parola partecipata e non più applicata». Tra la salvezza interiore del «cristiano» e la fiducia del «marxista» nel riscatto della storia avviene l'ultimo dibattito di una temperie che sta aprendosi a nuovi indirizzi. L'Ermetismo ha concluso il suo tempo, e anche i suoi poeti, nel clima postbellico, prendono altre direzioni.

Alfonso Gatto.

I poeti ermetici

Premessa. La difficoltà a parlare dei poeti dell'Ermetismo viene dal fatto che si tratta di poeti non riconducibili semplicemente a un fenomeno e a un momento. Essi, in altre parole, sono andati avanti maturando ognuno una personale visione poetica; hanno fatto insomma altre esperienze e non tutta la loro produzione può essere inclusa sotto una sola etichetta. L'Ermetismo è un momento della loro formazione, ma non ne esaurisce interamente lo sviluppo. L'Ermetismo d'altra parte non è stato una scuola, non ha creato regole e precetti né è stato un movimento (come accade per i gruppi di avanguardia: Futurismo, Surrealismo). È stato piuttosto un fenomeno che ha caratterizzato la sensibilità poetica di un gruppo e di un momento. Un fenomeno, già si è detto, prevalentemente fiorentino, ma non senza effetto altrove. A Firenze convivono le istanze di due generazioni e di due gruppi, che s'intersecano e s'incrociano sulle pagine delle riviste e nei caffè: il gruppo «ermetico» delle riviste come "Il Frontespizio" e "Campo di Marte" e il gruppo della rivista "Solaria", che forma un'intera generazione di narratori. Con l'avvertenza dunque che si tratta di una collocazione ad uso didattico si può dire che i poeti ermetici più significativi siano SALVATORE QUASIMODO (1901-1968), ALFONSO GATTO (1909-1976) e MARIO LUZI (1914).

Salvatore Quasimodo. Nella poesia di Quasimodo si possono distinguere due momenti fondamentali.

Primo tempo. Il primo momento è legato ad *Acque e terre* (1930), suo libro d'esordio, *Oboe sommerso* (1932), *Erato e Apollion* (1936): tutte raccolte che confluiscono rielaborate e risistemate, insieme con una sezione di *Nuove poesie*, nel libro poetico per eccellenza quasimodiano, *Ed è subito sera* (1942). È il momento più tipicamente ermetico dell'itinerario di Quasimodo. C'è la solitudine dell'uomo e la sua pena, il cuore gravato e serrato, a cui corrisponde una leggerezza di cieli e di acque: «Mi richiama talvolta la tua voce, / e non so che cieli ed acque / mi si svegliano dentro». Le coppie antagoniste che predominano sono appunto il cielo e l'abisso (il precipizio), la luce e il buio (la notte) fissate in un incanto di scabra dolcezza ritmica. C'è l'isolamento e la ricerca interiore; le cose suonano per una loro vibrazione profonda, ma sono come immerse nel loro enigma. Il linguaggio tende all'essenziale, semplifica le strutture sintattiche, rompe i legami dell'articolo e della preposizione, accosta ambiguamente le parole, che vengono sillabate in una musicalità allusiva. Alla scansione della parola in sillabe, profonde di suono e di eco, rinviano molti versi: «segrete sillabe nutro»; «un òboe gelido risillaba»; «Tu ridi che per sillabe mi scarno». La parola è il cuore della poesia di Quasimodo. Essa acquista, nel ritmo grave e come frenato, una densità di sensi che sfuggono al significato immediato e aspirano a creare il mito di un profondo travaglio interiore. Anche il mito di una Sicilia di memoria antica e mediterranea si fa luogo di cuore e di sogno: un paese evocato attraverso segni esterni che vengono tradotti in movimento del profondo.

Secondo tempo. Il secondo momento della poesia di Quasimodo è legato agli anni della guerra. L'orrore della guerra e l'offesa che strazia la vita degli uomini, l'ansia di un impegno diverso e più calato nella storia di tutti spingono il poeta a una coscienza nuova, che in un suo intervento del 1946, *Poesia contemporanea*, è così sintetizzata: «Rifare l'uomo: questo il problema capitale. Per quelli che credono alla poesia come a un gioco letterario, che considerano ancora il poeta un estraneo alla vita, uno che sale di notte le scalette della sua torre per speculare sul cosmo, diciamo che il tempo delle "speculazioni" è finito. Rifare l'uomo, questo è l'impegno».

Da questo punto in poi gli avvenimenti della storia prevalgono sulla sillabazione del mito interiore e Quasimodo cerca di imprimere alla sua poesia un diverso valore di testimonianza

Salvatore Quasimodo riceve il Nobel per la letteratura il 10 dicembre 1959 (Fotot. Stor. Naz.).

e di comunione civile. Il monologo in cui si muove il suo momento ermetico, diventa dialogo drammatico, apertura alla realtà. Il tono che prima è essenzialmente lirico diventa epico-lirico, tende al canto corale, al «noi» piuttosto che all'«io». Nascono raccolte diverse (diverse anche nel passaggio dall'entusiasmo etico e politico del dopoguerra alla crisi degli anni Cinquanta), ma tutte allineate al nuovo corso di una parola che si fa messaggio: *Giorno dopo giorno* (1947), *La vita non è sogno* (1949), *Il falso e vero verde* (1956), *La terra impareggiabile* (1958), *Dare e avere* (1966). In verità è stato osservato che la svolta è molto meno netta di quanto possa sembrare a prima vista. Già la sezione *Nuove poesie* compresa nel libro poetico *Ed è subito sera* è infatti aperta a una maggiore evidenza realistica, vi si affacciano luoghi precisi; la natura lombarda, colta anche in una sua attualità descrittiva e narrativa, prende il posto della Sicilia arcaica e remota; la struttura ritmica e linguistica è più ampia e distesa.

Inoltre c'è stata di mezzo la traduzione dei *Lirici greci* (1940). Nel voltare in italiano il verso antico di Saffo, Alceo, Anacreonte, Mimnermo, Archiloco e altri, Quasimodo non cerca l'esatta corrispondenza filologica del testo, ma la corrispondenza poetica: non conta tanto per lui l'esattezza lessicale di ogni singolo verso, ma riportare un timbro, una voce, un'emozione antica in forma moderna. Nel fare questo lavoro il poeta è attento a tradurre con chiarezza e con nitidezza di contorni. La parola non ne esce alonata di indeterminatezza come accade nei testi precedenti, ma ha caratteri di realismo e di evidenza. Si tratta dunque di un lavoro che si riflette sulle *Nuove poesie* propagandosi di lì ai nuovi indirizzi di poetica.

Alfonso Gatto. Anche Gatto fa un percorso affine. Con *Isola* (1932), *Morto ai paesi* (1937) e *Amore della vita* (1944), partecipa al fervore delle idee e al dibattito sull'Ermetismo. Dell'Ermetismo accetta le soluzioni tecniche e stilistiche, il principio della riscoperta della parola, la distruzione dei legami logico-sintattici tradizionali, apportandovi una cantabilità tutta sua, che gli viene dalla lettura di Salvatore Di Giacomo, del Meli, del Tasso: cantabilità che Ungaretti e Montale ripudiano e che altri poeti ermetici, come ad esempio Luzi, tengono distante. Ma Gatto avverte assai presto l'esigenza di una ricostruzione del proprio verso in scritture meno anguste. Innesta quindi sul dogma della poesia come frammento d'anima la felicità della memoria e compone il suo mondo sparpagliato in una unità più distesa. Ne sono testimonianza appunto le arie della *Memoria felice*, che insieme a *Isola* e *Morto ai paesi* compongono la raccolta *Poesie* (1939).

Con la tragedia della guerra, con l'evidenza del dolore degli uomini, con l'esperienza della lotta partigiana, la sostanza dell'invenzione lirica di Gatto si arricchisce, a partire dalla raccolta *Il capo sulla neve* (1949), di ulteriori e inediti motivi di ispirazione: la palpitante e tenera adesione all'umile patire dei poveri, il canto delle «vittime», la rimeditazione in chiave intima delle esperienze resistenziali vissute in prima persona, la volontà di tramandare la lezione di pietà e di eroismo dei caduti della Resistenza. Le raccolte successive (*Osteria flegrea*, 1962; *La storia delle vittime*, 1966; *Desinenze*, uscita postuma nel 1977), segnano l'ultima stagione di una fertile vena creativa. Il poeta vi appare teso a interpretare le angosce che tormentano l'uomo contemporaneo: dal rischio della perdita progressiva del senso umano al timore della disintegrazione e della dispersione della coscienza nel caos dell'indistinto; dalla rabbia per la continua aggressione e umiliazione dell'individuo al terrore per l'incombente minaccia atomica. Tutte problematiche connesse al destino dell'uomo e ai doveri della poesia.

Mario Luzi. Entro forme più aspre e meno cantabili, si muove invece la poesia di Luzi. Il poeta ricorda che il suo primo libro, *La barca* (1935), fu accolto nell'ambiente dell'Ermetismo fiorentino come un libro esemplare: ebbe «una sorta di crisma, che lo proponeva come uno dei possibili esiti della giovane poesia, allora un poco irretita negli stilismi di derivazione ungarettiana e montaliana». Su Luzi agiscono i nomi dei simbolisti Rimbaud e Mallarmé, del surrealista Paul Eluard, ma letti fuori dei sistemi in cui di solito vengono messi, e ascoltati piuttosto come «voci perdute nel mare dell'esistenza».

Questo stato di cosmica angoscia, fremente di interrogazioni senza risposta, costituisce il mondo della seconda raccolta, *Avvento notturno* (1940), in cui tutto sembra avvolto in una cortina di enigmi impenetrabili e oscuri. Ancora Luzi ha ricordato di sé: «Per molto tempo la mia immagine di scrittore è rimasta legata a quel genere di poesia cangiante nei colori, arduo nelle immagini, teso nella eloquenza; per molto tempo anche quando in presenza della tragedia divenne con *Un brindisi* più convulsivo e straziato».

Con *Un brindisi* (1946) si è già dunque oltre l'esperienza ermetica, superata soprattutto nelle raccolte successive: *Quaderno gotico* (1947), *Primizie del deserto* (1952), *Onore del vero* (1957), *Il giusto della vita* (1960). *Nel magma*, la raccolta del 1963, è importante soprattutto perché Luzi vi si apre ad una lirica assai più varia della precedente per lessico e sintassi; meno chiusa nella sua letterarietà di forme e più compromessa con le cose: un «io» poetico più coinvolto con il reale. Anche il linguaggio tende a soluzioni meno preziose e il ritmo più colloquiale si avvicina al prosastico, tende a rompere la compatta unità del suono. Nelle raccolte come *Su fondamenti invisibili* (1971) e *Al fuoco della controversia* (1978) prevale la vita colta nel suo mutamento, il «vissuto» nella sua più varia fenomenologia. Quest'esigenza di immersione nella realtà non perde mai di vista, pur aderendo alla contraddittorietà della vita, l'interrogazione lucida e assidua; e costituisce una continuità che arriva fino all'ultima raccolta: *Per il battesimo dei nostri frammenti* (1985).

Altri poeti. Alla stagione ermetica possono essere ascritti altri poeti come GIORGIO VIGOLO (1894-1983), CARLO BETOCCHI (1899-1986), SERGIO SOLMI (1899-1981), LIBERO DE LIBERO (1906-1981), LEONARDO SINISGALLI (1908-1981), ALESSANDRO PARRONCHI (1914), PIERO BIGONGIARI (1914). Per altri poeti ancora l'Ermetismo non è che un momento complessivamente poco influente dell'intera produzione e dei risultati a cui essa è giunta: ad esempio SANDRO PENNA (1906-1977), ATTILIO BERTOLUCCI (1911), GIORGIO CAPRONI (1912), VITTORIO SERENI (1913-1983).

Sandro Penna. Sul primo Penna agisce la lezione di Umberto Saba, a cui è presentato dallo psicanalista Edoardo Weiss. Le sue prime poesie sono pubblicate grazie a Saba nel 1932 e la prima raccolta esce con il titolo *Poesie* nel 1938 (lo stesso titolo ha la raccolta pubblicata nel 1957). Ma la tendenza che ha Penna di risolvere in purezza oggettiva il suo narrato autobiografico, al punto di «essere soltanto quello che è, come le cose della natura» (Solmi), si può difficilmente assimilare all'esperienza ermetica. Penna viene scoperto soprattutto nel clima del dopoguerra, quando Pasolini ne coglie per primo la grandezza di realista lirico (i suoi personaggi sono spesso operai, marinai, soldati; i suoi luoghi i cinema, i bar, gli orinatoi), la sua capacità luminosa di dire la «strana gioia» del suo amore omosessuale e degli ambienti più sordidi.

Attilio Bertolucci. Anche il parmigiano e poi romano Bertolucci è un poeta defilato, non immediatamente catalogabile. Esordisce nel 1929 con *Sirio* ed è già lirico maturo quando escono nel 1934 *Fuochi in novembre*. Le raccolte successive sono *La capanna indiana* (1951), che chiude il suo primo tempo, e *Viaggio d'inverno* (1971), che rappresenta il risultato più alto del secondo tempo. L'ultimo libro poetico di Bertolucci è *La camera da letto* (1984 e 1988), prima parte di un poema o «romanzo» familiare. Il distendersi colloquiale dei sentimenti, le figure che passano dall'idillio al racconto sembrano destinare anche Bertolucci all'accordo con le poetiche antiliriche del secondo dopoguerra. La sua sensibilità visiva e il suo paesismo elegiaco sono stati sintetizzati come capacità di accogliere e di restituire «con estrema fedeltà il dono dell'aria e delle ore» (Sereni).

Giorgio Caproni. Per una colloquialità sostenuta da ritmi di ballata si caratterizza invece la poesia di Giorgio Caproni. Fin dalla prima raccolta (*Come un'allegoria*, 1936) la sapienza tecnica di Caproni si muove nei presagi di un'autobiografia che appartiene soprattutto a *Cronistoria* (1943) e a *Stanze della funicolare* (1952), poi raccolte insieme, con l'anteriore *Ballo*

Da sinistra: Il critico letterario Enrico Falqui, Libero De Libero e Giorgio Caproni nel 1971.

a Fontanigorda (1938) nel volume *Il passaggio di Enea* (1956). Essa si precisa nelle raccolte di mezzo come *Il seme del piangere* (1959) e *Congedo del viaggiatore cerimonioso & altre prosopopee* (1966).

Il ritmo apparentemente cantabile ma in realtà irto di sottili dissonanze dà alla voce di Caproni una sorta di strascicata dolcezza e tocca infine nelle ultime raccolte (*Il franco cacciatore*, 1982; *Il conte di Kevenhüller* , 1986), in corrispondenza con i temi sempre più urgenti della morte di Dio e dell'esilio dell'uomo, già anticipati in *Il muro della terra* (1975), «una gestualità spoglia, malinconica, slogata» (Raboni), di laica e vertiginosa disperazione.

Vittorio Sereni. Il rifiuto di ogni astrattezza e il bisogno di figure, di elementi narrativi, di strutture incardinate in un ambiente identificabile socialmente, geograficamente e persino topograficamente, sono anche di Sereni.

Dall'esordio di *Frontiera* (1941) fino a *Stella variabile* (1981), passando per la raccolta di mezzo *Gli strumenti umani* (1965), Sereni ha condotto un lavoro di grande coerenza, precisando la sua vocazione di diarista dialogico e morale e trovando la purezza del suo segno in modi di alta colloquialità: quasi un grigio prezioso come quelli di certa pittura lombarda. E della «linea lombarda» quest'uomo schivo può considerarsi un maestro, per il suo fastidio d'ogni retorica, per un suo laico moralismo, per la sua concezione antiretorica del far poesia. Dopo *Frontiera,* dove la lezione degli ermetici produce una voluta separatezza antiretorica, Sereni con *Diario d'Algeria* (1947) passa alla separatezza forzata, quella che impedisce a lui — prigioniero degli alleati — di partecipare al dolore della guerra e all'impegno della ricostruzione. Più esplicito impegno sociale si avverte negli *Strumenti umani* (1965); mentre in *Un posto di vacanza* (1971), poi entro *Stella variabile,* il poeta si pone inquiete domande esistenziali: come è possibile scrivere ancora poesia? come è possibile riconoscersi nei luoghi del passato che sono cambiati, noi cambiati a nostra volta? il prezioso mondo degli affetti non si trasforma in un colloquio coi morti?

IL RITORNO DEL ROMANZO

Giuseppe Antonio Borgese e il Tempo di edificare

Prima e dopo la «grande guerra». Il ritorno all'ordine più volte chiamato in causa per sottolineare il clima culturale e letterario del dopoguerra coinvolge anche la forma prima trascurata o addirittura contrastata del romanzo. Il frammentismo vociano aveva ostacolato ogni impegno narrativo che non fosse espressione di intime folgorazioni esistenziali: Giovanni Boine diffidava apertamente gli scrittori dallo scrivere romanzi. Il romanzo resta confinato in zone periferiche oppure nelle zone degradate dell'intrattenimento e del consumo. Italo Svevo è uno sconosciuto: *Una vita* (1892) e *Senilità* (1898) cadono nel vuoto e solo dopo *La coscienza di Zeno* (1923) il nome dello scrittore triestino viene preso in considerazione. L'itinerario di Federigo Tozzi è anche più esemplare: Tozzi parte dalle strettoie del frammentismo per esprimere appieno una vocazione narrativa che resta ignota e che è destinata ad una fortuna soltanto postuma.

Dopo la guerra il richiamo ad un maggiore impegno costruttivo viene da più parti. Il ritorno all'ordine si condensa nella formula «tempo di edificare». Essa spetta al critico e scrittore siciliano Giuseppe Antonio Borgese, il cui nome è già stato fatto a proposito della rivista primonovecentesca "Hermes" e del termine «crepuscolarismo». Borgese è autore che merita di essere analizzato come esempio del nuovo clima che nel dopoguerra investe il romanzo. Quale che ne sia la motivazione specifica, l'avventura novecentista di Massimo Bontempelli non manca di fare la sua profezia: «Quanto alla letteratura, vedremo avanzarsi al primo piano l'opera narrativa, quella specialmente che si fonda sull'invenzione e sull'intreccio» (dicembre 1926).

«Rubè». *Rubè* viene pubblicato nel 1921. Filippo Rubè è un intellettuale meridionale, che sente la guerra come una necessità capace di risanare il mondo e di cauterizzare «le coscienze scrupolose e malate». Arruolatosi volontario, la guerra divide la sua nuova vita «dai trent'anni fino allora vissuti con uno stacco molto più netto di ogni altro evento anteriore». In Rubè c'è un male occulto che gli danneggia affetti e amicizie; le sue «fantasie maniache» e la sua incapacità di essere come tutti lo attanagliano in un'autolesionistica consapevolezza di essere un «uomo mancato». In una lettera ad Eugenia Berti, che diventerà sua moglie, scrive dal fronte: «Io (...) appartengo a quella infelicissima borghesia intellettuale e provinciale, storta dall'educazione del tutto o nulla, viziata dal gusto delle ascensioni definitive donde si contemplano i panorami. Abbiamo le mani senza calli e coi tendini fiacchi; e non sappiamo stringere né una vanga né una spada; e sappiamo stringere solamente il vuoto».

Il dopoguerra aggrava in Filippo questo senso di vuoto («Io non so chi sono, né che faccio, né che voglio»). Si stabilisce a Milano con la moglie e si impiega in un'industria, ma l'incapacità di assumere un ritmo di vita ordinario lo tiene in un'inquietudine costante; l'inettitudine esistenziale gli costa il licenziamento. Per una serie di circostanze casuali Filippo si trova a vivere alcuni giorni di avventura con la moglie di un generale francese conosciuta durante un suo periodo di residenza a Parigi. L'avventura è consumata in un clima di superstiziosa e smemorante fascinazione tra ville e paesi del Lago Maggiore: ma durante una gita in barca la donna annega. Filippo cerca conforto in un viaggio al paese d'origine ed è perseguitato da assilli pirandelliani, sfiora le riflessioni di Vitangelo Moscarda in *Uno, nessuno e centomila*. Preso nel suo vortice di vuoto si rivolge ad un amico, che lo accoglie ma non riesce a dargli serenità, e quando decide di tornare dalla moglie la congiura del caso gli impedisce l'incontro. Nel suo viaggio disperato verso Milano, Filippo si ferma a Bologna dove ha dato appuntamento alla moglie. Vagabondando per la città s'imbatte in un corteo bolscevico. Preso nella folla come un automa e trascinato nella protesta, muore calpestato in una carica di cavalleria.

Caratteri e significato di «Rubè». La varietà dei luoghi e dei personaggi che compaiono in *Rubè* è assai più ricca di quanto non possa apparire da un breve riassunto. Lo scenario va da Roma al fronte, da Parigi a Milano a Stresa, dove avvengono l'incontro con Celestine Lambert, la moglie del generale, e il tragico naufragio nel lago. I personaggi sono numerosi: la famiglia di Filippo, la famiglia di Eugenia, gli amici Federico Monti e Mary Corelli, a cui Eugenia e soprattutto Filippo sono legati da sentimenti contrastanti. Gli ambienti e i personaggi di Parigi e di Milano: il salotto di Celestine Lambert e la ditta Adsum in cui Filippo si impiega.

L'impegno costruttivo di Borgese si esercita su questa materia che cerca di muovere con stacchi, riprese, dosaggi calcolati secondo una sensibilità narrativa che guarda ai grandi esempi del romanzo ottocentesco, soprattutto francese e russo. Una seconda caratteristica è data dall'impegno di corrispondenza messo nell'incrociare psicologia e società. Attraverso personaggi e ambienti passa il profilo di un'epoca e delle ansie che la pervadono: l'interventismo e la delusione del dopoguerra, il modernismo, il rinnovamento delle coscienze, il bolscevismo e il sogno di un riscatto, il fascismo. *Rubè* significa insomma una volontà di romanzo ben impiantato e condotto. In realtà rivela più la nostalgia di un passato narrativamente esemplare che non una forza di anticipo e di novità. Il suo significato va cercato soprattutto come proposta indicativa, come personale contributo di Borgese alla sua nuova formula, come indizio di una svolta culturale.

«Tempo di edificare» e la scoperta di Tozzi. *Tempo di edificare* è il titolo di un libro che Borgese pubblica nel 1923. Esso raccoglie articoli e saggi usciti tra il 1920 e il 1921 sulla rivista "I libri del giorno": una specie di bollettino mensile della casa editrice Treves, che veniva regolarmente venduto. Con la formula «tempo di edificare» Borgese richiama soprattutto se stesso ad un impegno di costruzione, nel momento in cui lavora a *Rubè*, ma fa insieme un più complesso discorso culturale: storia personale e storia generale s'intrecciano. Contrapponendo nella propria storia personale il romanzo in cui si sta impegnando e la critica che finora ha esercitato, «in realtà contrappone, nella storia generale, romanzo e frammento» (Debenedetti). Nell'*Avvertenza* a *Tempo di edificare*, Borgese conclude non a caso con i nomi di due romanzieri tra cui individua delle affinità: Verga e Tozzi. Se Verga non poteva certo dirsi un ignoto (ma soltanto ora ha inizio propriamente la sua lettura critica), Tozzi era un'autentica scoperta, anche se questa scoperta viene fatta da Borgese secondo una sua prospettiva fortemente interessata. Borgese legge Tozzi come un verista e individua in *Tre croci* il vertice della produzione tozziana. Per lui Tozzi è tanto più scrittore quanto più l'impianto romanzesco è stretto e compatto. Ma si tratta di un equivoco, sia pure meritevole e produttivo. Lo si è visto anche in *Rubè*. Borgese è attratto da una nostalgia: più che al futuro guarda al passato. Così come il suo romanzo, il recupero di Tozzi è espressione di un'epoca definitivamente chiusa piuttosto che l'annuncio di una stagione tutta da inventare.

I narratori di "Solaria" e di "Letteratura"

"Solaria". La maggior parte della narrativa che si esprime tra le due guerre passa attraverso le pagine di due riviste fiorentine, che convivono con le riviste più propriamente ermetiche. La più importante delle due è "Solaria"; fondata da Alberto Carocci nel 1926, dura fino al 1934 (gli ultimi due numeri, datati 1934, uscirono però nel 1936). In essa si combinano l'esperienza rondista e l'impegno degli eredi di Gobetti, che provengono dall'esperienza del "Baretti", la tensione europeistica e una certa vischiosità provinciale. La vocazione saliente di "Solaria" è la letteratura. Alberto Carocci, ricordando il tempo di "Solaria", ammette che la rivista non fu «l'espressione di un atteggiamento organico e in tutto coerente» e che «andò cercando a tentoni la propria strada, ondeggiò tra richiami diversi e talora contrastanti». La sua misura fu quella «di una piccola *polis* letteraria, una società *in nuce* con tutte le sue con-

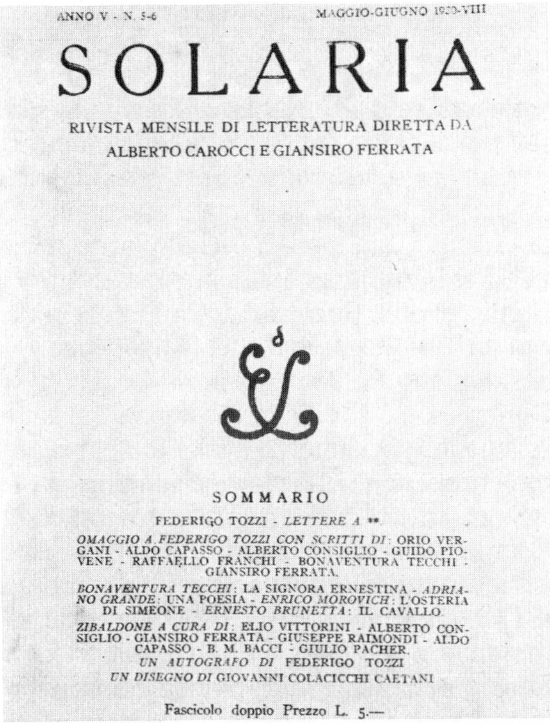
ANNO V - N. 5-6 MAGGIO-GIUGNO 1930-VIII

SOLARIA

RIVISTA MENSILE DI LETTERATURA DIRETTA DA
ALBERTO CAROCCI E GIANSIRO FERRATA

SOMMARIO

FEDERIGO TOZZI - *LETTERE A ***

OMAGGIO A FEDERIGO TOZZI CON SCRITTI DI: ORIO VERGANI - ALDO CAPASSO - ALBERTO CONSIGLIO - GUIDO PIOVENE - RAFFAELLO FRANCHI - BONAVENTURA TECCHI - GIANSIRO FERRATA.

BONAVENTURA TECCHI: LA SIGNORA ERNESTINA - *ADRIANO GRANDE*: UNA POESIA - *ENRICO MOROVICH*: L'OSTERIA DI SIMEONE - *ERNESTO BRUNETTA*: IL CAVALLO.

ZIBALDONE A CURA DI: ELIO VITTORINI - ALBERTO CONSIGLIO - GIANSIRO FERRATA - GIUSEPPE RAIMONDI - ALDO CAPASSO - B. M. BACCI - GIULIO PACHER.

UN AUTOGRAFO DI FEDERIGO TOZZI

UN DISEGNO DI GIOVANNI COLACICCHI CAETANI

Fascicolo doppio Prezzo L. 5.—

Sopra: Natalia Ginzburg fra Mario Soldati e Guido Piovene nel 1971 (Farabolafoto).
A sinistra: Frontespizio di un numero della rivista "Solaria".

traddizioni interne, i suoi dubbi, le sue esitazioni, col prevalere di volta in volta di istanze contrastanti».

In "Solaria" sono compositi gli obbiettivi e compositi i collaboratori, diversi per età e per formazione. Ci sono gli ex-rondisti come Emilio Cecchi, Riccardo Bacchelli, Antonio Baldini e ci sono alcuni collaboratori del "Baretti" come Giacomo Debenedetti, Sergio Solmi, Eugenio Montale. Ci sono i giovani che saranno molto attivi nel secondo dopoguerra e che fanno i loro esordi come Elio Vittorini, Salvatore Quasimodo, Natalia Ginzburg, Sandro Penna. Vi compaiono i grandi scrittori europei: da Proust a Gide, Valéry, André Malraux, Alain Fournier (un nome essenziale al formarsi del lirismo memoriale di molti romanzi). L'orizzonte europeo è aperto a inglesi, austriaci, tedeschi, americani: Eliot, Virginia Woolf, Katherine Mansfield, Joyce, Rilke, Kafka, Zweig, Hemingway, Faulkner. Renato Poggioli introduce molti poeti russi contemporanei, da Majakowskij alla Achmatova. Vengono dedicati numeri unici a Svevo, Saba, Tozzi. L'interesse di "Solaria" per il romanzo non va nella direzione realistica e si muove piuttosto nelle forme di una narrazione lirico-magica, raffinatamente psicologica e intimistica, intrisa di memoria e di simboli, di fantastico e di visionario.

"Letteratura". "Solaria" ha una sua prosecuzione nella rivista "Letteratura", fondata nel 1937 da Alessandro Bonsanti e durata nella sua prima serie fino al 1943. L'impostazione di "Letteratura" è ancora più eclettica di "Solaria". Contini, nel marcare il clima fiorentino di "Solaria" e di "Letteratura" le dice «ultime riviste decisive», nel senso che sono le ultime che appartengano a una letteratura «per minoranze di punta, quasi senza eco nel largo pubblico». "Solaria" tira ad esempio settecento copie: questo può servire a spiegare, insieme con il fatto che si tratta di una rivista rigorosamente letteraria, perché non venga mai troppo turbato il libero svolgimento delle sue questioni. Per comodità didattica i narratori di "Solaria" e di "Letteratura" verranno divisi in tre categorie indicative, che non hanno naturalmente la pretesa di essere assolute.

L'introspezione: Banti, Manzini, Piovene, Ginzburg. La tendenza allo scavo psicologico e al racconto dei conflitti interiori può essere sottolineata specialmente per scrittrici come ANNA BANTI (1895-1985), GIANNA MANZINI (1896-1974), NATALIA GINZBURG (1916), o per uno scrittore come GUIDO PIOVENE (1907-1974).

ANNA BANTI (Lucia Lopresti), moglie del critico d'arte Roberto Longhi e a sua volta saggista di altissima sensibilità, riflette nei suoi romanzi (tra cui *Itinerario di Paolina*, 1937; *Il coraggio delle donne*, 1940; *Artemisia*, 1947; *Un grido lacerante*, 1981) la solitudine della donna, le lotte, i contrasti, i dissidi di una condizione subalterna. Nel recupero apparente di impianti ottocenteschi, tra biografia e storia, si muove un moderno taglio introspettivo, per cui è stato fatto il nome di Katherine Mansfield. Per la strenua e raffinatissima scrittura di GIANNA MANZINI è stato fatto invece il nome di Virginia Woolf. Sullo sfondo di Firenze o della provincia toscana la Manzini avvolge esili trame in un misterioso senso del tempo, che gioca risonanze surreali tra sogno e ricordo. *Tempo innamorato* (1928), *La sparviera* (1956), *Ritratto in piedi* (1971) contrassegnano le tappe di un percorso fortemente compatto e unitario.

In GUIDO PIOVENE spicca la matrice veneta, specialmente evidente nel primo romanzo, *Lettere di una novizia* (1941), che racconta i tormenti di una giovane suora uscita dal convento e omicida. Piovene ha scritto altri romanzi, tra cui può essere ricordato *Le stelle fredde* (1970), alimentando il sospetto critico di un moralismo velleitario e di una tensione troppo distaccata. Forse la parte migliore della sua produzione resta affidata alle prose di viaggio (il *De America* del 1953 e soprattutto il *Viaggio in Italia* del 1957). Su "Solaria" NATALIA GINZBURG esordisce con il racconto *Un'assenza*, chiusa storia di un'aridità e di un'esistenza schiacciata dalla solitudine. L'unità dell'opera della Ginzburg, pur nella diversità dei tempi scanditi da romanzi o racconti lunghi come *La strada che va in città* (1942), *Caro Michele* (1973), *Famiglia* (1977), *La città e la casa* (1984), si regge sulle strutture psicologiche della malinconia, aprendo a tratti una felicità di racconto che immerge la pietà nell'allegria memoriale, come accade in *Lessico famigliare* (1963). Nel suo teatro (*Ti ho sposato per allegria*, 1966; *Paese di mare*, 1972) vivono storie di donne non diverse dai romanzi: ambienti in cui si annida il tarlo della noia, un malessere esistenziale precipitato nella chiacchiera e nel vuoto.

Il «fantastico»: Savinio, Buzzati, Landolfi. Su più alti coefficenti di «fantastico» corrono le prime prove di NICOLA LISI (1893-1975) e di ARTURO LORIA (1902-1957). Ma gli scrittori più rappresentativi di questo filone sono DINO BUZZATI (1906-1972), TOMMASO LANDOLFI (1908-1979) e il già ricordato (in ambito rondista, a pag. 809) ALBERTO SAVINIO (1891-1952). Fuori dell'ambito propriamente solariano andrebbero ricordati CESARE ZAVATTINI (1902) e ACHILLE CAMPANILE (1900-1976). In DINO BUZZATI vive, soprattutto nei primi due romanzi (*Barnabo delle montagne*, 1933; *Il segreto del Bosco Vecchio*, 1935), un paesaggio favoloso, una solitudine di spazi, di piante, di misteriosi abitatori, di animali che parlano e di uomini che si interrogano sulla vita. *Il deserto dei Tartari* (1940) è forse il romanzo più noto di Buzzati: narra la storia di Giovanni Drogo che attende i Tartari per una vita, al limite del regno, invecchiando alla Fortezza; e quando i Tartari arrivano per davvero è portato a morire altrove, senza potersi misurare con la gloria che ha sognato. Nei romanzi e nei racconti di Buzzati c'è spesso una sorta di disperata tenerezza, che invece non viene ammessa nel mondo narrativo di TOMMASO LANDOLFI. Il mondo di Landolfi è tutto costruito su ardite speculazioni, su sofistici e stravaganti congegni psicologici, su fredde trasgressioni oniriche e su metafisiche ironie. Ad un primo Landolfi (il romanzo *La pietra lunare*, 1939), ne è seguito un altro, soprattutto a partire da *Racconto d'autunno* (1947), sempre più lucido e tagliente. In libri come *Rien va* (1963) e *Des mois* (1967) prevalgono il dialogo e il diario, in un'autoindagine che disseziona il nichilismo dell'esistenza e si interroga assiduamente sul senso della letteratura e della scrittura, sulla sua inguaribile falsità.

La memoria: Bonsanti, Dessì, Quarantotti Gambini, Bilenchi. Il filone più nutrito di "Solaria" è quello della memoria, della discesa nelle stagioni dell'infanzia e dell'adolescenza, negli spazi regionali vissuti come mitici, simbolici: come metafore dell'esistenza. I nomi più significativi sono quelli di ALESSANDRO BONSANTI (1904-1984), GIUSEPPE DESSÌ (1909-1977), PIER ANTONIO QUARANTOTTI GAMBINI (1910-1965), ROMANO BILENCHI (1909). Anche il nome

A sinistra: Dino Buzzati, «Il colombre». *Sopra:* Tommaso Landolfi (a sinistra) con l'editore Arnoldo Mondadori nel 1949 (Farabolafoto).

di ELIO VITTORINI (1908-1966) entra parzialmente in questa categoria, ma viene considerato a parte.

Per ALESSANDRO BONSANTI, autore di racconti (*La serva amorosa*, 1929; *I capricci dell'Adriana*, 1934) e di un romanzo di grande impianto (*La buca di San Colombano*, 1964), si è parlato di «un Proust della borghesia provinciale italiana (prevalentemente fiorentina), depurata tuttavia d'ogni estetismo» (Contini). Anche per GIUSEPPE DESSÌ è stato fatto il nome di Proust. Nelle ambientazioni sarde di Dessì, a partire da *San Silvano* (1939) fino a *I passeri* (1955) e a *Paese d'ombre* (1972), corre un lirismo che s'intreccia sempre più alla realtà e alla storia. Tra evocazione lirica e racconto oggettivo, tra favola e realtà, tra concretezza e fantasia, le storie di Dessì vivono su più piani. La sua Sardegna non è mai così mitica da non potersi dire storica e non è mai così storica da non potersi dire mitica.

In PIER ANTONIO QUARANTOTTI GAMBINI corrono forti legami con la tradizione letteraria triestina (Svevo, lo scrittore Giani Stuparich, ma soprattutto Saba, con cui lo scrittore ebbe consuetudine e amicizia: e si veda in proposito il bellissimo epistolario *Il vecchio e il giovane*, 1945). La scoperta della vita attraverso il turbamento dei sensi in un paesaggio istriano dolcemente connotato costituisce il fondo della trilogia *Gli anni ciechi*, che comprende *Le trincee* (1942), *Amor militare* (1955) e *Il cavallo Tripoli* (1956). Ma il romanzo migliore resta forse *L'onda dell'incrociatore* (1947): un racconto di adolescenza, di vuoti e di indifferenza affettiva, di idoli infranti, di seduzioni ignote e di incombente tragicità. Molto meno convince il romanzo di grandi ambizioni psicanalitiche *La calda vita* (1958).

ROMANO BILENCHI è approdato alla letteratura della memoria dopo un'iniziale esperienza «strapaesana». I primi due libri (*Vita di Pisto*, 1931; *Cronaca dell'Italia meschina ovvero Storia dei Socialisti di Colle*, 1933) sono i documenti della sua prima esperienza di scrittore. Bilenchi non li ha mai ripresi e questo ha il senso di un ripudio. *Il capofabbrica* (1935) è ancora ideologicamente compromesso con l'illusione di un «fascismo di sinistra» e Bilenchi stesso ha dichiarato: «Quando ho scritto *Il capofabbrica* fra il 1930 e il 1932 ero un illuso, pensavo di poter fare una rivoluzione proletaria e popolare attraverso il fascismo». Letterariamente c'è già tutto il mondo bilenchiano, fatto di ritrosie e di ripulse: il fermo intaglio psicologico in una provincia senese simbolica e reale. Soprattutto con *Anna e Bruno* (1938), con *Conservatorio di Santa Teresa* (1940), con i due racconti lunghi *La siccità* e *La miseria* (1941), l'ispida vibratilità dell'adolescenza e l'ossessione della sconfitta esistenziale turbano i giorni dei protagonisti. Bruno resta attaccato al suo amore per la madre e vive il suo rapporto in modo esclusivo, patendo come una aggressione l'attenzione che altri le possa mostrare. Anche Sergio, nel *Conservatorio*, è preso in un mondo di presenze femminili (la madre, la zia Vera, la giovane maestra) immerso in mitiche atmosfere e in turbamenti primordiali.

Il discorso si fa ancora più teso ed esatto nei due racconti *La siccità* e *La miseria*, che recentemente sono stati ricordati a proposito dell'ultimo racconto lungo, *Il gelo* (1982). In modi che si rifanno alla necessità di un respiro lirico, Bilenchi ribadisce con *Il gelo* la sua capacità di alta concentrazione stilistica. La deserta solitudine di una adolescenza prigioniera assurge a simbolo di un malessere, che travalica i confini dell'età evolutiva e getta lividi e tristezze sul significato della vita, sul male che l'attraversa e l'impregna. Non è consolatorio nemmeno il nitido romanzo *Il bottone di Stalingrado* (1972), che percorre nei tre tempi esemplari del fascismo, della Resistenza e del dopoguerra, l'itinerario della formazione psicologica e sociale di una generazione in cerca di identità.

Alla ricerca di un nuovo realismo

Il pur sommario panorama non sarebbe completo se non si accennasse ad una tendenza che esce dalle categorie solariane e che costituirà un punto di riferimento soprattutto per la narrativa del secondo dopoguerra. È una tendenza che si afferma intorno al 1930 e che contrappone ai modi elegiaci ed evocativi una rappresentazione più cruda e drammatica della condizione umana. Essa nasce, forse prima di tutto, come naturale e quasi automatica conseguenza della maggior fortuna che il romanzo incontra come genere e della prevalenza che da questo momento la prosa prende sulla poesia. Elementi caratterizzanti sono poi lo studio della realtà umana e sociale, uniti all'impegno di denuncia dei mali presenti e inveterati dell'Italia, il desiderio di mettere in luce le contraddizioni della società, la rappresentazione di una realtà regionale, che riallaccia il legame con la tematica verista, la critica dei costumi portata con ironia e con freddezza.

Esemplari di questa stagione sono *Gli indifferenti* (1929) di Alberto Moravia, *Gente in Aspromonte* (1930) di Corrado Alvaro, *Fontamara* (1930) di Ignazio Silone, *Il garofano rosso* (1933-34) di Elio Vittorini, *Tre operai* (1934) di Carlo Bernari, *Gli anni perduti* (1938) di Vitaliano Brancati, *Conversazione in Sicilia* (1938-39) ancora di Vittorini: romanzi che testimoniano quanto meno una crisi profonda. Se essa non si traduce in protesta ideologica, esprime tuttavia un netto rifiuto dell'atmosfera trionfalistica dell'Italia contemporanea, un sentimento d'angoscia diversamente attivo a contatto con il clima culturale dominante.

Ci sono, nella narrativa di questi anni, i segni di un desiderio di salvezza dalla disperazione e dalla noia, l'ansia di trovare una via d'uscita da una cultura avvertita come stagnante e di recuperare un vigore nuovo, un senso di libertà e di avventura fantastica. L'esigenza nuova porta alla ricerca di nuovi modelli, che vengono offerti soprattutto dalla letteratura nordamericana. Melville, Steinbeck, Faulkner, Lewis, Hemingway, Saroyan vengono appassionatamente letti e tradotti e appaiono per alcuni anni i portatori di una linfa vigorosa, antitetica all'estenuata letterarietà della cultura ufficiale. Diffusori del mito di un'America libera, e viva di una barbarica giovinezza, furono soprattutto Elio Vittorini e Cesare Pavese; documento primario fu la pubblicazione dell'antologia di narratori *Americana* (1941), la cui prima edizione fu sequestrata dalla censura a riprova del valore politico che l'iniziativa di Vittorini aveva assunto.

A sinistra: Copertina della prima edizione (1929) di *Gli indifferenti* di Alberto Moravia. *A destra:* Ignazio Silone nel 1948.

IL DIALETTO COME LINGUA DI POESIA

Caratteri generali. A partire almeno dagli anni giolittiani, nella società italiana è in atto un processo di regressione dei dialetti. Lo sviluppo dell'industria e la maggiore mobilità territoriale e sociale sono i fatti fondamentali di un allargamento dell'area italofona. Lo spostamento consistente di persone dalle zone rurali e tradizionalmente depresse verso i centri industriali e urbani costituisce la base d'avvio verso l'alfabetizzazione e l'italianizzazione dei parlanti. Si tratta di un processo aiutato da altri fattori: la scuola, la burocrazia, l'esercito, la stampa quotidiana e periodica. A scuola si va di più, la burocrazia comporta una circolazione massiccia di persone nel paese ed è comunque per se stessa un mezzo di diffusione dell'italiano, il servizio di leva smuove molti giovani dai loro luoghi d'origine e li rimescola in passaggi obbligati.

Il corso di questi fatti procede con lentezza ma è progressivo: sarà evidente soprattutto nel secondo dopoguerra, ma già fin d'ora si fa sentire.

Naturalmente la tendenza alla regressione dei dialetti non è né immediata né uniforme. Nelle aree industriali è più manifesta, nelle aree rurali e soprattutto meridionali decisamente meno. Pur dovendosi tener conto delle differenze, l'italiano diventa a poco a poco la lingua ordinaria di comunicazione e di relazione. Se prima la lingua non è che un fantasma per un paese quasi tutto dialettofono, ora la situazione va tendenzialmente rovesciandosi. In questa conquista di più ampi spazi l'italiano corrode l'area dialettale, ma soprattutto a partire dal secondo dopoguerra assume i caratteri di una lingua omogeneizzata e conformistica. Pilotata dalle grandi aree industriali del Nord e dai mezzi di comunicazione di massa (televisione e radio in primo luogo), diventa sempre meno varia ed espressiva, sempre più neutra e uniforme.

Lingua di poesia. Il poeta che usa il dialetto per esprimere il proprio mondo lo fa dunque in rapporto alla nuova realtà; cerca spazi vergini alla parola che in italiano suona pregiudicata e avvilita, cerca timbri e forme esclusive, rovescia la relazione, che è sempre corsa tra lingua e dialetto. Se prima alla lingua è riservata la poesia e al dialetto l'uso, ora accade il contrario: il dialetto viene usato per la poesia e l'italiano per i rapporti quotidiani. Fino a tutto l'Ottocento il dialetto, anche quando viene adottato in poesia, esprime una realtà circostante e circoscritta: riflette ambienti precisi, si configura come un mondo riconoscibile dalla società dei parlanti, esprime idee e sentimenti comuni, disegna situazioni e personaggi concreti. Ora diventa invece uno strumento a cui attingere risonanze o dissonanze molto più rare e si allinea alle poetiche contemporanee; anche quando guarda alla popolarità del dialetto lo fa per altri scopi, non ambisce ad essere compreso da quelli che un tempo potevano essere i legittimi destinatari. La poesia in dialetto del Novecento è tutta fortemente letteraria, squisita: l'esatto opposto di una poesia popolare.

I poeti. I più grandi poeti in dialetto tra le due guerre sono: il triestino VIRGILIO GIOTTI (1885-1957), il milanese DELIO TESSA (1886-1939) e il veneziano GIACOMO NOVENTA (Giacomo Ca' Zorzi, 1898-1960).

L'esperienza in lingua di VIRGILIO GIOTTI resterebbe del tutto trascurabile, se non esistesse il poeta in dialetto (*Piccolo canzoniere in dialetto triestino,* 1914; *Colori,* 1941; *Versi,* 1953). È Giotti a parlare per primo di dialetto come «lingua della poesia»: una lingua diversa da quella buona per gli usi di tutti i giorni. E in effetti il suo dialetto è così poco «dialettale» che i suoi versi fanno citare Orazio e gli epigrammi classici. Come è stato osservato «costa fatica accorgersi di essere di fronte ad un testo dialettale tanto i suoi cromatismi sono impressionistici, e non macchiaiuoli. In realtà si tratta di una lingua "assoluta": il passaggio di Giotti non è da una lingua maggiore a una lingua minore, dove più liberamente dar vita a un sottomondo regionale o rionale» (Pasolini).

Di DELIO TESSA si possono ricordare le due raccolte fondamentali: *L'è el dì di mort, alegher!* (È il giorno dei morti, allegri!, 1932) e le postume *Poesie nuove e ultime* (1947). Anche se si richiama esplicitamente alla tradizione dialettale milanese, e anzitutto a Carlo Porta, la poesia di Tessa non ha nulla di municipale, ma anzi risente delle influenze più moderne della poesia italiana ed europea. La sua attenzione alla parola (e sarebbe da dire alla fonetica) rivela ad esempio quanto Tessa sia in consonanza con la ricerca della musicalità che caratterizza tanta poesia contemporanea; non per nulla si è potuto parlare di lui come di un «pronipote ambrosiano di Verlaine, un crepuscolare e parnassiano, ora della famiglia di Palazzeschi, ora di quella di Gozzano» (Contini). La forma, dissonante e franta talora fino alla granulosità, è specchio di un mondo dolente in crisi tra la sventura della guerra, la triste allegria dei bordelli, la malinconia della grigia città, l'ossessione della morte.

Un po' diverso il discorso per GIACOMO NOVENTA. In Noventa (autore di due raccolte dove non deve ingannare la data: *Versi e poesie,* 1956; *Versi e poesie di Emilio Sarpi,* 1963) la scelta del dialetto significa rifiuto della cultura del suo tempo. Egli considerava il fascismo un errore «della» cultura italiana, non «contro» la cultura e questa valutazione storico-morale genera il rifiuto della lingua vista come organo di tale cultura. Parlare in lingua di onore, amore, amicizia, lealtà è dare a queste parole un significato diverso dal significato originario, accettare quanto di falso hanno preso da una società che non vive di quei valori. Nasce per Noventa la necessità di usare un linguaggio che esisteva in un tempo in cui le parole erano usate per ciò che vogliono dire: un linguaggio che esiste ancora, ma in margine al linguaggio ufficiale della cultura. Nonostante ciò, egli non pensa alle virtù native e genuine del dialetto o di chi lo parla. Il suo è un dialetto fabbricato, letteralmente inventato. Noventa stesso ha scritto: «Mi me son fato 'na lengua mia / del venezian, de l'italian...». È un discorso, questo, che nel secondo dopoguerra, e specialmente a partire dagli anni Cinquanta, diventerà tanto più evidente.

SECONDO NOVECENTO
TRE PROTAGONISTI

UMBERTO SABA

LA VITA E L'AMBIENTE

Umberto Saba.

Umberto Saba nasce a Trieste il 9 marzo 1883. Il matrimonio dei genitori non è felice: il padre, il cui cognome è Poli, se ne va presto di casa e Saba lo conoscerà soltanto dopo i vent'anni; la madre, ebrea, lo affida a una balia di origine slava, la contadina Beppa Sabaz, da cui il poeta trae il suo pseudonimo (*Saba* in ebraico significa pane). Più del trauma causato dall'abbandono del padre conta in questa fase il conflitto affettivo tra la passione di Saba per la nutrice e la gelosia della madre in contesa. Esso provoca il dissidio su cui Saba indaga più avanti con gli strumenti della psicanalisi freudiana, conosciuta molto prima di mettersi in cura, negli anni '28-'29, presso il mitico dottor Edoardo Weiss: lo psicanalista amico di Svevo che molto contribuì a diffondere la psicanalisi, esercitando prima a Trieste, poi a Roma e infine, dopo l'introduzione delle leggi razziali voluta dal fascismo, negli Stati Uniti.

Al dissidio esistenziale di Saba non è certo estranea l'origine ebraica della madre né tanto meno l'ambiente piccolo-mercantile della famiglia, solidamente aggrappata a consuetudini conservatrici e protettive. Il tutto inserito nel lacerato contesto di una Trieste etnicamente combattuta, divisa tra lingua e dialetto, tra spinte europee e orientamenti nazionali, tra realtà periferica e ricerca di un centro, tra la cultura e gli affari. Interrotti gli studi, Saba diventa praticante in una ditta di commercio e per qualche tempo anche mozzo su un mercantile. Sono le esperienze attraverso cui si forma il suo animo antiborghese e socialista: un socialismo, tuttavia, che non ha caratteri ideologici precisi, ma è piuttosto l'espressione di un sentimento poetico. Depurato di ogni esigenza di rivalsa, diventerà la poetica del bagno di moltitudine, del farsi come gli altri, dell'immersione nella corrente viva di tutti.

Nel 1907-1908 Saba compie il servizio militare a Salerno e scrive i *Versi militari*. Ha già pubblicato nel 1903 *Il mio primo libro di poesia*. Ma i *Versi militari*, al di là del loro valore intrinseco, hanno un'importanza maggiore perché sono già un libro nato unitario. I *Versi militari*, insieme con le *Poesie dell'adolescenza e giovanili*, confluiscono nella seconda raccolta intitolata *Poesie* (1911), che può essere considerata il vero e proprio esordio poetico. Nel 1911 il poeta si sposa e fin dall'anno precedente ha conosciuto l'ambiente fiorentino della "Voce", sentendosene per altro estraneo e respinto. Dirà in versi più avanti in *Autobiografia*: «A Giovanni Papini, alla famiglia / che fu poi della "Voce", io appena o mai / non piacqui. Ero fra lor di un'altra specie».

Del 1912 è *Coi miei occhi: il mio secondo libro di versi*, che corrisponde grosso modo alla sezione che nel *Canzoniere* sarà intitolata *Trieste e una donna*; mentre risale all'anno prima il saggio *Quello che resta da fare ai poeti*, che viene rifiutato dalla "Voce" e che sarà edito soltanto nel 1959. In esso, contro ogni posa o compromissione dannunziana, è asserito: «Ai poeti resta da fare la poesia onesta». Dopo la grande guerra Saba acquista a Trieste una libreria antiquaria ed è l'occupazione della sua vita per quasi vent'anni: drammaticamente interrotta dalla persecuzione razziale e dalla seconda guerra, che lo costringono a riparare a Parigi e poi a trasferirsi a Firenze e a Roma, dove vive in protetta clandestinità. Nel dopoguerra il poeta vive a Milano, a Roma e infine a Trieste. Muore a Gorizia nel 1957.

LA POETICA (E LA PAROLA) ONESTA

Il documento fondamentale della poetica di Saba è la *Storia e cronistoria del Canzoniere* (1948). In questo libro in prosa il poeta scrive di sé in terza persona e racconta le circostanze, le spinte, gli avvenimenti della sua poesia, mosso dalla persuasione di una grandezza a cui stentano i riconoscimenti critici. Ma il primo documento della poetica di Saba è *Quello che resta da fare ai poeti*, il già citato articolo del febbraio 1911 scritto per "La Voce", che non lo pubblicò: la poesia di Saba, infatti, non era fatta per piacere ai vociani, mossi da ben altra inquietudine e persi dietro a ben altre poetiche.

Caratteri della poetica. In esso Saba presenta due esempi di onestà e di disonestà letteraria. Un esempio di onestà è Manzoni, un esempio di disonestà è D'Annunzio. Manzoni negli *Inni sacri* e nei *Cori* dell'*Adelchi* scrive versi «mediocri ed immortali»; D'Annunzio nel secondo libro delle *Laudi* e nella *Nave* scrive «magnifici versi per la più parte caduchi». La poesia onesta è quella che non dice una sola parola «che non corrisponda perfettamente alla sua visione». È poesia disonesta quella che finge passioni che non ha e commette peccati contro lo spirito «al solo e ben meschino scopo di ottenere una strofa più appariscente, un verso più clamoroso».

Saba scrive alludendo a se stesso: «Chi non fa versi per il sincero bisogno di aiutare col ritmo l'espressione della sua passione, ma ha intenzioni bottegaie e ambiziose, e pubblicare un libro è per lui come urgere una decorazione o aprire un negozio, non può nemmeno immaginare quale tenace sforzo dell'intelletto, e quale disinteressata grandezza d'animo occorra per resistere ad ogni lenocinio, e mantenersi puri ed onesti di fronte a se stessi: anche quando il verso menzognero è, preso singolarmente, il migliore». L'ispirazione non va forzata e non va fatta apparire, per ragioni di ambizione e di successo, più alta di quanto sia. All'ispirazione si deve anzi resistere: non bisogna cederle «che quando ha acquistato la violenza dell'istinto». Non occorre essere originali a tutti i costi; bisogna essere — dice Saba — «originali nostro malgrado». Anche il ripetersi non deve essere visto come un difetto perché è un tendere verso la perfezione: è la speranza del dire meglio una cosa che urge. Il poeta onesto deve tendere «ad un tipo morale il più remoto possibile da quello del letterato di professione». Deve essere un ricercatore di verità, che sa unire esteriore e interiore in un unico movimento.

La parola. Fin da questo articolo Saba fa il proprio ritratto di poeta e nella *Storia e cronistoria del Canzoniere*, scritta ad itinerario poetico molto avanzato, non fa che dettagliare, guardando indietro, una posizione presa molto per tempo. Si tratta di una poetica antiintellettualistica. Come scrive nella *Storia e cronistoria* la poesia deve nascere da un atto d'amore. La poesia moderna invece, secondo Saba, nasce da un peccato dell'intelletto o meglio da un distacco dell'amore: da un «miraggio intellettuale» che fa deviare la poesia dalla naturalezza e la indirizza verso l'artificio. La poesia di Saba mira alla chiarezza e alla semplicità, non è preoccupata del mezzo espressivo in quanto tale, non ne usa le risorse per esibirsi in equilibrismi e in giochi gratuiti. Mira al massimo di «esattezza e di aderenza alla verità interiore», guarda al quotidiano, all'occasionale, al prosaico. Il suo lessico è fatto di parole semplici e comuni. In una poesia del *Canzoniere* Saba scrive: «Amai trite parole che non uno / osava. M'incantò la rima fiore / amore, / la più antica difficile del mondo». Nella sua poesia la distanza tra parola e cosa tende a ridursi allo zero; l'adozione va verso la parola più propria e comune. Se le sue prime poesie contengono qualche parola aulica in un giro dimesso o prosaico oppure qualche parola prosaica in un ritmo sostenuto, si tratta non di un fatto volontario, ma di un difetto che Saba denuncia.

Nella massima apertura del lessico (fino ad inserire brani di parlato, di dialetto, di gergo), «Saba sembra ridurre il vocabolario poetico al suo minimo comun denominatore basico, estraendone le voci più generiche e usuali (*amore, vita, cuore, anima, caro, bello, antico, nuovo* e simili), le quali acquistano valore di parole tematiche» capaci di «convertire un'esperienza personale in storia emblematica di tutti» (Mengaldo). Ma questa spinta lessicale semplice e dimessa è controbilanciata dalla sintassi ricca di figure (sono molte infatti le inversioni); così come il rischio di un ritmo troppo melodico e corrivo è evitato con frequenti sprezzature, che interrompono la liquidità del canto.

Fra tradizione e novità. Saba non è un rivoluzionario di metri e di forme poetiche. Usa frequentemente il sonetto, predilige l'endecasillabo. La sua riforma non rompe con la tradizione, ma imprime alle forme tradizionali una nuova personalità. In questo ha contato molto l'essere nato a Trieste. La nascita triestina fa di lui un periferico e un arretrato, a cui nessuno parla «di buoni o di cattivi autori». Nascere a Trieste nel 1883 — scrive Saba —, dal punto di vista culturale era come nascere altrove nel 1850. Ma da questo ritardo scaturisce l'originalità del poeta, che rifiuta per necessità e per istinto la novità ad ogni costo. Il suo apprendistato è vicino al Petrarca, al Parini lirico, vicinissimo a Leopardi; qualcosa deve a Carducci, a Pascoli e a D'Annunzio, anche se poi D'Annunzio, giudicato dei tre il più poeta, diventa presto l'esempio della deviazione e dell'errore: della disonestà letteraria più evidente.

La sua poesia è lontana un po' da tutti: dalle avanguardie, che non intende; dai crepuscolari, perché non c'è in lui la volontà di parodia e di stridori. La sua poetica non ha nulla da spartire con la poetica crepuscolare, che fa cozzare, come in Gozzano, aulico e prosaico per i suoi effetti di ironia e di ambigua allusività. Saba è lontano anche dall'Ermetismo, perché sostiene che «il mondo ha più bisogno di chiarezza che di oscurità». Inoltre se gli ermetici tendono all'analogia e all'abolizione del «come», in Saba accade l'esatto contrario: la similitudine è una costante del suo discorso poetico. Tra Ungaretti e Montale, si sente più vicino a Ungaretti, soprattutto per le poesie della guerra (e dunque le più vicine alla semplicità a cui aspira); meno a Montale che pure legge e che giudica soprattutto come formidabile «trovatore d'immagini». La poesia di Saba, nel suo ritardo, anticipa i tempi, e viene riconosciuta soprattutto dopo la seconda guerra mondiale. Le giova il fatto di non essere una lirica pura, ma di tendere all'epico e al narrativo. In essa ci sono fatti e figure in movimento.

IL CANZONIERE

Struttura. Il libro poetico di Saba è il *Canzoniere*. Il primo *Canzoniere* reca la data del 1921 ed è scandito nelle seguenti sezioni: *Poesie dell'adolescenza* (1900-1903), *Voci dai luoghi e dalle cose* (1904-1905), *Poesie fiorentine* (1905-1907), *Versi militari* (1907-1908), *Casa e campagna* (1912-1914), *Poesie scritte durante la guerra* (non datate), *Cose leggere e vaganti* (1920), *L'amorosa spina* (1921).

Via via che nascono negli anni altre poesie, il *Canzoniere* si arricchisce di nuove sezioni e modifica qualcosa dell'impianto precedente, poiché Saba, nonostante le dichiarazioni in contrario, ritorna su alcuni testi, li ritocca o riscrive, li colloca qualche volta in un ordine diverso. Il secondo *Canzoniere* esce nel 1945, il terzo nel 1948, il quarto nel 1951 e l'ultimo (il *Canzoniere* definitivo) nel 1961. Si tratta dunque del libro che costituisce l'intero itinerario della poesia di Saba.

Unità del «Canzoniere». Il poeta paragona la crescita del *Canzoniere* alla costruzione di una casa e la sua attività a quella del muratore. Scavando nel proprio sentimento e nel proprio dolore, scopre di avere scritto un libro unitario. Lo dice nella sua *Storia e cronistoria*, in cui sottolinea il rapporto stretto tra scavo del sentimento e traduzione in canto. Lavorando su questo rapporto Saba confessa di essersi trovato tra le mani un «libro bell'e fatto»: «E il libro, nato dalla vita, dal "romanzo" della vita era esso stesso, approssimativamente, un piccolo romanzo. Bastava lasciare alle poesie il loro ordine cronologico; non disturbare, con importune trasposizioni, lo spontaneo fluire e trasfigurarsi in poesia della vita. Per altri, forse, sarebbe stata una debolezza. Per Saba fu una forza».

Il *Canzoniere* è dunque un libro unitario, anche se nasce per successive aggiunte. La sua unità si fonda essenzialmente sull'unità che Saba stabilisce tra vita e poesia, tra poesia e romanzo, tra romanzo e canto. Vita non sta qui nel senso dannunziano di vita come letteratura né in quello ermetico di letteratura come vita. In Saba il rapporto è tutto diverso dall'uno e dall'altro riferimento. Vita qui sta come sentimento doloroso dell'esperienza, come autobiografia superata e trasfigurata nel canto: romanzo cantato o canto romanzato. Saba racconta in poesia se stesso e spreme dai suoi dissidi ogni possibile succo. Non canta soltanto i suoi sentimenti, ma ritrae figure e racconta fatti: o in singoli e appositi componimenti o attraverso i proprii sentimenti lirico-individuali. Se si pensa alla poetica frammentistica del periodo vociano oppure alla poetica ermetica, che abolisce ogni tendenza al descrittivo e al narrativo, si tratta di una notevole distanza.

L'unità del *Canzoniere*, per questa strada, acquisisce altre conferme. Dall'unità del rapporto costantemente lirico-narrativo di autobiografia e canto, scaturisce la ricerca del movimento che anima figure e cose, la sensualità con cui la vita è sofferta e goduta, l'epicità e la coralità in cui il poeta immerge il proprio destino, che vuole condividere con gli altri e che dalla vita degli altri si sente investito. Stilisticamente l'unità è data dall'aderenza degli strumenti linguistico-poetici a questo mondo; è data dal tono di canto semplice e nitido. Il poeta ricorda che il *Canzoniere*, se avessero prevalso in lui le ragioni polemiche, avrebbe potuto intitolarsi *Chiarezza*.

«Versi militari». Punto vero e proprio d'inizio del *Canzoniere* può essere considerata la sezione *Versi militari*. C'è in questi versi l'antiretorica della vita militare, ci sono le piccole preoccupazioni e i piccoli fatti di ragazzi inconsapevoli di miti patriottici, intenti a cose umili, a umili gesti, al gioco, al pensiero della fidanzata lontana. Nasce da qui il calore della comunità che Saba va cercando, l'accettazione di una realtà in cui ritrovare se stesso. Come dice in uno dei sonetti della sezione *Autobiografia*: «Me stesso ritrovai tra i miei soldati. / Nacque tra essi la mia Musa schietta».

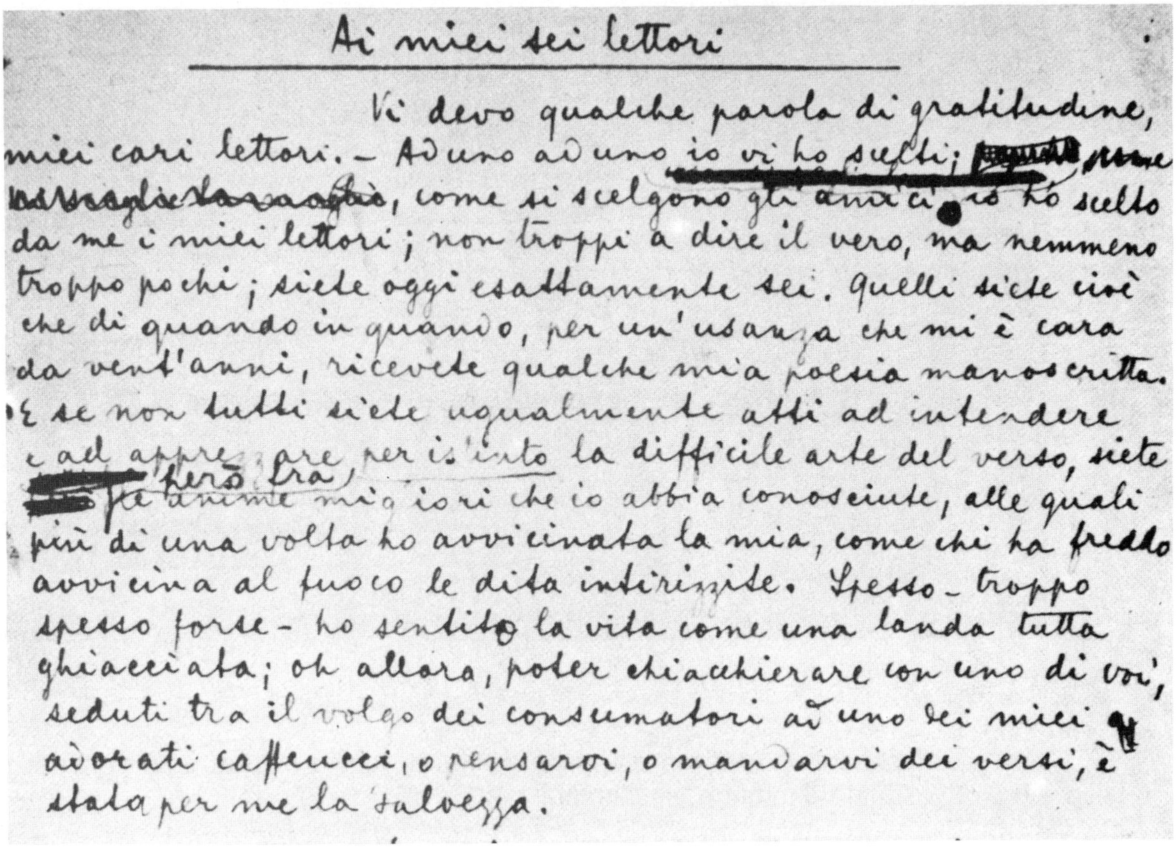

Ai miei sei lettori

Vi devo qualche parola di gratitudine, miei cari lettori. – Ad uno ad uno io vi ho scelti; [redacted], come si scelgono gli amici; io ho scelto da me i miei lettori; non troppi a dire il vero, ma nemmeno troppo pochi; siete oggi esattamente sei. Quelli siete cioè che di quando in quando, per un'usanza che mi è cara da vent'anni, ricevete qualche mia poesia manoscritta. E se non tutti siete ugualmente atti ad intendere e ad apprezzare, per istinto la difficile arte del verso, siete però tra [redacted] le anime migliori che io abbia conosciute, alle quali più di una volta ho avvicinata la mia, come chi ha freddo avvicina al fuoco le dita intirizzite. Spesso – troppo spesso forse – ho sentito la vita come una landa tutta ghiacciata; oh allora, poter chiacchierare con uno di voi, seduti tra il volgo dei consumatori ad uno dei miei adorati caffeucci, o pensarvi, o mandarvi dei versi, è stata per me la salvezza.

Frammento autografo dal *Canzoniere* di Saba. Trieste, Biblioteca civica S. Hortis.

Si prenda *Osteria fuori porta*: «Non un poeta, ero uno sperduto / che faceva il soldato, / guatandosi all'intorno l'affollato / mondo, stupito e muto; // che, come gli altri, in negro / vino il suo poco rame barattava, / che coi baci la mamma a lui mancava; / triste no, non allegro; // sì nella mente fitta / sola un'idea (recata / da un suon lontano): fosse la prescritta / ora trascorsa della ritirata». L'attacco «Non un poeta» sembra riprendere le tante e pur diverse professioni negative che si incontrano presso crepuscolari (Gozzano, Corazzini) o futuristi a mezzo servizio come Palazzeschi, ma il punto di distacco è subito chiaro perché ciò che là viene utilizzato in funzione di disagio esistenziale o di denuncia antiborghese, qui prelude a una dichiarazione di prossimità, di vicinanza («come gli altri»). È la prima espressione di un cammino che sfocia nella splendida (e domestica) fraternità della poesia *Il borgo*, contenuta nella sezione *Cuor morituro*: «Fu nelle vie di questo / Borgo che nuova cosa / m'avvenne. // Fu come un vano / sospiro / il desiderio improvviso d'uscire / di me stesso, di vivere la vita / di tutti, / d'essere come tutti / gli uomini di tutti / i giorni».

«Casa e campagna»; «Trieste e una donna». Dopo i *Versi militari* vengono le due sezioni *Casa e campagna* e *Trieste e una donna*, che formano insieme uno stretto vincolo tematico e psicologico. *Casa e campagna* è la poesia del libro aperto della creazione, la partecipazione alla vita non solo degli uomini ma delle piante e degli animali. Ne è l'esempio significativo la poesia *A mia moglie*. Con andamento di preghiera e quasi di litania, il poeta paragona la moglie alla pollastra, alla giovenca, alla cagna, alla coniglia, alla rondine e alla formica, traendo da ogni paragone immagini calde di senso e di comunione totale; ricche di memoria biblica. È la «calda vita» di una comunione che si ritrova nelle figure e nei luoghi di *Trieste e una donna*: la collina, le vie della città vecchia, i moli, la folla, la prostituta, il marinaio, il vecchio che bestemmia, «la femmina che bega», «la tumultuante giovane impazzita / d'amore». È ancora una volta, ritagliata nel caldo universo triestino, l'immersione nella vita di tutti, il necessario bagno di umiltà ritrovata: «Qui tra la gente che viene che va / dall'osteria alla

Saba a passeggio in una via di Trieste. Proprietà Linuccia Saba.

casa o al lupanare, / dove son merci ed uomini il detrito / di un gran porto di mare, / io ritrovo, passando, l'infinito / nell'umiltà».

«La serena disperazione». Con *La serena disperazione* siamo al dissidio che lo stesso titolo rivela, cercando di comporre due concetti o sentimenti contrari (ciò che in retorica si chiama ossimoro). Il poeta attraversa una fase di inquietudine e di ansia, riflette sul grave errore del nascere, sul sentimento della vita che resta estranea. Ci sono precise circostanze biografiche che come sempre accompagnano Saba in questa angoscia: la crisi della giovinezza e del matrimonio, l'ambiguità affettiva di cui il poeta soffre, la lontananza da Trieste (in questo periodo Saba è a Bologna) e anche un presentimento di guerra imminente. Ma nonostante ciò la disperazione è rasserenata dal canto, dalla capacità, nonostante tutto, di cantare. Se ne trova l'origine già in certi *Versi militari*, come ad esempio in *Intermezzo della prigione*: «Ora son solo, col letto / ch'è un tavolaccio, col vaso / dell'acqua. E la cella ha un aspetto / squallido, nudo, che quasi / viverci dentro è un diletto».

Qui troviamo in apertura la figura spiccata del «garzone con la carriola», che è la versione obbiettivata di un sentimento interiore, un invito a guardare oltre se stessi, a rallegrarsi di un animale, un gioco, una figura di gioia: «Spalanchi le finestre o scendi tu / tra la folla: vedrai che basta poco / a rallegrarti: un animale, un gioco, / o, vestito di blu, // un garzone con una carriola, / che a gran voce si tien la strada aperta, / e se appena in discesa trova un'erta / non corre più, ma vola». L'evidenza della scena non ha nulla del quadretto di genere, è così viva che sembra di vederla agire; è l'esatto contrario della morta fissità della stampa crepuscolare: la precisa traduzione della poetica di Saba, tutta movimento ed evidenza.

«Cose leggere e vaganti». Le *Poesie scritte durante la guerra* non appartengono al Saba migliore e rischiano di sembrare ripetitive rispetto ai *Versi militari*. Molto più vive sono le poesie delle sezioni del dopoguerra: *Cose leggere e vaganti*, *L'amorosa spina*, *Preludio e canzonette*, con cui si giunge al 1923. L'euforia del dopoguerra, la liberazione da un incubo e la vita che riprende costituiscono la spinta psicologica e storica sottesa soprattutto a *Cose leggere e vaganti*, in cui vibra un senso di leggerezza e d'aria. Ne è un po' l'emblema il *Ritratto della mia bambina*, in cui la bambina del poeta è paragonata alla «schiuma», che «sull'onde biancheggia», «a quella scia / ch'esce azzurra dai tetti e il vento sperde», e anche alle nubi, «insensibili nubi / che si fanno e disfanno in chiaro cielo» e inoltre «ad altre cose leggere e vaganti». Si tratta di un discorso poetico che si sviluppa come una favola. La sua leggerezza tuttavia non nasce mai disgiunta dalla pena e dal dramma: essa non va scambiata con l'inconsapevole superficie delle cose, perché spunta da una lunga decantazione interiore.

La memoria e la psicanalisi. La ricerca della leggerezza del vivere, al di là del dolore che la vita riserva, è una costante della poetica e della poesia di Saba. L'itinerario del *Canzoniere* è, nelle sue addizioni, un continuo risalire la china dell'angoscia e della depressione. Il progresso della storia del *Canzoniere,* che è il «canzoniere» della storia autobiografica di Saba, diventa il progresso di una saggezza esistenziale precisamente tradotta nell'ossimoro della «serena disperazione». Tra la saggezza di Svevo e la saggezza di Saba corre una semplice distanza di tono: l'ironia di Svevo è il canto di Saba. Il poeta, ad un punto della sua vita, tenta la strada della psicanalisi per curare le sue depressioni e in questo senso la fiducia terapeutica del mezzo è diversa dalla diffidenza sveviana. Ma anche a Saba non ne deriva la soluzione del male e il poeta stesso osserva in proposito che, se fosse completamente guarito, non avrebbe più scritto poesie perché «non avrebbe più avuto bisogno di scriverne». Le sue poesie nascono infatti, come si è visto, da una profonda sorgente di dolore. Dalla cura intrapresa e dallo scavo psicanalitico dell'infanzia scaturisce la sezione *Il piccolo Berto* (1929-1931), che introduce Saba nel mondo della memoria.

«Autobiografia»; «Cuor morituro». Si tratta però anche qui di un accostamento progressivo, perché già almeno due delle sezioni che precedono *Il piccolo Berto* si avvicinano al mondo della memoria: *Autobiografia* (1924) e *Cuor morituro* (1925-1930). Nei quindici sonetti dell'*Autobiografia* Saba concentra le fasi salienti della sua vita di uomo e di poeta: dopo una sorta di autoritratto morale introduttivo, vengono la nascita, il trauma del padre che lo ha abbandonato, ma a cui il poeta dice di assomigliare; l'infanzia, l'adolescenza, l'amicizia, l'amore, il dolore dei vent'anni, la capacità di risalita e di gioco, le esperienze letterarie, la vita militare, l'umano amore di Lina (la moglie) e di Trieste, le raccolte poetiche, la guerra, la libreria antiquaria e questa limpida quartina: «Vive in quell'aria tranquillo un poeta. / Dei morti in quel vivente lapidario / la sua opera compie, onesta e lieta, / d'Amor pensoso, ignoto e solitario». In *Cuor morituro* c'è soprattutto un ritorno alle cose dell'infanzia, vista, come Saba annota, «invece che all'aurora, al tramonto». Si tratta di cose sature di tempo, che parlano al poeta con voce irresistibile: un seguito di episodi intensamente rivissuti e cantati, che prenderanno nella sezione *Il piccolo Berto* un più preciso orientamento psicanalitico di scavo alle radici del male e della sofferenza.

Saba dopo la psicanalisi. Non è più il caso di passare in rassegna ogni altra successiva sezione del *Canzoniere*. Basterà osservare che da *Cuor morituro* in poi, ma soprattutto a partire da *Il piccolo Berto* per arrivare alle sezioni fondamentali di *Parole, Ultime cose* e *Mediterranee,* c'è nel *Canzoniere* un felice illimpidirsi psicologico e formale. La poesia di Saba non perde i suoi caratteri di linguaggio semplice e chiaro, ma la parola assume per se stessa un valore più marcato; sempre meno si trovano parole arcaiche o tronche, sempre meno si avvertono i dissidi di ritmo e di tono che Saba stesso addebita all'imperizia giovanile; sempre più la parola prende corpo. Con *Parole* Saba sostiene di aver inaugurato una «nuova giovanezza»: «una grande chiarificazione interna, alla quale risponde un uguale illimpidimento di forma». Ancora una volta, per sottolineare il passaggio ci si può servire delle chiare parole del poeta, prendendole sempre dalla *Storia e cronistoria del Canzoniere*: «Con *Parole* prima, con *Ultime cose* poi, Saba abbandona del tutto la sua vena narrativa, che tanto, e tanto a torto, aveva disturbato i suoi critici. Saba vecchio avrà meno cose da narrare (almeno in versi), e più da cantare. Saba di *Parole* e di *Ultime cose* si presenta al nostro giudizio come "un lirico puro"». L'affermazione va presa con beneficio di inventario perché la narratività della poesia di Saba non viene meno mai, ma può servire a caratterizzare i due tempi del *Canzoniere*: due diverse stagioni che non rompono affatto la sua meravigliosa unità complessiva.

GIUSEPPE UNGARETTI

LA VITA E L'AMBIENTE

Giuseppe Ungaretti.

Giuseppe Ungaretti nasce il 10 febbraio 1888 ad Alessandria d'Egitto. Il padre vi si è trasferito dalla Lucchesia con la famiglia, trovando lavoro come sterratore allo scavo del canale di Suez. Giovanissimo, Ungaretti conosce lo scrittore Enrico Pea che ad Alessandria commercia in marmi e legnami. Fa le sue prime scoperte letterarie (Baudelaire, Mallarmé, Nietzsche, ma subito anche Leopardi) e scrive i primi versi. Nel 1912 lascia l'Egitto e si stabilisce a Parigi dove frequenta i corsi al College de France e alla Sorbona (segue le lezioni di Bergson); soprattutto entra in contatto con Apollinaire e con i maggiori esponenti delle avanguardie artistiche. A Parigi conosce anche Papini, Soffici, Palazzeschi, e ricorderà poi scrivendo a Soffici: «Quanto nel cuore mi si innalza la nostra vita di Parigi, dove la fraternità era così schietta e semplice; dove tutto aveva un carattere di disinvoltura e d'onestà». È invitato a collaborare a "Lacerba", dove pubblica le sue prime poesie sul numero del 7 febbraio 1915. Fa la guerra come soldato semplice, sul Carso, maturando i primi gridi d'uomo e il suo primo vero esordio poetico. Ancora a Soffici scrive: «Se sono così malconcio anche nell'essenziale, varrebbe la pena d'avere il coraggio di andarsene finalmente nel silenzio». In guerra nasce *Il porto sepolto,* titolo che allude a ciò che nell'animo umano resta indecifrabile e segreto. Il libro viene stampato nel 1916 da un giovane ufficiale, Ettore Serra, estimatore della poesia di Ungaretti.

Dopo la guerra il poeta è di nuovo a Parigi, dove pubblica *La guerre,* un volumetto di versi in francese e prepara la pubblicazione di *Allegria di naufragi,* che comprende anche *Il porto sepolto* e che è destinato ad un lunghissimo travaglio stilistico. Cambiato anche il titolo in *L'Allegria,* esso sarà concluso soltanto nell'edizione definitiva del 1942. Nel 1920 Ungaretti si trasferisce a Roma dove lavora presso il Ministero degli Esteri e vi resta fino al 1936, quando si reca a San Paolo del Brasile per insegnare Lingua e letteratura italiana all'Università. A Roma prepara il suo secondo libro, *Sentimento del tempo,* che esce nel 1933 ed è destinato anch'esso a lunghe revisioni e rifacimenti, fino all'edizione definitiva del 1943. Inoltre tiene conferenze, compie dei viaggi come inviato per la "Gazzetta del Popolo" di Torino, traduce molti poeti (un suo volume di *Traduzioni* da Saint-John Perse a Blake, Góngora, Esenin, Paulhan esce nel 1936).

Dopo l'esperienza brasiliana, segnata dalla dolorosa vicenda della morte del figlio Antonietto, nel 1942 Ungaretti torna a Roma, dove è nominato «per chiara fama» professore di Letteratura italiana contemporanea. È l'anno in cui inizia la pubblicazione di tutte le sue opere sotto il titolo generale di *Vita d'un uomo.* Intanto traduce Shakespeare, ancora Góngora, Mallarmé e prepara *Il dolore,* il libro poetico scaturito dal ricordo della morte del figlio, che esce nel 1947. Le raccolte successive sono *La terra promessa* (1950) e *Il taccuino del vecchio* (1960): quest'ultimo raccoglie le poesie scritte dopo il 1952. In prosa escono, con altre cose, i suoi scritti di viaggio sotto il titolo *Il deserto e dopo* (1961). Ungaretti muore a Milano nella notte tra il 1° e il 2 giugno 1970.

L'ALLEGRIA

Inquietudine sperimentale. Il primo vero libro poetico di Ungaretti è *Allegria di naufragi*, pubblicato nel 1919. *Il porto sepolto*, la raccoltina pubblicata da Ettore Serra in soli ottanta esemplari nel 1916 può esserne considerata il primo nucleo. Nel 1923, pubblicando una nuova edizione di *Allegria di naufragi*, Ungaretti riprende il titolo della prima raccoltina e intitola l'intera raccolta *Il porto sepolto*. Ma nell'edizione del 1931 il titolo cambia ancora: diventa *L'Allegria* e resta poi tale nella successiva edizione del 1936 e in quella definitiva del 1942. L'inquietudine sperimentale di Ungaretti è il primo dato della sua poesia. Essa si esercita in un lungo assillo di andate e di ritorni sui testi, che rielabora, riprende, varia; a cui può dare nuovi assetti metrici e ritmici, togliere o restituire una lezione, stimolando l'interesse della critica più attenta all'interno dinamismo del farsi dell'opera: quella che viene chiamata la critica delle «varianti» e che Benedetto Croce chiamava spregiativamente «degli scartafacci».

Biografia e poesia: tra Ungaretti e Saba. L'inquietudine stilistica corrisponde al secondo dato caratteristico di Ungaretti: la varietà delle esperienze culturali e biografiche. La cultura di Ungaretti resta sempre un po' nomade e avventurosa, curiosa di molte esperienze, ma anche esposta a non poche contraddizioni. La più seria è forse quella di una poesia che non riesce a comporsi nell' «unità autobiografica» (Fortini) a cui aspira. Nel raccogliere tutte le sue poesie Ungaretti intitolò infatti la sua opera definitiva *Vita d'un uomo* (1969) e il poeta stesso ha affermato: «non conosco sognare poetico che non sia fondato sulla mia esperienza diretta». Ma è una situazione ben diversa da quella che segna il *Canzoniere* di Saba. Mentre nel *Canzoniere* scorre il senso della vita come flusso unitario, che sa ricostruire gli strappi e sa guardarsi con dolorosa ma compatta saggezza, *Vita d'un uomo* è piuttosto un organismo che giustappone a posteriori le «fasi emblematiche dell'esistenza» (Mengaldo). Il *Canzoniere* nasce già intero e compiuto fin dal suo primo apparire nel 1921 e le aggiunte successive entrano perfettamente in un meccanismo solido e impiantato; *Vita d'un uomo* è un'etichetta apposta all'opera quando essa è conclusa. Il *Canzoniere* nasce, per così dire, a priori, *Vita d'un uomo* a posteriori. C'è infine un terzo dato che va preso in considerazione ed è lo spaesamento. Ungaretti nasce in Egitto e si educa a Parigi, ma tende costantemente a radicarsi in Italia. Il suo stesso interventismo e il suo fascismo altro non sarebbero se non un voler «farsi e sentirsi per tutta la vita sempre più italiano» (Antonielli).

«L'Allegria». È il libro che meglio combina le tensioni. Nonostante gli inizi di "Lacerba", dove esordisce con poesie fatte «secondo il gusto dei crepuscolari e degli ironisti», che fanno pensare a tratti «a un Palazzeschi ora più timido ora più sfrenato» (G. De Robertis), la nascita egiziana gli dà in sorte di non dovere fare i conti «con l'uno o con l'altro dei filoni poetici disponibili» (Piccioni). Inoltre il tirocinio d'avanguardia a Parigi lo preserva dalle timidezze: al punto che l'itinerario poetico di Ungaretti non consiste nello scrollarsi di dosso una tradizione, ma invece nel cercare di darsene una (ed è quanto accade con il secondo libro, *Sentimento del tempo*). Per ora l'immersione avviene nella guerra: il suo radicamento di «italiano» passa di lì. Si legga *Italia*: «Locvizza l'1 ottobre 1916 // Sono un poeta / un grido unanime / sono un grumo di sogni // Sono un frutto / d'innumerevoli contrasti d'innesti / maturato in una serra // Ma il tuo popolo è portato / dalla stessa terra / che mi porta / Italia // E in questa uniforme / di tuo soldato / mi riposo / come fosse la culla / di mio padre».

L'esordio è senza esitazioni. In quel «sono un poeta» si può cogliere subito la precisa ragione di Ungaretti. La comune umanità che Saba trova ad esempio in *Osteria fuori porta* e con cui inizia il suo cammino di uomo tra gli uomini, passa attraverso una negazione («Non un poeta, ero uno sperduto / che faceva il soldato»), anche se si tratta pur sempre di una negazione diversissima da quelle di molti crepuscolari. In Ungaretti invece prevale la consapevolezza dichiarativa del ruolo. La vita militare (nella fattispecie la vita di guerra) rinnova un contatto perduto, che viene espresso con prosciugata scansione metrica. Si badi a come certe parole di uso fortemente retorico, dati i tempi, vengano restituite per virtù poetica ad una loro vergine semplicità. La parola «popolo» ne esce pulita; la parola «Italia», pur così spiccata nel verso che occupa da sola, è detta senza enfasi e quasi con pudore: come una scoperta essenziale di origini e di radici. Altre volte invece il lessico ungarettiano può toccare vertici espressionistici, quando la parola per se stessa sembra percossa e trapassata da vibrazioni che corrono ai limiti dell'onomatopea. Per non fare che casi estremi, si prenda *Veglia*: «Cima Quattro il 23 dicembre 1915 // Un'intera nottata / buttato vicino / a un compagno / massacrato / con la sua bocca / digrignata / volta al plenilunio / con la congestione / delle sue mani / penetrata / nel mio silenzio». Oppure si veda ancora *In dormiveglia*: «Valloncello di Cima Quattro il 6 agosto 1916 // Assisto la notte violentata // L'aria è crivellata / come una trina / dalle schioppettate / degli uomini / ritratti / nelle trincee / come le lumache nel loro guscio // Mi pare / che un affannato / nugolo di scalpellini / batta il lastricato / di pietra di lava / delle mie strade / ed io l'ascolti / non vedendo / in dormiveglia».

Caratteri dell'«Allegria». La guerra prosciuga i rapporti, li riduce ad un'essenza che la parola nuda insegue e fissa nella sillabazione del momento e resta impregnata dell'occasione da cui è scaturita, fissata fino all'estrema determinazione di luogo e di tempo: Locvizza il 30 settembre 1916; Mariano il 29 giugno 1916; Cima Quattro il 22 dicembre 1915; Cima Quattro il 23 dicembre 1915 ecc. Anche la natura del Carso sembra congiurare a una resa di scavatissima espressività. Ma il procedimento non ha nulla da spartire con l'Ermetismo. Qui l'espressione è dettata da una realtà immediata e contingente, che esaurisce tutto nella sua presenza e nella sua tragicità. La natura è cruda, il rapporto tra uomo e natura terribile, le parole sono laconiche, il linguaggio esprime la realtà in un modo essenziale. La metrica dell'*Allegria* è scarna e scabra; sono piccoli versi frantumati all'estremo, addirittura formati con parole di due sillabe o di una sola (come «di», «sto», «poi»), distanti dalla tradizione immediata, dalla metrica esatta e dal verso lungo e lineare.

Autografo di Ungaretti da *L'allegria*.

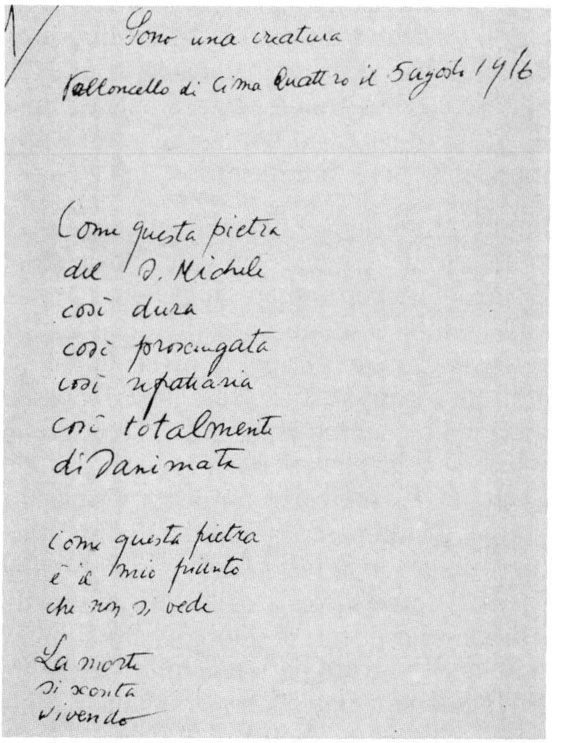

La parola. Se *L'Allegria* si caratterizza per l'infrazione della norma e per la frantumazione metrica (il verso che si spezza fino alla sillabazione di singoli suoni, la strofa che si riduce spesso alla misura di una proposizione), tutto è subordinato alla forza intensiva della parola. Si legga *In memoria*, la poesia che fu scritta per la morte dell'amico suicida Moammed Sceab; si leggano *I fiumi*, *Dolina notturna*, *Girovago* o, per la poetica, *Commiato*. In *Commiato* c'è tutta la prima poetica di Ungaretti: «Locvizza il 2 ottobre 1916 // Gentile / Ettore Serra / poesia / è il mondo l'umanità / la propria vita / fioriti dalla parola / la limpida meraviglia / di un delirante fermento // Quando trovo / in questo mio silenzio / una parola / scavata è nella mia vita / come un abisso».

Nella prefazione all'*Allegria di naufragi* (l'edizione del 1919), tracciando un brevissimo profilo della sua poesia, dalle preziosità dei simbolisti alle rozze forme dell'arte primitiva, Ungaretti parla di stupore contemplativo e della parola con cui cerca di farsi intimo agli elementi, restituendone l'esatta e prosciugata intensità. Le pause, gli stacchi, i silenzi non sono meno decisivi della parola stessa: la parola prende rilievo dalla loro presenza e il testo così appoggiato alla dizione e all'intonazione assume un profondo senso teatrale. Il poeta scrive: «Nella scelta, nell'impiego e nella quantità delle parole, uomo più o meno responsabile, si svela il poeta [...]. Siccome ripugno da farisei, da parassiti e da neofiti, ugualmente mi riputerei avvilito se a questo lavoro si credesse io abbia voluto attribuire altra importanza che di onestà». Nella diversità dei risultati anche per Ungaretti, come già per Saba e come poi per Montale, non resta da fare che la poesia decente e onesta. Non è un caso dunque che a Saba piacesse soprattutto questo primo Ungaretti della guerra. In esso scopriva un'affinità, un senso fraterno delle parole e delle cose.

SENTIMENTO DEL TEMPO

Il ritorno all'ordine. Alla fase elementare e sperimentale dell'*Allegria*, alla tecnica sillabata della parola, subentra in Ungaretti la fase del ritorno all'ordine. È una spinta che appartiene a molta cultura italiana del tempo. "La Ronda" ne costituisce l'aspetto preminente, ma sono molti gli scrittori che dopo lo sperimentalismo di anteguerra meditano sulla necessità di una restaurazione formale e spesso anche esistenziale. (Sul piano politico-istituzionale la spinta all'ordine porta al consolidamento del regime fascista).

Nel caso di Ungaretti non si tratta di una meccanica adesione ad una parola d'ordine. Già si è visto come nel poeta abbia agito, per ragioni biografiche e culturali, l'urgenza di un radicamento. Ora Ungaretti può pensare di vivere questa sua esigenza attraverso un recupero della tradizione poetica, mentre prima essa è passata attraverso l'occasione patriottica della guerra. In *Ragioni di una poesia* (1949) è lo stesso poeta a ricordare: «Le mie preoccupazioni in quei primi anni del dopoguerra — e non mancavano circostanze esterne a farmi premura — erano tutte tese a ritrovare un ordine, un ordine anche, essendo il mio mestiere quello della poesia, nel campo dove, per vocazione, mi trovo più direttamente compromesso». Ungaretti rilegge i poeti che cantano. In Jacopone, in Dante, in Petrarca, in Guittone, in Tasso, in Leopardi cerca il canto. Come ancora scrive, proseguendo il suo discorso sulle «ragioni di una poesia», «era il canto della lingua italiana che cercavo nella sua costanza attraverso i secoli, attraverso voci così numerose e così diverse di timbro e così gelose della propria novità e così singolari ciascuna nell'esprimere pensieri e sentimenti: era il battito del cuore dei miei maggiori di una terra disperatamente amata».

Circostanze biografiche e culturali. Negli anni in cui si forma *Sentimento del tempo* (dal 1919 al 1935) Ungaretti è a Roma. Proprio nel paesaggio di Roma il poeta scopre la tradizione: il tempo al di là del tempo, l'eternità che scavalca l'immagine immediata ed è, per così dire, perennemente in agguato dietro ruderi e stili, memoria della sua storia e della caducità delle cose. Lo sguardo passa dal paesaggio scabro del Carso, tutto imminente e stringente, vergine d'arte e di storia, alla prospettiva completamente diversa del paesaggio romano: un paesaggio ricco di echi e di memoria che trova nella Roma barocca, vista attraverso l'allucinata atmosfera dell'estate, il massimo della sua evidenza. La densità dei tempi e della storia, che è documentata dal sovrapporsi dei prodotti d'arte e dai ruderi antichi, conduce a due sentimenti ambivalenti: a un sentimento di potenza, che emana soprattutto dalla ricchezza ridondante del barocco, fissato nel culmine violento dell'estate romana, e a un sentimento di vuoto, dovuto alla riflessione sulla precarietà del destino dell'uomo.

Da questo vuoto scaturisce un orrore di solitudine e di morte, che acumina il desiderio di assoluto e di Dio. Non a caso il ritorno all'ordine di *Sentimento del tempo* corrisponde alla conversione religiosa del poeta. Essa non si manifesta con gesti clamorosi, ma si consuma in un'esigenza di innocenza e di sogno senza colpa. I temi fondamentali della nuova raccolta diventano così il tempo e la memoria, l'eterno e Dio, l'innocenza e il mito.

Tradizione e autonomia poetica. Anche se nel profondo *Sentimento del tempo* resta legato alla «prosodia libera e discontinua dell'*Allegria*» (Mengaldo), vi predominano però le ragioni del ritmo e del canto. La parola s'incorpora nel verso e ne dipende molto più di prima; ritorna la punteggiatura che nell'*Allegria* era stata abolita, la scansione sintattica non poggia più sui versi brevi o sulle strofe, al limite, di una sola proposizione, ma si dispone in un flusso più esteso, su misure metriche tradizionali (soprattutto endecasillabi e settenari sull'esempio di Petrarca e Leopardi), la rima ricompare, il verso inizia con la lettera maiuscola a significare la nuova dignità ritrovata. Anche il lessico, che tocca nell'*Allegria* punte espressionistiche, nel *Sentimento del tempo* tende ad un vocabolario scelto, persino aulico, sfumato, classicamente autenticato. La nuova ansia di purezza lirica e di canto tocca risultati a tratti mirabili. I ritorni di lettere e di suoni, le possibilità musicali del verso vengono ad assumere una funzione che non è più soltanto quella di aderire ai significati, ma diventano il risultato di un disegno poetico autonomo: la poesia cioè assume significato per se stessa; le sole risorse musicali del verso bastano a creare un'atmosfera di grande suggestione.

Mentre acquista in questa direzione, il nuovo libro poetico di Ungaretti perde però il contatto vibrante con la biografia, tipica del primo. Non esprime più il «grido unanime» del poeta, ma ne distilla i brividi esistenziali sull'orlo dell'inesprimibile. Le coppie oppositive che percorrono tutta la poesia ungarettiana esprimono qui con maggiore intensità un'inquietudine ontologica, un respiro religioso. Amore-dolore, vita-morte, cadùco-perenne, buio-luce prendono un andamento quasi privo di consistenza fisica, hanno un passo scorporato e sublime, che è anche quello a cui la poesia dell'Ermetismo ha guardato con più attenzione. Un esempio notevole è il componimento *L'isola*. Esso fa parte della sezione *La fine di Crono*, che già preannuncia l'Ungaretti mitografico della *Terra promessa*.

LE ALTRE RACCOLTE

«Il Dolore». *L'Allegria* e *Sentimento del tempo* arrivano al 1933; poi viene *La terra promessa*. In mezzo c'è l'esperienza terribile del *Dolore*, che nasce dall'improvvisa incursione di una realtà brutale: la morte del figlio e la seconda guerra mondiale. *Il dolore* inserisce nelle misure ritrovate del metro e del ritmo un contenuto che in *Sentimento del tempo* viene liricamente risolto nel canto e visivamente sciolto in un'atmosfera di fantasmi mitici e di sogno. Il contenuto recupera insomma tutta la sua evidenza ma non smentisce l'ordine stilistico raggiunto. Le sezioni del libro sono: *Tutto ho perduto, Giorno per giorno, Il tempo è muto, Roma occupata, I ricordi.* Nella sezione *Giorno per giorno* vibra il dolore profondo per la morte del figlio Antonietto: domande allarmate, straziate esclamazioni d'amore, il presentimento di una vita che ormai volge al suo autunno; una voce d'anima che evoca la sua presenza viva nonostante la morte e che già nella sezione *Il tempo è muto* si trasforma in simbolo di fragilità e di grazia sconfitta dalla dura cecità dell'uomo.

Anche la guerra infatti è al suo culmine. Esperienza personale ed esperienza della guerra si mescolano in un unico «dolore». Il contenuto di questa poesia è tutto intriso di angoscia e di tormento: singhiozzi e rantoli agghiacciano le case, anche se la speranza non muore e di essa ancora il poeta si accende risalendo, come dice nel componimento *Defunti su mon-*

Giuseppe Ungaretti in una caricatura eseguita da Mario Vellani Marchi per il premio di poesia S. Babila nel 1948. Milano, Coll. Bagutta.

tagne, «da pertinaci fumi». *Il dolore* dunque riempie di contenuto elegiaco gli «schemi della recuperata retorica» (Contini), ma non li rimette in discussione e *La terra promessa* può fare il suo cammino, che tuttavia resta incompiuto.

«La Terra Promessa» e ultime raccolte. *La terra promessa* è un libro di frammenti scritto in epoche diverse tra il 1935 e il 1950. Esso riprende la vocazione mitica di *Sentimento del tempo*. Lo spunto risale agli anni Trenta, in seguito ad un viaggio ai luoghi virgiliani, da Cuma a Palinuro, che Ungaretti racconta nel suo primo libro di prose, *Il povero nella città* (1949). In *Sentimento del tempo* la realtà viene considerata nel suo valore storico, ma nello stesso tempo dalla natura si risale al mito. Nella *Terra promessa* il mito costituisce il punto di partenza e la poesia tende a farsi metafisica, a riflettere sulle condizioni dell'uomo nell'universo. Come scrive Ungaretti, a indagare «sulle sue profonde aspirazioni, sulla sua sostanza di essere universale e sul suo costante fallire che si rinnova ogni giorno con una medesima morte e una medesima aurora».

Le opere successive di Ungaretti sono raccolte cronologiche e tematiche, che non hanno più l'unità delle raccolte precedenti o non aspirano ad averla. Le più notevoli sono *Un grido e paesaggi* (1952) e *Il taccuino del vecchio* (1960). Della prima raccolta si può ricordare almeno il componimento *Gridasti: Soffoco,* che è la straziata rievocazione dell'agonia del figlio. Della seconda la sezione più importante è costituita dai ventisette frammenti intitolati *Ultimi cori per la terra promessa*. Ormai distaccati da ogni disegno organico essi vengono dati nella loro veste di frammenti sapienzali, di senile consapevolezza. Si legga il frammento 27: «L'amore più non è quella tempesta / Che nel notturno abbaglio / Ancora mi avvinceva poco fa / Tra l'insonnia e le smanie, // Balugina da un faro / Verso cui va tranquillo / Il vecchio capitano».

EUGENIO MONTALE

LA VITA E L'AMBIENTE

Eugenio Montale (Farabolafoto).

La prima formazione. Eugenio Montale nasce a Genova il 12 ottobre 1896, ultimo di cinque figli di una famiglia dedita al commercio (il padre gestisce una ditta per l'importazione dell'acquaragia, resine e prodotti chimici). Di sé e della sua crescita irresoluta, divisa tra Genova e Monterosso, dove i Montale hanno una villa, il poeta racconta: «Figlio minore di padre vedovo, alquanto malescente fin dall'infanzia e ricco di imprecisabili vocazioni extra-commerciali, io ero giunto a quindici e poi a venti e poi a venticinque anni senza aver preso una decisione». Interrotti gli studi alla terza tecnica, prende a leggere per conto suo ed ha i primi consigli di lettura dalla sorella Marianna, che compie studi classici. Nel 1915 inizia a studiare canto privatamente con il baritono Ernesto Sivori, e la musica resterà sempre tra le sue passioni (dopo la seconda guerra farà anche il critico musicale per il "Corriere d'Informazione", l'edizione pomeridiana del "Corriere della Sera"). Ma lo studio del canto dura pochi mesi perché Sivori muore e Montale deve rispondere alla chiamata militare.

A Genova. Fa la guerra nella Vallarsa (e ne resta il ricordo in qualche verso). Poi, dopo la guerra, ritorna a Genova dove, frequentando il caffè «Diana» in Galleria Mazzini, stringe amicizia con alcuni poeti liguri più congeniali come Angelo Barile, Adriano Grande e soprattutto Camillo Sbarbaro. Intanto continua le sue letture: Croce, i filosofi antipositivisti come Bergson e soprattutto Boutroux, i classici, i poeti simbolisti e anche i liguri: da Boine a Ceccardo Roccatagliata Ceccardi a Gaspare Invrea (Remigio Zena). Nell'inverno del 1923-'24 conosce a Genova Piero Gobetti, e Bobi Bazlen gli parla per la prima volta di Svevo. L'anno precedente ha pubblicato le sue prime poesie (*Riviere* e *Accordi*) sulla rivista torinese "Primo Tempo". Intanto collabora al gobettiano "Baretti": vi pubblica il saggio *Stile e tradizione*, che costituisce la prima autentica sortita di poetica. In esso scrive: «Lo stile, il famoso stile totale che non ci hanno dato i poeti dell'ultima illustre triade, malati di furori giacobini, superomismo, messianesimo e altre bacature, ci potrà forse venire da disincantati savi e avveduti, coscienti dei limiti e amanti in umiltà dell'arte loro più che del rifar la gente. In tempi che sembrano contrassegnati dall'immediata utilizzazione della cultura, del polemismo e delle diatribe, la salute è forse nel lavoro inutile e inosservato: lo stile ci verrà dal buon costume». In questo stesso anno (1925) escono nelle edizioni gobettiane gli *Ossi di seppia*.

A Firenze. Nel 1927 Montale lascia Genova per Firenze, dove si impiega presso la casa editrice Bemporad e poi ottiene (nel 1929) il posto di direttore del «Gabinetto Vieusseux» lasciato vacante da Bonaventura Tecchi. A Firenze frequenta gli intellettuali e gli scrittori del gruppo di "Solaria" e al caffè delle «Giubbe Rosse» stringe nuove amicizie: Alessandro Bonsanti, Bonaventura Tecchi, Piero Bigongiari, Alessandro Parronchi, Arturo Loria, il giovane Elio Vittorini, di cui scrive a Quasimodo: «È un ragazzo di grande sensibilità; solo deve fare le ossa e imparare a vivere». Costretto nel 1938 a dimettersi dall'incarico al «Vieusseux» perché privo della tessera fascista, si adatta a fare il lavoro di traduttore e, tra l'altro, collabora alla storica antologia *Americana* di Vittorini. Nel 1939 escono *Le occasioni,* il suo secondo libro poetico. Negli anni della guerra Montale scrive alcune poesie che vengono portate clandestinamente a Lugano dal critico Gianfranco Contini, allora insegnante all'università di Friburgo, e stampate con il titolo *Finisterre* dall'avvocato ticinese Pino Bernasconi.

A Milano. Nel dopoguerra partecipa attivamente alla vita pubblica e fa parte del comitato per la cultura e l'arte nominato dal Comitato di Liberazione Nazionale. Trasferitosi a Milano nel 1948, s'impegna nel giornalismo, che diventa la sua occupazione professionale. Collabora al "Corriere della Sera" con critiche, recensioni, ricordi. I ricordi sono in parte raccolti nel volume *Farfalla di Dinard* (1956), che Montale definisce il suo «romanzo autobiografico». Nel 1956 esce il terzo libro poetico *La bufera e altro* e da questo punto in poi la vita di Montale è sempre più scandita dalle circostanze editoriali dei suoi libri. Nel 1963 muore la moglie e qualche mese dopo nasce il primo degli *Xenia,* che entreranno nel quarto volume poetico: *Satura* (1971). Dopo *Satura* escono ancora il *Diario del '71 e del '72* (1973), il *Quaderno di quattro anni* (1977) e *Altri versi* (1980). Le ultime date biografiche da ricordare sono il 1967 (la nomina a senatore a vita) e il 1975 (il premio Nobel). Montale muore a Milano il 12 settembre 1981.

OSSI DI SEPPIA

Gli esordi. Montale esordisce su "Primo Tempo" il 15 giugno 1922. Pubblica *Riviere* e *Accordi,* un poemetto che si compone di alcuni movimenti (*Violini, Violoncelli, Contrabbasso, Flauto-Fagotto, Oboe, Corno inglese, Ottoni*). Sia *Riviere* sia *Accordi* sono due importanti luoghi di osservazione per gli esordi della poesia di Montale.

In *Riviere* ci sono i segni di un dannunzianesimo già attraversato e in proposito sarà lo stesso Montale a dire trent'anni dopo: «D'Annunzio nella recente tradizione italiana è un poco come Hugo nella sua posterità francese, da Baudelaire in giù: è presente in tutti perché ha sperimentato o sfiorato tutte le possibilità linguistiche e prosodiche del nostro tempo. In questo senso non aver appreso nulla da lui sarebbe un pessimo segno».

In *Accordi* c'è l'incontro con la poesia simbolista e con la ricerca musicale propria al Simbolismo, evidente nella stessa pretesa di imitare gli strumenti musicali. C'è però subito da osservare che specialmente in *Corno inglese* la musica non ha già più una semplice funzione decorativa, di pura imitazione esteriore.

Sia in *Riviere* sia in *Corno inglese* ci sono cospicui tratti di maturità. Soprattutto in *Corno inglese* c'è la tensione drammatica «tra l'impeto vitale che sconvolge la natura e l'inerzia che intorpidisce il cuore» (Bonora); in *Riviere* c'è un secco e scabro paesaggio e, pur con debiti dannunziani, il linguaggio già tipicamente montaliano impastato di neologismi tratti spesso dal dialetto, di parole inventate, di lessico arcaico.

L'influenza di Sbarbaro e del Crepuscolarismo. Negli *Ossi di seppia* Montale viene scontando un doppio debito. Per un verso il debito riguarda i poeti dell'immediata tradizione ligure, ai quali il poeta si può apparentare sia per il paesaggio di agavi e di roccia, sia per il tentativo di far corrispondere a questo paesaggio il senso di un esistere doloroso e spoglio: una sorta di correlativo esistenziale. Già nello Sbarbaro di *Pianissimo* troviamo l'idea dell'essere «fuori della vita», l'immagine della «cosa inanimata» e la «condanna d'esistere». Il secondo debito riguarda Gozzano e il Crepuscolarismo, a cui Montale può essere legato per la cosiddetta «poesia delle cose» e per la forte esigenza di reagire alla retorica. Ma anche qui, specie dai crepuscolari, il distacco è più forte del legame: è un semplice punto di partenza.

Si legga *I limoni,* la lirica che più spesso è stata assunta come immagine della poetica di Montale e che apre non a caso, subito dopo il componimento *In limine,* gli *Ossi di seppia.* Qui le «strade che riescono agli erbosi / fossi», le «pozzanghere / mezzo seccate», le «viuzze che seguono i ciglioni» vengono opposte al paesaggio aulico e illustre dei «poeti laureati», che parlano di piante nobili come i «bossi», i «ligustri», gli «acanti». Ma sono anche opposte alle immagini e agli scenari laccati che ad esempio Gozzano ritrae in fissità di cartolina: si pensi al suo Canavese «non vero (e bello) come in uno smalto» nel poemetto *La signorina Felicita.* Inoltre c'è un atteggiamento nuovo e tipicamente montaliano: il fare poesia riflettendo sulla poesia nel suo farsi, la meditazione sul senso e sulle possibilità della parola, che non arriva mai a dar conto di una realtà inesplicabile (ne è uno dei momenti più acuti l'ottavo movimento del poemetto *Mediterraneo*).

La filosofia del contingentismo. Anche il legame di Montale (raccontato da Montale stesso) con la filosofia antipositivistica francese, e specialmente di Boutroux, va inteso. Esso deve essere limitato a un periodo preciso della formazione poetica di Montale (al Montale giovane dei primi *Ossi*), anche se proietta su tutto Montale una luce duratura. Svincolando l'universo dalla catena deterministica della causalità (il rapporto causa-effetto dei positivisti), viene superata anche la pretesa ordinatrice espressa dall'idealismo. Tornando ai *Limoni,* nel momento in cui la vita viene sradicata da una legge ferrea, essa resta consegnata al «miracolo». Gettandola nel caso, la si sottrae al determinismo più prevedibile e si rende possibile l'impossibile: «Vedi, in questi silenzi in cui le cose / s'abbandonano e sembrano vicine / a tradire il loro ultimo segreto, / talora ci si aspetta / di scoprire uno sbaglio di Natura, / il punto morto del mondo, l'anello che non tiene, / il filo da disbrogliare che finalmente ci metta / nel mezzo di una verità». La verità insomma non si tocca che per miracolo, ma il miracolo esiste; sfugge ad ogni sistemazione conoscitiva, non appartiene ai sistemi che interpretano il mondo, ma se ne può intuire l'esistenza per illuminazione improvvisa, anche se effimera.

La parola e il mondo. La seconda conseguenza della filosofia contingentista sulla poesia di Montale è la sfiducia che la parola riesca mai ad afferrare e incapsulare la vita nelle sue possibilità espressive: la parola non può fermare ciò che non può essere fermato, dare limite all'illimitato. È una consapevolezza negativa che ha il suo momento più originale nella sezione dei veri e proprii *Ossi di seppia,* da cui l'intera raccolta prende il titolo. Si dichiara subito con l'«osso» di apertura: «Non chiederci la parola che squadri da ogni lato / l'animo nostro informe, e a lettere di fuoco / lo dichiari e risplenda come un croco / perduto in mezzo a un polveroso prato»; e si chiude con la protesta: «Codesto solo oggi possiamo dirti, / ciò che *non* siamo, ciò che *non* vogliamo».

Non si tratta di una pur originale variante del rapporto crepuscolare più volte ricordato poeta-società («Io non sono un poeta» di Corazzini e simili), ma di una indisponibilità metafisica, che l'immagine del croco perduto nel polveroso prato fa vibrare di improvvisa e desolata evidenza. Ad essa allude meglio ancora, nei trasalimenti rari che scuotono il deserto dell'indifferenza, l'emozione del colpo di fucile di un altro «osso»: «Mia vita, a te non chiedo lineamenti / fissi, volti plausibili o possessi. / Nel tuo giro inquieto ormai lo stesso / sapore han miele e assenzio. // Il cuore che ogni moto tiene a vile / raro è squassato da trasalimenti. / Così suona talvolta nel silenzio / della campagna un colpo di fucile».

Il paesaggio e le cose. Per esprimere questo suo mondo di negativa consapevolezza Montale si cala in un paesaggio domestico arso e affocato: viene di qui il suo «realismo esistenziale» (Contini). È una Liguria di muri scalcinati e di prati polverosi, di orti, canneti, botri, tamerici, rupi e greppi aridi, petraie e terreni bruciati dal salino, greti e pietrischi. È un paesaggio abitato dal croco, dal girasole (impazzito di luce), dai pinastri, dalle margherite e dall'agave, simbolo di tormento e di immobilità: «ora son io / l'agave che s'abbarbica al crepaccio / dello scoglio». La zoologia montaliana non è meno antiretorica del suo paesaggio e della sua botanica: anguille sparute, serpi, merli, falchetti che si levano e strapiombano, ghiandaie e pavoncelle, gallinelle di mare, l'upupa e il martin pescatore. Il silenzio assolato e scabro di pietre e di calcine è turbato a tratti da apparizioni improvvise, come dei miraggi diafani e inconsistenti, da rumori inquietanti che provocano stridori: cigolii di carrucole, fruscii e schiocchi, strepiti, spari, schianti. In questo scenario il poeta situa il suo male di vivere: esso anzi si manifesta a partire da questo mondo allusivamente irto e difficile. Tutto il paesaggio montaliano costituisce una sorta di grande metafora; le cose, esprimendosi nella loro evidenza, rinviano ad altro. Gli stessi rumori appaiono come cose, hanno una consistenza di materia e di presagio. Si tratta di un mondo poetico in cui spicca l'atteggiamento negativo e antiretorico. Non ci sono più certezze: l'avarizia e l'amarezza risultano sentimenti determinanti; l'indifferenza è un'aspirazione e uno stato, che almeno preserva dai miti dell'azione e dell'intraprendenza. Come si è visto nell'articolo *Stile e tradizione,* occorre uscire dal superomismo e dal messianesimo, occorre puntare sulla decenza e sul «buon costume».

Nella diversità delle soluzioni e dei risultati i tre poeti maggiori del nostro Novecento — Montale, Ungaretti e Saba — aspirano all'autonomia del loro artigianato. Rifuggono dall'uso improprio che si è fatto della poesia, rinunciano ad essa come strumento di oratoria e di eloquenza indebita: non aspirano insomma a guidare, affiancare o interpretare indirizzi politici e interventi civili come accade a Carducci, Pascoli e D'Annunzio.

Lo sguardo del negativo. In questo contesto il negativo è una salvezza minima ma indispensabile. Montale ha scritto in una poesia delle sue ultime raccolte: «Non c'è stato / nulla, assolutamente nulla dietro di noi, / e nulla abbiamo disperatamente amato / più di quel nulla»

Copertine di *Ossi di seppia* (Carabba Editore) e *La bufera e altro* (1ª edizione).

(*In negativo*). È un'affermazione che vale un po' per tutto l'itinerario della sua poesia, a partire dagli *Ossi di seppia*. È il nichilismo di uno sguardo che non rinuncia a guardare e che al nulla che scruta pone domande lucide e ostinate, in un certo senso amorose. Lo sguardo di Montale passa attraverso le cose fisiche ed è profondamente oggettivo. Si prenda un solo esempio negli *Ossi*: «Spesso il male di vivere ho incontrato: / era il rivo strozzato che gorgoglia, / era l'incartocciarsi della foglia / riarsa, era il cavallo stramazzato. // Bene non seppi, fuori del prodigio / che schiude la divina Indifferenza: / era la statua nella sonnolenza / del meriggio, e la nuvola, e il falco alto levato». Le cose sono individuate ad una ad una come simboli espressi del male della vita ed è questo un esempio significativo di poesia in cui l'immagine accompagna la riflessione e, per così dire, le dà chiarezza. E tuttavia proprio questa chiarezza rischia di creare i maggiori problemi di credibilità: in essa infatti si nasconde un residuo di eloquenza didascalica, come se si trattasse di un insegnamento troppo esplicito. Proprio il contrario di ciò a cui Montale aspira. Il passaggio al secondo tempo si sta così preparando sulla scorta di nuove esperienze e di nuove letture: *Le occasioni* sono ormai vicine.

DALLE OCCASIONI ALLA BUFERA E ALTRO

Le ragioni biografiche. *Le occasioni* sono il secondo libro poetico di Montale. Esso naturalmente non si pone rispetto al primo con caratteristiche tutte nuove e i segni intermedi del passaggio dall'uno all'altro libro sono ben visibili soprattutto in certe poesie degli *Ossi di seppia*, come ad esempio in *Delta*. Si può dire che *Le occasioni* diano sviluppo alle possibilità segrete degli *Ossi*. In questo passaggio contano ragioni biografiche e storiche importanti: Montale si è trasferito a Firenze, ha un'età ormai matura, un passato a cui guardare, una memoria da sondare; inoltre il fascismo è al suo culmine. Le manifestazioni più esteriori della nuova stagione possono essere rintracciate in alcuni segni indicativi: le parole «ricordo» e «memoria» compaiono più spesso di prima, il trascorrere del tempo è un sentimento più diffuso, il paesaggio non è più quello esclusivamente ligure (lo è ancora in alcune poesie, fra cui ricordiamo almeno *La casa dei doganieri*), ma è piuttosto vario e disperso. Si va da Parigi a Lindau, da Bagni di Lucca a Capua, da Caserta e Firenze, da Eastbourne a Siena, dalla Marna all'Amiata. Com'è stato detto, sono le figure d'album di un «involontario turista smarrito quaggiù a cogliervi il momentaneo geroglifico del suo transito terrestre» (Solmi).

La poetica del «correlativo oggettivo». Specialmente per il Montale delle *Occasioni* si è parlato di «poetica degli oggetti». Il metodo consiste nel comunicare ciò che preme al poeta attraverso «maniere di equivalenze ricercate in oggetti convenienti» (Anceschi). In altre parole il nulla esistenziale a cui il poeta approda, l'angoscia che scopre in una particolare «occasione» interiore vengono resi attraverso degli oggetti scelti opportunamente e fatti capaci di esprimere per se stessi l'«occasione» che li ha evocati. Gli oggetti diventano il segnale esterno di una spinta nata nel profondo, un tramite tra «dentro» e «fuori», tra «passione» e «mondo». Si tratta di una poetica che Montale mette a punto prendendola in parte dal poeta angloamericano Thomas Stearns Eliot. In un suo saggio su *Amleto*, Eliot scrive: «L'unica via per dare espressione artistica all'emozione è di trovare un "correlativo" oggettivo: in altre parole, un insieme di oggetti, una situazione, una catena di avvenimenti che sarà la formula di quella particolare emozione; tale che, dati i fatti esterni, che debbono aver per termine l'esperienza dei sensi, l'emozione è immediatamente evocata». Montale, per conto suo, tornerà su questo spunto in più di una circostanza e infine nell'*Intervista immaginaria* (1946) dirà: «Ammesso che in arte esista una bilancia tra il di fuori e il di dentro, tra l'occasione e l'opera-oggetto, bisognava esprimere l'oggetto e tacere l'occasione-spinta».

Caratteri delle «Occasioni». Per fare questo occorre abolire un passaggio, nascondere cioè l'occasione-spinta verso la poesia. Montale cerca ora di abbattere il legame tra «lirica» e «commento», tra la poesia e la sua preparazione psicologica, che è tipico degli *Ossi.* Qui il rapporto tra psicologia e paesaggio, tra descrizione e asserzione, tra quadro e riflessione è sempre espresso; l'identificazione tra «io» poetico e realtà circostante è spesso sottolineata e spiegata. Si è visto l'esempio dell'agave sullo scoglio; si è visto l'«osso» che inizia: «Spesso il male di vivere ho incontrato»; si può vedere il quinto movimento del poemetto *Mediterraneo*: «Mia vita è questo secco pendio, / mezzo non fine, strada aperta a sbocchi / di rigagnoli, lento franamento. / È dessa, ancora, questa pianta / che nasce dalla devastazione / e in faccia ha i colpi del mare ed è sospesa / fra erratiche forze di venti».

Nel momento in cui questo rapporto, espresso tra psicologia e cosa, tra oggetto e riflessione viene meno, anche i legami sintattici vengono diradati se non soppressi, il «come» delle similitudini e dei paragoni viene direttamente sostituito dall'oggetto-simbolo e la poesia ne esce più concentrata e chiusa. Il suo particolare Ermetismo è però di natura profondamente diversa dall'Ermetismo contemporaneo. Per Montale non si tratta di fare una lirica pura tutta giocata sulla suggestione sonora, ma di costruire un congegno che risponda al suo scacco esistenziale. L'oggetto non ne esce alonato di mistero, ma spicca e quasi assale nella sua nuda essenzialità nominale. Non a caso basta un nome a sprigionare un'energia: «Mi dissi: / Buffalo! — e il nome agì». I nomi hanno lo stesso potere evocativo delle cose. La nuova poesia di Montale nasce dalla sintesi invece che dall'analisi; in essa prevale la concentrazione, si riduce la vena narrativa, gli spunti riflessivi si chiudono in un aforisma, in una breve sentenza, la prosasticità discorsiva si contrae, come accade soprattutto nella sezione centrale delle *Occasioni,* che è costituita dai *Mottetti,* un po' come negli *Ossi di seppia* era costituita dai veri e propri *Ossi.*

La nuova «visione del mondo». La stessa «visione del mondo» che è sottesa alla poesia delle *Occasioni,* si fa più chiusa. Negli *Ossi* il poeta cerca una via di scampo, «l'anello che non tiene», la falla nell'ordine inflessibile della necessità cosmica. Si pensi ai *Limoni,* alle «trombe d'oro della solarità», che squillano da un «malchiuso portone / tra gli alberi di una corte» (uno spiraglio imprevisto in un luogo chiuso e circoscritto). In verità questa ricerca non coglie che «parvenze falbe», «impossibili segni», «evanescenti labbri», «forme opache», «apparenze malfide», «inafferrati eventi». Si legga per tutte *Vasca.* Al «tremulo vetro» e alle «molli parvenze» che s'infrangono sotto il tiro di un ciottolo fa seguito la seconda parte: «Ma ecco, c'è altro che striscia / a fior della spera rifatta liscia: / di erompere non ha virtù, / vuol vivere e non sa come; / se lo guardi si stacca, torna in giù: / è nato e morto, e non ha avuto un nome».

Nelle *Occasioni* la ricerca delusiva parrebbe illuminarsi per barlumi e quasi erompere in uno scatto energetico (più energetico della vita immobile di «Arsenio», che è l'*alter ego* del poeta negli *Ossi di seppia*). Ma così non è perché essa si incardina in una definitiva consapevolezza di esclusione. Come la stagione degli *Ossi* dipende almeno in parte dalla filosofia del contingentismo, la stagione delle *Occasioni* ha un suo punto di riferimento nella filosofia esistenzialista: l'esistenza concepita come angoscia e rivelazione del nulla, come scacco e come naufragio. Il poeta sa ormai di essere definitivamente escluso dalla vita e che non può più attendere il miracolo: la salvezza non può venire da un miracolo che corregga il chiuso determinismo dei fenomeni. Lo scacco è ormai sicuro e non resta che affrontare la propria esistenza con coraggio negativo. Si tratta di resistere nonostante tutto, di dare con passione testimonianza del nulla. Si pensi alla poesia *In negativo,* che è già stata citata.

I «Mottetti». Mottetto è un termine di origine musicale. In letteratura viene a significare un componimento poetico breve, concettoso e di carattere popolare. Nel caso di Montale si tratta di un componimento breve e concettoso, ma certamente non popolare. I *Mottetti* costituiscono, nella loro brevità concentrata e nella concettosità lirica che li contrassegna, il culmine delle *Occasioni,* il filo che guida la lettura dell'intera raccolta. Sono diretti ad una donna lontana, che si chiama Clizia. Ma Clizia è, come la Laura petrarchesca, un nome-schermo; in realtà si chiama Irma Brandeis ed è una giovane italianista americana che Montale ha conosciuto a Firenze nella primavera del 1933. A Clizia assente e distante il poeta si rivolge denunciando il suo stato di desolazione esistenziale. Tutti i *Mottetti* sono diretti a Clizia tranne il primo, intitolato *Il balcone*, che è un po' la prefazione agli altri. In esso è subito espresso l'universo di buio in cui il poeta si trova, i brevi barlumi di luce che vi arrivano senza durare. La terza e ultima strofa constata infatti: «La vita che dà barlumi / è quella che sola tu scorgi. / A lei ti sporgi da questa / finestra che non s'illumina», dove bisognerà almeno notare l'ambiguo uso del «tu» montaliano, che a volte è riferito alla donna, a volte a un privato colloquio con se stesso. Commentando questi versi c'è chi ha ricordato i versi di Ungaretti (*Mattina*: «M'illumino / d'immenso») rispetto ai quali il «manifesto» di Montale «marca per antitesi la propria posizione etica e poetica» (Isella). La vita che il poeta può scorgere è solo quella che dà barlumi; la finestra da cui si sporge resta priva di luce.

La finitudine e lo scacco dell'uomo si manifestano in tutte le *Occasioni* e nei *Mottetti* più che altrove vivono come rapporto impossibile e perdente, come assenza, distacco, lontananza. La luce che arriva a tratti si spalanca su abissi di buio ma il vuoto che resta dopo il suo passaggio è più straziante di prima. La separazione e l'assenza sono l'unica e sicura dannazione, a cui nemmeno la memoria può offrire un conforto. Si legga il tredicesimo «mot-

Eugenio Montale riceve il Nobel per la letteratura il 10 dicembre 1975 (Farabolafoto).

IMMAGINI
DI CIVILTÀ

IMMAGINI DI CIVILTÀ

NOVECENTO 1

A partire dagli ultimi due decenni dell'Ottocento si diffuse in tutta Europa e negli Stati Uniti d'America un linguaggio artistico dalle caratteristiche affini nei vari paesi, ma che assunse diverse denominazioni: Modern Style *in Inghilterra,* Art Nouveau *in Francia e in Belgio,* Jugendstil *in Germania,* Sezessionstil *in Austria,* Modernismo *in Spagna, in Italia* Stile Floreale *o* Liberty, *dal nome di un negozio londinese specializzatosi nel commercio di oggetti nel nuovo stile. Le varie definizioni, come si vede, hanno qualcosa in comune, sottolineando tutte l'idea di modernità e di giovinezza. Difatti il Liberty volle reagire alla farragine dei linguaggi artistici ottocenteschi e al prevalente eclettismo per creare un gusto originale nel quale le linee si caratterizzassero per il loro andamento sinuoso, a serpentina, fluttuante, quasi imitassero l'in-*

Sopra. *Broche in oro, smalto, zaffiri e diamanti del 1900. Parma, Coll. privata.*

A destra. *Vaso liberty in ceramica e bronzo, 1903. Gustav Klimt, «Juditta II». Venezia, Ca' Pesaro, Museo d'arte moderna.*

A pagina precedente. *Giuseppe Sommaruga, «Palazzo Castiglioni», Milano (Scala).*

In copertina. *Mario Sironi, «Paesaggio urbano con gru». Roma, Coll. privata.*

terna vitalità e l'asimmetria delle forme naturali.

I settori in cui si raggiunsero maggiori risultati furono quelli dell'architettura e delle arti decorative. L'intento degli architetti fu di creare uno stile del tutto nuovo, fondato sull'eleganza e su una certa semplicità, in contrapposizione alla disinvolta utilizzazione dei linguaggi tradizionali da parte dei costruttori ottocenteschi. La ricerca di un nuovo stile venne perseguita anche nelle arti decorative, vale a dire nell'arte ceramica, nell'ebanisteria, nella grafica e nell'illustrazione (e in special modo nella cartellonistica), nell'arte del ferro battuto ecc. Data la vastità di interessi, era inevitabile che gli artisti che si dedicavano a queste arti si confrontassero con il problema della produzione industriale in serie: in un primo tempo, soprattutto in Inghilterra, personalità come William Morris e Charles Rennie Mackintosh, inventore di limpide forme architettoniche, furono contrari, temendo uno scadimento del gusto e proposero perciò una rinascita dell'artigianato artistico. Più tardi però, particolarmente in Germania e in Austria, queste posizioni vennero rovesciate: si capì che dall'industria potevano derivare innumerevoli vantaggi alle arti, a condizione di impostare la produzione in maniera originale e non banalizzata. Questa speranza nelle possibilità artistiche dell'industria aveva alla base la convinzione che il bello non dovesse essere più appannaggio di pochi, ma essere accessibile a tutti gli strati sociali. Si sostenne anche il principio dell'unità progettuale: la ricerca di uno stile non doveva limitarsi alla facciata degli edifici, alle parti più nobili e di rappresentanza, ma coinvolgere tutta la casa, dall'arredamento agli oggetti d'uso nella vita quotidiana. In questo modo venne allora a cadere la tradizionale divisione di arti maggiori e minori in quanto a tutto si attribuiva un uguale valore artistico.

All'inizio del Novecento anche in Italia si ebbero delle architetture liberty, prima in alcune città come Torino, Palermo e Milano, poi un po' ovunque nel paese. Un esempio significativo è a Milano il Palazzo Castiglioni, ultimo palazzo costruito in città come residenza urbana di un'unica famiglia, realizzato da Giuseppe Sommaruga. La facciata presenta una ricca decorazione floreale al di sopra e al di sotto delle finestre, mentre al piano terra il bugnato rustico è interrotto da caratteristiche aperture rotondeggianti, quasi imperfettamente ritagliate, chiuse da ferri battuti. Ancora più interessante è l'interno disposto attorno ad un monumentale scalone. Tipico esponente del Liberty in Italia fu Galileo Chini, artista particolarmente sensibile al fascino dell'Oriente (non a caso visse dal 1911 al '14 a Bangkok per decorarvi il Palazzo Reale). Nei pannelli per la Biennale veneziana del 1914, in cui un caleidoscopio di elementi decorativi divora frammenti di realtà, Chini sente l'influenza dell'arte orientale e dell'opera del fondatore della Secessione viennese, Gustav Klimt.

IMMAGINI DI CIVILTÀ
NOVECENTO 2

Alla base del Futurismo, come dice il nome, sta la volontà di operare un netto distacco dal passato. L'arte nuova deve porsi dei nuovi soggetti: scrive Marinetti nel Manifesto *del 1909 che «noi canteremo le grandi folle agitate dal lavoro, dal piacere o dalla sommossa: canteremo le maree multicolori e polifoniche delle rivoluzioni nelle capitali moderne; canteremo il vibrante fervore notturno degli arsenali e dei cantieri incendiati da violente lune elettriche; le stazioni ingorde, divoratrici di serpi che fumano; le officine appese alle nuvole pei contorti fili dei loro fumi; i ponti simili a ginnasti giganti che scavalcano i fiumi, balenanti al sole con un luccichio di coltelli; i piroscafi avventurosi che fiutano l'orizzonte, le locomotive dall'ampio petto, che scalpitano sulle rotaie, come enormi cavalli d'acciaio imbrigliati di tubi, e il volo scivolante degli aeroplani, la cui elica garrisce al vento come una bandiera e sembra applaudire».*

Potremmo sostituire a «noi canteremo» «noi dipingeremo» e avremmo un repertorio di soggetti per gli artisti futuristi. Le stazioni «ingorde», le locomotive, le officine vennero dipinte sin dal primo decennio del Novecento da Umberto Boccioni, il maggiore dei pittori futuristi, nato a Reggio Calabria nel 1882 ma vissuto poi a Roma e trasferitosi nel 1907 a Milano, attratto appunto dallo spettacolo della città moderna. Proprio in quel 1907 l'artista annotava nel suo diario: «Sento che voglio dipingere il nuovo, il frutto del nostro tempo industriale». La rappresentazione della convulsa vita contemporanea, della città in movimento, evidente in opere come Officine a Porta Romana *del 1908 o* Periferia *del 1909, culmina nel grande quadro* La città che sale, *che l'arti-*

Sopra. *Umberto Boccioni, «Officine a Porta Romana», 1908. Milano, Comit.*

A pagina precedente. *Umberto Boccioni, «La città che sale», 1910. Milano, Pinacoteca di Brera (Ricciarini).*

In basso. *Umberto Boccioni, «La città sorgente», 1910. New York, Museo d'arte moderna.*

sta dipinse nel 1910 dopo aver realizzato una nutrita serie di schizzi e di studi. In un primo tempo l'opera doveva intitolarsi Il Lavoro, *o anche* Gli uomini, *o anche* Giganti e pigmei. *Questi vari titoli fanno capire le intenzioni, talora contraddittorie, di Boccioni: esaltare la forza del lavoro; riconoscere il coraggio degli uomini impegnati ad intervenire sulla natura e a trasformare la realtà; contrapporre la crescita inarrestabile delle città alla piccolezza dei singoli. L'opera definitiva,* La città che sale, *compendia tutti questi temi, rappresentando, sullo sfondo di edifici in costruzione e di ciminiere, dei cavalli (simbolo di forza, di progresso, di movimento) e degli uomini, tutti presi da un turbine ascensionale, acceso dal colore. L'artista si sforza di suggerire una sensazione, di rendere con immagini non naturalistiche il ritmo ascensionale di una città in trasformazione. Sul piano tecnico il quadro risente dei procedimenti divisionisti, visto che è dipinto con colori puri, frammentati in pennellate filamentose e sul piano del contenuto ha innegabili punti di contatto col Simbolismo per il suo rifiuto di una rappresentazione speculare della realtà. Ma* La città che sale *applica soprattutto i principi del Futurismo, quali vengono espressi nel* Manifesto dei pittori futuristi *e nel* Manifesto tecnico della pittura futurista, *entrambi del 1910 ed entrambi dovuti in buona parte a Boccioni. Il quadro infatti rifiuta i canoni della pittura tradizionale e mira soprattutto ad una rappresentazione del movimento ottenuta attraverso il principio della simultaneità: cose, uomini e cavalli compaiono più volte simultaneamente venendo a creare una realtà nuova, svincolata dai consueti limiti di spazio e di tempo. Affermava l'autore di aver voluto creare «una sintesi di quello che si ricorda e di quello che si vede».* La città che sale *venne presentata alla Mostra d'arte libera di Milano del 1911 suscitando numerose polemiche per il suo antinaturalismo, e l'artista così la difendeva: «Un quadro di simili dimensioni, animato da un'intenzione così pura, quale è quella di innalzare alla vita moderna un nuovo altare, vibrante di dinamica, altrettanto puro ed esaltatore di quelli che furono innalzati dalla contemplazione religiosa al mistero divino, un quadro dico che tenta questo è infinitamente superiore a qualsiasi riproduzione più o meno soggettiva della vita reale...».*

IMMAGINI DI CIVILTÀ
NOVECENTO 3

Uno dei pittori più difficili da seguire per le sue continue evoluzioni e per la sua grande autonomia di pensiero è stato Giorgio De Chirico (1888-1978), l'unico italiano che, per la vastità dell'opera e per la ricchezza delle ricerche, possa essere paragonato a Picasso.

Nato a Volos in Grecia da un'agiata famiglia italiana, il giovane venne subito a contatto con quel mondo classico che lo affascinerà per tutta la vita, poi dal 1905 soggiornò in varie città italiane e passò infine a Monaco di Baviera per studiare pittura nella locale Accademia.

Nel 1911 si trasferì a Parigi, allora vera capitale artistica del mondo, dove frequentò la cerchia dei pittori e degli intellettuali d'avanguardia attorno ad Apollinaire. A Parigi per lo più dipinse la serie famosa delle Piazze d'Italia, *misteriose come certe immagini di sogni: piazze chiuse da architetture spoglie e severe, più fondali di teatro che dimore per gli uomini, in cui gli oggetti e gli eventi della vita quotidiana (una locomotiva, l'orologio di piazza, la bandierina sul pennone, la sagoma di una bambina che spinge il cerchio) non fanno che accrescere il senso di solitudine e di desolazione. Si veda* L'incertezza del poeta, *del 1913: su una specie di palcoscenico che subito sottolinea il distacco dal reale si dispongono un torso femminile acefalo e un casco di banane mentre all'orizzonte corre una vaporiera ed emerge la* silhouette *di un veliero. Si crea così un senso di sospensione e di inquietudine, che si sottrae però ai nostri tentativi di interpretazione: la pittura rivendica orgogliosamente la propria capacità di creare un mondo che non esiste. Si capisce come l'autore di un'opera del genere si identificasse con il filosofo, il mago, l'uomo superiore.*

Allo scoppio della guerra, nel 1915, De Chirico, chiamato alle armi, venne destinato a Ferrara ma fu addetto a mansioni sedentarie e poté continuare a dipingere. In quegli anni si trovavano a Ferrara anche Carlo Carrà, Giorgio Morandi e Filippo De Pisis, che furono tutti attratti dalla pittura intellettualistica di De Chirico, tanto che si parlò — impropriamente — della Metafisica come di un movimento. Fu allora che De Chirico dipinse opere tra le sue più note come Le muse inquietanti, *del 1916 (sul solito palcoscenico sono collocati esseri a metà tra la statua e il manichino mentre sullo sfondo risalta l'accostamento tra il castello estense di Ferrara e i comignoli di una fabbrica).*

Ma qual è dunque la sostanza dell'arte metafisica? I quadri di De Chirico (e di coloro che, per un breve periodo, condivisero le sue intenzioni) raffigurano indubbiamente degli oggetti riconoscibili (manichini, giocattoli, strumenti del pittore) ed elementi architettonici (piazze, portici, edifici classici), ma i vari «pezzi» sono posti tra loro in relazioni inedite e sorprendenti. Ne deriva innanzitutto la mancanza di un legame diretto con la realtà (perciò si tratta di un'arte metafisica, cioè che prescinde dalla realtà della natura e della storia) e poi un senso di mistero, di enigma. L'enigma però non viene risolto, senza per questo produrre angoscia o frustrazione: la pittura afferma semplicemente la sua volontà di essere autonoma, di creare mondi che non esistono. Viene spontaneo un confronto con i sogni, dove pure si creano dei mondi fittizi, e difatti già nel 1914 in un articolo su "Lacerba" Ardengo Soffici parlò della pittura dechirichiana come di una «scrittura dei sogni» e negli anni Venti i surrealisti considerarono il pittore italiano un loro grande ispiratore. De Chirico però non condivideva le ambizioni conoscitive del Surrealismo: i suoi intenti erano ironici, parodistici, scettici.

A pagina precedente. *Giorgio De Chirico, «Le muse inquietanti», 1916. Milano, Collezione Mattioli (Scala).*

Sotto. *Carlo Carrà, «L'amante dell'ingegnere», 1921. Milano, Collezione privata.*

IMMAGINI DI CIVILTÀ
NOVECENTO 4

L'inizio del Novecento aveva visto anche in Italia l'esplosione violenta delle avanguardie, da quella futurista a quella metafisica promossa da De Chirico. La grande guerra determinò la fine precoce per questi movimenti tanto che negli anni successivi il richiamo all'ordine, visto come necessità di recuperare la storia, la tradizione e insieme la realtà e la natura, divenne un imperativo comune. Per capire le ragioni di questo ripiegamento va ricordato che la guerra portò lo scompiglio in molte coscienze e che il dopoguerra fu ovunque un periodo di crisi profonda, di generale disinganno. In questo clima si comprende la necessità di ancorarsi a delle certezze che avessero l'avallo della tradizione. E siccome le ragioni dell'insoddisfazione non si limitavano a toccare l'individuo ma coinvolgevano la nazione, il ritorno al passato si configurò subito in termini nazionalistici, caratterizzandosi talora per la sua chiusura nei confronti dei movimenti stranieri.

In Italia questa tendenza «passatista» venne sostenuta dalla rassegna d'arte "Valori Plastici", pubblicata a Roma tra il 1918 e il 1922 e tutta tesa a ripudiare gli sperimentalismi delle avanguardie. Sul piano letterario, un atteggiamento simile a quello di "Valori Plastici" si riflette nella rivista "La Ronda", uscita tra il 1919 e il '22 e nella cui redazione operarono, tra gli altri, Vincenzo Cardarelli, Emilio Cecchi, Antonio Baldini, Riccardo Bacchelli. "La Ronda" proponeva il ritorno ai valori stilistici tradizionali, l'equilibrio della composizione, l'esempio dei grandi scrittori del passato. Del resto il rappel à l'ordre *era, in quegli anni, un fatto europeo, come bene testimonia Giuseppe Ungaretti: «Apollinaire sente giunto il momento di comporre il lungo dissidio della tradizione e dell'invenzione, dell'ordine e dell'avventura ...* La giovane Parca *di Paul Valéry stupisce per la musica verbale che da miracoli di metrica s'innalza in pura architettura; Stravinskij comincia a soggiogare il suo impeto ammirando l'equilibrio formale dei grandi compositori del Sei e del Settecento. Picasso scopre Pompei e Raffaello e si converte a classiche eleganze. Carrà, superato il futurismo, ormai ricerca in Giotto il valore della sua pittura».*

Proprio a Carlo Carrà (1881-1966) "Valori Plastici" riservava il posto d'onore, pur occupandosi talora di artisti meno ligi alle sue indicazioni come il pittore Giorgio Morandi e lo scultore Arturo Martini. Veramente in gioventù Carrà era stato piuttosto sensibile alle avanguardie, tanto da aderire prima al Futurismo e da sentire poi le suggestioni del Cubismo e della Metafisica. Nel 1921 però l'artista, con L'amante dell'ingegnere, *firmava la sua ultima opera di forte propensione metafisica e nello stesso anno riproponeva addirittura il genere della pittura di paesaggio, dipingendo quadri come* Il pino sul mare, *caratterizzato da un'impostazione sobria ed essenziale. Si forma in questi anni quella che sarà la defintiva poetica di Carrà; il vero (una spiaggia desolata, dei capanni, i monti presso il mare) diviene l'occasione per la fantasia, un pretesto da trasfigurare e su cui meditare. È una poetica a cui ben si accorda il metodo di lavoro dell'artista, che procedeva lentamente, con grande pazienza, lasciando riposare i quadri settimane o mesi prima di completarli. Carrà stesso dichiarò: «Quasi tutti i miei dipinti nascono da un lavoro interiore oscuro e lento; in genere la trovata risolutiva non mi viene che dopo lunghe ricerche, e magari dopo anni». È una lentezza talora impacciata, a cui si mescola però un sentimento vero e profondo della natura. Si vedano i* Nuotatori, *in cui si coglie l'oscillazione del pittore tra la propensione al monumentale (i corpi dei nuotatori) e la volontà di ricreare un'atmosfera inquieta e magicamente sospesa.*

A pagina precedente. *Carlo Carrà, «Il pino sul mare», 1921. Roma, Collezione Casella (Scala).*

Sotto. *Carlo Carrà, «Nuotatori», particolare, 1932. Milano, Collezione Giovanardi (Scala).*

IMMAGINI DI CIVILTÀ

NOVECENTO 5

Dopo la precoce fine delle avanguardie (il Futurismo, la Metafisica di De Chirico), nel primo dopoguerra, in coincidenza con un generale ritorno all'ordine, anche in Italia la maggior parte degli artisti approdò ad una figuratività appoggiata ai valori della tradizione. Si studiarono i pittori primitivi, in particolare Giotto, e una tendenza arcaicizzante e monumentale venne sempre più caratterizzando la pittura e la scultura. Ci fu perfino un tentativo di istituzionalizzare questa linea con la fondazione a Milano, nel 1923, del gruppo del Novecento, costituito inizialmente da sette pittori, tra cui Mario Sironi, ma che negli anni successivi si allargò fino a comprendere quasi tutti gli artisti italiani più significativi. Reagendo o dimostrandosi insensibili ai tentativi di omologazione culturale, alcuni artisti, primi fra tutti Giorgio Morandi e Filippo De Pisis, seguirono vie personalissime, per quanto anche molto diverse tra di loro.

Giorgio Morandi (1890-1964) si formò all'Accademia bolognese nel secondo decennio del secolo, e senza mai allontanarsi dalla sua città, col solo ausilio di riproduzioni, trasse dalla lezione di Cézanne e dei cubisti quel tanto che gli bastava per incrementare la sua visione pittorica. Anche se l'artista ebbe occasionali contatti col Futurismo, con la Metafisica e più tardi col gruppo del Novecento, elaborò precocemente una sua poetica che rimase, nella sostanza, immutata lungo i decenni. Si guardi la Natura morta con fruttiera, *del 1916, che raffigura due bottiglie e una fruttiera, semplici oggetti del quotidiano che, nelle loro innumerevoli variazioni, costituiranno sempre la base delle nature morte morandiane. Il pittore rinuncia subito ad ogni virtuosismo, disponendo i suoi oggetti in uno spazio privo di prospettiva e depurandoli dalla loro fisicità a mezzo di un colore contenuto e «umile». Ma qual è il senso di queste figurazioni morandiane? Qualcuno ha parlato di essenzialità arcana, di mistero delle cose (e difatti gli oggetti delle varie nature morte ci offrono un volto talora sereno, talaltra attonito e spettrale); altri, di intimismo crepuscolare, di poesia della semplicità; forse è più pertinente pensare ad una coscienza stilistica instancabile, indifferente a tutto ciò che non sia ragione interna della pittura. A tale coscienza Morandi rimase fedele, dipingendo con ostinata coerenza pochi motivi: le nature morte di oggetti casalinghi, qualche squarcio di paesaggio, assai raramente la figura umana.*

Nativo di Ferrara, Filippo De Pisis (1896-1956) si formò da autodidatta studiando la pittura antica della sua città e rimanendo a lungo incerto tra l'attrazione per la letteratura e quella per le arti (scrisse poi per tutta la vita poesie e prose, rimaste in parte inedite ma che da qualche anno si vanno riscoprendo e pubblicando). Spirito irrequieto e spesso insoddisfatto, solo nel 1925 De Pisis, in occasione di un soggiorno parigino, maturò veramente la sua vocazione di pittore. Fu allora che conobbe le opere degli impressionisti, che rimasero sempre fra i suoi principali punti di riferimento: non a caso, come Renoir e Monet, egli amò rappresentare lo spettacolo della città moderna con le sue strade e la sua gente, le nature morte di qualche oggetto consueto, i volti delle persone amate. Il suo linguaggio, però, si differenzia da quello degli impressionisti, caratterizzandosi per l'estrema libertà del segno e per la rapidità della rappresentazione. Il fatto è che De Pisis è ossessionato dal sentimento del tempo, dalla fuga delle ore, e dunque dalla necessità di cogliere le parvenze prima che si dissolvano: di qui la natura quasi stenografica del suo linguaggio.

Sopra. *Filippo De Pisis, «Strada in città». Milano, Galleria d'arte moderna.*

A pagina precedente. *Giorgio Morandi, «Natura morta con fruttiera», 1916. Milano, Collezione privata.*

IMMAGINI DI CIVILTÀ

NOVECENTO 6

Negli anni Trenta il fascismo accrebbe il suo interesse nei confronti delle arti, di cui — accanto ai mezzi di comunicazione di massa di recente sviluppo quali il cinema, la radio e la propaganda murale — si riconosceva il ruolo fondamentale nell'affermazione del consenso. Di fronte alla vasta azione di promozione del regime, non pochi artisti guardarono con interesse alla politica culturale ufficiale e ai suoi propositi di rinnovamento. Un pittore come Mario Sironi, per esempio, si dedicò con entusiasmo al compito di creare un'arte più direttamente popolare, accessibile a tutti grazie alla sua collocazione sulle pareti di edifici pubblici.

Tuttavia nei medesimi anni divennero più frequenti gli episodi di insofferenza nei confronti di quei principi di rigore disegnativo, pulizia formale e quieto naturalismo avvalorati dagli artisti raccoltisi sotto l'etichetta del Novecento. Pur in mezzo a crescenti difficoltà e alle polemiche, si fecero più numerosi i contatti con le esperienze straniere e anche in Italia, soprattutto a Milano, si sviluppò una corrente astratta molto rigorosa.

Uno tra i maggiori episodi di rifiuto della retorica ufficiale si svolse a Roma con la «Scuola romana di via Cavour» (la definizione è del critico Roberto Longhi), nata nel 1927 dall'incontro di Scipione, Mario Mafai e Antonietta Raphaël Mafai, a cui più tardi si aggiunse il pittore e scultore Marino Mazzacurati. Anche se questi artisti erano privi di un preciso programma comune (la Raphaël, di origine lituana, conosceva bene la pittura fantastica degli emigrati dall'est europeo come Chagall e Soutine), adottarono tutti un linguaggio fortemente espressivo, ora più drammatico ora più lirico, comunque polemico nei confronti dell'ufficialità. Si pensi alla pittura di Scipione, pseudonimo di Gino Bonichi (1904-1933), giunto giovanissimo da Macerata a Roma, dove visse una stagione assai fervida e creativa nel suo ultimo anno di vita (morì prematuramente, a soli ventinove anni). Il suo Cardinal decano, dipinto nel 1929-30, è ben lontano dalle composte stilizzazioni del Novecento: le forme tendono a disfarsi, i colori si fanno accesi, violenti. Ci rimangono a lungo impressi il volto del prelato, oscuramente turbato, e le mani disarticolate e mangiate dal tempo. Allo stesso modo ci inquietano i simboli del potere papale, dominati dalla cupola di S. Pietro, che gli sono disposti intorno, sotto un cielo fosco e carico di presagi. Il quadro raffigura il cardinale Vannutelli, ma i familiari del prelato lo rifiutarono, non tollerandone la carica espressionista e barocca, l'implicito sottofondo polemico.

Dopo la Scuola romana, l'opposizione culturale al regime si andò intensificando, anche a seguito della guerra d'Etiopia, dell'intervento in Spagna a fianco dei falangisti e delle leggi razziali, fatti che fecero cadere le ultime illusioni sul vero volto del fascismo. A Milano la reazione all'ufficialità si coagulò nel movimento di Corrente, formatosi attorno all'omonima rivista promossa nel 1938 da Ernesto Treccani. Il periodico, la cui redazione contava personalità come Vittorio Sereni (poi sostituito da Giansiro Ferrata), Alberto Lattuada e Raffaele De Grada, venne però soppresso nel 1940, dopo che un numero si era aperto con un brano di Carlo Cattaneo secondo cui una guerra, anche se vittoriosa, è sempre ingiusta. Era appunto la guerra che costringeva gli artisti a rompere gli indugi, obbligandoli ad una scelta precisa tra la retorica patriottarda e la denuncia degli orrori. Nacquero in questo clima opere come la Deposizione di Bruno Cassinari, la Crocifissione di Giacomo Manzù e il Combattimento di Emilio Vedova, tutte del 1942 e tutte caratterizzate da toni aspri e drammatici. Anche la Crocifissione che Renato Guttuso terminò nel 1941, e che suscitò tante polemiche per il trattamento ben poco convenzionale del tema sacro, era una veemente denuncia della violenza dei tempi. Come scriveva Guttuso nel suo diario: «Questo è tempo di guerra e di massacri: Abissinia, gas, forche, decapitazioni, Spagna, altrove. Voglio dipingere questo supplizio di Cristo come una scena d'oggi».

A pagina precedente. *Scipione, «Il cardinal decano», 1929-30. Roma, Galleria d'arte moderna (Scala).*

Sotto. *Renato Guttuso, «Crocifissione», 1941. Velate, Villa Guttuso (Scala).*

IMMAGINI DI CIVILTÀ
NOVECENTO 7

*Il secolo della «crisi dei valori» che vede l'ideale ottocentesco di nazione degenerare in nazionalismo, il liberismo economico cedere all'imperialismo, lo sviluppo industriale provocare squilibri sociali, si presenta anche nella musica come «età del malessere». La musica colta (che dai teatri e dai concerti può giungere nelle case coi dischi) resta tuttavia isolata, mentre esplode la musica leggera, moltiplicata dalla radio e dai magnetofoni, che diviene quasi lo sfondo quotidiano. Ma lo sviluppo tecnologico porta nella musica a un esasperato professionismo, sicché, anziché «produrre» musica, la massa si dedica a una utenza passiva. Peraltro, nell'*élite *aumentano rigore e raffinatezza, per cui l'esecuzione è vista sempre più come un problema d'interpretazione: acquista peso il direttore d'orchestra, che ha in Arturo Toscanini (1867-1957) un maestro di rigore filologico e di misura, e si impongono i grandi esecutori, come il pianista Arturo Benedetti Michelangeli (1920). La musica colta sostituisce al linguaggio tonale la politonalità (più tonalità assieme) e la dodecafonia (scala di 12 suoni senza gerarchia, scomparsa della tonica, assenza di ripetizioni di note entro la serie); si giunge alla musica «aleatoria», o casuale, che*

Sopra. *Igor Stravinskij.*

A sinistra. *«Ritratto di Arturo Toscanini». Milano, Museo Teatrale alla Scala (Scala).*

lascia ampia discrezione all'interprete, fino a sostituire il suono coi gesti e col silenzio.

Comune, sul finire del secolo, è la rivolta contro la tradizione: Claude Debussy (1862-1918) persegue un'arte preziosa, combattendo la magniloquenza, aprendosi all'Oriente in analogia coi pittori «impressionisti»; e le «impressioni» vaghe sono affidate a nuove scale (come la esatonale, a sei toni interi): ne nascono musiche suggestive, come Il mare *e il* Preludio al pomeriggio di un fauno *(ispirato a Mallarmé). Contro la retorica wagneriana muove anche Maurice Ravel (1875-1937), coi celebri* Bolero *e* Giochi d'acqua.

*La condizione di dubbio investe, con molte certezze tradizionali e eurocentriche, anche la musica: il sistema tonale non appare più «naturale» ma «culturale», cioè modificabile. L'Occidente appare una scelta, accanto ad altre possibili, palesate dall'irruzione di nuove musiche (orientali, afro-asiatiche, blues, jazz). La musica viene anche spogliata da ipoteche contenutistiche, emotive o descrittive: per Igor Stravinskij (1882-1971) essa è pura azione costruttiva, tecnica. Egli valorizza il ritmo, guardando anche alla tradizione popolare russa, africana e jazz (*Uccello di fuoco, Petrouschka, Sagra della primavera*), volgendosi poi a maggior sperimentalismo.*

Sopra. *Una scena di «Petrouschka» di Igor Stravinskij. Milano, Teatro alla Scala.*

Sotto. *Copertina della prima edizione (1905) de «Il mare» di Claude Debussy. Parigi, Biblioteca Nazionale.*

Una sperimentazione razionalistica, paragonabile a quella della pittura astratta, si ha con la dodecafonia, inventata da Arnold Schönberg (1874-1951). La calcolata seriazione di 12 suoni disposti con leggi programmatiche suscita però nell'uditore un effetto angoscioso: gli sfugge l'architettato ordine, e il «senso» ultimo della musica dodecafonica risulta alla fine, come osservava il filosofo Theodor Adorno, proprio l'«impossibilità di ricostruire un senso». Si giunge coi dodecafonici (Webern, Berg) all'incomunicabilità fra esecutore e ascoltatore.

*Contro questa incomunicabilità, Sergej Prokofiev (1891-1953) vuol restituire la musica agli uomini, restando fedele alla tonalità, pur perseguendo dinamismo e dissonanze (*Pierino e il lupo, Aleksandr Nevskij*). Sforzo comunicativo si avverte anche in Paul Hindemith (1895-1963), contro la serialità dodecafonica; nell'ungherese Béla Bartók (1881-1945), sensibile alla musica popolare; nell'ebreo americano, poi parigino, George Gershwin (1898-1937), nutrito di jazz. Negli italiani, si registra perfino un ricupero del Barocco (Ildebrando Pizzetti, Ottorino Respighi, Gianfrancesco Malipiero). Tre sembrano le vie principali di ricerca della musica colta, che resta fortemente elitaria: 1) quella seriale-dodecafonica (Stockhausen, Boulez, Berio, Togni); 2) quella «aleatoria» o casuale (l'americano John Cage, Bussotti); 3) quella tesa a conservare un rapporto col pubblico e un contenuto espressivo (il polacco Penderecki, Luigi Nono).*

Sopra, da sinistra a destra. *Arnold Schönberg (in un ritratto del 1917 di Egon Schiele), Béla Bartók, Luciano Berio.*
Sotto. *Una «brass band» a New Orleans all'inizio del secolo. La musica negro-americana ha avuto grande influenza sulla produzione musicale, e non solo leggera, del Novecento.*

tetto»: «La gondola che scivola in un forte / bagliore di catrame e di papaveri, / la subdola canzone che s'alzava / da masse di cordame, l'alte porte / rinchiuse su di te e risa di maschere / che fuggivano a frotte — // una sera tra mille e la mia notte / è più profonda! S'agita laggiù / uno smorto groviglio che m'avviva / a stratti e mi fa eguale a quell'assorto / pescatore d'anguille dalla riva».

«La bufera e altro». Nell'immagine dell'assorto pescatore di anguille (in quell'«assorto» c'è uno scrutare assiduo e intensivo, che è quasi religioso) sembra di poter cogliere un passaggio dalle anguille dei *Limoni,* negli *Ossi di seppia,* alla parabola intitolata *L'anguilla,* che già fa parte del nuovo libro *La bufera e altro. Le occasioni* si approssimano al libro successivo in modo quasi impercettibile e del resto gli snodi dall'uno all'altro libro in Montale non sono mai netti: il suo mondo poetico non è fatto insomma di grandi svolte, ma piuttosto di continuità. *La bufera* si apre con la sezione *Finisterre,* che fu scritta nel 1940-42 sotto l'incalzare della guerra. Ma già ce n'è più che un preavviso nell'ultima sezione delle *Occasioni*: la «tragedia d'uomini» di *Nuove stanze,* la «bufera / di strida» del *Ritorno,* l'odore «di ragia e di tempesta / imminente» di *Palio,* la «rissa cristiana» della terza stanza di *Notizie dall'Amiata.*

Nel terzo libro di Montale la novità consiste in un più fitto colloquio con il metafisico. Più assiduamente di prima le cose rinviano ad un loro soprasenso, ad un aldilà. Compare più volte la parola Dio e compare ancora Clizia, ma in veste di donna che salva: la donna-guida di una ricerca estrema. La si può ritrovare ad esempio nell' «iride breve» del componimento già citato *L'anguilla* e ancora in *Iride.* Qui, pur dichiarato nel solito modo cauto e dubitoso, il nuovo ruolo appare evidente: «Forse non ho altra prova / che Dio mi vede e che le tue pupille / d'acquamarina guardano per lui». S'infittisce dunque in Montale il colloquio con il divino. Deve però essere chiaro che non si tratta di un restaurato (come ad esempio in Ungaretti) rapporto religioso. La religione di Montale è «una religione spoglia di virtù teologali» (Getto) e il suo colloquio con Dio il grado più alto del suo disperato amore del nulla.

LE ULTIME RACCOLTE

«Satura». Il quarto libro poetico di Montale è *Satura.* Il titolo rimanda a un genere di spettacolo della Roma più antica, fatto di canto, suono e danza. Esso sembra a sua volta derivare il suo nome da *satur,* che significa «pieno», «ricolmo», oppure da *satura lanx,* che era un piatto di primizie offerto agli dei. *Satura* è propriamente una delle due sezioni in cui il libro è diviso (la seconda). La prima s'intitola *Xenia* e si tratta anche qui di un titolo tratto dalla letteratura classica: in questo caso greca. Gli *xenia* erano epigrammi con cui si accompagnavano i doni inviati agli amici in occasione di feste. È intitolato *Xenia* anche un libro degli *Epigrammi* di Marziale e *Xenien* s'intitolano degli epigrammi che Goethe e Schiller scrissero in collaborazione. Nel titolo di Montale è probabile che si raccolgano un po' tutte queste memorie.

Di fatto gli *Xenia* di Montale sono indirizzati alla «Mosca», la moglie morta da poco, il cui nome era Drusilla Tanzi. In essi continua un tenero colloquio familiare, che diventa spesso colloquio sul divino e sull'aldilà. Attraverso momenti trascurabili di vita vissuta, eventi minimi di una trita quotidianità, si pongono le grandi domande irrisolte. Oggetti, ricordi emersi, brandelli di conversazione, persone ripensate, ammicchi e segnali nutrono un dialogo che continua al di là della morte. Ma è un dialogo inesorabilmente chiuso alla speranza.

Da «Satura» ad «Altri versi». Proprio a partire da *Satura* (la seconda sezione del libro omonimo) Montale si fa più sentenzioso, i suoi disdegni diventano brucianti e, per così dire,

Montale ad un ricevimento in casa Piovene nel 1959; a destra il poeta Vittorio Sereni (Farabolafoto).

spietati; affiora il taglio secco del moralista che non indulge a ipocrisie culturali, a mode, a riti ideologici e a parole d'ordine. Gli ultimi libri poetici di Montale sono di fatto un grande regesto di riflessioni e di umori sulle ideologie e sulla storia, sulle filosofie e sulla «caduta dei valori», sulla vita e sulla morte, sulla parola e sulla cosa. Il tono prende forma di dura insofferenza, ispida e totalmente disillusa. È la stagione di *Diario del '71 e del '72* (1973), di *Quaderno di quattro anni* (1977), di *Altri versi* (1980).

Montale commenta e si commenta, guarda alla vita che è tutta un «brulichio d'automi», si fa domande su cronaca e storia, sulla verità inafferrabile che «sguiscia come un'anguilla», sul tempo in cui non crede: «Non credo al tempo, al big bang, a nulla / che misuri gli eventi in un prima e in un dopo». Della sua «musa» dà un'immagine minima e sbrindellata: uno spaventapasseri che è ridotto dai monsoni al brandello di una manica con cui dirige tuttavia «un suo quartetto / di cannucce», la sola musica che ancora il poeta sopporti. La consapevolezza del negativo è totale e già si è citato il componimento *In negativo* in cui ne è data l'affermazione più perentoria. A Montale accade ora di dar conto anche della sua poesia più chiusa e impenetrabile: torna su circostanze esteriori di qualche «occasione», un nome, un verso. Mai come in altre raccolte è più limpido il suo modo di interrogare, che non conosce risposta. Forse il percorso più persuasivo è stato tracciato dallo stesso poeta in un componimento che suona come un congedo. È intitolato *Domande senza risposta* ed è compreso nel *Quaderno di quattro anni*. Eccone il finale: «Non ho avuto purtroppo che la parola, / qualche cosa che approssima ma non tocca; / e così / non c'è depositaria del mio cuore / che non sia nella bara. Se il suo nome / fosse un nome o più nomi non conta nulla / per chi è rimasto fuori, ma per poco, / della divina inesistenza. A presto, / adorate mie larve».

TERZO NOVECENTO

DAL SECONDO DOPOGUERRA AD OGGI

Alla pagina precedente: Giacomo Manzù, due formelle della «Porta della morte» dedicata a papa Giovanni XXIII, 1963. Roma, Basilica di S. Pietro.

TERZO NOVECENTO
CONTESTO

POLITICA E SOCIETÀ

L'Europa tra i due blocchi. Alla fine della seconda guerra mondiale la scena internazionale è dominata dalle due superpotenze uscite vittoriose dal conflitto: gli Stati Uniti e l'Unione Sovietica. Gli Stati Uniti sono l'unico paese prospero in un mondo devastato. La guerra non li ha toccati sul loro territorio e la produzione è pressoché raddoppiata proprio durante il periodo bellico. Dispongono di enormi risorse finanziarie e investono ingenti capitali nei paesi che entrano nella loro zona di influenza. L'Unione Sovietica ha subito nella guerra enormi perdite e ne ha avuto il paese distrutto. Già provata dalla rivoluzione e dal regime staliniano, è ora costretta ad iniziare l'opera di ricostruzione imponendo pesanti sacrifici e rigide forme di controllo.

Un'Europa disfatta cade nelle mani di americani e sovietici e il vecchio continente si trova spaccato in due: da una parte i paesi occidentali a economia capitalistica, retti da sistemi di democrazia parlamentare e sostenuti dagli Stati Uniti; dall'altra i paesi orientali a economia socialista (le cosiddette «democrazie popolari») dove i partiti comunisti, giunti al potere grazie all'Armata rossa, impongono il modello sovietico limitando drasticamente la libertà.

La situazione italiana. L'Italia alla fine del conflitto è in condizioni disastrose: mancano le case, la rete dei trasporti è duramente inceppata; rispetto al periodo prebellico la produzione industriale e agricola è fortemente diminuita, il numero dei disoccupati è altissimo e l'inflazione è alle stelle. A queste gravi condizioni economiche si aggiunge la storica divisione del paese in due tronconi: il Nord e il Sud. Il Settentrione, che si è liberato da solo dall'oppressione nazifascista, è percorso dal «vento del Nord»: una classe operaia fortemente organizzata cerca di realizzare gli ideali di rinnovamento scaturiti dalla Resistenza. Il Meridione, liberato dalle forze alleate, continua ad essere dominato dai vecchi ceti dei notabili che premono, con l'appoggio di una piccola borghesia moderata, per una politica conservatrice quando non reazionaria.

Caduto il governo Parri, costituitosi subito dopo la liberazione, nel dicembre 1945 subentra il primo ministero De Gasperi. Alle elezioni politiche del 2 giugno 1946 la Democrazia cristiana ottiene un largo successo in tutta Italia, sostenuta dai ceti medi e dalla maggioranza dei contadini, mentre i comunisti risultano deboli soprattutto nel Mezzogiorno. Nel maggio del 1947 De Gasperi allontana i partiti di sinistra dal governo. Il 22 dicembre 1947 l'Assemblea Costituente approva il testo della Costituzione repubblicana, che entra in vigore il 1° gennaio 1948. La nuova Costituzione, ispirandosi ai valori della Resistenza, rappresenta un compromesso tra le esigenze del liberalismo e quelle del socialismo. Il giudizio sostanzialmente favorevole delle forze moderate deriva dall'esplicito mantenimento della proprietà privata nell'ordinamento sociale della repubblica. Le sinistre danno anch'esse un giudizio complessivamente positivo per la ragione contraria: per le limitazioni poste alla proprietà privata dal principio delle nazionalizzazioni e dal riconoscimento dei diritti dei lavoratori.

La «guerra fredda». Intanto sul piano internazionale si è venuto diffondendo con la separazione dei blocchi un clima da «guerra fredda». In questo clima di forte diffidenza e di guerra non guerreggiata, tutta tenuta su una lotta di nervi e di propaganda, si svolgono in Italia le nuove elezioni politiche, il 18 aprile 1948. Esse vengono presentate come una drammatica scelta di campo e di civiltà fra Ovest e Est, che soffoca per il momento il dialogo fervidamente avviato fra intellettuali cattolici e marxisti. De Gasperi utilizza per la propaganda i vantaggi degli aiuti americani legati al piano Marshall. Si fronteggiano il Blocco Nazionale, che raggruppa attorno alla Democrazia cristiana tutte le forze moderate, e il Fronte Popolare, che sotto l'insegna di Garibaldi vede alleati socialisti e comunisti. Il Fronte viene sconfitto e la DC da sola sfiora la maggioranza assoluta dei consensi. Si susseguono vari governi presieduti da De Gasperi e composti da democristiani, liberali, repubblicani e socialdemocratici. La ricostruzione economica, invero, è sorprendente, e avviene sotto il segno del moderatismo, che le sinistre non riescono a contrastare. Nel 1953 il Parlamento approva addirittura una legge maggioritaria, che prevede l'assegnazione di due terzi dei seggi parlamentari alla coalizione che ottenga più della metà dei voti. Ma nelle elezioni di quell'anno la legge, definita dalle sinistre «legge truffa», viene sconfitta dal risultato delle urne.

Il centro-sinistra e il boom economico. Dopo dieci anni di governi di centro, nel 1963 Aldo Moro forma il primo governo di centro-sinistra con la partecipazione dei socialisti. Sono anni in cui si assiste ad una notevole crescita dell'economia italiana e in cui si parla di «miracolo economico». Per la prima volta il numero dei lavoratori occupati nell'industria supera quello degli addetti all'agricoltura. Il reddito nazionale cresce della metà: è un boom favorito dall'enorme serbatoio di manodopera disponibile nel Mezzogiorno e dai bassi salari.

Avviene la più grande migrazione interna che l'Italia conosca: milioni di persone si trasferiscono dalle aree povere del Meridione verso le grandi città industriali del Nord. Si diffondono i simboli del nuovo «benessere»: l'automobile, gli elettrodomestici, il turismo di massa. Ma fin dai primi anni Sessanta il «miracolo economico» creato dall'industrializzazione del paese entra in crisi. Si sente il bisogno di estendere sul piano sociale i benefici ottenuti sul piano economico, mentre il paese, nel rapido passaggio dalla pacata società contadina alla dinamica società tecnologica, attraversa anche una travagliata crisi di identità culturale e comportamentale.

Dal Sessantotto alla «strategia della tensione». Sono gli studenti ad avvertire per primi il disagio, contestando strutture e modelli di comportamento del «sistema» e idealizzando realtà «alternative»: la Cina di Mao o il Vietnam in guerra con gli Stati Uniti. La saldatura italiana tra movimento studentesco e rivendicazione operaia porta negli anni '68-'69 ad una serie di conquiste sindacali («autunno caldo»), suscitando peraltro allarme nel mondo imprenditoriale, e innescando fenomeni di neofascismo e tentazioni golpiste, sfociate nella strage di Piazza Fontana (1969): avvio di una strategia della tensione che vede crescere un terrorismo di segno marxista, culminato negli anni di piombo e nell'assassinio del leader democristiano Aldo Moro (1978).

Superati gli anni di piombo, l'Italia recupera una discreta stabilità economica, che la vede negli anni Ottanta al cimento con il vertiginoso ammodernamento portato dall'elettronica e dal computer, anche se rimane insoluto il problema dell'eccessiva spesa pubblica e dell'efficienza dell'apparato statale. Sul piano politico, dopo uno storico «sorpasso» che porta il Partito comunista al divenire il più numeroso d'Italia, si registra in esso una flessione in rapporto a una ripresa democristiana e all'ascesa dei socialisti, che si alternano coi «laici» di centro e i democristiani al governo del paese, in una situazione mutevole in cui si registrano frizioni fra gli alleati al governo, che nelle sedi periferiche optano talvolta per coalizioni con i comunisti. Ma mentre si estende l'ingerenza del potere politico e partitico nella società, nel «paese reale» si viene determinando una minor partecipazione al voto e un distacco spesso rassegnato o cinico dalla politica intesa come ideale.

CULTURA E POLITICA

Gli intellettuali e la politica. Le vicende della vita intellettuale riflettono il cammino accidentato della vita politica e sociale. Durante la Resistenza si era per la prima volta assistito in Italia alla nascita di un legame organico tra intellettuali e masse popolari. Molti intellettuali, pensando che con la guerra parecchie cose sarebbero cambiate irreversibilmente, aderiscono ai partiti di sinistra, in particolare al Partito comunista italiano, nella convinzione che sia possibile un radicale mutamento sociale o una rivoluzione proletaria. Da parte degli intellettuali «avanzati» c'è molta simpatia per un organismo che sembra offrire una saldatura fra cultura e politica, anche dopo la rottura del Fronte Popolare avvenuta nel 1948 fra comunisti e socialisti. La pubblicazione dei *Quaderni del carcere* di Gramsci, voluta da Togliatti, gioca un ruolo molto importante nel dialogo tra intellettuali e PCI, soprattutto per la definizione di una linea culturale prettamente nazionale, che si ricollega alla lezione di Francesco De Sanctis.

La difficoltà dell'incontro tra intellettuali e PCI è contenuta esemplarmente nella vicenda del "Politecnico", la rivista fondata e diretta da Elio Vittorini. Vittorini rivendica la piena autonomia dell'intellettuale sostenendo che la politica agisce sul piano della cronaca, mentre la cultura agisce sul piano della storia; Togliatti ha buon gioco a considerare Vittorini un'«anima bella», ma ingenua. Altrettanto eloquente, anche se meno clamorosa è la polemica che tra il 1954 e il 1955 oppone Togliatti e Norberto Bobbio. A Bobbio preme sapere fino a che punto il comunismo è in grado di accettare alcuni valori tipici del liberalismo. Ma il vero nucleo del problema è rappresentato dal giudizio sull'Unione Sovietica, su come «contemperare libertà e violenze in una determinata situazione storica» (Bobbio), sui rapporti tra libertà e potere, tra società civile e Stato, tra cultura e politica.

La crisi di un sistema. Nel 1956 alcuni avvenimenti quali la diffusione del rapporto sui crimini staliniani, le insurrezioni in Polonia e in Ungheria, l'VIII Congresso del PCI, provocano una grave polemica tra intellettuali e partito, sfociata nell'uscita di molti intellettuali dal PCI. Il Partito comunista ha giudicato infatti come controrivoluzionaria la rivolta d'Ungheria, repressa dai carri armati sovietici. Le prime obbiezioni vengono da Giuseppe Di Vittorio e ad esse si aggiungono le proteste di molti intellettuali; in particolare di Italo Calvino, che esprime nettamente il dissenso suo e di altri intellettuali che fanno capo alla casa editrice Einaudi. Un manifesto di protesta, chiamato poi *Il manifesto dei 101,* viene firmato da un importante gruppo di intellettuali di sinistra.

Il dibattito si sviluppa sulla rivista "Ragionamenti", che può a buon diritto considerarsi l'erede del "Politecnico", e sul "Contemporaneo". Vi partecipano fra gli altri Carlo Cassola,

SETTIMANALE di CULTURA CONTEMPORANEA

IL POLITECNICO 9

A pagina 3: la vera storia della rivoluzione americana

La famiglia mezzadrile

ANCHE LA PUGLIA È NOSTRO PAESE

Il menabò 2

LA RACCOLTA DEL FIENO

quarantasei poesie di Roberto Roversi

Le poesie italiane di questi anni

Franco Fortini

La ragazza Carla

racconto in versi di Elio Pagliarani

L'Appennino contadino

saggio in versi di Paolo Volponi

IL MARE DELL'OGGETTIVITÀ

di Italo Calvino

Camillo Pennati QUINDICI POESIE

Il malpensante commedia in versi di Francesco Leonetti

Vittorio Sereni UNA NOTIZIA

Giulio Einaudi editore Torino 1960

Da sinistra: Prima pagina del "Politecnico", n. 9, 24 novembre 1945 (Fotot. Stor. Naz.). Frontespizio del "Menabò", n. 2, 1960.

lo stesso Calvino, Vittorini, Franco Fortini. La discussione verte sul «gramscismo», sulle questioni strutturali della società italiana (il rapporto tra Nord e Sud, tra agricoltura ed industria) e sovrastrutturali, come appunto il rapporto tra intellettuali e partiti di sinistra. Emerge l'idea di una cultura «che si fa da sé e fa da sé», a ribadire la più completa autonomia dell'intellettuale da qualsiasi direttiva di partito.

Anche il Neorealismo — la tendenza che ha fino a questo punto prevalso in campo cinematografico e letterario — entra in crisi. Frutto di esperienze diverse e molteplici, punto di passaggio piuttosto che d'arrivo, il Neorealismo ha fatto il suo tempo.

Gli scrittori e la realtà industriale. Dalla crisi di identità emersa prima con la vicenda del "Politecnico" e poi con la diaspora degli intellettuali dal PCI dopo i fatti d'Ungheria nasce, congiunta con l'esaurirsi del Neorealismo e con il sorgere della nuova realtà industriale, la ricerca di una risposta adeguata ai tempi. Alfabetizzazione e scuola di massa, mass media (radio, televisione, giornali, pubblicità) e mercato introducono ulteriori elementi di riflessione e impongono nuove verifiche. A promuovere la battaglia per un impegno capace di superare lo smarrimento e le tentazioni di fuga sono soprattutto due riviste attente ai problemi della società e del linguaggio: "Officina" (1955-1959) e "Il menabò" (1959-1967).

"Officina" è ideata e redatta da Pier Paolo Pasolini, Francesco Leonetti, Roberto Roversi, ai quali si aggiungono, sul finire, Franco Fortini, Angelo Romanò, Gianni Scalia, e teorizza un confronto più problematico con la realtà, puntando soprattutto sulla ricerca formale. "Il menabò", diretto da Elio Vittorini e Italo Calvino, affronta questioni diverse (ogni numero nasce attorno ad un tema specifico) e nel n. 4 del settembre 1961 pone la questione del rapporto «industria e letteratura». S'intitola così il saggio di Vittorini, suscitatore di un dibattito ospitato sullo stesso numero e in quello successivo. Per Vittorini il rapporto industria-letteratura non deve produrre equivoci di contenuto (romanzi di operai invece che di contadini), ma provocare un ripensamento globale del ruolo dello scrittore nella realtà neocapitalistica di produzione e di mercato.

Si rinnova la nozione di «impegno» e molti intellettuali entrano a far parte di *équipes* che lavorano all'interno della fabbrica. Il centro più attivo di investimento intellettuale è legato alla figura di Adriano Olivetti (1901-1960), un industriale illuminato che avvia un'opera di grande portata riformatrice. Olivetti fonda il Movimento di Comunità (1948), a cui fanno capo una rivista ("Comunità") ed una casa editrice. Entro questo circuito, e potendosi giovare

IL MESTIERE DELLE LETTERE

Nella letteratura del Novecento, in rapporto all'allargamento del pubblico dei lettori, la vecchia attività tipografica si trasforma in moderna industria editoriale. Si diffondono sempre più le riviste e i giornali, anticamera dei mass media radiofonici, cinematografici e televisivi. In rapporto a questa trasformazione, si vengono creando nuovi ruoli per il letterato, mentre le altre funzioni che già svolgeva si modificano profondamente.

Una grande svolta nello sviluppo editoriale avviene tra le due guerre, con l'ascesa vertiginosa di case editrici come la Mondadori. Nata dall'intraprendenza di un uomo di modesta cultura, Arnoldo, ma di grande intuito, la Mondadori crebbe grazie ad iniziative indovinate e poliedriche, quali l'acquisizione del più celebre autore del tempo, D'Annunzio, e la stampa di testi ad alta tiratura (anche su commissione del regime fascista), di collane per un vasto mercato, come gli economici «Omnibus» o i successivi «Oscar», dei celebri «Gialli» (che col colore della copertina diedero il nome al genere poliziesco), di fumetti fortunati come il "Topolino" di Walt Disney. Fra le altre case notevoli, la Garzanti (che rileva la Treves in difficoltà anche per le persecuzioni antisemite), la Rizzoli, la Bompiani, più tardi la Einaudi, la Adelphi.

Acquista così un ruolo importante il consigliere dell'editore, ufficiale o ufficioso, che guida le scelte e detta spesso una «linea» editoriale. Si tratta a volte di un grande scrittore, come Pavese; a volte di un uomo di grande gusto ma che non scrive o scrive poco, come Roberto Bazlen; talvolta di un manager *illuminato, come Luigi Rusca (creatore della più popolare collezione economica del dopoguerra, la BUR Rizzoli), o di un mecenate-umanista, come il banchiere Raffaele Mattioli (animatore delle grandi imprese di Ricciardi). Spesso l'editore entra in prima persona con un ruolo decisivo (Valentino Bompiani, Giulio Einaudi, Livio Garzanti). Resta comunque difficile disegnare la mappa della cultura novecentesca senza considerare il ruolo di scrittori-consulenti, come Elio Vittorini, Cesare Pavese, Italo Calvino (per Einaudi), Vittorio Sereni (per Mondadori), Attilio Bertolucci (per i poeti «garzantiani»). Possono aggiungersi influenti recensori sulle pagine di riviste letterarie o di quotidiani prestigiosi (si pensi alle recensioni di Pietro Pancrazi, o a più recenti «firme» come Pietro Citati o Claudio Magris). Né va sottovalutato il ruolo di intellettuali che «fanno opinione», coi loro salotti, con le fitte relazioni editoriali, col loro attivismo nei confronti dei mass media (da Moravia a Pasolini a Eco), a tacere dei complessi meccanismi di piccolo e grande potere, con relativo scambio di favori, che caratterizza un fenomeno diffusissimo in Italia, qual è quello dei premi letterari.*

Si avverte negli ultimi anni un passaggio dall'influenza del letterato di prestigio che guida l'editore alla logica del best-seller, *del «successo» mercantile da propiziare con abili strategie (per cui nella grande editoria la voce del* manager *prevale su quella dell'uomo di cultura). L'intellettuale-scrittore di ieri si sdoppia, e cede a una figura «americana», quella dello scrittore scoperto e pilotato da un abile* editor, *verso cui egli mostra la totale e grata dipendenza propria di un pugile verso il suo procuratore o di un'attricetta verso il suo produttore.*

Volumi apparsi in fortunate collane «economiche» di narrativa e di fumetti.

della diretta esperienza della fabbrica, lavorano sociologi, psicologi, economisti e scrittori tra cui OTTIERO OTTIERI (1924) e PAOLO VOLPONI (1924). Dall'esperienza nascono i romanzi di Ottieri, *Tempi stretti* (1957) e *Donnarumma all'assalto* (1959), e i romanzi contigui di Volponi, *Memoriale* (1962) e *La macchina mondiale* (1965).

Gli ultimi anni. A questi tentativi fa seguito, partendo soprattutto dalla fine degli anni Sessanta, una diversa organizzazione dell'impegno intellettuale e letterario. La ricerca all'interno della struttura neocapitalistica si esaurisce e in piena epoca di contestazione globale la funzione precipua dell'intellettuale diventa lo smascheramento delle mistificazioni riformistiche e progressiste. Alla letteratura in particolare è sottratto ogni spazio di autonomia. Essa viene piegata ad un uso meramente strumentale: di subordinazione al primato del «politico».

È questo, a ben vedere, l'ultimo colpo dell'idea di sinistra di «intellettuale organico» e di «egemonia» nella cultura. Tale egemonia è praticata attraverso un forte impegno soprattutto nella scuola, ora con sereno lavoro, ora con dogmatica aggressività verso i non «addottrinati». Ma quell'idea entra in crisi con la delusione del dopo-Sessantotto, che precipita molti intellettuali di sinistra o verso l'abisso del terrorismo o verso fughe irrazionalistiche orientaleggianti; nel contempo, anche alcuni parametri politici, già mitizzati, rivelano un volto nuovo: la rivoluzione maoista viene rinnegata nella stessa Cina; il Vietnam, che aveva vinto la potenza americana, precipita l'Indocina in una tragedia immane di stragi; il Terzo Mondo, già sollevato contro l'imperialismo economico occidentale, si vede ora implicato con l'imperialismo sovietico, quando non si dilania in guerre fra poveri. Intanto anche i volti delle superpotenze mutano connotati: l'America sorridente di Kennedy cede al duro economicismo reaganiano; mentre in Unione Sovietica, dopo i fermenti degli intellettuali dissidenti, Gorbaciov intraprende un processo di liberalizzazione interna, riformando i principi leninisti e avviando una politica estera pacifista.

Le polemiche scagliate da qualche intellettuale marxista contro i metodi formali che entrano fecondamente nella cultura italiana degli anni Settanta (grazie a riviste come "Strumenti critici" e poi "Alfabeta"), hanno un sapore di retroguardia, come le critiche mosse dai superstiti seguaci dell'idealismo crociano. D'altra parte la «crisi delle ideologie», maturata negli anni Ottanta, pone quesiti anche agli intellettuali di diverso orientamento: piuttosto appartati durante gli anni dell'egemonia di sinistra, debbono anch'essi trovare un loro equilibrio fra tendenze integraliste e dialogo tollerante, di fronte a difficili battaglie, per esempio sul divorzio o sull'insegnamento della religione, che ricreano antiche fratture fra laici e cattolici.

D'altro canto la difesa dell'autonomia della cultura caratterizza intellettuali d'ogni segno: se Leone Piccioni può combattere l'idea di una «cultura cattolica», che sarebbe un contraltare altrettanto rigido delle culture ideologizzate o politicizzate, intellettuali d'ogni orientamento attingono alla letteratura l'energia per sottrarsi al «riflusso» di una società che tutto consuma, e che preferisce l'immagine o il video alla parola. Gli scrittori che s'erano visti emarginati o in crisi negli anni Sessanta per la fedeltà allo «spazio letterario», minacciato allora dalle veemenze ideologiche o dai proclami avanguardistici, trovano proprio sull'onda lunga della letteratura libera e autonoma la forza per un rinnovamento della tradizione: la fedeltà ai «classici» antichi e moderni, ai grandi maestri mitteleuropei e italiani, rilancia negli anni Ottanta una voglia di poesia comunicativa e, soprattutto, di «raccontare» la storia e la vita. D'altra parte, se la letteratura non è più tacciata come colpevole evasione edonistica, è vero che — negli anni del «riflusso» — gli intellettuali si trovano esposti a due nuovi rischi: quello, insidioso, di cavalcare gli strumenti del successo, agganciato sempre più al mondo consumista dei mass media, tra frivolezze mondane e giochi di potere; e quello, non meno grave, di chiudere gli occhi dinanzi alle nuove questioni poste da un mondo in cui il benessere coesiste con la manipolazione dei cervelli, con l'imbecillità conformista, con l'apatia etica capillarmente diffusa nel mondo del lavoro, della politica, degli affari, con l'indifferenza verso i nuovi emarginati e i deboli di sempre.

TERZO NOVECENTO

GEOGRAFIA CULTURALE

IL NEOREALISMO: UNA POETICA PER LA RICOSTRUZIONE

L'età del Neorealismo

Neorealismo e dopoguerra. L'Italia nell'età della Resistenza e nei primi anni del dopoguerra è attraversata da una profonda aspirazione ad un rinnovamento culturale, che coinvolge letteratura, cinema, arti figurative. Si sente l'esigenza di troncare con un passato politico e sociale che viene identificato con il fascismo. Di conseguenza anche con quegli aspetti della letteratura, dominanti tra le due guerre, che sembrano troppo compromessi con un'atmosfera coercitiva e subdolamente protettiva, con il provincialismo spesso tetro in cui l'Italia si è rinchiusa. Il culto dei valori formali, il calligrafismo, la mancanza di un reale impegno sono visti come il segno di un'involuzione politica e culturale che si vuole allontanare per sempre attraverso un salutare bagno di realtà. Questo momento ideologico e culturale viene indicato con il nome di Neorealismo. È facile cogliere nei dibattiti e nelle opere degli anni 1945-1955 i segni di questa spinta al rinnovamento della cultura e alla promozione di un nuovo rapporto tra il pubblico e lo scrittore, ma non è altrettanto facile isolare il fenomeno in termini precisi. Si tratta in verità di un movimento dai contorni molto sfumati e qualcuno ha potuto perfino sostenere che non sia mai esistito. Ne stanno al centro la Resistenza e la tensione che essa riesce a innescare, ma si tratta di un centro che non è senza tradizione. Secondo alcuni critici si può già chiamare neorealista, come si è visto, una certa tendenza della letteratura italiana degli anni Trenta, che fa capo a scrittori come Alberto Moravia, Corrado Alvaro, Ignazio Silone, Elio Vittorini, Carlo Bernari e, con qualche forzatura in più, Vitaliano Brancati.

Lo scrittore e l'impegno. La guerra, la caduta del fascismo, la Resistenza sono per gli scrittori italiani una scossa violenta; è l'irruzione della realtà nella cosiddetta «torre d'avorio», diventa inevitabile fare i conti con la società e prendere posizione. La letteratura della bella pagina consolatrice non può più reggere e l'intellettuale avverte di avere dei compiti da assolvere anche sul piano politico. L'attività dello scrittore deve volgere alla costruzione di una cultura nazionale, che sia frutto di impegno morale e di produttivo rapporto con il popolo;

un'aspirazione che ha già percorso Illuminismo e Romanticismo. Ma ciò che non è accaduto nelle contraddizioni del giacobinismo e del Risorgimento deve realizzarsi ora, che per la prima volta una partecipazione collettiva pone le basi di una cultura democratica e popolare.

L'episodio più significativo nella direzione di una «nuova cultura» è la rivista "Il Politecnico", prima settimanale e poi mensile. Fondata e diretta da Elio Vittorini, essa agisce in profondo sugli intellettuali italiani pur nel ristretto periodo delle sue pubblicazioni (dal settembre del 1945 al dicembre del 1947). Ambizione di Vittorini e dei collaboratori più attivi del periodico è creare un nuovo modello di intellettuale, interprete dei problemi e degli interessi delle classi lavoratrici, non più elitario e chiuso nei propri tecnicismi letterari. Si istituisce e si privilegia il dialogo con la politica e si propone una «cultura che non sia consolazione delle sofferenze ma che dalle sofferenze provenga e le combatta». Un ruolo di primaria importanza ha la cultura di ispirazione marxista, riorganizzatasi dopo il ventennio fascista e gestita soprattutto dal Partito comunista. Il dibattito nella sinistra è arricchito dalla pubblicazione tra il 1948 e il 1951 dei *Quaderni del carcere* di Gramsci e dalla diffusione dei principi del realismo marxista, di cui è portavoce autorevole il filosofo ungherese György Lukács.

I contenuti e il linguaggio. In questo quadro di riferimento si sviluppano dunque i caratteri dominanti della letteratura del decennio 1945-1955. Una spinta al realismo, un desiderio di verità e di conoscenza della realtà umana e sociale, di documentare le condizioni di vita anche per creare nuovi rapporti di convivenza; la conseguente tendenza a preferire gli ambienti provinciali e regionali e in genere la realtà popolare contadina e operaia, riallacciandosi in ciò all'esperienza del Verismo e in particolare all'opera del Verga: il popolo è visto come depositario dei valori sani e positivi, portatore di una possibilità di riscatto e di rinnovamento. Cresce l'attenzione specifica per il Mezzogiorno, s'impone un'esigenza vivissima di trasformazione e di rinnovamento del linguaggio: calarsi nel mondo popolare italiano vuol dire trovare una realtà che è dialettale e deve essere posta in primo piano per una caratterizzazione, che voglia essere realistica. C'è inoltre la necessità di un rapporto più ampio con il pubblico, l'esigenza di un allargamento del numero dei lettori. Nei desideri di molti neorealisti c'è il progetto di raggiungere e di coinvolgere le classi popolari fino allora escluse dal rapporto con la cultura. Di qui una lingua semplice, ricalcata sul parlato.

La tecnica narrativa e la lingua ricevono un influsso non indifferente dai modelli della narrativa nordamericana. Non si può parlare tuttavia di una «scuola», ma di una tendenza che nel rappresentare la realtà contemporanea vuole fare di questa rappresentazione uno stimolo per una battaglia politica e sociale. Il principio fondamentale è dunque l'«impegno», che si riallaccia al concetto di *engagement* enunciato negli stessi anni in Francia dal filosofo Jean Paul Sartre: lo scrittore interviene nella realtà per mezzo del suo lavoro specifico. Siamo perciò alla negazione della posizione che appartiene agli scrittori della "Ronda", per i quali l'artista adempie ai propri doveri di uomo solo in quanto scrive. Qui invece ciò che conta è l'uso sociale che si può fare della sua opera.

Il cinema. Il Neorealismo non è soltanto un fenomeno letterario ma coinvolge anche le arti figurative e lascia un'impronta durevole nella storia del cinema. Lo stesso vocabolo «neorealismo» prende la sua connotazione precisa in ambito cinematografico. È infatti usato per la prima volta dal montatore Mario Serandrei nel 1942 durante la lavorazione del film di Luchino Visconti, *Ossessione*. In breve volgere di tempo un gruppo eccezionale di opere nasce caratterizzato da una poetica affine a quella della letteratura coeva: *Roma città aperta* (1945) e *Paisà* (1946) di Roberto Rossellini; *Sciuscià* (1946), *Ladri di biciclette* (1948), *Miracolo a Milano* (1951) e *Umberto D.* (1952) di Vittorio De Sica; *Ossessione* (1943), *La terra trema* (1948) e *Bellissima* (1952) di Luchino Visconti.

Se ora si prova a nominare molte tra le più note opere narrative scritte nel decennio preso in considerazione, si incontra difficoltà a riconoscervi una precisa coincidenza con i principi di poetica appena delineati. Si tratta di opere di autori che, nati in un clima diverso,

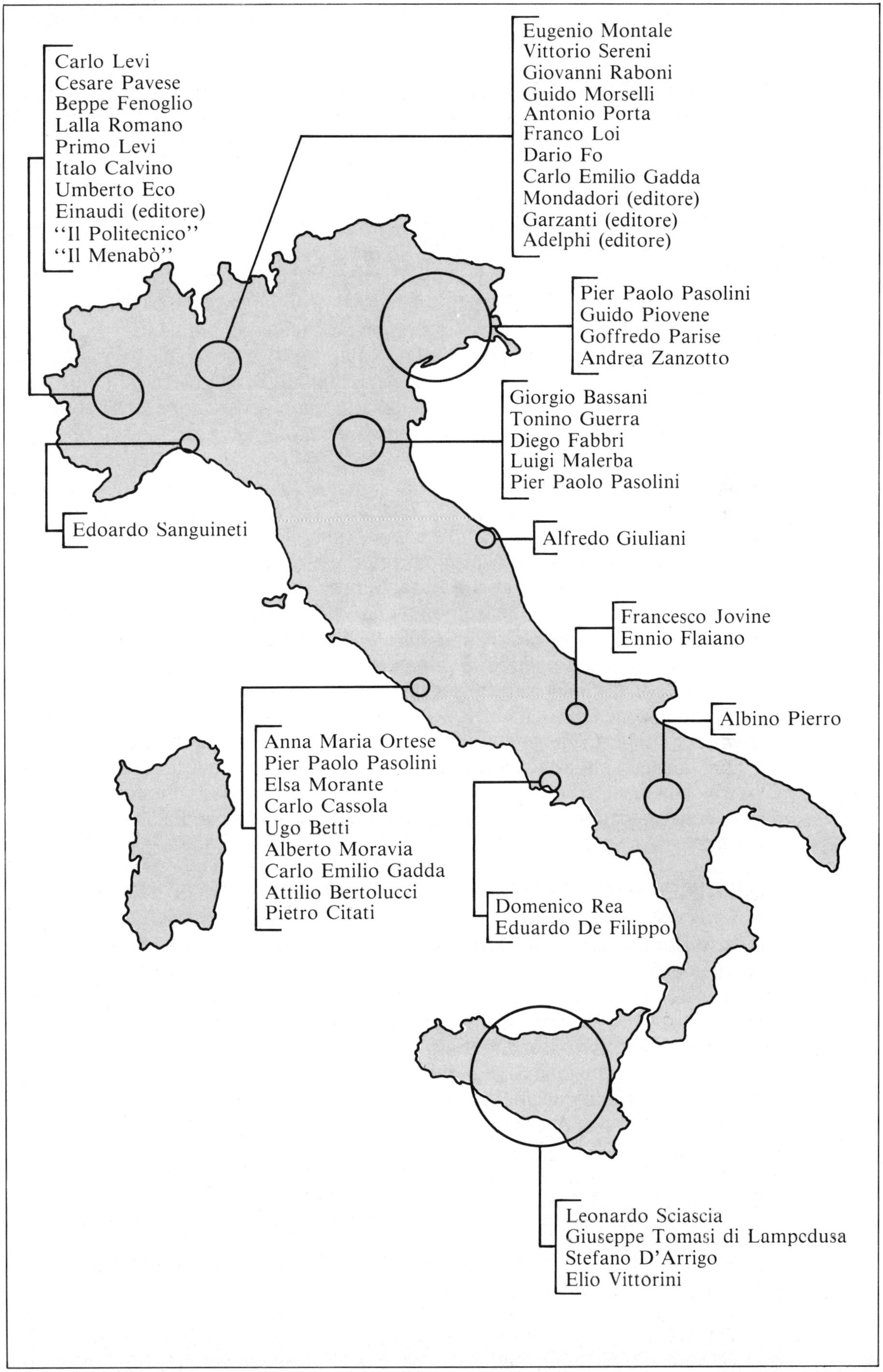
Carlo Levi
Cesare Pavese
Beppe Fenoglio
Lalla Romano
Primo Levi
Italo Calvino
Umberto Eco
Einaudi (editore)
"Il Politecnico"
"Il Menabò"
Eugenio Montale
Vittorio Sereni
Giovanni Raboni
Guido Morselli
Antonio Porta
Franco Loi
Dario Fo
Carlo Emilio Gadda
Mondadori (editore)
Garzanti (editore)
Adelphi (editore)
Pier Paolo Pasolini
Guido Piovene
Goffredo Parise
Andrea Zanzotto
Giorgio Bassani
Tonino Guerra
Diego Fabbri
Luigi Malerba
Pier Paolo Pasolini
Edoardo Sanguineti
Alfredo Giuliani
Francesco Jovine
Ennio Flaiano
Albino Pierro
Anna Maria Ortese
Pier Paolo Pasolini
Elsa Morante
Carlo Cassola
Ugo Betti
Alberto Moravia
Carlo Emilio Gadda
Attilio Bertolucci
Pietro Citati
Domenico Rea
Eduardo De Filippo
Leonardo Sciascia
Giuseppe Tomasi di Lampedusa
Stefano D'Arrigo
Elio Vittorini

hanno dietro di sé un diverso passato. Al centro della loro ispirazione c'è l'analisi della condizione dell'uomo, ma questa appare irrimediabilmente legata alla rappresentazione della solitudine, della crisi esistenziale e soprattutto è intrisa di uno scetticismo ineliminabile sulla possibilità di modificare la realtà e di prefigurare un mondo diverso. Molta parte della loro opera mal si adatta perciò al clima ottimistico e qualche volta addirittura trionfalistico del Neorealismo.

Precursori e indipendenti: Moravia, Vittorini, Pavese, Pratolini. Esemplare in questa direzione è ALBERTO MORAVIA (1907): *Gli indifferenti* conoscono un largo successo e fanno dello scrittore un precursore. Ma alcuni dei libri di Moravia (*La romana,* 1947; *Racconti romani,* 1954; *La ciociara,* 1957), pur coincidendo con gli anni del Neorealismo e pur volgendosi a temi sociali come la guerra e la rappresentazione di ambienti popolari, non rivelano nella sostanza una diversità dalle fondamentali direttive della sua narrativa.

Più coinvolto nell'atmosfera di quegli anni appare ELIO VITTORINI (1908-1966) che è riconosciuto come precursore e maestro della giovane generazione degli scrittori neorealisti anche per il compito che si è assunto di organizzatore culturale. Le sue opere *Uomini e no* (1945), *Il Sempione strizza l'occhio al Frejus* (1947), *Le donne di Messina* (1949), *Erica e i suoi fratelli* (1956) non giungono però mai, al di là dei programmi, a realizzare quella nuova letteratura che analizza con strumenti adeguati il reale per trasformarlo: le concrete situazioni tendono ad assumere un carattere mitico, simboli di un'eterna lotta tra il bene e il male sentita con impeto vitalistico e in modi lirici.

L'interesse per il mito, per il «fatto avvenuto una volta per tutte, che perciò si riempie di significati, e sempre se ne andrà riempiendo (...) fuori dal tempo» è il nucleo fondamentale dell'opera di CESARE PAVESE (1908-1950); anche se ha toccato i temi della guerra, della Resistenza e dell'impegno politico (*Il compagno,* 1947; *La casa in collina,* 1949; *La luna e i falò,* 1950) essa resta soprattutto legata ad un ambito «decadente».

Una narrazione tutta volta invece al mondo degli umili è dovuta a VASCO PRATOLINI (1913) (*Il quartiere,* 1944; *Cronaca familiare,* 1947; *Cronache di poveri amanti,* 1947). Ma anche qui, non l'analisi politica sostanzia la scrittura, ma l'intima adesione ad un mondo rivissuto nel filtro della memoria. Sicché forse la carica emotiva di questi anni è più evidente nel particolare filone narrativo, che rivolge la sua attenzione alla condizione del Mezzogiorno.

Culmine e crisi del Neorealismo

Una testimonianza di Italo Calvino. L'etichetta di «neorealismo» si attaglia abbastanza compiutamente ad un particolare gruppo di opere: la produzione di diari, di memorie, di testimonianze, di cronache e anche di racconti e di romanzi legati all'esperienza della guerra e della Resistenza. Memoria e invenzione si sono fuse in uno stretto giro di anni creando, se non un'epopea, certo il segno di un'atmosfera fortemente vissuta. Italo Calvino, nella prefazione alla nuova edizione del suo romanzo *Il sentiero dei nidi di ragno* (1964) ricorda: «L'esplosione letteraria di quegli anni in Italia fu, prima che un fatto d'arte, un fatto fisiologico, esistenziale, collettivo. Avevamo vissuto la guerra, e noi più giovani — che avevamo fatto appena in tempo a fare il partigiano — non ce ne sentivamo schiacciati, vinti, "bruciati", ma vincitori spinti dalla carica propulsiva della battaglia appena conclusa, depositari esclusivi di una sua eredità (...). L'essere usciti da un'esperienza — guerra, guerra civile — che non aveva risparmiato nessuno stabiliva un'immediatezza di comunicazione tra lo scrittore e il suo pubblico: si era a faccia a faccia, alla pari, carichi di storia da raccontare, ognuno aveva avuto la sua, ognuno aveva vissuto vite irregolari drammatiche avventurose, ci si strappava la parola di bocca. La rinata libertà di parlare fu per la gente al principio smania di raccontare: nei treni che riprendevano a funzionare, gremiti di persone e pacchi di farina e bidoni di olio, ogni passeggero raccontava agli sconosciuti le vicissitudini che gli erano occorse, e così ogni avventore ai tavoli delle "mense del popolo", ogni donna nelle code ai negozi; il grigiore delle vite quotidiane sembrava cosa d'altre epoche; ci muovevamo in un multicolore universo di storie (...) Esprimere che cosa? Noi stessi, il sapore aspro della vita che avevamo appreso allora allora, tante cose che si credeva di sapere o di essere, e forse in quel tal momento sapevamo ed eravamo. Personaggi, paesaggi, spari, didascalie politiche, voci gergali, parolacce, lirismi, armi ed amplessi non erano che colori della tavolozza, note del pentagramma, sapevamo fin troppo bene che quel che contava era la musica e non il libretto, mai si videro formalisti così accaniti come quei contenutisti che eravamo, mai lirici così effusivi come quegli oggettivi che passavamo per essere».

Diari, memorie, testimonianze, romanzi. Appartengono a tale temperie i libri di memorie di PRIMO LEVI (1919-1987) (*Se questo è un uomo,* 1947), di GUGLIELMO PETRONI (1911) (*Il mondo è una prigione,* 1949); di MARIO RIGONI STERN (1921) (*Il sergente nella neve,* 1953) e una ricca produzione narrativa che alla distanza certamente appare assai diseguale per i risultati artistici, ma che nel momento in cui comparve concorse a formare un messaggio compatto ed omogeneo, rispondente alle esigenze del clima generale dell'epoca. Un breve elenco delle opere nate da questa tensione può comprendere: *Pane duro* (1946) di SILVIO MICHELI; *Il cielo è rosso* (1947) di GIUSEPPE BERTO (1914-1978); *Il sentiero dei nidi di ragno* (1947) di ITALO CALVINO (1923-1985); *Dentro mi è nato l'uomo* (1947) di ANGELO DEL BOCA; *La parte difficile* (1947) di ORESTE DEL BUONO (1923); *L'Agnese va a morire* (1949) di RENATA VIGANÒ (1900-1976). Luogo di arrivo e di superamento di questa narrativa, che vi tocca il suo punto epico e fantastico più persuasivo, è BEPPE FENOGLIO (1922-1963), i cui racconti *I ventitré giorni della città di Alba* (1952) rientrano nell'ambito cronologico del nostro discorso.

Fine del Neorealismo. Alla metà degli anni Cinquanta l'entusiasmo e l'ottimismo che accompagnano tanta produzione neorealistica appaiono in via di estenuazione. Vari elementi contribuiscono a provocare la crisi. Con la rottura dell'unità antifascista si ha il passaggio all'opposizione delle forze della sinistra e la fine delle speranze di rinnovamento sociale e politico che esse perseguono. I governi centristi lavorano per una restaurazione culturale che tende a vanificare le spinte innovative della cultura nata con la Resistenza. Ma la crisi sta soprattutto all'interno del movimento: l'arte auspicata dai neorealisti avrebbe avuto bisogno di intellettuali provvisti di ben agguerriti strumenti conoscitivi per analizzare il reale e per trovare i mezzi espressivi adeguati a tradurre l'analisi in opere. Tutto questo non è o non è ancora patrimonio del ceto intellettuale italiano troppo legato alla sua antica tradizione. Gli stessi intellettuali di sinistra non sanno costruire di se stessi che un'immagine di mediatori o di educatori nei confronti delle masse. Lo sviluppo stesso del capitalismo trasforma largamente i termini dei problemi politici e mette maggiormente in evidenza l'insufficienza delle strategie politiche e culturali nate negli anni del dopoguerra. Nuove esperienze si affacciano e nuove proposte si pongono sul piano della comprensione del reale e della sua rappresentazione artistica.

Nel 1955 appare il romanzo *Metello* di VASCO PRATOLINI, primo di una trilogia intitolata *Una storia italiana* (gli altri due, *Lo scialo* e *Allegoria e derisione* escono rispettivamente nel 1960 e nel 1966). Il romanzo è ambientato alla fine dell'Ottocento. Metello, orfano allevato da una famiglia di contadini, giunge a Firenze per fare il muratore e partecipa attivamente alle lotte sociali. La sua vita privata e in particolare le sue vicende sentimentali e coniugali s'intrecciano con quelle della lotta politica combattuta negli ambienti anarchici e socialisti. La vicenda personale di Metello coincide con il primo formarsi di un movimento organizzato di lavoratori a Firenze. Questo romanzo, che è sentito da qualcuno come il culmine di un'esperienza, il passaggio dal Neorealismo al realismo, è l'occasione di una polemica accesa che coinvolge le radici stesse della poetica neorealistica: non basta un contenuto progressista per fare un'arte progressista — si dice —, né si può acriticamente sostenere un'identificazione fra arte e realismo. Il Neorealismo è così giunto alla fine.

LA NARRATIVA E LA QUESTIONE MERIDIONALE

La tradizione postunitaria. Il complesso dei problemi legati all'arretratezza politica, economica e sociale dell'Italia meridionale all'indomani dell'unità viene storicamente condensato nella nota formula di «questione meridionale». Si tratta di un problema su cui si è a lungo misurata la pubblicistica storico-politica di diversa ispirazione, che va da Leopoldo Franchetti e Sidney Sonnino a Pasquale Villari, da Gaetano Salvemini a Giustino Fortunato, da Tommaso Fiore e Guido Dorso ad Antonio Gramsci. Entro certi limiti, anche la letteratura ha tenuto dietro al dibattito e la «questione meridionale» è passata nelle pagine degli scrittori: basterebbe citare l'ampio e desolato quadro narrativo offerto dall'opera complessiva del Verga, pensare al romanzo *I Viceré* (1894) di Federico De Roberto, o ancora a *I vecchi e i giovani* (1909) di Luigi Pirandello, con cui si è già in pieno Novecento. Ma non è, in definitiva, moltissimo. Una sensibilità specifica si forma soltanto a partire dagli anni Trenta, in concomitanza con la narrativa «realista», che reagisce al rondismo e al calligrafismo della prosa d'arte e del «capitolo» per frugare nella dura realtà storico-sociale italiana e coglierne i segni delle responsabilità individuali e collettive.

Corrado Alvaro. È quanto avviene nella raccolta di racconti di CORRADO ALVARO (1895-1956), *Gente in Aspromonte* (1930), ma poi anche in *L'età breve* (1946) e nei due romanzi *Mastrangelina* e *Tutto è accaduto,* pubblicati postumi nel 1960 e nel 1961. Ispirata alla realtà della Calabria, con la sua miseria antica e le lotte dei suoi contadini, le sue figurazioni mitiche e le sue tradizioni, la sua allucinante immobilità e la sua civiltà di secoli, l'opera di Alvaro è l'espressione di una sincera adesione di meridionalista. La narrazione, accanto ai modelli del Verga, dei regionalisti e degli scrittori russi, lascia intravedere residue tracce dannunziane e rondiste, specialmente nel lirismo acceso che informa non poche pagine.

Ignazio Silone. La tematica della sofferenza e della miseria del mondo contadino e delle campagne del Sud è anche in *Fontamara* (1930) di IGNAZIO SILONE (Secondo Tranquilli, 1900-1978). In *Fontamara* è narrata la storia dei «cafoni» della Marsica, angariati dal potere dei padroni e dei gerarchi fascisti, ma anche dell'eterno dissenso degli uomini liberi contro il potere assoluto. È un motivo che ritorna in tutta l'opera di Silone: da *Pane e vino* (1937) poi ripubblicato con il titolo *Vino e pane* (1955), fino a *Il seme sotto la neve* (1941), *Una manciata di more* (1952), *L'avventura di un povero cristiano* (1968). Nella vicenda dei contadini di Fontamara, che si ribellano al sopruso dei potenti incarnati dalla figura dell'«Impresario», nel loro tentativo di rivolta capeggiata da Berardo Viola, nella spietata repressione, nella losca mediazione dell'avvocato don Circostanza, fedele servitore dei potenti, nella morte in carcere di Berardo, Silone rivela il suo impegno meridionalistico, che consiste nel denunciare l'estrema arretratezza sociale e il feudalesimo in cui il fascismo (ultima raffigurazione di un potere dal volto sempre oppressivo) costringe il Mezzogiorno. Lo rivela con la sua profonda pietà per gli umiliati e offesi, rifiutando una rappresentazione pittoresca e folkloristica. A differenza di Alvaro, la cui opera sente il travaglio della tensione stilistica indebitata con il rondismo di partenza, Silone opera senza troppa ricerca di stile, o meglio il suo stile consiste nel trattare i personaggi con disadorno affetto di scrittore. Il suo itinerario biografico, che lo vede nascere in Abruzzo e morire a Ginevra, corrisponde al muovere della sua opera dal concreto storico e particolare al problema universale. Fra i primi aderenti al comunismo, nell'aspirazione a una vera giustizia sociale, ne uscì precocemente intuendo gli esiti tirannici dello stalinismo; ma neppure la sua opera matura cade nel dogmatismo: nell'*Avventura di un povero cristiano,* che rievoca la vicenda di papa Celestino V, il papa che fece il «gran rifiuto», coglie nel Cristo una forza di redenzione e liberazione dell'umanità che non coincide del tutto con le posizioni della Chiesa ufficiale, ma tende a superarle.

Carlo Bernari. Se con Alvaro e Silone fa spicco il mondo contadino, con CARLO BERNARI (1909) e con il suo romanzo più noto, *Tre operai* (1934), l'indagine narrativa verte sul sottoproletariato urbano. Considerato tra i precursori del Neorealismo, il romanzo risulta strettamente legato ai motivi di un Mezzogiorno povero e diseredato. Ad essi rimangono vincolate, sia pure con qualche concessione al folklorico e al favolistico, le opere successive: *Quasi un secolo* (1940), *Il pedaggio si paga all'altra sponda* (1943), *Napoli guerra e pace* (1945), *Speranzella* (1949), *Vesuvio e pane* (1952). *Tre operai* racconta, sullo sfondo di tre città meridionali (Napoli, Crotone e Taranto), le storie di Teodoro, Marco e Anna negli anni che precedono e seguono la prima guerra mondiale. Le loro esistenze si divaricano, s'incrociano, si divaricano di nuovo. Attraverso le storie individuali, provate, dei tre protagonisti, attraverso le loro sofferenze, rabbie, rinunce, la loro volontà di trovare dignità nel lavoro, il romanzo documenta una realtà drammatica e, anche se non si addentra in una diretta indagine della condizione operaia o del lavoro di fabbrica, ritrae il disfacimento di una coscienza di classe fiaccata nel corpo e nelle energie psichiche.

Neorealismo e questione meridionale. Nei primi anni Quaranta e in quelli immediatamente successivi alla seconda guerra mondiale, la narrativa realista registra un ulteriore, rigoglioso sviluppo, come si è visto, con la svolta del Neorealismo. La nuova narrativa si volge ai temi della lotta antifascista, del rinnovamento etico-politico della società, della Resistenza, del riscatto delle masse proletarie. Arricchita dal pensiero di Gramsci, che viene conosciuto attraverso la pubblicazione dei *Quaderni del carcere,* la narrativa neorealista sviluppa più in profondità il dibattito meridionalista. Mentre si moltiplicano le opere di denuncia (*Contadini del Sud,* 1954, di Rocco Scotellaro o *Banditi a Partinico,* 1955, di Danilo Dolci), si vivacizza la polemica sulle riviste specializzate come "Nord e Sud", "Cronache Meridionali".

Domenico Rea. In quest'alveo si pongono le opere di DOMENICO REA (1921): *Spaccanapoli* (1947), *Gesù, fate luce* (1950), *La signora scende a Pompei* (1952), *Ritratto di maggio* (1953), *Quel che vide Cummeo* (1955), *Una vampata di rossore* (1959). Esse hanno le loro radici nella realtà napoletana, in un universo di miseria e di subumanità, di scugnizzi straccioni e affamati, di figure grottesche, di famiglie come quelle degli Assuero in *Una vampata di rossore,* simbolo del costume e della mentalità di tanta gente del Sud. Ma patimenti e indigenza sono attraversati anche, nonostante tutto, da un pervicace desiderio di vita. La narrativa di Rea sta tra espressionismo e barocco, fonde bozzetto, saggio e spaccato verista in icastica e colorita rappresentazione, con estrosa fantasia populistica.

Carlo Levi. Su un versante meno populistico si collocano invece le opere di scrittori come CARLO LEVI (1902-1975), FRANCESCO JOVINE (1902-1950), ROCCO SCOTELLARO (1923-1953), VITALIANO BRANCATI (1907-1954), GIUSEPPE TOMASI DI LAMPEDUSA (1896-1957), LEONARDO SCIASCIA (1921). *Cristo si è fermato a Eboli* di CARLO LEVI (ma si veda anche *Le parole sono pietre,* 1955: tre saggi sulla mancata riforma agraria in Sicilia, sulle attese sempre deluse dei contadini isolani e sul problema della mafia) è una testimonianza sulla condizione del Sud, resa da un intellettuale gobettiano del Nord. Levi non viene meno al magistero di Gobetti, ne sposa l'intransigenza morale, ne eredita la passione profetica e letteraria. Il suo modello di scrittura, quello che gli sembra più legittimo, nasce dall'incontro naturale di più piani: il narrativo, il lirico, il saggistico, composti in una unità, come scrive lo stesso Levi, «che non è nella forma ma nella personalità dell'autore». «La realtà — sostiene lo scrittore — è così viva e necessaria e così interamente onnipresente che essa stessa ci porta per mano con una ragione più vera delle nostre astratte preferenze, e si svela dappertutto, in ogni cosa». Nel *Cristo* c'è da un lato tutto il succo di questa misura di impegno illuministico applicato al destino di esclusione e di miseria di una terra abbandonata; dall'altro c'è un'immersione affascinata in un mondo (quello lucano) rivissuto con contraddittorio e felice stupore.

Francesco Jovine. Il mondo contadino riempie di sé un altro romanzo di impegno meridionalista: *Le terre del Sacramento* (1950) di FRANCESCO JOVINE, autore anche di *Signora Ava* (1942), *Il pastore sepolto* e *L'impero in provincia* (entrambi 1945), *Tutti i miei peccati* e *Uno che si salva* (1948), e dei *Racconti,* usciti postumi nel 1960. Le «terre del Sacramento» sono un vasto feudo situato tra Celena e Morutri, nel Molise, un tempo di proprietà del vescovo e, dopo l'espropriazione del 1867, proprietà di Enrico Cannavale. Adesso le terre giacciono incolte, in stato di abbandono, per la mancanza di capitali da parte del proprietario e per la superstizione dei contadini che le ritengono maledette essendo state usurpate alla Chiesa. Laura, la moglie di Cannavale, aiutata dal giovane Luca Marano, un intellettuale di umili origini che ha lasciato il seminario in seguito a una crisi di coscienza, convince i contadini di Morutri a dissodarle, promettendo l'enfiteusi perpetua. Ma una volta restituita la terra a fecondità, i Cannavale tradiscono i patti e fanno notificare i primi sfratti ai contadini, i quali decidono di resistere nelle loro terre e di difendersi dalle squadracce fasciste e dai carabinieri venuti a cacciarli. Nello scontro a fuoco, Luca Marano e altri contadini vengono uccisi.

Rocco Scotellaro. I contadini, la società meridionale, l'impegno civile, la volontà di riscatto e di rinnovamento tramano poesie e prose di ROCCO SCOTELLARO, le cui opere (le poesie di *È fatto giorno, 1940-1953* e di *Margherite e rosolacci* o il romanzo *L'uva puttanella*) sono state pubblicate tutte postume. C'è nella produzione di Scotellaro lo slancio impulsivo di chi, all'indomani della guerra, si riapre alla speranza di una nuova storia. Nella sua scrittura vive l'influenza di Carlo Levi (nell'*Uva puttanella* lo scrittore racconta di sé e dei suoi contadini di Tricarico raccogliendo il racconto della madre con metodo quasi etnologico) e, soprattutto nella poesia, si sente viva la presenza dell'Ermetismo, in particolare di Alfonso Gatto.

Vitaliano Brancati. Diversissima la problematica di VITALIANO BRANCATI. La narrativa di Brancati prende di mira, a partire dal romanzo *Gli anni perduti* (1941), ma soprattutto in *Don Giovanni in Sicilia* (1942), in *Il bell'Antonio* (1949), in *Paolo il caldo* uscito postumo nel 1955, la vuotaggine e il perbenismo della provincia siciliana sotto il fascismo. Esemplare la storia del quarantenne Giovanni Percolla, unico maschio di casa, focoso dongiovanni nella sua Catania e scarso amatore a Milano, dove si è trasferito dopo le nozze con la giovane moglie. Ancora più esemplare è l'altra storia di Antonio Magnano, il bellissimo maschio siciliano, che non riesce a compiere i suoi doveri coniugali e diventa lo zimbello della città. Affrontando motivi di costume, che svelano aspetti esistenziali e metafisici (l'ossessione del sesso, la paura della vecchiaia, del decadimento fisico e della morte come in *Paolo il caldo*), Brancati affonda la sua ironia nel cuore della società medio e piccolo borghese siciliana e ne mette a nudo con sapiente irrisione il mito della virilità, la pigrizia mentale, la falsa faccia moralistica, il disfacimento della coscienza.

Giuseppe Tomasi di Lampedusa. Ancora la Sicilia e la società siciliana costituiscono l'oggetto dell'indagine meridionalistica contenuta nel romanzo *Il Gattopardo* (1958) di GIUSEPPE TOMASI DI LAMPEDUSA. Ma qui, inquadrata com'è in una concezione aristocratica della vita e della storia, la questione meridionale assume un aspetto particolare. La Sicilia di questo romanzo, che arriva nel momento acuto del tramonto del Neorealismo e dà vita ad accese polemiche, che coinvolgono scrittori d'avanguardia e conservatori, è colta nella sua abbagliante solarità. Il sole è l'autentico sovrano dell'isola. Sotto questo sole si consuma la vicenda degli «dei», dei siciliani, i quali «non vorranno mai migliorare per il semplice motivo che credono di essere perfetti; la loro vanità è più forte della loro miseria». La visione della realtà siciliana, espressa dal protagonista del romanzo nel colloquio con il funzionario piemontese Chevalley, coincide con la concezione negativa della storia di Tomasi di Lampedusa, teso al tormento della condizione esistenziale dal sentimento della morte: «La nostra sensualità è desiderio di oblio; le schioppettate e le coltellate nostre, desiderio di morte; desiderio di immobilità voluttuosa, cioè ancora di morte, la nostra pigrizia, i nostri sorbetti di scorsonera

Sopra: Leonardo Sciascia a Racalmuto (Farabolafoto). *A sinistra:* Copertina di *Il Gattopardo,* di Giuseppe Tomasi di Lampedusa.

o cannella; il nostro aspetto meditativo è quello del nulla che volesse scrutare gli enigmi del nirvana (...)».

Leonardo Sciascia. Diversamente scava LEONARDO SCIASCIA nella cultura, nella storia e nella realtà sociale siciliane. I suoi libri più «siciliani» sono: *Le parrocchie di Regalpetra* (1956), inchiesta sulla vita di Racalmuto (Regalpetra ne è la denominazione fantastica), paese natale dello scrittore, dalle origini della sua storia alla caduta del fascismo e ai primi anni del secondo dopoguerra; *Gli zii di Sicilia* (1958), tre racconti intitolati *La zia d'America, La morte di Stalin, Il quarantotto,* ai quali si aggiunge, nella ristampa del 1960, *L'antimonio*; *Il giorno della civetta* (1961), romanzo «giallo» sul tema della mafia; *Il consiglio d'Egitto* (1963), storia del geniale truffatore Vella nella cornice di una Sicilia settecentesca ancora permeata di civiltà araba e dominata da una nobiltà in ansia per i propri privilegi feudali; *A ciascuno il suo* (1966), altro romanzo di mafia.

Essi forniscono attraverso la commistione di storia, documento, gioco inventivo e un'insistita riflessione illuministica su uomini, caratteri, casi mafiosi, pena degli umili, cronaca e commedia politica isolana, un'immagine nitida della Sicilia assunta a specchio ed emblema delle contraddizioni e dei mali nazionali. Sciascia rovescia la meditazione aristocratica di Tomasi di Lampedusa: il Risorgimento fu una rivoluzione mancata, ma non per colpa delle classi subalterne. Queste, nell'affacciarsi alle soglie della nuova storia, vi hanno intravisto una possibilità di mutamento, ma sono state subito ricacciate nell'inferno di sempre dalla repressione di vecchi e nuovi padroni. Basterebbe vedere per questo il racconto *Il quarantotto,* incentrato su alcuni episodi relativi alla sconfitta dei «Fasci dei lavoratori».

NELLA SELVA NARRATIVA DEL DOPOGUERRA

Mario Soldati. Tra gli scrittori attivi nel secondo dopoguerra si possono distinguere e segnalare MARIO SOLDATI (1906), LALLA ROMANO (1909), ELSA MORANTE (1912-1985), GIORGIO BASSANI (1916) e CARLO CASSOLA (1917-1986).

L'educazione cattolica che MARIO SOLDATI riceve in famiglia e in collegio lascia tracce profonde, ammorbidendo e stemperando risentimenti, intrigando rivolte e decisioni. Non è un caso che i personaggi di Soldati si dibattano in una zona di irresolutezza, di doppiezza un po' compiaciuta e insieme dolorosa (si veda *L'amico gesuita,* 1943 e *La confessione,* 1955). Dopo aver esordito con *Salmace,* un libro di racconti pubblicato nel 1929, Soldati lascia l'Italia per gli Stati Uniti, dove rimane fino al 1931. L'avventura americana è narrata in *America primo amore* (1935), che resta tra i libri migliori dello scrittore. Soldati è autore fecondo e ha gusto di narratore. Maestro nel riprodurre ambienti e psicologie in cui si annidano inquietudini vaghe e insidiose al di là dell'apparenza più quotidiana, i suoi libri sono sempre legati a un tenue filo autobiografico, piuttosto evidente nel romanzo *Le due città* (1964). Esso tiene un po' tutta la sua produzione, in cui si può almeno citare *Le lettere da Capri* (1954), *L'attore* (1970), *La sposa americana* (1977), *L'incendio* (1981).

Lalla Romano. Altro il percorso di LALLA ROMANO, che esordisce nel 1941 con un piccolo libro di poesie, *Fiore.* Ma il vero e proprio esordio avviene con *Le metamorfosi* (1951), una raccolta di sogni secchi e concreti passati, in piena temperie neorealista, quasi sotto silenzio. In luoghi defilati la Romano colloca esili trame di storia che si muovono secondo impercettibili ritmi interiori, come capita in *Tetto murato* (1957), ma anche nel viaggio memoriale ai luoghi dell'infanzia *La penombra che abbiamo attraversato* (1964); nella sua ricognizione familiare e fantastica si susseguono ben pausati libri come *Maria* (1953), *Le parole tra noi leggere* (1969), *L'ospite* (1973), *Inseparabile* (1981) e il libro dell'educazione torinese condotto per scorci di severa malinconia, *Una giovinezza inventata* (1979).

Elsa Morante. In un più ricco tessuto di trame favolose e di cangianti psicologie si muove ELSA MORANTE, che dopo l'esordio del suo primo libro di racconti, *Il gioco segreto* (1941), pubblica il primo grande romanzo nel 1948: *Menzogna e sortilegio.* Nell'intrico della memoria di Elisa, ultima discendente di una famiglia meridionale, vive una storia ripercorsa nell'arco di tempo che va dall'ultimo ventennio dell'Ottocento ai primi trent'anni del Novecento. La ricchezza favolosa della macchina narrativa della Morante, a proposito della quale Emilio Cecchi ha parlato di «un enorme balocco», si riduce nel romanzo *L'isola di Arturo* (1957) a favore di un impianto più teso e compatto. Cresciuto negli anni Trenta in un paesaggio di mito che fa capo all'isola di Procida, l'adolescente Arturo vive in una realtà continuamente trasfigurata dai propri fantasmi interiori: «le minime impressioni della realtà mi si trasformavano in immaginazioni simili a quelle di una fiaba che volesse blandirmi infantilmente». Nelle strutture narrative, che smuovono grovigli e turbamenti affettivi in una sorta di «romanzo di formazione», dall'adolescenza alla virilità, Arturo conduce la sua vita tra magie e dolore. La Morante ha poi sperimentato nel romanzo *La storia* (1974) una forma alta di romanzo popolare ed è entrata con *Aracoeli* (1982) nei meandri psichici di un dolore antico, ma qui particolarmente angoscioso ed insostenibile.

Giorgio Bassani e Carlo Cassola. Due scrittori pressoché coetanei spesso associati nel culto delle calibrate misure formali ed indicati negli anni Sessanta come esempi di una letteratura di evasione, sono GIORGIO BASSANI e CARLO CASSOLA. Ci sono nei due scrittori (in Cassola almeno finché non ha abbracciato la causa antimilitarista ed antinuclearista) il gusto per la solitudine e la diffidenza per la realtà circostante: la tendenza a configurare «una vita

Elsa Morante vince il Premio Strega 1957. A sinistra Carlo Levi (Farabolafoto).

eccezionalmente nuda, statica, che mai smarrisce la coscienza della sola cosa (...) valevole; il fatto di esistere» (Cassola). La narrativa di Bassani e Cassola è condotta in ritmi esistenziali piuttosto che sul filo delle contraddizioni storiche. Legato alla tradizione narrativa toscana, che va da Romano Bilenchi a Vasco Pratolini ed ha come punto di riferimento speciale Federigo Tozzi, l'unica concessione che Cassola abbia fatto al clima neorealista è *Fausto e Anna* (1952). Le sue opere migliori sono forse *Il soldato* (pubblicato con *Rosa Gagliardi* nel 1958) e *Il taglio del bosco* (1954). Qui il quadro si accentra «tutto intorno al nucleo fondamentale della storia, assumendo uno svolgimento serrato e compatto, non sempre riuscito altrove a Cassola, scrittore piuttosto di particolari che d'insieme» (Asor Rosa). Ma i romanzi più noti sono *La ragazza di Bube* (1960) e *Un cuore arido* (1961). I racconti di Bassani, raccolti nelle *Storie ferraresi* (1960) costituiscono il risultato più significativo dello scrittore, specialmente legato al successo del romanzo di elegia postresistenziale, *Il giardino dei Finzi Contini* (1962). La sua opera di più desolata fattura resta *L'airone* (1968), storia di un suicida che conduce la sua ultima giornata nelle cacce albuminose del delta padano tra le fantasticherie di una vita vuota e sterile.

Di molti altri si dovrebbe dire se ce ne fosse lo spazio. Alla rinfusa, con l'avvertimento che si tratta di un puro elenco di nomi diversissimi, passibile di molte aggiunte: MARIA BELLONCI (1902-1986), ANTONIO DELFINI (1907-1963), ARRIGO BENEDETTI (1910-1976), ENNIO FLAIANO (1910-1972), MARIO TOBINO (1910), ALBA DE CÉSPEDES (1911), GIUSEPPE BERTO (1914-1978), ANNA MARIA ORTÈSE (1914), MANLIO CANCOGNI (1916), LUIGI SANTUCCI (1918), MICHELE PRISCO (1920), SILVIO D'ARZO (1920-1952), MARIO POMILIO (1921), RAFFAELLO BRIGNETTI (1921-1978), LUIGI MENEGHELLO (1922), LUCIANO BIANCIARDI (1922-1971), PAOLO VOLPONI (1924), OTTIERO OTTIERI (1924), GIUSEPPE BONAVIRI (1924), GIOVANNI ARPINO (1927-1987), GOFFREDO PARISE (1929-1986), LUCIO MASTRONARDI (1930-1979). Una considerazione a parte per PRIMO LEVI (1919-1987), ITALO CALVINO (1923-1985) e PIER PAOLO PASOLINI (1922-1975).

Primo Levi. PRIMO LEVI esordisce con *Se questo è un uomo*, il racconto della sua prigionia in *Lager* e dell'immiserimento dell'umanità perseguitata dai folli carnefici nazisti, ma continua in una strada tutta sua, che scavalcando diatribe di scuole approda ad un'originale visione del mondo. Essa si esprime in libri come *Storie naturali* (1966), *Vizio di forma* (1971), *Il sistema periodico* (1975), *La chiave a stella* (1978), fino al romanzo *Se non ora, quando?* (1982). Nelle opere di Levi le uggiose discussioni sulle cosiddette «due culture» (l'umanistica e la scientifica) trovano un solido punto di congiunzione e costituiscono un'insostituibile esperienza nel nostro panorama letterario.

Italo Calvino. Un altro scrittore che può essere ricordato a questo proposito — ma che abbiamo già menzionato spesso come intelligente testimone delle vicende intellettuali degli ultimi decenni — è ITALO CALVINO. Nel suo romanzo d'esordio, *Il sentiero dei nidi di ragno* (1947), Calvino sgattaiola subito via dalle maglie di un neorealismo di stretta osservanza. Il rischio forse più serio in questo ambito è se mai contenuto nel romanzo *I giovani del Po*, storia di un giovane ligure che si trasferisce a Torino per lavorare nell'industria; ma si tratta di un romanzo, che non è mai stato pubblicato in volume. Con *Il visconte dimezzato* (1952), *Il barone rampante* (1957), *Il cavaliere inesistente* (1959), Calvino attraversa gli anni Cinquanta nei registri di una scrittura nitidamente ambientata, ironica e fantasiosa. Il richiamo realista ritorna con *La giornata di uno scrutatore* (1963): la vicenda di un intellettuale comunista che in occasione delle elezioni del giugno 1953 passa la sua giornata come scrutatore al «Cottolengo» di Torino e specchia la sua crisi di militante nell'umanità degradata che vi si raccoglie. Un'ambientazione così precisa, un romanzo di intenti così manifestamente naturalistici non possono non far pensare ad un contrasto polemico con i modelli narrativi proposti in questi anni dall'intensa attività della Neoavanguardia, che proprio allora si costituiva nel «Gruppo '63». Le opere successive di Calvino, da *Le cosmicomiche* (1965) a *Ti con zero* (1967), da *Le città invisibili* (1972) a *Il castello dei destini incrociati* (1973), da *Se una notte d'inverno un viaggiatore* (1979) a *Palomar* (1983) rivelano una ricerca sempre raffinata, elegante, volta al recupero di una cultura scientifica aggiornata ed ad un'indagine squisita dell'universo dei segni, condotta con estrosa meraviglia e con perfezione controllata di stile.

La traiettoria di questo scrittore ligure, schivo ma presente nelle svolte intellettuali degli ultimi decenni (anche per la sua influenza presso l'editore Einaudi) interpreta il diagramma essenziale del clima intellettuale recente. Dà col *Sentiero* il romanzo più valido dell'esperienza resistenziale, proprio perché sottrae la vicenda a ogni retorica manichea e la vede con gli occhi autentici di un adolescente, che confonde gioco e tragedia e desidera rifugiarsi in un luogo incontaminato. Indica l'uscita dalle secche neorealistiche ricorrendo alla fantasia ariostesca che anima la trilogia degli Antenati (*Cavaliere, Barone* e *Visconte*). Utilizza creativamente gli apporti recati dalla critica formale e dalla narratologia, rischiando talvolta l'intellettualismo nel gioco degli intrecci (*Castello*), ma dando anche una sperimentazione che coinvolge il lettore e pone in crisi lo stesso narrare (*Se una notte*). Ridona nell'ultima opera (*Palomar,* i saggi postumi *Lezioni americane*) una dimensione conoscitiva alle lettere, indagando i principi elementari — fino ai cinque sensi — del conoscere e del descrivere. Di queste svolte, che sono della cultura e non solo sue, egli fu sempre interprete precoce e spesso promotore. La sua fortuna internazionale si spiega assai bene, anche se occorre distinguere in Calvino le prove (sempre) intelligenti da quelle (spesso) artisticamente felici.

Pier Paolo Pasolini. Lo scrittore che forse più di ogni altro interpreta con viscerale e disarmata efficacia l'epoca che va dal secondo dopoguerra alla metà degli anni Settanta è PIER PAOLO PASOLINI: sia per l'ampiezza delle esperienze artistiche, dalla poesia al romanzo, dalla saggistica al cinema, dal giornalismo militante all'organizzazione culturale; sia per la capacità di attraversamento e di coinvolgimento dimostrato nei principali frangenti di questi trent'anni. È stato detto che Pasolini, contro l'abusata formula gramsciana dell'intellettuale organico, interpreta il ruolo in qualche modo opposto dell'intellettuale «disorganico», nel senso che «ha sempre lasciato aperta la contraddizione, nella forma della "diversità", della consapevolezza del "negativo" e della necessità, alla fine, del dissenso» (Scalia).

Pier Paolo Pasolini nel 1960 (Farabolafoto).

Le sue raccolte poetiche partono dal recupero del dialetto come lingua di poesia e arrivano al confronto con la realtà più bruciante e con la cronaca più quotidiana. Dopo i componimenti in dialetto friulano di *La meglio gioventù* (1954), che vanno dallo squisito all'epico-lirico, Pasolini scrive *Le ceneri di Gramsci* (1957): undici poemetti in cui scende a interpretare l'inferno sottoproletario «con marmorea volontà di capirlo». Poi vengono *L'usignolo della chiesa cattolica* (1958), dove il messaggio evangelico è declinato con morbida e scandalosa sensibilità decadente, e *La religione del mio tempo* (1961), che si muove tra proletariato e Terzo Mondo. Ancora: *Poesia in forma di rosa* (1964) dove la varietà di forme e di metri si fonde con la rabbia visionaria in un unico magma sperimentale, e infine *Trasumanar e organizzar* (1971), che prende andamento di rassegnazione e di tragedia presaga.

Il Pasolini romanziere è soprattutto legato ai due romanzi di ambiente romano, *Ragazzi di vita* (1955) e *Una vita violenta* (1959). In ambedue i romanzi vive il mondo diseredato delle borgate: una subumanità ritratta nella sua desolazione priva di riscatto attraverso personaggi che si chiamano Riccetto, il Lenzetta, Lello, Marcello, il Caciotta, Alduccio, Begalone. Essi conducono una vita gregaria, priva di prospettive, fatta di fame, di malattia, di espedienti, di furti, di azzardo e di morte, in un clima stilistico che mescola dialetto e gergo, impassibilità del referto e pietoso populismo. In *Una vita violenta* spicca il personaggio Tommasino, intorno a cui ruotano le vicende degli altri comprimari: Lello, il Cagone, Ugo, il Matto, il Zucabbo, il Budda. La storia segue Tommasino dall'infanzia alla morte: l'infanzia abbandonata e cenciosa, l'adolescenza di rapine, bravate e galera, la maturità dei vent'anni, la tubercolosi, il ricovero al «Forlanini», la coscienza politica, le nuove ricadute criminose e infine la morte, che avviene dopo una giornata passata a salvare i baraccati dalle acque dell'Aniene in piena. Cinema, teatro (almeno *Affabulazione*, pubblicata postuma nel 1977) e saggistica (*Passione e ideologia*, 1960; *Empirismo eretico*, 1972; *Scritti corsari*, 1975) completano il ritratto di uno scrittore che come pochi altri ha dato testimonianza del suo tempo e delle trasformazioni storiche e sociali che lo hanno caratterizzato.

Segno di contraddizione, quest'uomo che ha trovato la morte nel mondo squallido della prostituzione maschile interpretava con coraggio, nei suoi dissidi, le contraddizioni della società: militante di sinistra, non esita a confessare le proprie radici decadenti; non esita a schierarsi contro quel Sessantotto in cui studenti borghesi con bandiere rosse si battevano contro carabinieri proletari difensori del «sistema»; si pronuncia contro la distruzione di valori di cui coglie un senso sacro (la lingua impoverita dalla massificazione, l'ambiente deturpato dalla speculazione, la vita minacciata dall'aborto), in una volontà di rigenerazione nella quale tende a idealizzare come una genuinità edenica e perduta ora la civiltà cattolico-contadina, ora i diseredati delle borgate, ora i poveri del Terzo Mondo. Ambientando la crocifissione nel Terzo Mondo o nel proletariato (nei film *Vangelo secondo Matteo* e *La ricotta*), confronta ostinatamente la purezza ideale con l'impura realtà: così questo laico e contraddittorio autore mostra una tensione di natura autenticamente religiosa.

LA NEOAVANGUARDIA DEGLI ANNI SESSANTA E LA POESIA

L'antologia «I Novissimi» e il «Gruppo '63». La crisi del Neorealismo e l'esaurimento storico di una poesia di impronta ideologico-politica e realistico-estetizzante, modulata quasi classicamente, ad esempio da Pier Paolo Pasolini nel suo miglior libro di versi, *Le ceneri di Gramsci* (1957), sono introdotti nel panorama della letteratura italiana dall'opera rivoluzionaria di Carlo Emilio Gadda. Da notare che questo scrittore, partito dai maggiori livelli toccati dalla Scapigliatura (Imbriani, Dossi, Faldella), era rimasto sconosciuto al grande pubblico fino al 1957, anno di pubblicazione del suo libro più noto, *Quer pasticciaccio brutto de via Merulana.* Nel segno preponderante di Gadda gli anni Sessanta assistono alla nascita di una diversa immagine del poeta: un poeta senza più l'«aura» degli ermetici, ma votato a cercare rapporti positivi con la civiltà tecnologica che va assumendo il controllo dei mutamenti economici e sociali — quindi anche culturali — del paese.

Tale tendenza, volta sia pure senza illusioni a smascherare ogni condizionamento subìto dalla letteratura, viene complessivamente interpretata da un nuovo movimento letterario che, mentre si rifà a Gadda per la ricerca sperimentale della lingua letteraria, prende a teorizzare, in antitesi con i modelli degli anni Cinquanta, la posizione dell'«intellettuale»: in modo speciale dello scrittore visto criticamente nei suoi rapporti con l'epoca del neocapitalismo e col progressivo affermarsi dell'industria, ivi compresa l'industria della cultura.

Si tratta del cosiddetto «Gruppo '63», legato all'uscita di un'antologia intitolata *I Novissimi* (1961), che ha per sottotitolo programmatico: *Poesie per gli anni '60.* L'antologia, curata da Alfredo Giuliani, comprende ELIO PAGLIARANI (1927), lo stesso ALFREDO GIULIANI (1924), EDOARDO SANGUINETI (1930), NANNI BALESTRINI (1935), ANTONIO PORTA (1935). Nell'antologia, dove Giuliani afferma l'esigenza per il poeta di perseguire una «poesia quale mimesi critica della schizofrenia universale, rispecchiamento e contestazione di uno stato sociale e immaginativo disgregato», si rilevano con evidenza le coordinate lungo cui si svolge l'azione della Neoavanguardia. Essa si costituisce proprio come «Gruppo '63» durante un convegno letterario tenuto a Palermo nell'ottobre del 1963, al quale seguono gli incontri di Reggio Emilia (novembre 1964), ancora Palermo (settembre 1965), La Spezia (giugno 1966) e Fano (maggio 1967).

Da Arbasino a Pizzuto. Radicali le posizioni del nuovo movimento contro un'idea della letteratura considerata tardo-ottocentesca e tuttavia dominante. L'avversione critica del «Gruppo '63» va particolarmente all'opera dei Cassola, Bassani, Pratolini, Moravia, Pasolini, Fortini. Contrapposti e alternativi risultano invece, accanto a Gadda e ai «Novissimi» (fra questi emerge Sanguineti), ALBERTO ARBASINO (1930), autore di uno dei romanzi più discussi degli anni Sessanta (*Fratelli d'Italia,* 1963) oltre che brillante beffatore del cattivo gusto provinciale, GIORGIO MANGANELLI (1922), FRANCESCO LEONETTI (1924), LUIGI MALERBA (1927) e, in leggero ritardo, GIANNI CELATI (1937), le cui *Comiche* sono infatti del 1971. A questi andrebbero associati almeno in parte scrittori come Italo Calvino, Paolo Volponi, Giuliano Gramigna, Gianni Toti e con più forte rilievo — ma isolato nella sua Sicilia — ANTONIO PIZZUTO (1893-1976), coetaneo di Gadda e autore quanto mai atipico nella storia della nostra letteratura. Nella sua opera di arduo approccio può forse ravvisarsi l'esito estremo di un inusitato sincretismo fra i modi della prosa e quelli del verso.

Un qualificato riconoscimento della Neoavanguardia giunge immediatamente da parte del critico e studioso di estetica Luciano Anceschi, intorno al quale si raccolgono critici brillanti come ad esempio Umberto Eco, che per parte sua, con *Opera aperta* (1962), fornisce le basi di una possibile estetica della Neoavanguardia. Anceschi rivendica sul "Verri", la rivista che dirige, il ruolo decisivo della nuova generazione di scrittori nel rinnovamento dei canoni letterari. Altre riviste ancora più strettamente legate alla teoresi del «Gruppo '63», sono "Malebolge", durata dal 1964 al 1967, "Marcatré" fondata nel 1964 a Genova e passata nel 1969 alle edizioni milanesi di Lerici, "Quindici" fondata nel 1967 e "Grammatica", fondata nel 1965.

Significato della Neoavanguardia. Il fervore sotteso a tante iniziative significa che si deve in gran parte alle sollecitazioni sprovincializzanti, prima dei «Novissimi» e poi del «Gruppo '63» e di tutto ciò che si muove intorno a questi (la scoperta di alcune linee della ricerca culturale europea come la linguistica, il formalismo russo, la semiologia), se dagli anni Sessanta è sorto in Italia un dibattito di teoria e politica della letteratura, se si è sviluppata una complessa ricerca di linguaggi poetici e in genere letterari più nuovi, ancorché (come spesso accade nei movimenti sperimentali) i risultati non siano stati sempre adeguati ai progetti, non privi di contraddizioni: e la parabola di alcuni scrittori ha poi teso a superare, se non a rinnegare, le posizioni giovanili.

Un altro risultato di quanto gli anni Sessanta vanno preparando, può essere individuato nell'incontro straordinario fra poesia e prosa costituito dal romanzo *Horcynus Orca* (1975) di STEFANO D'ARRIGO (1919), scrittore di vena sperimentale, su una sorta di joycismo siculo, caposcuola alto e sfuggente. Un ibridismo linguistico che, entro un classico senso del narrare, è anche del conterraneo GESUALDO BUFALINO (*Diceria dell'untore,* 1981).

I libri poetici dei «Novissimi». Tra i libri di poesia dei «Novissimi» si ricordano *Erotopaegnia (opus metricum)* (1960) e *Triperuno* (1964) di EDOARDO SANGUINETI, i cui versi, emozionali e intellettualistici, esprimono una sorta di attraversamento ironico, sarcastico e straziato, mai consolatorio, di tutto il sapere; *La ragazza Carla e altre poesie* (1962) e *Lezione di fisica* (1964) di ELIO PAGLIARANI (1927), che concilia una forte spinta ideologica con l'esigenza di rinnovate ricerche espressive, basate sulla drammatizzazione epica della storia e della cronaca; *Povera Juliet e altre poesie* (1965) e *Il tautofono* (1969) di ALFREDO GIULIANI (1924), poeta raffinato, attento quasi spasmodicamente al setaccio della parola; *Il sasso appeso* (1961), *Come si agisce* (1963), *Altri procedimenti* (1965) e *Ma noi facciamone un'altra* (1968) di NANNI BALESTRINI (1935), poeta «pop» e «tecnologico» per antonomasia, il più attento fra i protagonisti della Neoavanguardia alle nuove forme di comunicazione introdotte dai mass media; *La palpebra rovesciata* (1960), *I rapporti* (1965) e *Cara* (1969) di ANTONIO PORTA (1935-1989), che perviene con estrema grazia a interessanti risultati di «trasformazione epica» del quotidiano.

Oltre lo sperimentalismo: «linea lombarda», Fortini, Zanzotto. Naturalmente gli anni Sessanta, che senza le provocazioni del «Gruppo '63» sarebbero stati culturalmente più conformisti almeno fino alla rivolta studentesca e operaia del Sessantotto, contemplano non soltanto l'esperienza della Neoavanguardia, ma anche consistenti prove di una durevole vocazione realistica e postermetica come in FRANCO FORTINI (1917) (*Una volta per sempre,* 1963; *L'ospite ingrato,* 1966), in ROBERTO ROVERSI (1923) (*Le descrizioni in atto,* 1969) e in altri già ricordati altrove come Sereni o Pasolini. Un certo orecchiamento o contaminazione sperimentalistica emerge in libri di autori non dichiaratamente disponibili alle proposte dei «Novissimi»: ad esempio in *Il male minore* (1960) di LUCIANO ERBA (1922); *L'ora del tempo* (1961) di GIORGIO ORELLI (1921); *Il catalogo è questo* (1961) di GIOVANNI RABONI (1932); *La vita in versi* (1965) di GIOVANNI GIUDICI (1924).

In queste personalità così diverse, è stata colta l'eco di una «linea lombarda» in senso lato, oscillante fra tensione espressionistica e scavo realistico-moraleggiante. Linea di remota ascendenza, e su cui s'innesta il capriccio erotico rabelaisiano della poesia di un Sandro Sinigaglia, e soprattutto la prosa di GIOVANNI TESTORI (1923), che deforma il linguaggio in rapporto a un senso tragico della vita, fra eros e morte (reperibile nei racconti e nei romanzi d'ambientazione operaia, nella critica sulla prediletta pittura del Seicento lombardo, nella rivisitazione delle tragedie shakespeariane), ed approda poi a una conversione religiosa di cui è frutto il lungo poema *Conversazione con la morte* (1978). Ma dietro la cultura lombarda opera ancora la lezione di Manzoni, che si legge nella straordinaria ricreazione cinematografica dell'umile mondo contadino dell'*Albero degli zoccoli* di Ermanno Olmi.

Un poeta sicuramente toccato dal discorso della Neoavanguardia, ma poeta talmente vero e intenso da non tollerare nessuna tutela è ANDREA ZANZOTTO (1921), che dopo *IX Ecloghe* (1962) pubblica un libro fondamentale, *La beltà* (1968). Questa opera dà un'alta misura del valore di un poeta orfico e di uno stilista rigoroso, animato da sottili e penetranti curiosità mitiche, dialettali, psicanalitiche, musicali, risaltanti in versi ora densi e labirintici ora puntiformi e lenticolari, minuziosamente sfibrati in un affinamento che è modulazione di ogni più profonda e sprofondata verità del reale.

Nelle ultime raccolte, il dono del verso, di eredità neoclassica, squisitamente veneta, si arresta alle soglie dell'afasia per l'intelligenza critica dell'autore, che riesce a trovare la possibilità di dare forma conclusa alla parola tornando al dialetto, colloquiando memorialmente con i personaggi scomparsi del suo paese, di un mondo piccolo ma ancora sensato (*Idioma*, 1986).

GLI ANNI SETTANTA E OTTANTA

La narrativa. Negli anni Settanta e Ottanta più tendenze convivono e si intrecciano in modo spesso contraddittorio. Diventa impossibile offrire una traccia d'ordine in una situazione così magmatica ed intricata. Gli scrittori che hanno esordito in altre stagioni proseguono la loro strada in modi più o meno aggiornati e qualche volta scrivono opere in cui fanno i conti con la nuova realtà, provandosi anche a introdurre nelle storie dei personaggi aggiornati: lo studente, il *beatnik*, il terrorista.

In un clima di opposizione alla cultura conformista dell'*establishment*, anche editoriale, si tentano vie inconsuete o meno consuete.

Per un verso si fa strada una letteratura «al femminile», di donne scrittrici che scrivono la denuncia dell'identità spezzata, l'esigenza di un'unità da conquistare a grave prezzo: si può pensare in questa direzione ad ARMANDA GUIDUCCI, DACIA MARAINI, LIDIA RAVERA.

Per altro verso viene avviata la proposta di una letteratura in presa diretta, il più possibile esente da mediazioni letterarie, la quale cerca di dare voce immediata ai ceti subalterni. È la cosiddetta letteratura «selvaggia», dello scrittore improprio che entra d'un balzo nelle riserve di caccia, come un «franco narratore». Così infatti si intitola una collana di Feltrinelli con un'espressione modellata sull'esempio del termine politico «franco tiratore». Si possono ricordare alcuni titoli, che appartengono a questo genere dai confini labili: *Il previtocciolo* (1971) di LUCA ASPREA; *Il ballo dei pescicani* (1973) di ALDO POMINI; *Mi richordo anchora* (1976) di PIETRO GHIZZARDI. Nelle sgrammaticature e nella sintassi sconnessa — quasi nella disgrafia — si cerca una strada alternativa. Di più educata natura letteraria sono certamente libri solo parzialmente affini come *Padre padrone* (1975) di GAVINO LEDDA (1938), o *Tuta blu* (1978) di TOMMASO DI CIAULA.

Accanto a questo fronte abbastanza ristretto, che crea in qualche sporadico caso un'improvvisa fama, stanno gli scrittori che sanno coniugare le ragioni dell'attualità con le esigenze di una scrittura quanto meno dignitosa, incorrendo qualche volta nel sospetto, per alcuni grave, di guardare troppo alle ragioni di mercato. Con imperdonabile miscela, si possono citare scrittori naturalmente diversi tra loro: dai più anziani ERCOLE PATTI (1904-1976),

PIERO CHIARA (1913-1987), GIORGIO SAVIANE (1916), ai più giovani CARLO SGORLON (1930), ALBERTO BEVILACQUA (1934), GIUSEPPE PONTIGGIA (1934), FULVIO TOMIZZA (1935), FERDINANDO CAMON (1935).

Una svolta negli anni Ottanta e il «caso Eco». La data di un romanzo che riscuote un successo mondiale, *Il nome della rosa* (1980) di UMBERTO ECO, si colloca al centro di una svolta emblematica. In questo «giallo», ambientato nel Medio Evo, Eco unisce le sue competenze di abile studioso della letteratura di consumo, di semiologo conoscitore dei meccanismi dell'intreccio narrativo, e di esperto di filosofia medievale. Vengono recuperati, insomma, il piacere della lettura, la fiducia nel raccontare una storia, la legittimità della fantasia: cose che erano state violentemente negate negli anni precedenti dall'ideologismo di sinistra e dalle neoavanguardie culturali. La stessa Neoavanguardia, di cui Eco aveva fatto parte, non teorizza più la morte o l'impossibilità del romanzo, né la necessità di una letteratura «brutta» che sia specchio del detestato «sistema» (anche perché molti ex-contestatori hanno guadagnato posizioni di rilievo nel potere letterario). Parallelamente, nella pittura, si torna attraverso il postmoderno alla tradizione, alla figura che era stata proscritta per anni a favore delle sperimentazioni informali e antifigurative.

Fuori dal tunnel. Col ritorno del gusto per la «storia» romanzesca, si spiegano «casi» come quello della già citata *Storia* morantiana o come quello dei romanzi postumi di GUIDO MORSELLI (1912-1973), autentico raccontatore incompreso dagli editori e morto suicida. Nei suoi romanzi (*Roma senza papa,* 1966, *Contro-passato prossimo,* 1975, *Un dramma borghese* ecc.) la capacità fantastica di immaginare passato e futuro si unisce a una singolare penetra-

Umberto Eco (a destra) con Enzo Siciliano al Premio Strega del 1981.

zione della umanità più varia, con una intelligenza di cui è prova anche il saggio *Fede e critica* (1977) in difesa della fede religiosa. Cosa, quest'ultima, non facile, in anni in cui l'egemonia culturale marxista tendeva a relegare in disparte la componente cattolica sul piano storico-politico, dimenticando figure straordinarie anche per la scrittura come Teresio Olivelli, morto per la Resistenza, o come don Primo Mazzolari, coraggioso prete dei poveri e scrittore-predicatore, o come don Lorenzo Milani, la cui *Lettera a una professoressa* denunciava l'arretratezza e il classismo della scuola italiana avviando i fermenti del Sessantotto. Non diversamente, si tenevano in disparte scrittori attenti a problemi psicologici o religiosi, come MARIO POMILIO, che ritraeva la mediocrità degli ambienti politici di provincia (*La compromissione*, 1965) e trasformava un'avvincente inchiesta filologica in una imprevista ricerca teologico-esistenziale (*Il quinto evangelio*, 1975).

La crisi delle ideologie portava fuori dal «tunnel» dell'isolamento cose e nomi, valori e autori, prima guardati con sospetto, con sufficienza, o decisamente proscritti. Con la legittimazione del piacere del testo, col recupero della verità artistica come verità che corre su onde lunghe oltre le mode o le contingenze, col ritorno dello «spazio letterario» come spazio autonomo si tornava a guardare ai classici (e alla Mitteleuropa vivacemente reintrodotta nella nostra cultura, grazie soprattutto all'editore Adelphi). Tornava in luce la lezione di grandi saggisti-scrittori o critici-scrittori, sulla scia del critico d'arte ROBERTO LONGHI, dell'anglista MARIO PRAZ, dell'italianista GIACOMO DEBENEDETTI, del filologo di stile denso e personale GIANFRANCO CONTINI. A quei modelli potevano guardare critici-scrittori come Pietro Citati, ricreatore dell'atmosfera suscitata dall'opera dei grandi autori (*Tolstoj*, 1983, *Kafka*, 1988), o Claudio Magris, rivisitatore accorato delle radici mitteleuropee (*Danubio*, 1986).

I giovani narratori. Nei due ultimi decenni hanno fatto il loro esordio alcuni scrittori della generazione che ha attraversato il Sessantotto da protagonista. Senza alcuna pretesa di stabilire gerarchie, se ne può spigolare qualche esemplare. ANTONIO TABUCCHI (1943), dopo aver esordito con romanzi impastati di epica minore come *Piazza d'Italia* (1975) e *Il piccolo naviglio* (1978), ha messo in mostra in successivi spostamenti, dai racconti *Il gioco del rovescio* (1981) a quelli raccolti in *Piccoli equivoci senza importanza* (1985), una grazia narrativa passata al vaglio di una cultura aggiornata, dissimulata nel sottile gioco delle citazioni. Anche NICO ORENGO (1944), dopo aver esordito con liberi omaggi al clima della Neoavanguardia, ha infine toccato (si veda soprattutto *Dogana d'amore*, 1986) una sua levità stilistica fatta di straniati candori. DANIELE DEL GIUDICE (1949), dopo aver esordito con *Lo stadio di Wimbledon* (1983), tenta con *Atlante occidentale* (1985) un romanzo costruttivamente e stilisticamente ispirato all'universo scientifico. ANDREA DE CARLO (1952) e PIER VITTORIO TONDELLI (1955) scrivono opere di più fitta trama giovanile: il primo soprattutto con i primi due libri stilisticamente felici (*Treno di panna*, 1981 e *Uccelli da gabbia e da voliera*, 1982); il secondo specie con i suoi primi racconti *Altri libertini* (1980) ambientati nel mondo giovanile.

Il denominatore comune di questi e di altri scrittori che si potrebbero citare, è l'attenzione alle ragioni metanarrative (ossia al senso e alla destinazione del racconto e del romanzo nel momento stesso del loro farsi). La scrittura che ne scaturisce, più che da una realtà di diretta investigazione, sembra venire da un riflesso. Con la nuova generazione di scrittori la letteratura, sottratta al vecchio primato della politica, ha ripreso per intero la sua funzione autonoma e distinta.

La poesia. Non diversamente azzardato e incerto, dopo l'esaurirsi della Neoavanguardia, è un profilo della poesia di questi anni. Intorno alla Neoavanguardia si è raccolta l'ultima generazione di poeti in grado di costituirsi più o meno saldamente in gruppo e di dar vita ad un movimento capace di far data coagulando consensi o dissensi.

La poesia che si è espressa dopo gli anni Sessanta lo ha fatto a partire da questo punto pressoché obbligato. Per dare un'idea della complessità e della varietà del panorama e per non ricorrere ad un puro elenco, si possono ricordare due antologie, che esprimono bene il nuovo clima.

La prima è l'antologia *Il pubblico della poesia* (1975), a cura di Alfonso Berardinelli e Franco Cordelli, che raccoglie una sessantina di poeti di diversa ispirazione, tra cui FABIO DOPLICHER (1938), SILVIO RAMAT (1939), SEBASTIANO VASSALLI (1941), DARIO BELLEZZA (1944), MAURIZIO CUCCHI (1945). Vi si registra l'esaurirsi del rapporto «poesia e rivoluzione» e con esso si constata in positivo l'indistruttibile vitalità della poesia. L'antologia avanza il sospetto che la maggior parte del significato e della forza della poesia consista più nel «puro e semplice fatto di esistere» come luogo dell'interrogazione che nel fatto di presentarsi come luogo di «reale efficacia contestativa». Ma rinuncia a farsi portavoce di una tendenza. Essa nota piuttosto che l'unitarietà della prospettiva è irreparabilmente venuta meno e che il campo letterario è così ormai «disgregato» da consentire la compresenza delle più diverse esperienze: dal realismo allo sperimentalismo, dalla narratività al lirismo, dall'epigonismo postavanguardistico alla ricerca di una nuova letterarietà.

Proprio a un recupero di letterarietà ed a una dichiarazione d'amore della poesia, se non proprio a una dichiarazione di tendenza, si spinge invece la seconda delle antologie che configurano il panorama poetico degli anni Settanta e Ottanta: *La parola innamorata* (1978), a cura di Giancarlo Pontiggia e Enzo Di Mauro, che comprende, tra gli altri, poeti significativi come GIUSEPPE CONTE (1945) e MILO DE ANGELIS (1951). Essa tende a restituire alla poesia la seduzione della retorica: mira a sedurre il lettore «con lo sfarzo di figure retoriche, di combinazioni sonore legate da rapporti di equivalenza e di opposizione» (Kemeny). La poesia diventa stupore e rapimento, amore e dono, grazia e mito e non può essere usata come oggetto di pratiche sperimentali, secondo le idee sostenute dalla Neoavanguardia. L'io poetico, dopo gli anni delle divisioni e delle alienazioni, si muove al recupero delle sue energie interiori: a fondare, ancora una volta, con la sua stessa presenza onnicomprensiva e onnivora, un criterio di verità senza tutele.

LA POESIA IN DIALETTO

Caratteri generali. Nel secondo dopoguerra e specialmente a partire dagli anni Cinquanta e Sessanta, la poesia in dialetto ha uno sviluppo notevole e tocca punte espressive di alto livello. Il fenomeno è da mettere in relazione con il discapito neocapitalistico, con il linguaggio omogeneizzato dell'avvento tecnologico, dei mass media e dei consumi.

Nell'ultima poesia in dialetto spiccano alcune caratteristiche generali: i poeti in dialetto del Novecento in genere e del secondo Novecento in particolare tendono a scavalcare le tradizioni letterarie del dialetto che adottano; guardano di preferenza, se non esclusivamente, a riferimenti in lingua oppure direttamente agli autori europei. Come caso limite tendono ad una lingua decisamente «inventata», scrivono insomma in un dialetto che non è parlato e che è costruito tutto come «lingua di poesia». Si è parlato delle ragioni per cui Giacomo Noventa voleva sfuggire al conformismo di una cultura moralmente inaccettabile. Si potrebbe qui citare il gradese di BIAGIO MARIN (1891), di cui vanno ricordate almeno le raccolte *I canti de l'isola* (1970), *La vita xe fiama* (1970), *E anche el vento tase* (1982).

FRANCO LOI (1930), un poeta lombardo di valore assoluto (*Stròlegh*, 1975; *Teàter*, 1978; *L'aria*, 1981), cantore emozionato di umanità in toni ora drammatici ora epico-lirici, dichiara: «Quando mi si chiede se su di me hanno avuto influenza per esempio certi poeti dialettali, devo dire di no. Io (...) conoscevo sì il Porta, ma non conoscevo assolutamente il Tessa quando mi son messo a scrivere». Il poeta anconetano FRANCO SCATAGLINI (1930), autore di raccolte come *So' rimaso la spina* (1977) e *Carta laniena* (1982), dice: «Non avevo mai letto i dialettali di Ancona. Avevo letto Giotti o alcune cose di Pasolini de *La meglio gioventù*». Lo stesso Pasolini, in uno scritto del 1947, chiestosi se la poesia in dialetto dovesse inserirsi in una tradizione dialettale o in una tradizione in lingua optava per la seconda possibilità e spiegava che questo poteva realizzarsi «usando il proprio dialetto come una traduzione ideale dell'italiano». Più generalmente la scelta del dialetto come «lingua della poesia» è un tentativo di rispondere alla fondamentale esigenza della poesia contemporanea: ritrovare una parola diversa dalla parola svilita dell'uso quotidiano.

Spesso i poeti in dialetto scelgono dialetti marginali e periferici, di paesi e comunità remote dal centro, perché in essi scorgono uno stato di maggiore libertà espressiva. Quasi sempre abitano lontano dalla zona geografica del dialetto che adottano e a cui sono legati da un tunnel di nostalgia e di richiami ancestrali; oppure se abitano nel luogo stesso del loro uso poetico vivono, per così dire, in uno stato di autosequestro o di autoconfino. Nell'uso del dialetto come lingua di poesia (ossia come uso non «popolare», ma squisito, colto, di livello alto) le spinte interne prevalgono largamente sulle spinte esteriori: non si sceglie di scrivere in dialetto per difendere o salvare un mezzo pericolante o agonizzante, ma per una ricerca di identità, per discendere (o regredire) nel mondo dell'origine e dei morti, per opporre qualcosa di saldo allo sfacelo di sé e dei propri dintorni, per dare vita alle creature aurorali e mute che risalgono la memoria, per calare la sonda nell'inconscio o nel mito.

I poeti. Naturalmente sarebbe una forzatura voler elaborare una formula onnicomprensiva che pretendesse di spiegare tutto. Neanche considerando, per assurdo, la poesia in dialetto come un genere letterario sarebbe possibile dimenticare l'apporto individuale, e questa è un'osservazione che va sempre tenuta in conto quando si parla di tendenze, di movimenti, di scuole, in base a schemi dettati più che altro da comodità didattica ed espositiva.

È stato detto ad esempio che in PIER PAOLO PASOLINI (soprattutto *Poesie a Casarsa*, 1942, e *La meglio gioventù*, 1954, nel materno friulano) il dialetto intende dare voce a strati sociali che non sono ancora arrivati ad esprimersi in lingua, ma questo avviene forse più nei romanzi che non nelle poesie in friulano. Nelle poesie più recenti il dialetto è scelto come una lingua che è altra da quella della civiltà industriale e della società dei consumi. Pasolini non vuole far rivivere una cultura regionale né ritiene che il dialetto possa essere la lingua della protesta di strati sociali oppressi: il friulano (o il terrone o il lappone) è se mai la lingua dell'antica povertà, contrapposta a quella della società dei consumi. Lo stesso Pasolini ha scritto, a proposito dei suoi primi esperimenti: «La mia "lingua pura per poesia" era stata scambiata per un documento realistico». E già anni prima aveva confessato, anche se dava un valore universale a questa sua affermazione, che scrivere in dialetto «risponde a un bisogno profondo di diversità» e che «per il poeta dialettale che avverta nel suo dialetto una dignità inattesa, quasi una immeritata grazia, si tratta di pensare in un solo momento il dialetto come lingua-poesia».

In ERNESTO CALZAVARA (1907), che scrive in dialetto trevigiano (*Come se. Infralogie*, 1974; *Analfabeto*, 1979; *Le ave parole*, 1984), la polemica è con una lingua che non è l'italiano letterario, ma quello dei mass media, dei gerghi scientifici e di mestiere, una lingua in cui le parole sono diventate, come gli oggetti anonimi del consumismo, incapaci di servire al loro scopo. Calzavara sceglie «le parole di legno» del dialetto, parole capaci di caricarsi della storia di chi le usa, come gli oggetti della civiltà contadina. ALBINO PIERRO (1916), dopo non episodici esperimenti in lingua, trova nel dialetto di Tursi (alcune raccolte: *Metaponto*, 1963; *Eccó 'a morte*, 1969; *Si pó 'nu jurne*, 1983) il linguaggio nel quale egli, esule nella città dell'alienazione e dell'angoscia, può rivivere il «paese del ricordo», incontrare le persone, rivedere i luoghi, riconoscerne gli usi e i costumi. Così le parole coincidono perfettamente con le cose senza residui. Se Pierro non è il cantore del «suo popolo, ma del suo io» (Manacorda), IGNAZIO BUTTITTA (1899), autore di moltissime raccolte fra cui *Lu pani si chiama pani* (1954), *La peddi nova* (1963), *Il poeta in piazza* (1974), *Le pietre nere* (1983), sembra invece voler essere il poeta che dà voce alla Sicilia, collocandosi in una posizione abbastanza differenziata rispetto ai contemporanei poeti in dialetto.

Tra gli altri si possono ricordare TONINO GUERRA (1920), che nel dialetto di Sant'Arcangelo di Romagna ha pubblicato *I bu* (I buoi) (1972) e il poemetto in trentacinque «canti» *Il miele* (1981); un secondo santarcangiolese, RAFFAELLO BALDINI (1924); il ligure PAOLO BERTOLANI (1931); il friulano AMEDEO GIACOMINI (1940).

Va ricordata a parte, dentro un itinerario di alta sapienza poetica in lingua, la raccolta *Filò* (1976) di ANDREA ZANZOTTO (1921). Attraverso le risonanze del trevigiano di Pieve di Soligo, Zanzotto recupera un dialetto «da sempre immanente» (Mengaldo) nella sua opera, attinge ad una zona che sta al di là della grammatica e della scrittura, ne coglie la libera creatività, che sprigiona in ricchezza di parole alternative: coerentemente con le tendenze generali di un dialetto-memoria della realtà che diventa «lingua della poesia».

IL TEATRO

Il teatro dei processi morali

Ugo Betti. Un momento fondamentale del teatro italiano novecentesco è il teatro dei «processi morali», che vive la sua stagione migliore nel decennio dal '40 al '50, ma è anticipato dall'opera di UGO BETTI (1892-1953), uno dei più grandi autori di teatro del nostro secolo. Partito da esperienze crepuscolari e intimiste (i toni grigi e dimessi, il teatro del «silenzio») e approdato nell'ultima stagione ad una profonda tensione religiosa, la produzione centrale, più nota e interessante di Betti, è quella che verte sulla crisi morale dell'uomo, incapace di restare fedele a direttive di giustizia e di amore. Casi di coscienza e intense problematiche percorrono tutto l'arco della sua attività teatrale e in particolare alcuni dei suoi testi più rappresentativi, da *La padrona* (1926) a *Frana allo scalo nord* (1932) a *Ispezione* (1942) a *Corruzione al Palazzo di Giustizia* (1944).

Se nel teatro pirandelliano e «grottesco» è messa in forse ogni forma di conoscenza, qui il relativismo è inerente al giudizio di valore e di colpevolezza. Il teatro con Betti abbandona il sofisticato intellettualismo dell'«essere» e del «parere» per scendere nel torbido magma dell'esistenza e denunciare il comportamento vile dell'uomo. Per lui non esistono colpevoli perché tutti in qualche modo sono responsabili della colpevolezza di ognuno. Tipico è l'esempio di *Corruzione al Palazzo di Giustizia*. Nel dramma, la sede insospettabile della legge svela il marcio che la domina attraverso la rivalità e i rancori dei giudici, i quali non sono affatto esenti dal morbo della corruzione. Il contrasto è accentuato mediante lo schema del «processo», condotto da uno dei personaggi che, ponendo sotto accusa i suoi simili, diventa il simbolo della voce interiore. Il ritardo con cui viene riconosciuta la sua grandezza, oltre che all'ostracismo sovente patito da autori cattolici nella cultura italiana, è legato proprio al taglio dei suoi «processi morali», intonati sul grande respiro europeo e per i quali sembra più scarsa la sensibilità dei nostri intellettuali.

Diego Fabbri. Tra gli altri autori che alimentano il teatro a sfondo morale (più che una menzione meriterebbero CARLO TERRON, SILVIO GIOVANINETTI, VALENTINO BOMPIANI) occupa un posto di preminenza DIEGO FABBRI (1911-1980), scrittore che dall'alto di una limpida ispirazione cristiana indaga i mali di una società in decomposizione, il cui riscatto è possibile soltanto con l'appello ad una superiore verità. Anche nei suoi lavori si intrecciano discus-

Una scena del *Processo a Gesù* di Diego Fabbri al Teatro Olimpia di Milano nel dicembre 1955 (Farabolafoto).

sioni, inchieste, processi, per mettere a nudo la disperata miseria umana, che ha possibilità di annullarsi nell'ansia tormentata dell'assoluto. Tra i testi più significativi della sua ricca produzione (drammi teatrali, radiofonici, televisivi, adattamenti) si ricordano *Inquisizione* (1950), *Processo di famiglia* (1953), *Veglia d'armi* (1956) e soprattutto *Processo a Gesù* (1955), ritenuto da molti il suo capolavoro. Qui, adottando la tecnica pirandelliana del «teatro nel teatro», viene proiettato nel mondo di oggi il dramma di Cristo, discusso dagli attori che coinvolgono nel dibattito anche gli spettatori. Questi ultimi, sotto forma di folla anonima e vociante, irrompono sul palcoscenico per accusare la debolezza dell'uomo e per chiedere al Grande Condannato la forza soprannaturale del riscatto, un chiarimento profondo del senso della vita.

Il teatro di Eduardo De Filippo

Tra i più accreditati commediografi del Novecento, insieme ai nomi di Pirandello, Betti, Fabbri, emerge la figura di EDUARDO DE FILIPPO (1900-1984). La sua vasta opera in campo teatrale, svolta come attore e autore, attraversa ininterrottamente mezzo secolo, a partire dagli anni Venti, adattandosi ogni volta ai tempi e alle situazioni e proponendo sempre aggiornate strutture drammaturgiche, pur nella fedeltà ad un nucleo originario di ispirazione.

Prima fase. La prima fase, circoscrivibile all'incirca dal 1920 al 1942 (da *Farmacia di turno* a *La Fortuna con l'Effe maiuscola*), è quella più compromessa con la tradizione del teatro popolare napoletano, in cui il dialetto è ancora adottato come elemento caricaturale. Fin d'ora non mancano però scandagli in direzione diversa sia per i debiti contratti nei confronti di Pirandello, sia per lo scoperto superamento delle convenzioni naturalistiche, come *Sik Sik, l'artefice magico* (1929), che illustra la patetica storia di un povero artista illuso di essere grande. Già qui il dialetto, storpiato in bocca al curioso protagonista che pretende di esprimersi in italiano, perde il suo colore realistico e acquista tinte espressionistiche.

Eduardo De Filippo e Pirandello esaminano un copione nel 1935. Ai lati i fratelli di Eduardo, Peppino e Titina.

Seconda fase. La seconda fase, quella più matura e importante, ha inizio con *Natale in casa Cupiello* (1943), in cui si definisce la fisionomia dell'eroe quotidiano di Eduardo, e si chiude con *Gli esami non finiscono mai* (1973), passando attraverso testi fondamentali come *Napoli milionaria* (1945), *Questi fantasmi* (1946), *Filumena Marturano* (1946), *Le voci di dentro* (1948). In questo teatro si mescolano l'illusione e la delusione per il miglioramento della società, l'angoscia e la confusione morale degli individui, il dramma di famiglie vittime della guerra. La famiglia, appunto, in quanto specchio della società, è non a caso uno dei centri d'interesse di Eduardo, che approda a tematiche universali partendo da un contesto — quello regionale napoletano — apparentemente limitato. Al di là della «napoletanità» dunque, di cui egli interpreta e rappresenta l'anima, il teatro di Eduardo esprime il male e il dolore di vivere dell'uomo contemporaneo.

Lo sperimentalismo di Dario Fo

Nella folta schiera di autori degli anni più recenti si distingue per una nuova concezione della teatralità DARIO FO (1926). In lui, come in Eduardo, l'operatore è tutt'uno con l'attore e il regista. Abbandonati i circuiti ufficiali, Fo si dedica ad un teatro dalla comicità clownesca e dissacratoria prendendo spunto da temi storici o di attualità.

Più che il testo scritto, canonico nella ripartizione delle scene e delle battute, conta per Fo la capacità d'improvvisazione, che sfocia in chilometriche tiritere, in eccezionali svisature giullaresche e buffonesche, verbali e gestuali. In testi-spettacolo come *Gli arcangeli non giocano a flipper* (1959), *Isabella, tre caravelle e un cacciaballe* (1963), fino al *Mistero buffo* (1969) e *Morte accidentale di un anarchico* (1970), per citarne soltanto alcuni, sono concentrati i lazzi della commedia dell'arte e i meccanismi delle *gags* di avanspettacolo. I temi prediletti sono la critica del capitalismo e l'irrisione dei modi borghesi, svolti con linguaggio vivissimo, graffiante, di immediata comunicabilità.

UN ESEMPIO DI GEOGRAFIA LETTERARIA: LE LANGHE TRA PAVESE E FENOGLIO

La formazione. CESARE PAVESE (1908-1950) e BEPPE FENOGLIO (1922-1963) sono spesso accostati nel nome del comune spazio geografico, che in tutto o in parte caratterizza le loro opere, ma si tratta di un accostamento che pretende di essere precisato. Intanto si tratta di due scrittori di diversa generazione. Quando Pavese pubblica le poesie di *Lavorare stanca* (1936) nelle edizioni di "Solaria", Fenoglio ha appena finito la scuola media. Pavese si educa alla lezione torinese di maestri e amici come Augusto Monti, Leone Ginzburg, Massimo Mila, Franco Antonicelli, i quali continuano la lotta della "Rivoluzione Liberale" e del "Baretti", si dotano di buoni strumenti organizzativi, attuano una «seria assimilazione di quelle letterature come la russa e l'americana che sarebbero state così importanti per aiutare i vari paesi europei a sollevarsi dai loro provincialismi nazionalisti» (Muscetta).

Leone Ginzburg anima la casa editrice «Slavia» fondata da Alfredo Polledro allo scopo di presentare per la prima volta in Italia la traduzione integrale e condotta sugli originali dei cinque grandi romanzieri russi dell'Ottocento: Turgenev, Gogol', Dostoevskij, Tolstoj, Čechov. Franco Antonicelli dirige per l'editore Frassinelli la «Biblioteca Europea», in cui esce nel 1932 il capolavoro di Melville, *Moby Dick*, tradotto da Pavese, che volge anche *Riso nero* di Sherwood Anderson, dando vita ad uno dei primi episodi del mito americano. Si tratta di iniziative che preludono alla fondazione della casa editrice Einaudi (1933), destinata a diventare parte essenziale della vita di Pavese, oltre che della cultura italiana prima della guerra e dopo. Fenoglio vive interamente nei confini della provincia, non ha rapporti culturali che non siano quelli con i professori del liceo che frequenta e fa letture persino stravaganti, innamorandosi della lingua inglese, che gli diventa lingua mentale, e infiammandosi alle imprese di Cromwell, formandosi sui testi della letteratura elisabettiana.

La poetica e l'opera di Pavese. Questo fatto di formazione si traduce nell'ottica diversa con cui Pavese e Fenoglio guardano alla provincia e alle Langhe, che fanno qui da pretesto al loro accostamento. La narrativa di Pavese è tutta giocata su andate e ritorni tra le Langhe e Torino, tra campagna e città. Nel disporsi complementare dei due poli, Pavese è uno scrittore cittadino. Da un lato le gite di barriera, i sabbiatori del Po, i caffè *chantants*, il fantasticare torinese di Pablo nella prima parte del romanzo *Il compagno* (1947) o quello del racconto lungo *Il diavolo sulle colline* (1949) o il ritorno di Clelia da Roma in *Tra donne sole* (1949) o gli incontri di Ginia e di Amelia in *La bella estate* (1949), le notti in bianco, i ritrovi, gli studi dei pittori; dall'altro le Langhe barbare e simboliche, in cui Pavese proietta le sue letture della letteratura del *Middle West* (Centro-Ovest): «Per Anderson, tutto il mondo moderno è un contrasto di città e di campagna, di schiettezza e di vuota finzione, di natura e di piccoli uomini. Quanto tocchi anche a noi quest'idea, credo inutile dire. E di quanto noi siamo inferiori in potenza vitale alla giovane America, possiamo vedere da questo: un problema che ha dato all'America opere come quelle di cui parlo, non ha dato tra noi che una caricatura letteraria: stracittà e strapaese».

Alla letteratura del Centro-Ovest si aggiunge lo studio delle interpretazioni mitico-rituali ed etnografico-antropologiche di Frazer, di Kerényi, di Mircea Eliade, di Vico, delle fonti classiche e della mitologia greca che dà il suo frutto più alto in un libro come i *Dialoghi con Leucò* (1947). Le storie dei suoi romanzi (da *Paesi tuoi*, 1941, a *La casa in collina*, 1949, a *La luna e i falò*, 1950) sono storie di ritorni mitici e simbolici. Pavese ha scritto: il simbolo è un evento che un valore assoluto «strappa alla causalità naturalistica e isola in mezzo alla realtà», e ancora che raccontare è sentire «nella diversità del reale una cadenza significativa, una cifra irrisolta del mistero, la seduzione di una verità sempre sul punto di rivelarsi e sempre sfuggente». Nel simbolo e nel mito che costituiscono la ragione del suo narrare, così distante dalla misura neorealistica, Pavese proietta un grumo di angosce e di ossessioni sue. Quando tenta di allineare un personaggio agli imperativi della volontà militante (Pablo, nel romanzo *Il compagno*, che riscatta la sua inconcludenza con l'impegno resistenziale) fallisce proprio nella parte che dovrebbe essere quella positiva.

Cesare Pavese (Fotot. Stor. Naz.).

Le Langhe a confronto. In Fenoglio c'è la costante presenza di un solo paesaggio, la geografia fisica e antropologica delle Langhe. Ma scrivendo delle Langhe, Fenoglio è abissalmente lontano da Pavese, «per l'assenza della mitologia della terra e del sangue, la ricerca dei motivi ancestrali entro i luoghi e le vicende della campagna, l'epico-mitico come strumento di interpretazione e di integrazione del reale» (Beccaria). Diventa esemplare in questo contesto la lettera che Pavese scrive a un suo corrispondente, il 23 giugno 1949: «E soprattutto, studi ed esca dal chiuso: il modo migliore di scoprire se stessi e il proprio paese è frequentare gente e terre esotiche. Non per modello, ma come esperienza, le cito il mio caso: sono arrivato alla terra (qualunque essa sia) di *Paesi tuoi* e *Lavorare stanca*, passando attraverso violentissimi amori letterari per i Mari del Sud (l'Oceania ottocentesca e l'America ventesimo secolo). Mi sono *letteralmente* scoperto in quelle cose e persone remote. E del resto tutti abbiamo studiato a scuola che l'Alfieri scoprì sé e l'Italia girando il mondo».

C'è un esotico anche in Fenoglio, ma non è quello decadente di Pavese e risponde a una spinta eroico-romantica. Le terre esotiche di Fenoglio sono la letteratura e la cultura anglosassone, il periodo eroico di Cromwell, gli autori elisabettiani, o quando sono autori di altri periodi, si tratta di grandi innovatori del linguaggio: Thomas Hardy, John Donne, Coleridge, Browning, Hopkins.

Proprio guardando allo stile e alla ricerca del linguaggio si può capire come anche le opere che sembrerebbero più compromesse, a tutta prima, con la stagione neorealista siano invece motivate da ben altre ragioni. L'intenzione di Fenoglio non è di ricostruire i lineamenti di una società e di una cultura «rimaste estranee ad una trasformazione industriale dei rapporti di produzione e ad ogni forma di organizzazione sindacale» (Guglielmi). Fenoglio non mira a rispecchiare la realtà, a riprodurla con l'esattezza di una trascrizione fortemente mimetica, ma a investirla idealmente, a darne un risvolto epico, a coglierne il respiro arcaico, ancestrale.

L'opera di Fenoglio. L'ideologia della realtà tende a configurarsi nel suo mondo letterario lungo due direttrici tematiche: l'universo contadino e la Resistenza. Nel romanzo *La malora* (1954), il mondo contadino non ha speranza di riscatto, vive chiuso in una maledizione antica e senza sbocchi. Sembrerebbe una tipica atmosfera neorealista se non fosse per il linguaggio che diventa profondamente rivelatore. Fenoglio non degrada la lingua, non la contamina con il dialetto come lingua bassa di una realtà geograficamente e socialmente determinata. La cosa è tanto più evidente nei racconti e nei romanzi, che hanno come motivo centrale la Resistenza. Si tratta di una Resistenza anticonformistica, situata fuori dalle convenzioni e dall'agiografia civile.

I fratelli Menicatti, partigiani della zona di Alba, condotti alla fucilazione. Torino. Museo del Risorgimento.

Nel primo libro di racconti, *I ventitré giorni della città di Alba* (1952), uscito non senza difficoltà nei «Gettoni», la collana einaudiana diretta da Elio Vittorini, ci sono raffigurazioni grottesche e caricaturali nient'affatto consone al clima celebrativo degli anni Cinquanta. *La paga del sabato*, il romanzo che verrà pubblicato postumo nel 1969, è presentato a suo tempo a Vittorini, che oppone un rifiuto e che consiglia di trarne materia per dei racconti. Spezza ancora una volta gli schemi la figura di un partigiano che non trova la strada dell'adattamento, rifiuta il lavoro della fabbrica e mette su una banda con un altro ex-partigiano. Anche la Resistenza di *Una questione privata*, romanzo incompiuto pubblicato postumo nel 1965, è affrontata sotto il segno privato di un amore, dei vagheggiamenti e delle nostalgie di Milton in cerca della ragazza Fulvia: con la conseguenza di raccontare la Resistenza «proprio com'e-ra, di dentro e di fuori, vera come mai era stata scritta, serbata per tanti anni limpidamente alla memoria fedele, e con tutti i valori» (Calvino). Ma il romanzo per eccellenza di Fenoglio, delle Langhe e della Resistenza è *Il partigiano Johnny*, anch'esso postumo (1968) e incompiuto. Nel *Partigiano Johnny*, Fenoglio scrive la Resistenza come un fatto epico, i modelli a cui aspira sono Omero e Milton; non la storia conta, ma la lotta, la battaglia che non finisce. La Resistenza si trasforma in leggenda, mondo di scontri epici, tragici, in cui lo scrittore guarda con stupore, orrore e commiserazione e in cui getta l'avventurosa tensione dello stile: non romanzo né cronaca, ma poema. Si tratta di uno stile che risponde pienamente a questa tensione di misura epica e non ha nulla a che vedere con l'espressionismo come deformazione. La scrittura di Fenoglio è una scrittura d'impeto studioso, che scolpisce: non «*riproduce* gesti, avvenimenti ma *è* gesto, avvenimento, e presenta azioni, movimenti quotidiani, con astrazione e concentrazione applicata anche ai piccoli dettagli» (Beccaria). Il grande stile di Fenoglio nasce dall'impasto della sua educazione letteraria con il fango antico delle colline, a sua volta impastato dal sudore e dal sangue dei secoli.

TERZO NOVECENTO
TRE PROTAGONISTI

ELIO VITTORINI

L'INTELLETTUALE

Elio Vittorini (Farabolafoto).

«Americana». Scrittore, intellettuale, operatore culturale, convinto che l'artista è un uomo «pubblico» calato nella realtà storica e politica, Elio Vittorini è una delle personalità più complesse del secondo e del terzo Novecento. Nato a Siracusa nal 1908, il suo nome è legato ad alcuni interventi che hanno contribuito ad animare il panorama letterario e culturale italiano. Dopo gli inizi malapartiani, di cui rimangono le tracce nel romanzo rifiutato *Il brigantino del papa* (pubblicato postumo nel 1985), Vittorini frequenta l'ambiente di "Solaria" e qui matura il suo progetto di raccogliere in un'antologia i narratori americani. Essa viene pubblicata nel 1941 da Bompiani con il titolo *Americana.* L'antologia rivela il cuore della stessa narrativa di Vittorini: la caratteristica della letteratura americana di coniugare amore e morte, di proporre il vagabondaggio alla ricerca delle radici per sempre perdute, fornisce le basi di un itinerario che non si smentirà. Ma il valore della raccolta va oltre. Proponendo con i classici Melville, Hawthorne, Poe altri scrittori scarsamente noti come Faulkner, Steinbeck, Anderson, Dos Passos nelle traduzioni esemplari di giovani letterati come Montale, Piovene o lo stesso Vittorini, *Americana* offre un'alternativa concreta alla tradizione letteraria nostrana chiusa nella pratica di una letteratura troppo disposta ad esaurirsi in se stessa. Vittorini, con intento provocatorio, rivela invece una letteratura che possiede «una carica più vitale, più compromessa con la vita e con la storia» (Pautasso). L'America diventa per lui la terra dell'utopia: un'America «pensosa e barbarica, felice e rissosa, dissoluta, feconda, greve di tutto il passato del mondo, e insieme giovane, innocente», secondo le parole di Cesare Pavese, che condivide con Vittorini l'entusiasmo per questa letteratura.

"Il Politecnico". La propensione al dibattito e al confronto ideologico spinge Vittorini a pubblicare "Il Politecnico". Concepito negli anni sofferti della Resistenza, il primo numero è datato 29 settembre 1945. Edito da Einaudi, annovera tra i redattori Franco Fortini, Franco Calamandrei, Vito Pandolfi e tra i collaboratori Giansiro Ferrata, Felice Balbo, Arturo Carlo Jemolo. Dapprima la rivista è settimanale, poi, dal maggio 1946, diventa mensile. Gli argomenti che vengono affrontati sono diversi e mirano a sondare la realtà italiana per «portare la cultura a interessarsi di tutti i concreti problemi sociali in modo da giovare all'opera di rigenerazione della società italiana» (Vittorini). Un modo di intendere la cultura e di fare cultura dinamico e aperto ad ogni tipo di problema: dalla letteratura allo sport, dalle feste popolari alla scuola, alla funzione del sindacato, alle inchieste (sulla Fiat e sulla Montecatini), alle condizioni delle campagne, specialmente nel Sud. Vittorini vuole ridefinire l'immagine e il ruolo dell'intellettuale, fuori da schemi tradizionali e convenzionali.

Ad un anno dalla sua comparsa "Il Politecnico" incontra i primi dissensi. Le prime critiche si formalizzano nell'articolo di Mario Alicata su "Rinascita", la rivista militante del PCI. Nell'articolo Alicata prende le distanze, sue e del suo partito, dall'impostazione ideologica del "Politecnico" e in particolare dal modo di intendere il rapporto tra intellettuale e politica. La polemica si allarga, eco di quella tra avanguardia e rivoluzione che si era svolta in Europa tra Walter Benjamin e Bertolt Brecht, e va oltre l'esistenza stessa della rivista, che in mezzo a tutte queste difficoltà cessa le pubblicazioni nel dicembre del 1947 (Vittorini uscirà poi dal Partito comunista nel 1951).

«I Gettoni». Un'altra attività di Vittorini fu quella di consulente editoriale dell'Einaudi. È sua la collana «I Gettoni», nella quale seleziona nuovi autori, non senza, come nel caso di Beppe Fenoglio, qualche incomprensione. Vi appaiono titoli di Mario Tobino, Giovanni Arpino, Carlo Cassola, Raffaello Brignetti, Giovanni Testori, Elémire Zolla. Vittorini dimostra in questa sua attività una grande apertura, anche verso le tendenze di cui diffida o di cui dubita: spesso prendendo le distanze nei risvolti di copertina, che stende come ammonimento o come consenso.

IL NARRATORE

Da «Piccola borghesia» al «Garofano rosso». La narrativa di Vittorini si apre, dopo le prove giovanili e i racconti di *Piccola borghesia* (1931), con una stagione caratterizzata dall'adesione convinta alla prosa d'arte o «capitolo». Lo scrittore va alla ricerca della sensazione, dell'impressione spesso puramente esterna ma di forte significato estetico. In *Sardegna come un'infanzia* (1936), l'isola rivive con gli occhi di un «viaggiatore» che si riempie il cuore di impressioni, sensazioni, emozioni sensitive. È il viaggio di un letterato che evoca memorie scolastiche e libresche; letterario è anche il riferimento continuo all'infanzia, come ritorno a un'età felice, con un crescendo tale che finisce per trasformare il libro in un'unica e complessiva metafora. La prosa d'arte è importante per capire l'universo letterario dello scrittore, perché spiega la tensione continua a cui Vittorini sottopone lo stile. È lui stesso a riconoscere: «Certo un debito noi abbiamo, impagabile: ed è verso la Ronda».

«Il garofano rosso». Il primo tentativo di cimentarsi con il romanzo, dopo le prose liriche e i racconti, è *Il garofano rosso*. Esso viene pubblicato su "Solaria" a partire dal febbraio

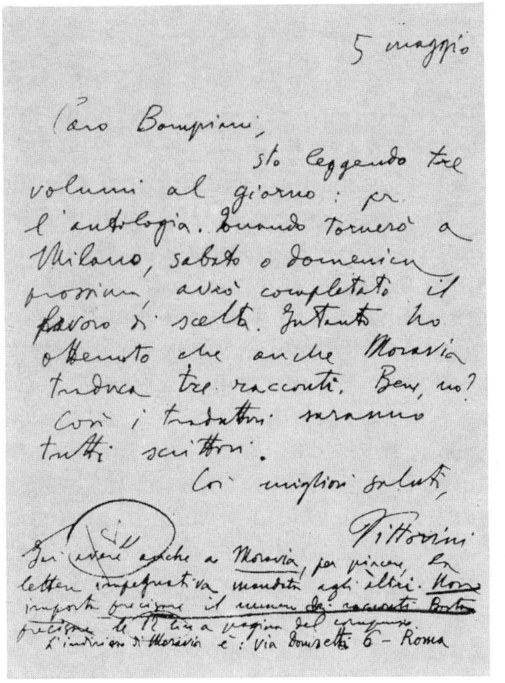

5 maggio

Caro Bompiani,

sto leggendo tre volumi al giorno: per l'antologia. Quando tornerò a Milano, sabato o domenica prossima, avrò completato il lavoro di scelta. Intanto ho ottenuto che anche Moravia traduca tre racconti. Bene, no? Così i traduttori saranno tutti scrittori.

Coi migliori saluti,

Vittorini

Lei scriva anche a Moravia, per piacere, la lettera impegnativa mandata agli altri. Non importa precisare il numero dei racconti. Basta precisare le [illegible] lire a pagina del compenso.
L'indirizzo di Moravia è: Via Donizetti 6 - Roma

A fianco: Lettera autografa di Elio Vittorini a Bompiani nel 1934.
A destra: Copertina di *Conversazione in Sicilia,* Bompiani, 1941.

1933, incontrando ostacoli da parte della censura, che determina lunghi tagli e nega successivamente la pubblicazione in volume: cosicché il romanzo può essere divulgato solo nel 1948 quando viene stampato da Mondadori.

Vittorini si muove ancora sul terreno a lui congeniale della memoria per evocare la giovinezza liceale di Alessio Mainardi e la sua educazione sentimentale, che avviene nella scoperta del sesso e dell'amore in una confusione un po' caotica, fatta di indistinte e sovrapposte pulsioni. Parallelamente avviene anche l'educazione politica del giovane, affascinato dal vitalismo della propaganda fascista. Proprio questa confusione di sentimenti, incapaci di seguire una logica qualsiasi, costituisce insieme il limite e il pregio del romanzo, una prova per così dire aperta, un romanzo delle ambiguità: contenutistica (amore-sesso), ideologica (fascismo-socialismo), stilistica (realismo-lirismo).

«Conversazione in Sicilia». Il romanzo più significativo di Vittorini e di un'intera generazione è *Conversazione in Sicilia*: apparso a puntate in "Letteratura" (1938-39), pubblicato con il titolo *Nome e lacrime* dall'editore Parenti nel 1941, viene ripubblicato lo stesso anno da Bompiani con il titolo definitivo.

È la ripresa matura di un viaggio. Silvestro ha una trentina di anni, ha una moglie-ragazza, fa il tipografo-linotipista e improvvisamente decide di prendere il treno per la Sicilia, dopo aver ricevuto una lettera dal padre che gli annuncia di aver lasciato la madre per un'altra donna: «e così mi venne una scura nostalgia come di riavere in me la mia infanzia». Nel viaggio notturno verso l'isola Silvestro incontra diverse persone. Sul battello-traghetto verso Messina parla con un piccolo siciliano «di terza classe» che offre arance alla moglie afflitta e muta; sul treno in partenza da Messina sente parlare due siciliani che fanno i questurini in continente e si chiamano «Coi Baffi» e «Senza Baffi». Conosce il «Gran Lombardo», un personaggio fascinoso che parla del bisogno di avere «altri doveri». Silvestro decide di raggiungere la madre Concezione, che ormai vive sola e campa facendo le iniezioni a mezzo paese. Conversa, rievoca spazi e ricordi della propria infanzia, fruga nella memoria calda e non reticente della madre, ne fa spuntare figure nuove: il nonno vitale e coraggioso, il viandante che la madre ha amato e che forse è morto ucciso dalle guardie durante una ribellione nelle zolfare. Silvestro visita con la madre i tuguri e le case buone del paese, conosce l'arrotino Calogero, l'«uomo» Ezechiele, il panniere Porfirio e parla con loro delle offese del mondo, affonda nell'osteria dello «gnomo» Colombo nel «nudo sepolcro del vino» e ne esce il fantasma doloroso del fratello Liborio morto soldato. Nel punto di congedarsi dalla madre, Silvestro scopre che il padre vecchio e piangente è tornato da lei e se ne va in punta di piedi.

Nell'avvertenza finale del romanzo, Vittorini informa che, come il protagonista di *Conversazione* non è autobiografico, così «la Sicilia che lo inquadra e accompagna è solo per avventura Sicilia (...)», quasi a prendere le dovute distanze da una certa letteratura neorealista, che esaurisce il suo compito nella denuncia documentaria. Alla letteratura Vittorini chiede che, superando il dato personale o partendo dal dato personale, sia in grado di fornire una pur minima conoscenza del mondo e abbia dunque validità universale. Il suo è un romanzo sapientemente costruito. Lo stile scandisce il flusso della memoria e della pietà con punteggiatura ardita, con sintassi ellittica, con frequenti anastrofi, con ripetizioni ritmiche e linguaggio fortemente allusivo. Non solo il romanzo non fornisce interpretazioni univoche, ma evidenzia l'atteggiamento nuovo e inconsueto di un intellettuale impegnato davanti a problemi come la questione meridionale. Per essa non vengono prospettate soluzioni preconfezionate e semplicistiche; il romanzo è pieno di domande senza risposta e lascia spazio se mai per una interpretazione pessimistica e sconsolata, con quel pianto finale che è impossibilità assoluta di redenzione singola e collettiva per inadeguatezza dell'individuo e dei mezzi prospettati: la rivolta o la solidarietà o l'innocenza.

«Uomini e no». È ancora l'uomo offeso, questa volta dall'assurdità della guerra civile, il protagonista del romanzo successivo: *Uomini e no* (1945). Vittorini è sensibile testimone del momento storico in cui vive e affronta nella sua narrativa i drammi che affliggono l'uomo: «Un grosso evento pubblico può distrarmi, purtroppo, e provocare un mutamento di interessi nel mio lavoro». Ma anche quest'ultimo romanzo trascende il momento contingente, e pur restando una testimonianza dell'impegno civile dello scrittore nel dramma della lotta partigiana a Milano, è soprattutto un libro di linguaggio e di stile. Costruito sul solido intreccio dei due livelli, lirico-soggettivo (evidenziato dal corsivo) e narrativo, *Uomini e no* è anche continuazione dell'esperienza maturata con *Conversazione in Sicilia*: soprattutto nel perdurare dell'incastellatura simbolica che si offre a più piani di lettura.

Gli altri romanzi. Il solco tra realtà e rappresentazione fantastico-allegorica si approfondisce ancora di più nelle prove narrative che seguono, sottolineando una scelta priva di ripensamenti. La lente dello scrittore deforma sempre più la realtà.

I personaggi del romanzo *Il Sempione strizza l'occhio al Frejus* (1947) perdono i connotati realistici per assumere significati misteriosi e segreti, vivono in un modo primitivo, sono concentrati nell'assillo del cibo, mossi dall'inquietudine e colpiti da presagi di morte: sono proiettati in un futuro di sogno e di utopia. La propensione alla fiaba si mostra in *Erica e i suoi fratelli,* un romanzo del 1936, interrotto e pubblicato soltanto nel 1954 in "Nuovi Argomenti": solo apparentemente realistico per l'ambiente di miseria e di depravazione in cui vive la ragazza costretta alla prostituzione, ma ricco invece di suggestioni fiabesche sia per l'impianto della narrazione, sia per i moduli stilistici con cui la storia è condotta.

È dunque l'utopia ad affascinare Vittorini, che continuando a ricorrere ad allegorie ormai familiari si pone ancora una volta «in viaggio». *Le donne di Messina* viene pubblicato nel 1949, ma la seconda edizione del 1964 è ricca di rimaneggiamenti e di parti interamente riscritte. Nell'Italia distrutta dalla guerra, i protagonisti si impegnano a costruire in un luogo imprecisato i principi del comunismo utopistico. Il racconto è ordinato su vari piani, ognuno con una vicenda e un significato autonomi, sicché il risultato finale appare come un complesso mosaico. Anche l'ultimo romanzo, *Le città del mondo,* uscito nel 1969, in "Il Ponte", dopo la morte dello scrittore, ma già anticipato per molti versi dal racconto *La garibaldina* (1950), lascia trasparire questa tensione sperimentale. La vicenda si proietta definitivamente fuori dallo spazio e dal tempo, in una dimensione sempre più vicina a quella mitica e lontana dal contingente. In *Le città del mondo* si saldano l'incessante ricerca ideologica e la ricerca letteraria in un difficile equilibrio, che costringe di fatto il romanzo a restare incompiuto.

ALBERTO MORAVIA

Alberto Moravia (Farabolafoto).

Itinerario di Moravia. La copiosa produzione narrativa di Alberto Moravia (pseudonimo di Alberto Pincherle; Roma, 1907) si presenta come una lunga fedeltà di argomenti, intenti, stile: tanto che il suo itinerario di scrittore può essere messo sotto le categorie della «monotonia» e della «ripetitività». Capace di scrollarsi di dosso, con originalità di intuito e coraggio artistico, le dipendenze letterarie dai maestri contemporanei (D'Annunzio, "La Ronda", l'Ermetismo), Moravia si ricongiunge alla tradizione decadente italiana della linea Pirandello-Svevo e alla tradizione del grande realismo europeo da Balzac a Dostoevskij. Figlio della borghesia romana, la forza di tante sue opere deriva dall'accettazione consapevole del ruolo di borghese critico. Come i grandi narratori ottocenteschi, lo scrittore prende atto di una realtà in cui è stabilmente inserito per analizzarne «splendori» e «miserie», fin dal primo romanzo *Gli indifferenti,* scritto poco più che ventenne e pubblicato nel 1929: «Ho scritto *Gli indifferenti* perché stavo dentro la borghesia e non fuori». Se ci sono mutamenti è soltanto perché la borghesia, con la sua capacità di autorigenerazione e di adattamento, è in grado di rinascere dalle macerie, di risorgere ogni volta dallo sfacelo. Lo scrittore ne registra involuzioni ed evoluzioni, non per assecondare mode imperanti ma per fedeltà ad un compito che è l'essenza della sua letteratura. L'unico personaggio resta l'uomo borghese visto e osservato senza pietà, con il distacco di chi non si fa coinvolgere nelle situazioni che narra. Nonostante che i romanzi siano spesso scritti in prima persona non c'è mai identificazione con i protagonisti, lo scrittore si accontenta di vederli agire. La narrazione spesso non è che un analitico e «monotono» resoconto dei fatti, una presa d'atto quasi impersonale. Questo significa libertà anche da legami condizionanti di partito o da angusti schieramenti politici. Nell'immediato dopoguerra, in pieno clima di esaltazione per la guerra civile partigiana, Moravia, con il romanzo *Il conformista* (1951), scende in polemica con l'antifascismo, quasi irritato dall'apologetica imperante. Le sue adesioni a iniziative o a battaglie politiche sono sempre state critiche, la vicinanza al marxismo e al maoismo mai senza riserve, come si legge nei saggi *Un mese in URSS* (1958) o in *La rivoluzione culturale in Cina* (1967).

L'impulso alla rivolta, determinato da un profondo malessere, è presente nei romanzi di Moravia e vissuto fino allo spasimo, ad esempio dai protagonisti degli *Indifferenti,* della *Disubbidienza* (1948) e della *Vita interiore* (1978). Spesso sono i giovani, gli adolescenti, ad avvertire questa urgenza, grazie all'esperienza maturata, come nel caso della *Vita interiore,* nelle lotte studentesche del Sessantotto. Questa lotta però, sincera fino al coinvolgimento totale che spinge al rifiuto stesso della vita, è individuale, e pertanto destinata al fallimento. Le battaglie di Moravia sono quelle di un solitario. Ma hanno anche spesso un che di schematico, di eccessivamente e didatticamente semplificato. È stato rilevato per l'approccio di Moravia a Freud: «Moravia si è formato uno schema semplificato, una rappresentazione mentale sommaria, dell'apporto freudiano, riducendolo quasi unicamente a mezzo d'indagine del sesso» (David). È un'osservazione che si può estendere ad altri maestri del pensiero contemporaneo come Marx, Husserl, Sartre, da Moravia letti spesso in modo strumentale e riduttivo.

Famiglia e degenerazione borghese. Nei romanzi di Moravia i personaggi, le situazioni, il contenuto mettono in secondo piano l'attenzione alla lingua e allo stile: «Il romanzo non può essere basato sulla mera scrittura. Non è un fatto formale, verbale, linguistico, come la poesia (...). Il romanzo si fonda sulle strutture». La parola è importante in quanto portatrice di un significato. La scrittura di Moravia infatti è piana, spesso eco del parlato, senza impennature e ricercatezze formali. È la necessaria scrittura di un mondo borghese connotato dalla negatività, dall'indifferenza, dalla noia, dalla disattenzione, dal disprezzo, dall'assenza di vere passioni e di profondi sentimenti.

Dell'ambiente borghese Moravia ama scandagliare l'istituzione più salda e consacrata, la famiglia: cellula primitiva ormai ridotta a vuoto guscio di egoismi, ultimo e disperante microcosmo della incomunicabilità. La degenerazione del sesso è il simbolo assoluto di questa realtà che si riduce ad un domestico meretricio, una realtà intrisa di malattia, generazionalmente trasmessa. Da *Agostino* (1944) a *La disubbidienza* (1948), la famiglia è l'alcova dove il sesso è per gli adolescenti un turbamento inquieto dettato dal comportamento materno. *L'amore coniugale* (1949), *Il conformista* (1951), *Il disprezzo* (1954) possono essere considerati quasi una trilogia di romanzi a tesi, di romanzi-saggio nei quali Moravia «osserva» l'amore coniugale, che da iniziale passione diventa, in progressione scandita, indifferenza, noia, sazietà fastidiosa fino a generare disprezzo e volontà di annientamento, di sopraffazione dell'altro: «provavo una specie di nausea dolorosa al pensiero che la nostra intimità fosse, senza perché, diventata estraneità, assenza, separazione» (*Il disprezzo*).

Il sesso si riduce a una «cosa», strumento degradante, dialogo senza risposta, solipsistico confronto. La sua presenza nella pagina moraviana è così insistente che ha generato il sospetto di una concessione alle esigenze del mercato, ma in Moravia «il rapporto sessuale è riconosciuto, finalmente, nella degradazione della decadenza borghese, come forma metaforica dell'impulso a possedere, e perciò condizionato dalla stessa fenomenologia attraversata dall'elemento primario, e cioè dal denaro» (Sanguineti). Questa degenerazione borghese ha nell'incesto il suo culmine: incesto inteso come tabù, fascinosa e ammaliante tentazione continuamente rimossa ma continuamente riaffiorante; diventa il simbolo definitivo di un ordine scosso fin dalle sue radici ancestrali.

La figura dell'intellettuale. Secondo Moravia, l'unico frutto positivo della società borghese è l'intellettuale. La sua condizione, il suo essere e il suo futuro sono l'oggetto di una lunga e attenta analisi — vero e proprio motivo conduttore —, fino all'ultimo romanzo, *L'uomo che guarda* (1985), in cui sembra che all'intellettuale frustrato dal fallimento della rivoluzione e dai ricordi di un passato attivismo non resti che guardare con occhi perplessi e increduli, unico residuo di una congenita disposizione al sogno e all'illusione. Ma già *L'amore coniugale, La noia, Il disprezzo* presentavano un intellettuale in profonda crisi, che vive in uno stato di perenne inferiorità nei confronti della donna, assillato dall'impotenza e dalla sconfitta. Dodo, nell'*Uomo che guarda,* è un perdente nei confronti del padre, intellettuale di successo capace di aggredire la vita con decisione e di ricondurre ogni cosa ad un certo ordine e unità; è perdente nei confronti della donna che si allontana da lui.

Dino, protagonista della *Noia,* è prigioniero nella ragnatela delle ossessioni, non riesce più a dipingere e la tela sul cavalletto rimane bianca a testimoniare la sua inettitudine. Riccardo Molteni, nel *Disprezzo,* rinuncia alla vocazione di drammaturgo per un lavoro di sceneggiatore. Per l'intellettuale non ci sono redenzioni, Moravia non crede né a salvezze dall'alto né a salvezze dal basso. Giacomo, nella *Romana,* scopre la genuinità del mondo popolare, ma deve subito constatare l'impossibilità di una sua integrazione e sceglie il suicidio. Soltanto alla fine il malessere che fa dell'intellettuale un «alieno» nella società borghese si rivela motivato, le sue paure e i suoi indistinti fantasmi sono l'incubo dell'apocalisse nucleare, radice della sofferenza di molti protagonisti di Moravia, specialmente degli ultimi romanzi. In questo modo l'intellettuale trova forse un suo riscatto, recupera *in extremis* un ruolo diventando la voce profetica e inascoltata del suo tempo.

CARLO EMILIO GADDA

Carlo Emilio Gadda (Farabolafoto).

Il caso Gadda. Ancora vent'anni fa, sfogliando una rassegna di scrittori contemporanei, poteva pescarsi, tra i nomi affastellati un po' alla rinfusa, un cenno ai «due Gadda»: Piero Gadda Conti e suo cugino Carlo Emilio Gadda. Gli anni hanno segnato uno stacco tra due creature non più commisurabili, collocando nel novero di un pur dignitoso e interessante «minore» il cugino, e promuovendo Carlo Emilio a un ruolo d'eccezione, facendone forse il più grande prosatore italiano del Novecento: e di respiro sicuramente europeo, accostabile e accostato com'è sempre più spesso — il suo nome — a quello di James Joyce.

Alla singolarità di questa fortuna ha contribuito in certo senso lo stesso Gadda, pubblicando le sue opere, non nell'ordine in cui erano state scritte ma secondo un'imprevedibile logica, non sappiamo se obbediente a una sottile strategia dello scrittore o a una sua dolorosa impossibilità di render noti di volta in volta gli esiti di un tormentato lavoro.

Lo svolgimento dell'arte gaddiana ne è risultato così alterato, e per certi aspetti falsato, non consentendo agli studiosi, per lungo tempo, una conoscenza chiara e completa delle fasi del suo sviluppo, in particolare del periodo iniziale.

Si aggiunga, ai vari aspetti di questo caso letterario, la singolarità della formazione di Gadda: egli, infatti, non nasce scrittore; i suoi studi lo destinavano a una ben diversa attività professionale, che esercitò per vari anni prima di dedicarsi interamente al lavoro prediletto.

LA VITA E L'AMBIENTE

La formazione e le opere. Singolare la vita e la formazione di Carlo Emilio. Nato a Milano nel 1893 da famiglia borghese (sarà dunque sentito come drammatico disonore, e quasi come colpa, il fallimento del padre), Gadda deve interrompere gli studi di ingegneria per combattere, come alpino, al fronte: nella guerra conosce l'esperienza dolorosa della morte del fratello (gliene verrà un terribile senso di colpa per essere sopravvissuto) e della prigionia, nella quale redige un diario, il *Giornale di guerra e di prigionia*, edito nel '55 e poi profondamente rielaborato.

Laureato nel '20 esercita la professione di ingegnere in Italia e all'estero (è in Argentina tra il '22 e il '24): è questo un particolare decisivo per la sua scrittura, nutrita spesso di un inopinato lessico scientifico, e capace di ridipingere, nel suo romanzo forse più riuscito (*La cognizione del dolore*), la sua Brianza sotto le specie di un Sudamerica geograficamente molto italico.

Tornato in Italia, Gadda entra a far parte del gruppo fiorentino della rivista "Solaria" (1926), per le cui edizioni escono i primi volumi di racconti, *La Madonna dei filosofi* (1931), di racconti e memorie, *Il castello di Udine* (1934); lì si forma anche il primo nucleo delle

Novelle dal Ducato in fiamme, raccolte nel 1953 (dove «Ducato» è il dominio del Duce), e degli *Accoppiamenti giudiziosi*, a stampa nel 1963. L'ambiente fiorentino e solariano in particolare è, tra le due guerre, un'isola per aggiornamento culturale come per spirito d'indipendenza o di tacita opposizione al regime: i nomi che troviamo vicino a Gadda sono, in questi anni, Montale, Carocci, De Robertis, gli «ermetici» della seconda generazione, e giovani che si chiamano Vittorini, Bo, Ferrata, Contini. (Dall'avversione gaddiana al fascismo, piuttosto morale e intellettuale che politica, nasce il violento *pamphlet* satirico *Eros e Priapo*, del 1967). Per le edizioni di "Letteratura", erede per certi versi dell'esperienza solariana, Gadda raccoglie le prose giornalistiche di *Le meraviglie d'Italia* e *Gli anni*, nel '39 e nel '43. Intanto maturano le sue opere più note: i «disegni milanesi» dell'*Adalgisa* (1944), le prime puntate di *La cognizione del dolore* (1938, in volume nel '63) e di *Quer pasticciaccio brutto de via Merulana* (1946, in volume nel '57).

La guerra sorprende Gadda a Firenze, non senza suo grande spavento (un momento di cui non volle parlare, e che rimane dunque come zona d'ombra della sua biografia).

Alla fine della guerra lo troviamo a Roma: le difficoltà finanziarie (in parte oggettive, in parte esagerate dalla sua ipersensibilità apprensiva quasi patologica) vengono in parte risolte dalla collaborazione alla RAI e dai diritti d'autore che, sulla scia del *Pasticciaccio*, fanno seguito alla fama assai tardi raggiunta: il premio «Formentor» tributatogli da sostenitori di prestigio (Piovene, Vittorini, Moravia, Calvino) non vale a rimuovere la tristezza e le apprensioni di una vecchiaia sempre più minacciata da solitudine e nevrosi. Carlo Emilio Gadda muore il 21 maggio 1973.

La frantumazione: coerenza di un'opera e di una psiche. Al catalogo della poliedrica attività gaddiana vanno aggiunti altri titoli: *Il primo libro delle favole*, intriso di manierismo deliberatamente cruscante (e tuttavia cosa minore, nel *corpus*); un *pamphlet* teatrale visceralmente antifoscoliano (*Il guerriero, l'amazzone, lo spirito della poesia nel verso immortale del Foscolo*); due prose narrative tolte dai cassetti (*La meccanica*, *Novella seconda*); una raccolta di saggi di tagliente espressività (*I viaggi la morte*); una serie di quaderni di riflessioni filosofiche tutt'altro che dilettantesche (*Meditazione milanese*).

Un *corpus* poderoso, destinato forse ad accrescersi quando la filologia moderna potrà disporre del coacervo dei manoscritti gaddiani.

Eppure la fortuna di uno scrittore così ricco rimane tuttavia contrastata e difficile. Non bastò che il *milieu* culturale romano proclamasse il *Pasticciaccio* un vero capolavoro, fraintendendolo magari come fonte formidabile di neorealismo o modello di audace sperimentazione d'avanguardia; né il film che Germi trasse dal romanzo. Gadda del resto si sentì sempre, anche come scrittore, un isolato: «Qui non mi lasciano in pace», scrive in una lettera, «specie il meglio dei neoteroi, da P.P.P. (Pasolini) in giù: i quali con un certo arbitrio, si sono messi all'ombra del mio ombrellone, quasi producendo un avallo o un passaporto che io non ho loro concesso».

Non meno ardua la fortuna di Gadda all'estero, nonostante alcuni audaci traduttori si siano cimentati col suo originale e ostico linguaggio: come ogni scrittore di stile, Gadda vede limitata la sua fama all'estero rispetto a scrittori di idee, o più chiaramente ordinati nell'esposizione (si pensi alla notorietà, per contro, di autori come Silone, Sciascia, Moravia); ma oltre che un tributo di stile, egli paga un tributo di materia: talmente lombarda è la realtà ch'egli indaga, il suo moralismo risentito, il suo gusto barocco e insieme realista. Come riassumere, del resto, i suoi due romanzi più noti? *La cognizione del dolore* è, in fondo, la storia — ambientata in un Sudamerica di sapore lombardo — del rapporto nevrotico tra un eccentrico protagonista e sua madre, amata e odiata; il *Pasticciaccio*, ambientato nella Roma degli anni Trenta, è un «giallo» in cui non si scopre l'assassino. Entrambi sono, formalmente, incompiuti: poco importa se per scelta o per impossibilità, tanto legate sono — nello scrittore — le ragioni della volontà e quelle della necessità.

L'OPERA

La formazione. Da buon figlio della borghesia lombarda (di una famiglia che per parte paterna annoverava un ministro nel governo Lanza-Sella), Gadda compì gli studi liceali nella città natale, rivelando subito un'acuta passione per la letteratura, com'egli stesso riferisce in una pagina autobiografica: «Era di statura media, magro, taciturno, sanissimo, biondo. Aveva per lo più nove in latino e in matematica, e una sfrenata passione per i romanzi e l'Ariosto, che lesse nove volte in due anni stando ginocchioni sulla seggiola, dilungato colle gomita sul tavolino... A quattordici anni aveva preso il malvezzo... di scriver dei versi» (*La Madonna dei filosofi*).

Nonostante il discreto status familiare e il decoroso ambiente sociale in cui visse, Gadda ha più volte confessato di aver trascorso un'infanzia tormentata e un'adolescenza dolorosa, a causa delle ristrettezze economiche provocate da una fallimentare gestione del patrimonio di famiglia da parte del padre (che morì assai presto) ma soprattutto a causa di una sensibilità morbosa che gli rendeva sofferente il rapporto con gli altri e con la realtà.

Si iscrisse alla Facoltà d'ingegneria presso l'università di Milano ma nel 1915 fu chiamato al fronte, assieme al fratello Enrico. L'esperienza bellica fu traumatizzante per il giovane studente e lasciò una traccia indelebile nella sua esistenza. La disorganizzazione della vita militare, la prigionia in Germania dopo Caporetto ed infine la morte dell'amato fratello, provocarono in lui una terribile angoscia ed una profonda prostrazione, di cui egli registrò minuziosamente i vari momenti in un diario che pubblicò solo nel 1955 col titolo di *Giornale di guerra e di prigionia*.

Il «Giornale». Il *Giornale* costituisce un testo indispensabile alla comprensione della sensibilità gaddiana e del suo particolare sentimento della vita, che gli si rivela subito secondo aspetti dolorosi e irrazionali, regno del disordine e della menzogna.

Gadda aveva voluto la guerra, non solo per motivi di ordine politico (il compimento dell'unità nazionale) ma anche per mettere alla prova la sua maturità e il suo senso etico della vita. Aveva sognato una guerra giusta, eroica, ideale e si trovò di fronte ad una realtà ingiusta, meschina, brutalmente dolorosa, che smentiva violentemente le sue speranze e mortificava la sua volontà di azione.

La «Meditazione milanese». Tornato dalla guerra, Gadda riprende gli studi universitari, si laurea in ingegneria elettrotecnica nel 1920 ed inizia ad esercitare la professione di ingegnere in varie città italiane ed in Argentina, dove fu nel 1922. Per oltre un ventennio la pratica professionale si accompagnò all'esercizio della scrittura, ma va segnalato che, assieme agli studi di ingegneria, Gadda coltivò anche interessi filosofici, frequentando all'università di Milano un corso di filosofia teoretica.

Di questi studi egli si servì per stendere, nel 1928, un singolare abbozzo di lavoro, restato incompiuto e pubblicato nel 1974 con il titolo di *Meditazione milanese*. In quest'opera lo scrittore svolge in particolare un suo discorso sui concetti di «sistema» e di «metodo» che, oltre ad avere originali punti di contatto con alcune idee del fondatore della linguistica moderna, lo svizzero De Saussure, delinea delle coordinate gnoseologiche che presiederanno alla composizione delle sue opere letterarie.

Come può vedersi da questi cenni sulla formazione giovanile di Gadda, ci troviamo di fronte ad un esemplare di scrittore del tutto inedito nel quadro della letteratura italiana moderna. Nella sua opera «le due culture», quella scientifica e quella umanistica, da secoli sempre più separate nella formazione degli intellettuali italiani, tornano a ricomporsi in un fecondo rapporto di conoscenze che richiama piuttosto le ardue sintesi di certi autori medievali e rinascimentali.

Il «Racconto italiano di ignoto del Novecento». La prima vera esperienza narrativa di Gadda si ha con il *Racconto italiano di ignoto del Novecento* (scritto negli anni 1924-25 ma pubblicato nel 1983), una serie di frammenti e di note che avrebbero dovuto dar vita ad un romanzo ambientato nell'Italia tra la fine della guerra e l'avvento del fascismo.

Il motivo centrale del libro è la storia di un giovane, Grifonetto Lampugnani, dai vari tratti autobiografici, fascista per desiderio di grandezza ed alla fine assassino per amore: «la tragedia di un uomo forte che si perverte per l'insufficienza dell'ambiente sociale», come annotò lo stesso Gadda.

L'interesse del libro sta, oltre che nella testimonianza politico-ideologica della crisi storica di una certa borghesia italiana che poi confluirà nel fascismo, nell'accumulo di motivi narrativi, nella presenza di modi stilistici e di atteggiamenti psicologici che caratterizzeranno la produzione dello scrittore e che qui si rivelano in tutta la loro potenzialità.

«La meccanica» e il linguaggio espressionista. È ancora incompiuto, ma ha una sua solida unità d'impianto ed una consistenza narrativa, il romanzo *La meccanica*, scritto nel 1928 e pubblicato nel 1970. Anche questo testo ha il merito di documentare criticamente uno dei momenti cruciali della storia della società italiana del Novecento, quello cioè dell'intervento nella prima guerra mondiale e delle sue conseguenze.

Dal racconto emerge inequivocabilmente anche la posizione storica dello scrittore, contrario sia all'imbelle neutralismo socialista, sia all'irrazionalistico ed opportunistico intervento di certa borghesia. Pur nell'ambito di una cultura dichiaratamente di classe, la posizione di Gadda costituisce un momento di aspra contestazione degli atteggiamenti della borghesia, da una angolazione di accentuato moralismo che può essere correttamente definito come reazionario. Esso si pone infatti quale erede della grande tradizione liberale della destra storica, con il suo religioso senso dello Stato e del dovere, e con il suo conservatorismo sociale.

Il centro vitale del romanzo è costituito dalla figura della «splendida Zoraide», una bellissima popolana moglie di Luigi Pessina, un onesto artigiano socialista, militare al fronte. Di lei s'invaghisce, e ne è ricambiato, un giovane e prestante ex-studente della buona borghesia milanese, Paolo Velaschi. Costui, imboscato per non andare in guerra, lavora, dopo aver abbandonato gli studi, nell'industria del padre e coltiva una particolare inclinazione per la meccanica. Il rapporto fra Zoraide e Paolo è insidiato da un giovinastro con precedenti giudiziari e cugino di Luigi, Gildo Pessina, che desidera anch'egli la donna; accortosi della relazione, fa aggredire Paolo da un gruppo di operai e contribuisce a farlo richiamare al fronte.

L'importanza di questo testo non consiste tuttavia nella storia accennata, quanto nell'operazione linguistica che Gadda comincia a mettere in atto in funzione altamente conoscitiva e critica nei confronti dell'istituto linguistico tradizionale.

Riallacciandosi alla grande tradizione «macaronica» che ha il suo progenitore nel Folengo (e fuori d'Italia in Rabelais) e che nell'Ottocento trova una ricca discendenza nelle opere degli «scapigliati» piemontesi e lombardi (Faldella e Dossi soprattutto), Gadda elabora una miscela linguistica, utilizzando in direzione violentemente espressionistica codici letterari di varia provenienza, che generano un prodotto di inaudita potenza. Il plurilinguismo gaddiano si esplica attraverso l'uso contemporaneo di dialetti (lombardo e veneto), di un vocabolario tecnico-scientifico che attinge anche a discipline specialistiche (filosofia, diritto), di formule gergali di specifici ambienti della società milanese ma anche plasmando immaginosamente e deformando la parola, piegando audacemente la frase attraverso una sintassi libera, laboriosa, densamente costruita.

L' «Apologia manzoniana». Tutte le opere di cui si è sinora parlato restano, come s'è visto, nel cassetto di Gadda per molti anni senza essere pubblicate, sì che il suo esordio ufficiale avviene quando egli è, di fatto, scrittore maturo. È nel 1927, infatti, che compare, sulle pagine della rivista "Solaria" da poco fondata, uno dei primissimi testi gaddiani, *Apologia man-*

Sopra: Caravaggio, «La vocazione di Matteo». Roma, S. Luigi dei Francesi. Quest'opera è descritta da Gadda nell'*Apologia manzoniana,* una profonda rivalutazione della «linea lombarda», fra realismo, moralismo ed espressionismo. *A destra:* James Ensor, «L'intrigo». Ad Ensor, maestro dell'espressionismo, si interessò Gadda, scrittore espressionista.

zoniana, che costituisce una espressione rilevante della poetica dello scrittore, una sorta di manifesto del programma e del senso del suo lavoro in forma di riflessione sull'opera del Manzoni.

La grandezza del Manzoni, secondo Gadda, sta nella capacità di cogliere il senso doloroso della storia, che è storia di oppressori e di oppressi, di violenza e di carità, ma anche nel mettere impietosamente a nudo il cumulo di falsità e il vuoto morale che abitano nella società e di cui l'accademia, il culto della forma, l'ossequio della tradizione sono l'espressione vistosa ed ipocrita. L'opera del Manzoni è vista anche come il portato di un'istanza etica che anima la sua visione del mondo e la sua concezione dell'arte e drammaticamente agita le creature del romanzo di fronte alle insidie della realtà.

«La Madonna dei filosofi». Per le edizioni di "Solaria" escono anche i due primi libri compiuti di Gadda, *La Madonna dei filosofi* e *Il castello di Udine*, pubblicati rispettivamente nel 1931 e nel 1934.

La Madonna dei filosofi è una raccolta di quattro racconti, tra cui quello che dà il titolo al libro, e di otto frammenti, riuniti sotto il titolo di *Studi imperfetti*, che possono farsi rientrare nel genere della prosa d'arte, assai in voga nell'ambiente solariano. Degno di nota è il racconto maggiore che dà il titolo al libro, imperniato sulle vicende autonome fra di loro di due personaggi, che alla fine finiscono per convergere ed unificarsi: Maria Ripamonti, una sognante e soave fanciulla votata ad una malinconica solitudine dopo la morte in guerra del fidanzato, e l'ingegner Mario Baronfo che, a causa di una burrascosa relazione con una donna, precipita in uno stato di nevrosi intollerabile. Alla fine i due, nei quali sono presenti evidenti tratti autobiografici, per una serie fortuita di circostanze, si incontrano e si sposano, chiudendo con un singolare «lieto fine» il bel racconto.

«Il castello di Udine». È un libro assai più composito e maturo del precedente e già comprende alcune delle grandi pagine gaddiane. La prima parte è interamente dedicata alla rievocazione dell'esperienza di guerra, ancora vivissima nel ricordo dello scrittore ed ancora sanguinante lutto e dolore. Le minuziose note del diario scritte a caldo si rapprendono qui in drammatici squarci narrativi, concentrati in immagini di accesa espressività. Il motivo di ordine etico-ideologico dà sovente luogo ad un concitato lirismo in cui l'offeso orgoglio militare dello scrittore sembra placarsi e riscattarsi e gli eventi acquistano una dimensione epica e tragica, come nel brano *Immagine di Calvi*.

Delle altre sezioni del libro, la prima è una sorta di viaggio sentimentale dello scrittore attraverso località da lui visitate, che gli offrono l'estro per raffinate divagazioni culturali; mentre la seconda si compone di prose di varia occasione, tra cui primeggia *La festa dell'uva a Marino*, che preannuncia, nella densità descrittiva della festa popolare, passi del *Pasticciaccio*.

«L'Adalgisa». Gadda ha ormai lasciato definitivamente l'attività professionale di ingegnere per dedicarsi esclusivamente alla letteratura e nel 1940 si trasferisce a Firenze dove conosce e frequenta, tra gli altri, gli scrittori Montale, Bonsanti, Vittorini, Landolfi, Bilenchi ed i critici De Robertis, Bo, Contini.

Esaurita la fase solariana, lo scrittore si volge negli anni successivi ad un ambizioso progetto che non riuscì a realizzare integralmente, quello di un ampio romanzo che avesse per protagonista la società borghese milanese tra le due guerre. Egli cominciò a disegnare una serie di diseguali cartoni in cui trovano posto diversi nuclei narrativi che dovevano comporsi in un quadro unitario ed organico, secondo la tecnica aggregante e giustappositiva tipica delle sue opere maggiori. Il progetto non ebbe modo di realizzarsi compiutamente, ma i disegni che restano, pubblicati nel 1944 con il titolo di *L'Adalgisa*, costituiscono di fatto una rappresentazione straordinaria di quella civiltà borghese del capoluogo lombardo agli inizi del secolo, cui lo scrittore stesso apparteneva.

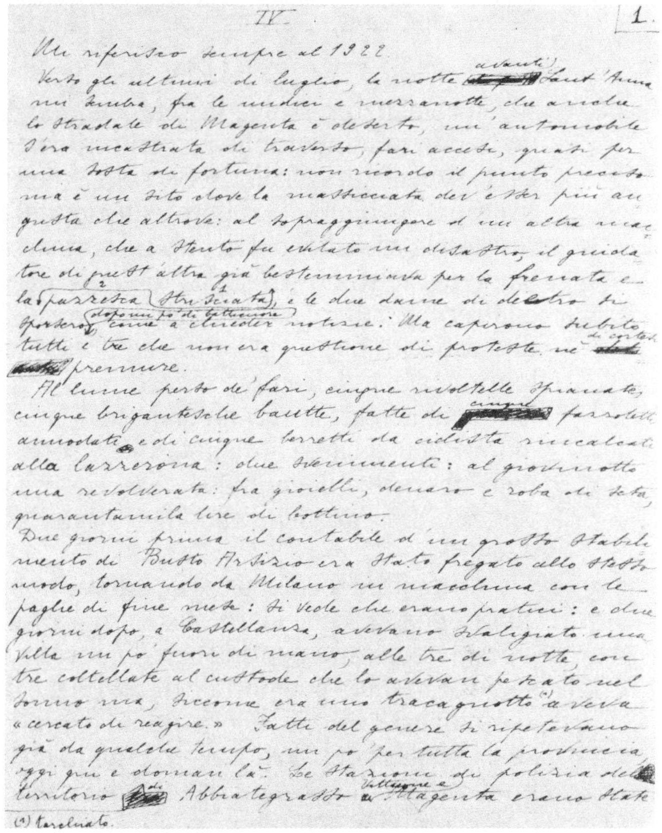

Una pagina autografa della prima e della seconda stesura della *Madonna dei filosofi*. Il travaglio espressivo di Gadda risulta dalla accanita rielaborazione delle sue opere.

Egli ne coglie le manie di grandezza e la intensa laboriosità, le piccole virtù e gli innocui vizi e, con un misto di affettuosa simpatia e di corrosiva ironia, ne mette a fuoco personaggi ed ambienti, assecondato da un felice gusto rievocativo che nell'adozione intermittente della parlata meneghina trova la sua insostituibile espressione.

Il «Pasticciaccio». Nel 1950, dopo un decennio di residenza fiorentina, Gadda si trasferisce a Roma e, per far fronte alle difficoltà economiche in cui versa, entra come funzionario alla RAI, dove resta fino al 1955, allorquando si dimette per lavorare con più agio al completamento delle opere che usciranno negli anni seguenti.

La prima è il romanzo *Quer pasticciaccio brutto de via Merulana* che esce nel 1957, dopo essere apparso in parte a puntate sulla rivista "Letteratura" nel biennio 1946-47, e che procura finalmente allo scrittore, ormai oltre i sessant'anni, il primo vero successo di critica e di pubblico.

Dalla rappresentazione dell'ambiente milanese dell'*Adalgisa,* Gadda, con questo libro, passa all'ambiente della Roma degli anni Trenta, nel periodo, cioè, di massimo trionfo del regime fascista.

Il romanzo è incentrato sulle indagini che il commissario di pubblica sicurezza, il molisano Francesco Ingravallo, compie per far luce su un furto di gioielli ma soprattutto sull'assassinio di una sua conoscente, Liliana Balducci, avvenuto a pochi giorni di distanza dal furto e nello stesso stabile di via Merulana. Dopo una serie di interrogatori e di incontri con una molteplicità di personaggi, dopo ipotesi e ripensamenti vari, il commissario sembra alla fine pervenire alla scoperta dell'autore del delitto (quello del furto è invece chiaramente riconosciuto) ma esso non viene svelato ed il libro si conclude così in un clima di sospensione e di irresolutezza, il cui senso consiste nella consapevolezza morale di non poter pervenire a nessuna certezza e a nessuna verità assoluta.

Il romanzo si svolge secondo le modalità del «giallo», un genere che era stato già trattato da Gadda in un giovanile racconto rimasto incompiuto, *Novella seconda*. Ma nel *Pasticciaccio* lo schema del «giallo» serve solo a mettere in azione una macchina romanzesca i cui obiettivi vanno ben oltre la rappresentazione di una vicenda poliziesca. A Gadda, infatti, non interessano le modalità del delitto né la ricerca dei colpevoli, quanto l'individuazione e la descrizione del misterioso sistema di cause che presiede ai comportamenti umani, «il convergere e intrecciarsi di relazioni da cui scaturisce un evento, un oggetto» e a cui lo scrittore dà nome di «pasticcio» o «groviglio». Portatore di questa esigenza si fa lo stesso commissario Ingravallo, proiezione dell'autore e coscienza critica di tutto il romanzo: «Sosteneva, fra l'altro, che le inopinate catastrofi non sono mai la conseguenza o l'effetto che dir si voglia di un unico motivo, d'una causa al singolare: ma sono come un vortice, un punto di depressione ciclonica nella coscienza del mondo, verso cui hanno cospirato tutta una molteplicità di causali convergenti. Diceva anche nodo o groviglio, o garbuglio, o glommero, che alla romana vuol dire gomitolo».

Compito del commissario, allora, non sarà semplicemente quello che la sua professione gli assegna, giacché egli è mosso soprattutto dall'esigenza di procedere ad una metafisica inchiesta necessaria per dipanare l'imprescindibile groviglio conoscitivo che la realtà stessa nel suo manifestarsi comporta e di cui furti e delitti non sono che alcune delle molteplici parvenze. In questa visione, allora, non c'è luogo per semplicistiche soluzioni o rassicuranti certezze e la chiusa del libro vuol esserne la testimonianza: colpevoli possono essere tutti o nessuno in quanto il concetto di colpa è riassorbito eticamente dalla inesauribile catena di azioni e reazioni che determinano gli eventi della storia e del mondo.

Le ragioni della importanza di questo libro non sono tuttavia solo nella sua tessitura di pensiero ma anche, e forse soprattutto, nella qualità dell'impianto linguistico. Il plurilinguismo già sperimentato nei libri precedenti è qui oltranzisticamente perseguito e giunge al massimo della complessità in un geniale contrappunto di codici e di livelli diversi. A fianco dell'italiano letterario, che trascorre dal tasto aulico a quello parodico a quello lirico, si hanno una serie di parlate dialettali tra cui predominante è il romanesco, ma che comprendono anche il napoletano, il veneto, il molisano. Rilevante ancora la presenza di linguaggi specialistici e il ricorso a locuzioni in lingue straniere o classiche. Sul piano sintattico lo sconvolgimento dell'ordine tipico del discorso assume movenze di laboriosa complessità ed originalità, anche attraverso l'uso di un ampio repertorio di figure retoriche. Neppure il versante fonetico è immune dalla ricreazione linguistica di Gadda che non esita a ricorrere all'uso dell'onomatopea, dell'allitterazione, di espressioni fonosimboliche.

«La cognizione del dolore». Anche l'altro grande romanzo di Gadda, *La cognizione del dolore* uscito nel 1963 e ripubblicato nel 1970 con l'aggiunta di un capitolo, aveva visto parzialmente la luce sulle pagine di "Letteratura" alla fine degli anni Trenta. Il libro dette finalmente a Gadda fama e riconoscimento europeo, sanciti dal premio internazionale di letteratura che gli fu attribuito a Formentor.

Se il *Pasticciaccio* appartiene ad un genere di «giallo» di cui vengono consapevolmente stravolte regole e meccanismi tradizionali, la *Cognizione*, pur contemplando quale unico decisivo evento della sua narrazione un assassinio, è del tutto lontana dai caratteri di quel genere e va persino oltre quelli del genere romanzesco. Diversamente dal primo romanzo, che si presenta come un rigoroso ritratto della società italiana in un dato momento storico, coinvolgendo una varietà di personaggi e di ambienti sociali, il secondo si svolge nel ristretto spazio di una villa situata in una generica regione sudamericana e comporta la partecipazione di un ristretto numero di personaggi.

I principali sono l'ingegnere Gonzalo Pirobutirro, ennesima immagine autobiografica dello scrittore, e sua madre, la Signora, che vivono insieme dopo la morte del padre-marito e del fratello-figlio. Gonzalo nutre per la madre un amore straziato da improvvisi scoppi di collera a causa delle manie di lei, della sua eccessiva disponibilità verso gli altri, che sembra dimenticare i bisogni di lui. Alla fine, dopo un'ennesima esplosione di furore del figlio che lascia la casa, la madre viene orrendamente uccisa da una mano sconosciuta, senza che se ne comprendano le ragioni.

Il testo è privo di una trama vera e propria e si risolve tutto nelle forme del dialogo e del monologo, apparendo più recitato che narrato: per questo il romanzo ha i caratteri di una rappresentazione teatrale e specificamente di una tragedia. E tragici appaiono i suoi protagonisti nella loro solitudine, nelle loro lacerazioni etiche, nella loro sventura, ma il senso della narrazione è condizionato anche da un'intenzione parodica, esercitata talora dal narratore che non sempre si identifica con i protagonisti, da alcuni personaggi minori e dal giudizio della gente, una sorta di coro che commenta autonomamente gli eventi. Si ha così una molteplicità di punti di vista che rende inquietante e problematico il significato del racconto e da cui emerge l'immagine di una realtà dolorosamente inconoscibile ed irriducibile.

Gonzalo, il protagonista, è una creatura indelebilmente segnata dai traumi dell'infanzia, dalla guerra, dalla morte del fratello, che si scaricano sulla vecchia madre nel segno di un rancore misterioso, inaccessibile, che attinge, al di là della ragione e della volontà, in una plaga della psiche fatta di strazio inconfessabile: un male «oscuro» ed invisibile di cui Gonzalo è strumento e vittima.

La figura della madre si erge di fronte a quella del figlio in un atteggiamento di amore illimitato per lui, di paura per la sua estraneità, di sofferenza per ciò che la vita le ha riservato. La madre, tuttavia, non vive in quanto proiezione del figlio, ma ha una sua autonoma funzione narrativa, e autonome ragioni di vita contrapposte a quelle del figlio stesso. È lo stesso narratore a conferirgliele in uno sforzo tremendo di espiazione che lo porta a non identificarsi con l'autobiografico Gonzalo. La madre vive continuamente immersa nella dimensione memoriale, al cui centro c'è l'immagine del figlio morto in guerra, in una condizione di solitudine e di abbandono, alla disperata ricerca di una motivazione esistenziale.

Racconti e saggi. Se il genere della *Cognizione del dolore* comprende, come s'è visto, aspetti narrativi e aspetti teatrali, anche il suo significato non è univoco, giacché può essere letta ad una molteplicità di livelli (filosofico, politico, psicanalitico) in virtù della complessità dei messaggi che racchiude e che richiama i diversi sensi delle grandi opere medievali. Adoperando una terminologia medievale si può anzi dire che, se il *Pasticciaccio* è un'opera comica per il livello linguistico che esprime, la *Cognizione* è un'opera tragica. Ma essa è altresì un'opera drammaticamente calata nello spirito del nostro secolo, di cui riflette le lacerazioni storiche e i conflitti della coscienza come poche altre opere italiane ed europee.

Nello stesso anno della *Cognizione* vede la luce anche un ampio volume di racconti, *Accoppiamenti giudiziosi*, che raccoglie quelli già pubblicati sotto il titolo di *Novelle dal Ducato in fiamme* ed altri sette pezzi. Nel complesso essi ambiscono a dare un'ulteriore immagine di quell'interno borghese che è un po' il concreto universo narrativo di Gadda e che è qui investigato in nuovi contesti ambientali (Firenze, la Liguria, oltre che Milano).

Accanto alla produzione narrativa dello scrittore milanese occorre segnalare una ampia produzione di genere saggistico che annovera, tra le cose migliori, le prose di viaggio *Le meraviglie d'Italia* (1939), gli scritti critici e morali raccolti in *I viaggi la morte* (1958) ma soprattutto il *pamphlet* satirico *Eros e Priapo* (1967).

Quest'ultimo libro è un'originale analisi, in termini psicanalitici, della natura e della psicologia del fascismo, inteso come il prevalere delle forze dissennate ed irrazionali dell'Eros su quelle della ragione e dell'ordine, ovvero del Logos. Nel personaggio simbolo del fascismo, Mussolini, Gadda vede la degenerazione dell'Eros in Priapo, l'esibizione narcisistica ed animalesca degli attributi sessuali come immagine di virilità e di forza. Una carica di rabbiosa indignazione percorre l'intero libro, in cui il demone linguistico di Gadda fa alcune delle prove di più sfrenato virtuosismo verbale dando vita a immagini di esilarante comicità.

Epistolario. Dopo il 1950 Gadda non ha più abbandonato Roma e qui resta fino alla morte, avvenuta il 21 maggio 1973, frequentando pochissimi amici, trascorrendo gli ultimi anni in angosciosa solitudine e sempre più sofferente a causa di dolorose fobie. Dopo la morte l'interesse per la sua opera è venuto sempre più crescendo, alimentato anche dalla periodica pubblicazione di testi minori inediti e di parti dell'epistolario che gettano un'affascinante luce sulla personalità lacerata dello scrittore. Soprattutto le lettere rivolte alla «Gentile signora» Rodocanachi e agli amici milanesi di gioventù, mentre offrono ulteriori strumenti di decifrazione di quel complesso della vita che è il dramma originario di Gadda, rivelano un'altra faccia della sua prismatica natura di scrittore, in cui l'atto della scrittura riesce a sublimare le più disparate situazioni sentimentali e la stessa sofferenza di vivere.

CONCLUSIONI SU GADDA

«Pasticcio» esistenziale e «pastiche» stilistico. Abbiamo detto, parlando dei capolavori o romanzi-mancati, che nel loro fragile schema narrativo Gadda ci mette tutto, davvero tutto; la sua penna onnivora sembra voler catturare la realtà nei suoi aspetti più vari, drammatici, contraddittori: il sublime e il plebeo, il comico e il tragico, lo storico e il fantastico, il sociale e il personale. Memorie, riflessioni, conversazioni tra operai, alpini e muli che bestemmiano la loro fatica, interni borghesi, confessioni, lacrime, sangue, invettiva politica, pietà. «Scrittore violento eppur squisito» (così Contini, profeta della sua grandezza), Gadda forza la sua lingua alla tensione espressionistica proprio per lottare, come un prometeico Giacobbe, con l'angelo del reale: la mescidazione del suo *pastiche*, che fonde i più diversi gerghi e linguaggi — dal cultismo al dialettalismo, dal lessico tecnico-scientifico a quello letterario al parlato nelle sue mille sfumature —, non ha dunque nulla di formalistico, non sa mai di ricetta: il *pastiche* è l'unica forma in cui si può adombrare l'inafferrabile «pasticciaccio» della realtà, quel groviglio di cause e concause, di irrazionali mozioni e tensioni che ti rinvia sempre a un nuovo dubbio, senza mai offrirti una chiave (non diversamente l'investigatore del suo «giallo» rimane deluso).

La «disarmonia prestabilita» che, come hanno mostrato gli studi differentemente angolati di un Roscioni e di un Contini, presiede alla concezione filosofica di Gadda come alla sua scrittura, approda però a un punto fermo, compendiato nel titolo del suo libro più bello: la necessità di prender «cognizione del dolore».

Moralità di Gadda. La moralità di Gadda, rigida e ferita, è una «moralità dell'intelligenza» come dovere, ancorché dolente, di non abdicare all'unico strumento della dignità umana; a cui si aggiunge l'altra moralità, quella che nasce dal senso del dolore che accomuna le povere creature umane, e che fa della «pietà» uno degli strumenti dominanti della sua opera.

E ben si dice «sua opera» piuttosto che «sue opere» poiché Gadda, come Proust, come Joyce, come Manzoni, fu uno scrittore di un solo libro, concretatosi occasionalmente, e quasi casualmente, nell'accidente perennemente incompiuto del singolo libro. Scrittore *comicus* dunque, ma nel senso della *Commedia* dantesca; scrittore «comico» anche nel senso di una irresistibile comicità (risposta dell'intelligenza alla indignante stupidità degli uomini, velo di pudore — lombardissimo — al rischio del patetico, dell'abbandono lamentoso al «male di vivere»), Gadda scrive per necessità: e una necessità interiore, espressivista e moralista, guida le sue letture più amate, dai «macaronici» ai capricciosi barocchi e scapigliati, all'amatissimo Manzoni (difeso appassionatamente dalle accuse di Moravia, il romanzo degli umili e del dolore se lo faceva leggere sul letto d'agonia). Gadda — come Proust — fa della letteratura una cosa che di carta si fa vita, lacrime e sangue.

LETTERATURE STRANIERE

NOVECENTO: ETÀ DI CRISI E DI RIVOLUZIONI

Una colossale rivoluzione. Col Novecento una serie di colossali, rivoluzionarie svolte avvengono nella vita dell'umanità: è stato detto infatti che l'organizzazione sociale e la stessa faccia del pianeta è cambiata negli ultimi cento anni più che nei secoli e nei millenni precedenti. Basti qui ricordare alcune svolte.

In politica, con due guerre mondiali, la funzione centrale ed egemonica dell'Europa viene meno; la grande guerra (1914-18) segna un vero suicidio del vecchio mondo. Crolla l'Impero asburgico; in Russia la rivoluzione comunista abbatte il secolare regime degli zar; la Germania, prostrata, nutre con una sorprendente ripresa economico-militare, sentimenti di rivincita. I problemi irrisolti dalla prima guerra mondiale, e i nuovi creatisi in altri continenti (come l'espansione aggressiva del Giappone in Asia) provocano la seconda guerra mondiale (1939-45), conclusa con l'Europa in macerie e l'apocalittico fungo atomico di Hiroshima. Si delinea il potere delle due superpotenze, gli Stati Uniti e l'Unione Sovietica, che ancor prima della conclusione della guerra prevedono negli accordi di Yalta la spartizione del globo in zone d'influenza. Le altre potenze vincitrici, Francia e Inghilterra, assistono al tramonto del loro impero coloniale, con gli ultimi cruenti sussulti in Indocina, a Suez, in Algeria. La guerra fredda porta pericolose tensioni in Europa (muro di Berlino, rivolte nei paesi dell'Est europeo, terrorismo in quelli occidentali) e influenza conflitti nel Terzo Mondo (Corea, Vietnam, Cuba, paesi africani, Afghanistan, Iran, questione palestinese), dove si affacciano nuove realtà economiche e politiche (ricchezza petrolifera dei paesi arabi, progressi tecnologici del Giappone e di altri paesi asiatici, svolta della Cina ecc.). Ma la paura delle armi nucleari determina una «pax atomica» che, nonostante momenti critici, mantiene vivo il dialogo fra le superpotenze e le nuove realtà emergenti (Europa ricostruita, Cina, Giappone, paesi arabi).

Anche sul piano sociale ed economico il Novecento è un secolo di rivoluzioni. Quella comunista, attuata in Russia e in Cina, ed estesa poi ai paesi satelliti, segna la prima grande attuazione del «socialismo reale»: nato dal pensiero occidentale con ideali anche democratico-libertari, realizzato in Oriente sul tronco di una tradizione dispotica e in particolari condizioni di arretratezza, muove molto faticosamente verso la conciliazione fra socialismo e libertà. D'altra parte anche le democrazie occidentali vivono una non facile dialettica fra l'ideale di libertà e quello di giustizia sociale, minacciato dallo sviluppo abnorme del capitalismo e dagli squilibri di classe. Le istanze social-nazionaliste incarnate nei nuovi regimi assolutistico-militari come il nazismo, il fascismo e il franchismo (alimentate spesso dai gruppi conservatori e detentori del potere) crollano in Europa, ma tendono pericolosamente a rinascere nelle dittature dei paesi poveri, ex-coloniali e del Sudamerica.

Il cambiamento della vita è radicale. Si pensi alla grande rivoluzione industriale e tecnologica, che porta in pochi decenni dal cavallo all'automobile, dall'aeroplano al missile; ai progressi dell'industria, dalle catene di montaggio all'elettronica; allo sviluppo delle comunicazioni (i giornali, la radio, il cinema, la tv); all'ascesa delle scienze (la medicina, con scoperte capitali anche sul piano sociale, come gli antibiotici e i vaccini; la chimica, coi fertilizzanti e i pesticidi; la fisica, con l'energia atomica); allo sviluppo della cultura (antropologia, psicanalisi, linguistica...). Il quadro cambia radicalmente, mentre il paesaggio mentale si allarga sempre più a un orizzonte planetario.

Nuovi problemi della cultura. Di fronte a siffatte rivoluzioni, è ovvio che la vita intellettuale e letteraria venga drasticamente modificata. Si potrebbe dire che, in generale, lo scrittore si trova disorientato nel giudicare il vertiginoso mutare della storia come di fronte a un ambiguo dèmone che presenta ad un tempo aspetti angelici e diabolici, positivi e negativi. L'energia atomica riassume esemplarmente questo dilemma: libererà l'uomo dalla schiavitù del lavoro e della fame o segnerà la fine del pianeta? Il progresso è la realizzazione, da un lato, del paradiso terrestre, rimuovendo fame, malattia, ignoranza; ma dall'altro inquina il pianeta e sconvolge le coscienze di intere civiltà che trovano sovvertito un secolare sistema di valori, smarriscono la vecchia cultura senza assimilarne una nuova, si perdono nelle tentazioni evasive della droga o dell'emarginazione, o nel comportamento fra cinico e meccanico di uomini ridotti a numero di matricola. Il dilemma, che è stato definito fra «apocalittici» e «integrati», si ripropone negli scrittori che si trovano a dover prendere un drastico atteggiamento di fronte al potere: che può essere di complicità (il «tradimento dei chierici» di cui parla Benda), di impegno polemico e costruttivo o di deliberata evasione. Non a caso, affinando lo spirito critico che è la tipica forza morale e mentale dell'intellettuale, gli scrittori occidentali riversano la loro analisi spietata sui mali della società borghese, mentre quelli dell'Est esprimono il loro dissenso dall'arroganza del potere politico e dello Stato. In quasi tutti gli scrittori del Novecento, peraltro, si propone una tensione morale o conoscitiva di carattere squisitamente religioso. Il tema del «silenzio di Dio» o della disperazione esistenziale avvia a una ricerca di verità che può muovere ora dalla denuncia dell'assurdo Moloc del potere, ora dalla proposta di valori umani o sociali più autentici, ora dal recupero memoriale di un sentimento del vivere individuale e collettivo, ora dall'ipotesi di un futuro da rifondare: in tutti agisce, col bisogno di una verità «altra», il rifiuto ostinato della menzogna o del conformismo.

Fine dell'eurocentrismo. Connessa alla metamorfosi politica e sociale dell'ultimo secolo, è anche la dilatazione cosmopolita dell'orizzonte letterario. L'Europa vede tramontare il suo ruolo centrale: e proprio gli scrittori in cui prima si manifesta il «crepuscolo degli Dei», quelli della Mitteleuropa, còlgono con finezza e nostalgia il senso del tramonto irreparabile. Nel contempo, mentre il Terzo Mondo brucia rapidamente e traumaticamente il fenomeno della «acculturazione» assumendo abitudini occidentali, trasmette al patrimonio dei paesi evoluti i valori di una propria tradizione «alternativa» (si pensi all'africano Senghor e al caraibico Césaire per la letteratura francofona).

In questo nuovo orizzonte cosmopolita, la circolazione dei libri e delle idee, la rapidità delle traduzioni, la scolarizzazione di massa aumentano in modo impressionante il carattere sovranazionale della letteratura. Se ancora lento risulta il dialogo con gli autori dell'Asia o dell'Islam, il quadro delle letture di un uomo di media cultura oggi contempla la produzione di scrittori sudamericani di prim'ordine (da Jorge Luis Borges a Gabriel García Márquez), senza contare i nordamericani, diffusi anche in quei generi di letteratura di consumo, liquidata talvolta come «Trivialliteratur», ma che può contemplare autori d'ingegno: il romanzo giallo, la fantascienza, il fumetto.

Di qui traiamo una giustificazione per l'inadeguatezza dello spazio disponibile per tracciare un profilo delle letterature straniere: esiguità già grave nelle età precedenti, tanto più nella novecentesca, proprio in rapporto all'aumento della mole dei prodotti letterari, e al carattere cosmopolita della letteratura recente. Perciò, accanto a rinunce dolorose (Terzo Mondo, Asia) o dolorosissime (America latina), saremo costretti a scorciare drasticamente la narrazione, dando un po' più spazio a quelle letterature che hanno avuto un contatto più intenso con quella italiana (è il caso della letteratura francese, che resta la più vicina all'Italia almeno fino al secondo dopoguerra, quando entra più massicciamente quella anglosassone), e dedicando poi un capitolo a parte per riassumere l'interscambio fra le nostre lettere e quelle d'Oltralpe e d'oltremare (v. appendice sulle letterature comparate a pag. 953).

L'area francese

Il ritorno dello spirito. Il vecchio secolo era declinato segnando la crisi della cultura positivista, fiduciosa nell'onnipotenza della scienza e sostanzialmente materialista. La torre eretta nel 1889 dall'ingegner Eiffel per l'Esposizione del centenario del 1789, l'immenso traliccio che domina Parigi e che apparve ad Apollinaire il simbolo della modernità, sembra l'obelisco elevato a celebrare la tecnica.

Ma anche Notre Dame leva le sue guglie: e la maggior parte degli scrittori rifiuta, oltre al positivismo, l'egualitarismo, la scomparsa della ricerca della bellezza, del sogno e della religione: l'alba del nuovo secolo segna un vigoroso ritorno ai valori e ai problemi dello spirito.

CHARLES PÉGUY (1873-1914), affronta nei suoi «misteri» — composizioni che richiamano le rappresentazioni medievali di argomento re-

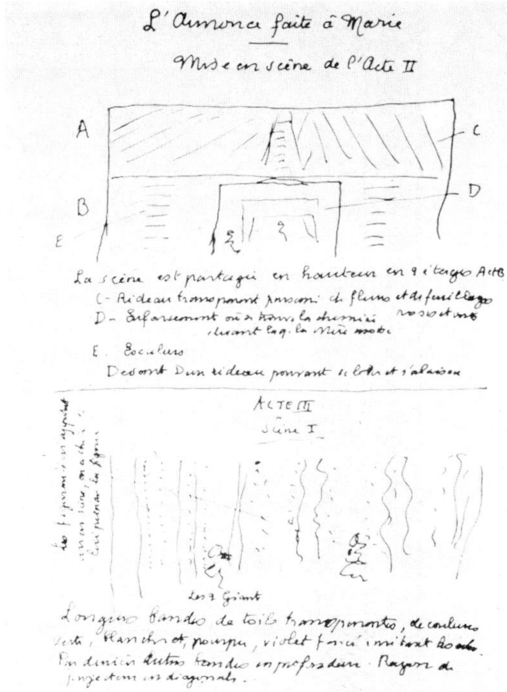

Sopra: Ch. Péguy in un disegno di L. Deshairs del 1894.
A destra: Manoscritto autografo de *L'annonce fait à Marie* di P. Claudel.

ligioso — i grandi nodi della fede. Sarà un altro poeta d'ispirazione cristiana, PAUL CLAUDEL (1868-1955), protagonista di una celebre conversione, a lievitare nuovi valori dalla lezione del Simbolismo. Il «versetto» di Claudel richiama il ritmo delle Sacre Scritture, teso a riprodurre un tempo interiore, il pulsare dell'«io». La creazione può essere considerata il tema centrale dell'opera lirica di Claudel, in particolare delle *Cinque grandi odi* (1910): ma è soprattutto il motivo della salvezza ad agitare i conflitti portati sulla scena dal teatro claudeliano (*L'annuncio a Maria,* 1912). Questa sensibilità religiosa, questa attitudine a interrogarsi intensamente sui grandi problemi della coscienza è un patrimonio fondamentale della cultura francese del Novecento, anche di quella laica.

Se la religiosità di Claudel si distilla soprattutto nell'intelletto, quella di GEORGES BERNANOS (1888-1948) agita soprattutto il cuore: l'umiltà, la povertà, l'altruismo quasi eroico animano il protagonista del *Diario d'un prete di campagna* (1936), il giovane curato pieno di zelo che affronta l'indifferenza, le miserie celate nella provincia e il male che lo mina superando la paura con la speranza fiduciosa nella Grazia. Un maestro del cinema francese, Robert Bresson, ne trarrà un film memorabile.

Fervore e rigore: André Gide. ANDRÉ GIDE (1869-1951) rifiuta ad esempio ogni dottrina che non sia elaborata attraverso una personale esperienza. L'opera più rappresentativa è dunque il suo *Journal,* il diario scrupolosamente compilato, dal 1889 al 1949, per tutti gli anni e i giorni della sua operosa carriera. Nell'opera gidiana agisce una coscienza alla ricerca di sé attraverso l'uomo, parallelamente ad una ricerca dell'uomo attraverso sé. Montaigne e Stendhal, assai meglio di Rousseau, sono in questo senso i veri predecessori di Gide. Un lungo viaggio nell'Africa del Nord, dal '93 al '95, valse ad affrancare per qualche tempo il giovane scrittore dalle remore e angustie di un'educazione religiosa strettamente puritana. È il mondo cantato nei *Nutrimenti terrestri* (1897), il primo grande libro di Gide, che raccoglie, in modo volutamente casuale, versi e prose inneggianti a tutti i frutti della terra offerti alla fame e alla sete dell'uomo, libero dall'incubo del peccato.

Michel, il protagonista del romanzo *L'immoralista* (1902), è l'uomo che si pone al di sopra di ogni legge morale per affermare la propria personalità: ma agiscono anche un sentimento di pietà verso le vittime che l'«immoralista» si lascia per strada, una nostalgia di purezza, forse morbosa, un impulso assillante a giudicarsi.

L'atto gratuito, immotivato, «puro» diviene il nuovo motivo della assoluta libertà. Lafcadio, personaggio di *I sotterranei del Vaticano* (1914) compirà uno dei più famosi gesti gratuiti della storia letteraria, gettando dal treno in corsa uno sconosciuto. L'ambizione di illustrare, in termini romanzeschi, una certa idea di destino (un destino dal volto enigmatico, ironico), si realizza in *I falsari* (1925), un romanzo a più piani, a

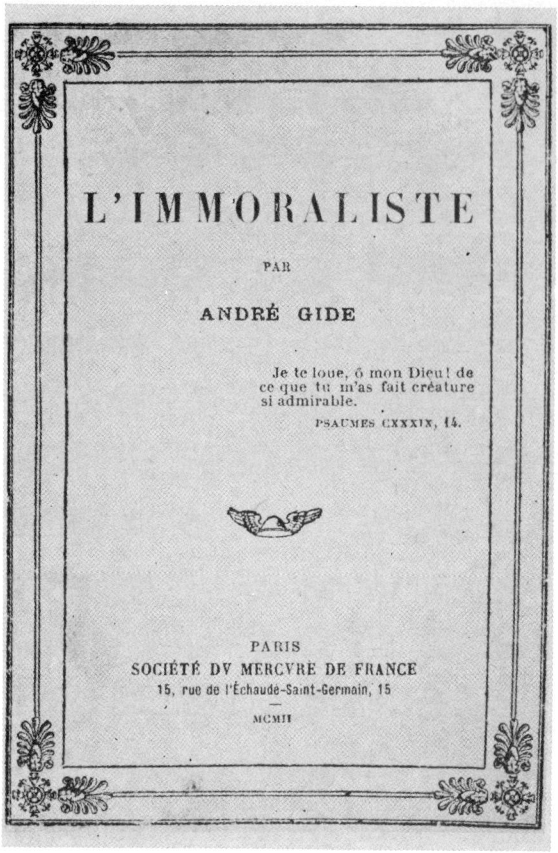

L'IMMORALISTE

PAR

ANDRÉ GIDE

Je te loue, ô mon Dieu! de
ce que tu m'as fait créature
si admirable.

PSAUMES CXXXIX, 14.

PARIS
SOCIÉTÉ DV MERCVRE DE FRANCE
15, rue de l'Échaudé-Saint-Germain, 15

MCMII

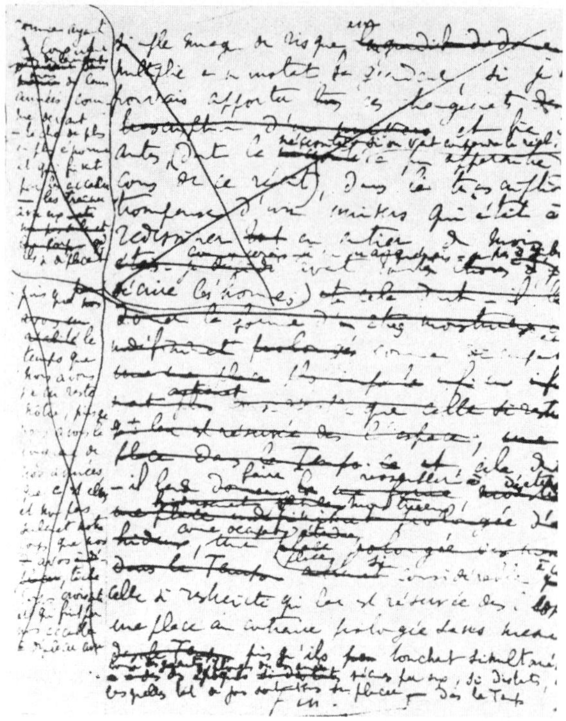

Sopra: Ultimo foglio del manoscritto di *À la recherche du temps perdu* di M. Proust.
A sinistra: Frontespizio de *L'immoraliste* di A. Gide, prima edizione, 1902. Parigi, Bibl. Doucet.

tempi sovrapposti, a diversi angoli di visuale e di giudizio, che richiama singolarmente la frammentazione pirandelliana del reale.

Gide esercitò un'enorme influenza, dando all'Europa il modello di scrittore impegnato sui grandi temi politici: nel periodo fra le due guerre denunciò gli abusi del colonialismo, simpatizzò col comunismo sovietico, lo criticò aspramente dopo un viaggio nell'Unione Sovietica.

La cattedrale della memoria: Marcel Proust. Il genio che dà all'Europa occidentale l'epopea dell'io, l'introversione memoriale e insieme l'affresco di una società varia d'affetti e d'eventi, fu a lungo incompreso. MARCEL PROUST (1871-1922), si vide infatti rifiutato dalla "Nouvelle Revue Française" il manoscritto di *Alla ricerca del tempo perduto* (Gide, responsabile del rifiuto, lo riconobbe poi come uno dei «più cocenti rimorsi della sua vita»).

Gracile figlio d'una famiglia importante, circondato dalle cure affettuose della madre, cresciuto nel bel mondo, brillante letterato e signore dei salotti, questo «enfant gâté» seppe abbandonare la mondanità letteraria per dedicarsi, dopo la morte dei genitori da lui patita con intensità, strenuamente al grande capolavoro, cui lavorò tutta la vita, chiuso in una casa oscurata e isolata anche dai rumori; il completamento della *Ricerca* coincise singolarmente con la morte dell'autore, da tempo malato, come se fosse vissuto solo per terminare l'opera.

Al suo tavolo di scrittore, attraverso le «intermittences du coeur», quei barlumi di memoria che sono anche soprassalti di commozione, torna il mondo meraviglioso e dolente del suo passato, rievocato con un impegno che ha dell'eroico.

Dal 1913 escono i volumi che costituiscono le volte della «cattedrale» ch'egli intende costruire per fermare nella fissità dell'arte il fuggire del tempo: *La strada di Swann, All'ombra delle fanciulle in fiore, I Guermantes, Sodoma e Gomorra, La prigioniera, Albertina scomparsa* (intitolato poi *La fuggitiva*) e *Il tempo ritrovato.*

Influenzato dal pensiero del filosofo Bergson, Proust considera l'«io» come un'entità continuamente mutevole. I personaggi del romanzo tornano a distanza di tempo in una serie di apparizioni successive, sempre meglio approfonditi o sfumati, spesso diversi da com'erano inizialmente apparsi al narratore Marcel (il romanzo è scritto in prima persona). La narrazione non procede dunque secondo il tempo dell'orologio, bensì secondo il sentimento di una realtà in via di svolgimento, continuamente generata, misurata da un tempo che è il divenire stesso della «durata» interiore.

La *Recherche* non è dunque un'autobiografia e nemmeno un romanzo tradizionale: non esiste un vero e proprio intreccio, ma piuttosto un insieme di temi narrativi che si rincorrono con sapienti «flashback», come in una vasta composizione sinfonica o in una grande architettura. Eppure nessuna descrizione di stampo naturalista potrebbe rievocare con uguale efficacia l'insieme di affetti individuali e di colori d'ambiente della colta Europa d'inizio secolo. La *Recherche* resta, appunto, una sorta di laico vangelo dei sentimenti moderni, un malinconico specchio in cui come in nessun altro (se non forse in Thomas Mann) si riconosce l'ultima grande cultura occidentale.

Simbolismo, poesia pura, avanguardie. PAUL VALÉRY (1871-1945) forma un caso a parte entro la legione dei poeti cresciuti nel clima del Simbolismo, e segnatamente alla lezione del più prezioso e rigoroso Mallarmé. La decisione presa nel '92 di rinunciare alla poesia avviene quando già l'ideale di poesia pura, astratta, aveva sospinto Mallarmé al limite invalicabile oltre il quale sta il silenzio, la pagina bianca. Valéry si dedica allora alla saggistica: nella *Introduzione al metodo di Leonardo da Vinci* (1895) e nella *Serata con il Signor Teste* (1896), Valéry illustra un metodo d'estremo rigore, basato sullo studio dei meccanismi intellettuali. Più tardi il lucido immobilismo di Teste è superato dall'atto armonioso e puro: la danza, l'architettura, la musica, e anche la poesia, se liberata da ogni scoria tematica, da tutto quanto cioè potrebbe esprimersi anche in prosa. In *La giovane Parca,* del 1917, e negli *Incanti,* del '22 (che contengono il capolavoro del *Cimitero marino*) Valéry supera i residui simbolisti e raggiunge un nuovo «linguaggio nel linguaggio», come ebbe a dire lo stesso autore, generando un universo poetico prossimo alla creazione musicale o architettonica.

Nei primi decenni del secolo Parigi si conferma o diventa la città delle avanguardie pittoriche e letterarie. Qui ha il suo atto di nascita il Futurismo, nel manifesto pubblicato dal nostro Marinetti sul "Figaro" nel 1909, cogliendo il ruolo di metropoli-guida della cultura europea esercitato dalla città (eletta da pittori, musicisti e letterati, da D'Annunzio a Joyce, da Picasso a Gershwin, dalla Stein a Hemingway). Si può distinguere un Futurismo francese da quello italiano? Il movimento non vorrebbe conoscere frontiere. Spetta al poeta svizzero CENDRARS (1887-1961) e al poeta italo-polacco APOLLINAIRE (1880-1918), ambedue naturalizzati francesi, il merito di avere impresso alla poesia dell'anteguer-

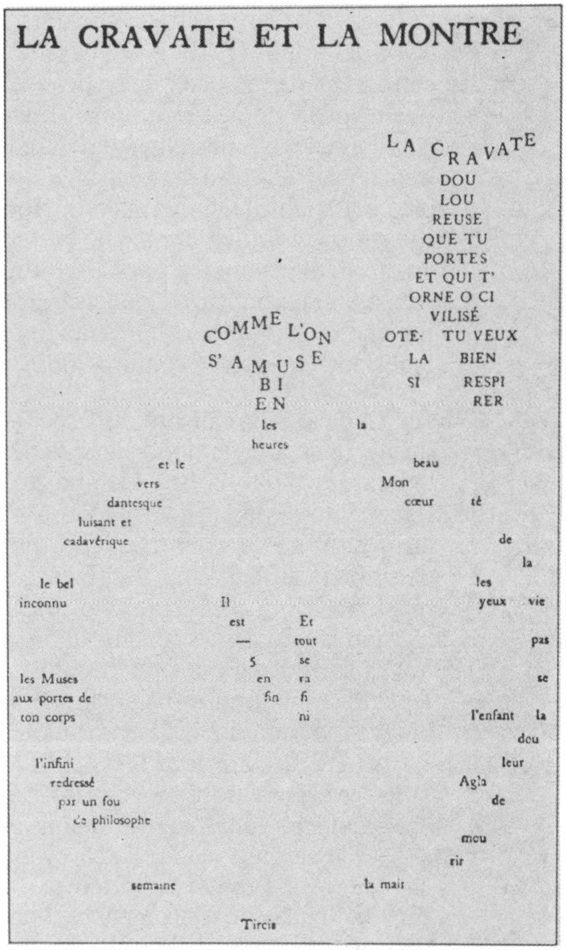

Sopra: «La cravate et la montre», composizione dei *Calligrammes* di G. Apollinaire. *Sotto:* «Autoritratto» di P. Valéry (1894). Neuilly sur Seine, Coll. Ronard-Valéry.

ra una svolta rinnovatrice, con *Pasqua a New York* del primo (1912) e *Alcools* (1913) del secondo. Questa raccolta riunisce testi formalmente rivoluzionari come *Zona,* dove il linguaggio si compone dei più diversi materiali, ed altri assai tradizionali nel solco del neo-simbolismo. Ma l'apice dell'innovazione formale di Apollinaire lo troviamo nei *Calligrammi,* che pretendevano di essere una fusione tra poesia e pittura, pittura cubista, in particolare. Dopo aver accolto il Futurismo di Marinetti, egli inventa la parola «surrealismo» che avrà fecondi sviluppi successivi.

Dal Dada al Surrealismo. L'esperienza tragica della prima guerra mondiale si fa sentire nella letteratura: molti scrittori l'hanno conosciuta direttamente e gridano il loro disgusto verso le sue atrocità in nome di un pacifismo umanitario o di ispirazione socialista; altri, invece, si arroccano su posizioni conservatrici o reazionarie che trovano la loro espressione nel giornale "Action française". Altri infine preferiscono cancellare e dimenticare la tradizione anche nel linguaggio, ipotizzando un rinnovamento totale.

Già nel 1916, a Zurigo, TRISTAN TZARA (1896-1963) aveva creato il movimento Dada: parola che significa «nulla», ed esprime il totale disgusto per le parole e le idee che avevano condotto alla guerra. La rivista "Littérature", fondata da Breton, Soupault e Aragon pubblicherà in seguito i testi dada e diverrà il crogiolo da cui nascerà nel 1924 il Surrealismo. Sono gli equivalenti letterari delle avanguardie che segnano decisamente in pittura dei tempi nuovi: dal Cubismo al Surrealismo. Ma mentre il movimento Dada si esaurisce in un atteggiamento negativo e provocatorio, il Surrealismo rappresenta un fenomeno fondamentale nella cultura europea, per il nuovo spazio attribuito all'inconscio, per gli strumenti espressivi che propone (scrittura automatica, libere associazioni, lapsus e giochi di parole, immagini oniriche), ed avrà dei seguaci anche dopo la seconda guerra mondiale: ma il passaggio dal traguardo della creatività individuale alla libertà sociale e politica segna presto un dissenso nei surrealisti, parte dei quali sposano l'impegno («engagement») nelle file marxiste.

Il teatro e il cinema. La scena francese attira nella «belle époque» gli sguardi dell'intiera Europa: basti pensare che D'Annunzio sceglie di debuttare lì, anteponendo l'attrice Sarah Bernhardt all'altra celebre «divina» e rivale Eleonora Duse. È in Francia che, per merito soprattutto del simbolista belga MAURICE MAETERLINCK (*Pelléas et Mélisande*), viene decretata la fine del teatro realistico in nome di un teatro di poesia e di parola. Dalle musiche di Debussy, alle coreografie e ai balletti del primo Novecento, la ribalta parigina conserva un fascino che si protrae nei tempi più moderni, dalle regie e dal teatro mimico di Jean-Louis Barrault (*Rabelais,* 1968) ai balletti moderni di Béjart.

C'è, innanzitutto, un filone d'avanguardia, di cui sono capostipiti ALFRED JARRY, col fantasioso e dissacrante *Ubu re* e ANTONIN ARTAUD, il cui celebre saggio *Il teatro e il suo doppio* (1938) esprime dissenso verso il teatro leggero della «belle époque» e propone un «teatro della crudeltà» che strappi gli spettatori dalla loro comoda posizione per immetterli direttamente nei dilemmi dell'esistenza.

Ai problemi esistenziali guarda il teatro dell'«entre-deux-guerres», con ANOUILH, con la vena cristiana di MONTHERLANT e di MAURIAC, e soprattutto con JEAN GIRAUDOUX, che restituendo dignità alla scena ne fa luogo di dibattito dei grandi temi, vitalizzando modernamente il mito per affrontare i meccanismi della guerra (*La guerra di Troia non si farà,* 1935) o trasformando la vergine Elettra che vendica il padre in figura disumana e negativa per eccesso di virtù (*Elettra,* 1937).

Nel dopoguerra la scena francese brilla con il teatro dell'assurdo dell'irlandese BECKETT (ricordato a pag. 914). Un teatro dell'assurdo, ma anche una metafora della condizione dell'universo può ritrovarsi, come in Beckett, nelle provocazioni di JEAN GENET, che sembra rovesciare il ruolo di inferno e paradiso, di virtù e di vizio; o, in forma di divertimento, nelle «pièces» del franco-romeno EUGÈNE IONESCO, che si abbandona agli esilaranti non-sensi verbali o a situazioni paradossali, facendo sì, per esempio, che in una conversazione in ascensore un marito e sua moglie si rivelino per quel che sono scoprendo... di portare lo stesso cognome (*La cantatrice calva*). La scena del nuovo teatro francese rispecchia, con angoscia o con ilarità, il medesimo oggetto: il volto smarrito e vuoto del tempo moderno.

Ma alcuni grandi autori che lavorano per il teatro cominciano ad interessarsi a una nuova espressione artistica, il cinema: PAGNOL, GUITRY e soprattutto COCTEAU, con il suo celebre *Orfeo,* danno prove che rimangono esemplari. E il cinema francese, da CLAIR a RENOIR ai giovani leoni della «nouvelle vague», resta un capitolo di alta cultura. In Francia, dove aveva visto la luce creato dai fratelli Lumière, il cinema rimase a lungo una forma d'arte: a tutt'oggi, per definire pellicole di alto impegno culturale, si impiega un'espressione francese: «cinéma d'essai».

Una scena dal film «Diario di un curato di campagna» che Bresson ha tratto dal romanzo omonimo di Bernanos.

Il romanzo fra le due guerre. Accanto ai due grandi geni di Proust e di Gide, numerosi scrittori animano la scena del romanzo: dai grandi quadri storici (JULES ROMAINS, ROGER MARTIN DU GARD, GEORGES DUHAMEL e LOUIS ARAGON), ai romanzi di ispirazione cattolica (FRANÇOIS MAURIAC e GEORGES BERNANOS), a quelli di COLETTE ispirati all'amore e alla natura, ai romanzi pacifisti e reazionari (GIONO), a quelli antiborghesi, antidemocratici, antisemiti (DRIEU LA ROCHELLE, BRASILLACH) e anti-tutto (CÉLINE), a quelli degli indagatori del destino umano (MONTHERLANT, SAINT-EXUPÉRY, MALRAUX), ai romanzi del quotidiano (CHAMSON, DABIT, AYMÉ, SIMENON, creatore del popolare commissario Maigret). Il romanzo francese nel cuore del Novecento ha una capacità narrativa e insieme riflessiva, scapigliatamente realistica ed esemplarmente simbolica che caratterizza anche il grande cinema: Jean Gabin non rappresenta, coi tratti francesissimi di un frequentatore di «bistrots», fra le note di certi organetti parigini ritmati eppur malinconici, la figura mitica e possente dell'innocente perseguitato dal destino?

Guerra e dopoguerra: dalla «grandeur» della storia al rovello dell'esistenza. La Francia esce vincitrice dalla guerra, ma è una vittoria che ha sbriciolato la passata «grandeur». Ha assistito all'invasione nazista, al compromesso dei collaborazionisti (col governo-fantoccio di Pétain), all'ostinata difesa di un impero coloniale ormai superato dalla storia. Dalla caduta della «grandeur», non risollevata neppure dall'ingegno politico di De Gaulle, la Francia scopre la grandezza della lucida intelligenza, il dovere dell'analisi spietata. È questo il fascino della cultura francese, a partire dal pensiero esistenzialista: nei primi anni del dopoguerra esso diverrà anche moda, scetticismo esibito in maglietta nera con le note delle canzoni di Juliette Gréco o la voce struggente di Edith Piaf; ma rimane, al termine del conflitto, il più lucido sforzo di ripensare tutte le scelte intellettuali prendendo atto della «tabula rasa» che la guerra ha lasciato, oltre che sul suolo, anche negli animi.

Sartre dall'esistenzialismo all'impegno. Nel 1938 un oscuro professore di filosofia, JEAN-PAUL SARTRE, pubblica il suo primo romanzo *La nausea,* in cui il narratore racconta la monotona esistenza in una piccola città di provincia. Il profondo disgusto per una società in cui contano solo le apparenze e le convenzioni, gli provocano la «nausea», la voglia di vomitare; solo la fuga nella musica e il progetto di scrivere per testimoniare la sua esperienza permetteranno al protagonista di accettarsi. *Il muro,* una raccolta di racconti, insiste sugli stessi temi. La svolta della carriera di Sartre come letterato, filosofo, protagonista della vita culturale sarà rappresentata dalla guerra: il giovane borghese intellettuale scopre la paura, la prigionia, il popolo; si rivolge al marxismo, partecipa alla resistenza e alla guerra di liberazione, fonda la rivista "Les Temps Modernes" con Simone de Beauvoir ed altri, tutta rivolta a proclamare la necessità dell'«engagement» dell'intellettuale. Nel suo saggio *Che cos'è la letteratura?* Sartre dichiara la «responsabilità» dello scrittore nei confronti del pubblico: «per far sì che nessuno possa ignorare il mondo e nessuno se ne possa dire innocente». La sua principale opera filosofica *L'essere e il nulla*, pubblicata nel '43, diffonde il pensiero esistenzialista: l'uomo è condannato a inventare la propria libertà, non ha modelli, ma deve combattere quotidianamente per affermarla; nel dopoguerra l'esistenzialismo diventerà una moda intellettualistica e verrà identificato con le «caves», il jazz, le canzoni di Juliette Gréco. Sempre sulla breccia nelle battaglie politiche e civili, Sartre sostiene il movimento degli studenti del '68, pronto però a rimettersi in discussione (nel '64 rifiuta il premio Nobel). Con *A porte chiuse, Il diavolo e il buon Dio, Le mani sporche,* si cimenta nel teatro, così come aveva fatto con la filosofia e la critica letteraria. Non può certamente essere considerato un letterato in senso stretto e raramente trova forme espressive originali; la sua è un'attività estesa che insistendo sull'impegno non può avere autonomia. Ma egli è un «maître à penser» che rappresenta con rara efficacia il dramma di un'esistenza considerata assurda, la ricerca inesausta della libertà e la tensione etica verso l'assunzione delle proprie responsabilità.

Altri «engagés». L'inquietudine della società del dopoguerra trova espressione nell'«impegno» che caratterizza anche altri scrittori, molti dei quali sono concretamente implicati nell'attività politica e sociale: Aragon e Eluard militano nel partito comunista, Mauriac sostiene la decolonizzazione, Malraux diventa ministro, Simone de Beauvoir lotta per l'emancipazione femminile; ciononostante la letteratura francese assurge ad un prestigio straordinario: in meno di vent'anni cinque premi Nobel vengono attribuiti a scrittori francesi: a Gide nel '47, a Mauriac nel '52, a Camus nel '57, a Saint-John Perse nel '60 e a Sartre nel '64.

L'esistenzialismo di Camus. Legato al nome di Sartre per tutta una generazione di lettori è il nome di ALBERT CAMUS, nato nel 1913 in Algeria, allora colonia francese, e morto in un incidente nel 1960. Aveva esordito come giornalista e uomo di teatro; espulso dal suo paese per le violente critiche all'assetto sociale, si unisce alla resistenza francese raccolta intorno al giornale "Combat" dove incontra Sartre. Il suo primo romanzo, *Lo straniero* (1942), presenta un personaggio intrappolato in un mondo che non offre vie d'uscita alla condizione di assurdità in cui vive; Meursault vive con assoluta indifferenza la morte della madre, il rapporto amoroso, il lavoro; si trova suo malgrado implicato nella vendetta contro un amico e, senza alcun motivo, uccide un arabo; sarà proprio la sua indifferenza, più che il delitto commesso, che lo farà condannare alla pena capitale. L'atto puro di Gide è passato dal divertimento alla tragedia. Il romanzo diviene emblema della condizione di «estraneità» dell'uomo all'esistenza: una condizione drastica, inconsolata. L'altro romanzo divenuto emblematico, *La peste* (1947), estende alla rovina della città il fato che prima sembrava di un individuo.

Rivolta è la parola chiave dell'esistenzialismo di Camus, come appunto si esprime nel saggio *L'uomo in rivolta* (1951): contrapponendosi alla «rivoluzione» ideologicamente organizzata e socialmente motivata di Sartre, la «rivolta» di Camus è quella del singolo contro il destino. Come Sisifo, come un Prometeo che patisce lo scacco contro il destino, egli trova un'eroica dignità nel levare la sua protesta contro il fato. La morte accidentale e precoce proietta su questa figura la luce di una amara, profetica conferma.

Tempi recenti: prestigio intellettuale e difficoltà creativa. In effetti, nel declino della «grandeur», Parigi mantiene un ideale primato, il prestigio di una capitale culturale della vecchia Europa: di una capitale cosmopolita, nella misura in cui l'Europa è ancora cosmopolita. Dal cinema della «nouvelle vague» alla moda, dal teatro alla cultura universitaria, Parigi mantiene, se non l'egemonia di ieri, un suo fascino. È a Parigi che divampa per prima in Europa la protesta studentesca del '68; è da Parigi che gli ex-giovani del '68, i «nouveaux philosophes» conducono per primi l'autocritica sugli errori del dogmatismo e dell'ideologia di sinistra.

Molti movimenti di pensiero, in discipline umanistiche, hanno in Francia la loro culla o ne traggono spinte energiche. Si pensi allo sviluppo della moderna linguistica, nata dalla scuola del ginevrino SAUSSURE ai primi del secolo, e sviluppata nella direzione dello strutturalismo (MARTINET, GREIMAS), della semiologia (BARTHES), della narratologia (GENETTE), della psicanalisi applicata alla linguistica (MAURON, LACAN). La nozione strutturale di cultura come un sistema dove «tout se tient» si ha anche nell'antropologia di CLAUDE LÉVI-STRAUSS, coi suoi studi affascinanti sui cosiddetti popoli «primitivi». Mitografi e studiosi di civiltà classiche rinnovano il loro campo, mentre l'École des Annales guidata da BRAUDEL lancia una nuova storiografia. Anche la critica letteraria ha un notevole impulso: si pensi alla sociologia della letteratura (LUCIEN GOLDMANN) o a quella «nouvelle critique» che, sviluppando la lezione di Bachelard e di Blanchot, proponeva un approccio diretto del critico all'originalità del testo, attaccando la critica erudita e storica e giungendo a ipotizzare l'arbitrarietà della lettura (un'opera è diversa per ogni lettore); nonostante alcuni eccessi (per cui ci si chiese: «nuova critica o nuova impostura»?) ha dato risultati interessanti. Ma il meglio della saggistica resta forse nel grande pensiero sulla condizione umana: dei pensatori esistenzialisti (CAMUS) o esistenzial-marxisti (SARTRE); e di quelli religiosi: SIMONE WEIL, sacrificata nella resistenza, che cerca la causa delle sventure umane nello «sradicamento» e unisce fervore politico a una personale religiosità; PIERRE TEILHARD DE CHARDIN, che vuole conciliare la teoria fisico-biologica dell'evoluzione con la fede; JACQUES MARITAIN, che ripropone un «umanesimo integrale» di segno cristiano. Sembra che la grande tradizione dei razionalisti e dei moralisti, l'eredità dei Pascal e dei Voltaire, dei Descartes e dei Bossuet, non sia stata rinnegata.

Nato più dall'intelligenza analitica che da originalità creativa è il «nouveau roman» che si afferma negli anni Cinquanta, spinto dall'esempio e dal programma di ALAIN ROBBE-GRILLET: riflettendo sui grandi innovatori della prosa (Kafka, Joyce, Proust...) rompe le convenzioni del romanzo tradizionale: il personaggio non è un eroe, la vicenda non è più una sequenza temporalmente ordinata; il nuovo romanzo viene perciò scrivendosi mentre si fa, senza ordine prestabilito, senza una visione ordinata del mondo (che si riduce spesso a mera descrizione di oggetti, come nella coeva esperienza cinematografica della «école du regard»). Risulta, per taluni, un antiromanzo.

Ma più tradizionalmente cauto o sperimentalmente acceso, il romanzo francese si distingue in molte personalità: FRANÇOISE SAGAN, che evoca la vicenda di un'adolescente, cresciuta nell'amoralità, che scopre la coscienza attraverso un dramma (*Buongiorno, tristezza*); NATHALIE SARRAUTE, che cerca di spiare invano l'autenticità delle persone (*Ritratto d'ignoto*); MARGUERITE DURAS, scrittrice di romanzi in cui non sembra accadere nulla (è la sceneggiatrice del noto film *Hiroshima mon amour*); CLAUDE SIMON, facitore di trame illogiche, che si risolvono in enigmi o labirinti; MICHEL BUTOR, ardito sperimentatore di una struttura romanzesca che cerca d'inglobare la totalità del reale. Fra i frutti migliori, per la creatività verbale, l'umorismo e lo scetticismo fantasioso, RAYMOND QUENEAU coi *Fiori blu* del 1965, ammiratissimi da Italo Calvino, ma già coi deliziosi *Esercizi di stile* (1947) in cui si diverte a scrivere una banale notizia di cronaca in una esilarante serie di versioni «alla maniera di»: ne ha tentato una pallida versione italiana Umberto Eco.

Non particolarmente feconda sembra poi l'ultima stagione poetica, cui pure può aggiungersi la zona della canzone, per cui scrissero testi poeti di nome come JACQUES PRÉVERT (caro agli adolescenti per una sua grazia amorosa e dissacrante). Spiccano HENRI MICHAUX, testimone delle crudeli ostilità che il tempo riserva all'uomo moderno (*Lo spazio interiore,* 1944; *Venti e polvere,* 1962); YVES BONNEFOY, teso a una continua conversazione con la morte contrastata con la «saggezza del vivere», secondo l'immagine prediletta della salamandra che si pietrifica e affronta le fiamme (*Del movimento e della immobilità di Douve,* 1953; *Ombra che respira,* 1973). Ma la personalità forse di più alta statura è quella di RENÉ CHAR: dall'iniziale Surrealismo, attraverso l'esperienza della guerra che lo vede combattere come capo partigiano, Char giunge a una poesia intensa e appassionata, in cui i grandi temi della vita si fermano in istanti precisi, in immagini definite con un rigore formale che lo fa degno erede della grande tradizione letteraria della sua Provenza (dai *Fogli d'Hypnos* del 1946 alla *Nudità perduta* del 1978).

L'area inglese

La poesia. La cosiddetta crisi dell'Occidente viene particolarmente avvertita dalla cultura inglese, che vede nel periodo 1920-1970, fra guerre e rivoluzioni, cadere il ruolo di regina del Commonwealth. Del resto l'Europa, rovinata da due guerre mondiali, non è più centro del mondo, e la stessa Inghilterra deve rompere il suo splendido isolamento ed entrare nella comunità europea in posizione per di più periferica. La poesia, rifuggendo la mercificazione dell'arte, si fa interprete dell'età dell'ansia, rivolgendosi sempre più ai pochi, agli «happy few».

Individualista e cosmopolita, la poesia del nuovo secolo riscopre le proprie radici gaeliche, sviluppando nel contempo le suggestioni del Simbolismo, della misteriosofia, dell'«imagismo» poundiano.

Annovera l'irlandese WILLIAM BUTLER YEATS (1865-1939): *La torre* che dà titolo alla sua raccolta di liriche (1928) simboleggia l'aspirazione umana alla perfezione. Ma la voce più alta di poesia è quella di THOMAS S. ELIOT (d'origine americana, 1888-1965): il poema *La terra desolata* (1922), maturato nel clima della «belle époque» poi sconvolta dalla grande guerra e dalle successive crisi sociali, dà una grande rappresentazione metafisica della condizione dell'uomo moderno, in un linguaggio che riassorbe e ricrea (con un procedimento caro anche a Ezra Pound, cui l'opera è dedicata) citazioni e allusioni, a partire da Dante, dai metafisici, da Donne. Metafisica e dantesca è anche l'intenzione simbolica del poema, condotto lungo il filo della ricerca del Graal di ascendenza medievale e sulla opposizione aridità-fecondità. Terra desolata è quella in cui vive l'uomo contemporaneo, ed Eliot vi scopre l'inferno dell'umanità odierna, nelle metropoli, nei «pubs», nelle nevrosi sessuali, fino all'allegorico crollo del ponte di Londra e della torre di Gerusalemme. Senza limiti di tempo e di linguaggio, questa storia universale di desolazione tocca nelle aride macerie un culmine di annientamento: ma lo scroscio di pioggia finale apre alla speranza di una nuova riconquistata fede, che reggerà i futuri capolavori del *Mercoledì delle ceneri* e dei *Quattro quartetti.* Il poema *Quattro quartetti* (1936-42) è condotto secondo un filo tematico come le omonime composizioni musicali: ma si tratta in verità di una meditazione continua sul tempo e sull'eternità, nell'aspirazione al distacco dal contingente, quasi come negli esercizi spirituali dei grandi mistici.

Teatro, ma teatro di poesia (con una metrica che riecheggia il versetto biblico) è anche il celebre *Assassinio nella cattedrale.* In questa sacra rappresentazione del 1935, Eliot rievoca un noto episodio della storia inglese: l'assassinio dell'arcivescovo Thomas Becket, già cancelliere del re, perpetrato nella cattedrale di Canterbury per ordine del sovrano che voleva piegare il prelato, strenuo difensore dell'autonomia e dei privilegi della Chiesa di fronte al potere laico. L'esito del dramma è scontato in partenza: ma il vero dramma si svolge nella coscienza di Becket, che deve rifuggire le tentazioni che man mano gli si parano innanzi, specialmente quella dell'orgoglio che potrebbe offuscare il suo martirio, fino alla pura accettazione del sacrificio finale.

Forza innovatrice è anche nella poesia di EZRA POUND (1885-1972), amico e collaboratore di Eliot, americano come lui (che, vissuto a lungo in Inghilterra, viene normalmente inglobato nella letteratura inglese). Fondatore dell'«imagismo», che mirava a far scaturire la poesia dall'accostamento ardito di parole (e di segni, come gli ideogrammi di cui s'interessò attratto dalla cultura dell'Oriente), Pound fu a Parigi, con Hemingway, uno dei membri più vivaci della colonia americana. Nei suoi *Cantos,* composti dal

Coda a Londra per una rappresentazione di *Cocktail party,* commedia di Th. S. Eliot, nel 1950.

1919 al 1968, Pound sperimenta una poesia-conoscenza modellata sulla *Commedia* di Dante: vi immagina, con un linguaggio infarcito di citazioni e ricco di imprestiti da altre lingue, il ritorno di un moderno Ulisse verso la Città nuova, del mondo moderno, coi suoi inferni e i suoi purgatori. Vero inferno personale è quello espresso nella sezione dei *Canti pisani,* in cui narra la allucinante prigionia patita dagli alleati con l'accusa di tradimento per alcune trasmissioni radio a favore dei nazi-fascisti. (In realtà, la natura impolitica del poeta aveva alimentato l'invettiva contro l'America capitalista, dominata cioè da quell'«usura» che riteneva dantescamente il più grave dei mali). Dichiarato infermo di mente, e poi liberato, Pound trascorse gli ultimi anni in Italia, esercitando un notevole influsso sulla poesia moderna europea.

I poeti degli anni Trenta (AUDEN e altri) si volgono con decisione all'impegno politico-sociale, partecipando direttamente o spiritualmente alla guerra di Spagna, da cui escono però con un atteggiamento di disincanto. Si ha allora il ritorno a un romanticismo allucinato, come in DYLAN THOMAS (1914-1953), che riscopre le proprie radici gaeliche e crea un linguaggio immaginativo che sarà caro alla «beat generation» (da lui prenderà il suo pseudonimo il cantautore americano Bob Dylan, negli anni Sessanta) o come nei poeti «apocalittici». THOM GUNN e TED HUGHES sono gli interpreti di un sentimento violento e drammatico dell'esistenza come lotta, mentre il nuovo movimento rifiuta l'avanguardismo e sembra chiudersi in un crepuscolarismo ironico.

Narrativa. Anche nella narrativa si manifesta la crisi della realtà avvertita dalla poesia: essa coinvolge addirittura la stessa comunicazione e incrina perciò la forma-romanzo come genere tradizionalmente deputato ad esprimere o interpretare il reale.

Questa crisi della realtà si fa crisi della struttura romanzesca nell'opera geniale dell'irlandese JAMES JOYCE (1882-1941). *Ulisse* (1922) è il romanzo che, come un poema, dipinge esemplarmente la condizione dell'uomo moderno. Come il poema omerico, è scandito in ventiquattro canti distribuiti nelle ore della giornata lungo il cui arco si snoda la storia di un Ulisse e di un Telemaco moderni nel mare vasto della città di Dublino. La complessa avventura dello spirito e dei sensi vi è percorsa con un linguaggio originale, che sviluppa la tecnica del monologo interiore o flusso di coscienza («stream of consciousness»): quasi un libero pensare che si fa parola scritta in forme sintatticamente libere, mosse dalle libere as-

James Joyce, «Autoritratto» (1925).

sociazioni che la dottrina psicanalitica di Freud andava scoprendo nel linguaggio. Il reale si rifrange così in innumerevoli facce di cui è riflesso la personalità poliedrica del personaggio; presente, passato, futuro si intrecciano; le normali coordinate di tempo e di spazio entro cui veniva tradizionalmente racchiusa l'esperienza psichica dei personaggi vengono sconvolte. Ne consegue la liberazione della sintassi da ogni vincolo formale e gerarchizzante. Lo sperimentalismo linguistico rifrange dunque la realtà nei «flussi di coscienza» individuali e irripetibili dei singoli personaggi (differenziati nei loro accenti con straordinaria abilità). Ma anche il punto di vista narrativo, oscillando all'interno dell'uno o dell'altro personaggio, viene investito dalla sperimentazione linguistica, sicché lo stile dello scrittore — a seconda degli oggetti descritti e dei soggetti in cui s'immedesima — varia dall'aulico al plebeo. Joyce può dunque definirsi un maestro di quella corrente chiamata «Espressionismo letterario»: e dell'Espressionismo (corrente legata originariamente alla pittura) condivide anche la penetrazione negli strati più celati della coscienza e dell'istinto, urtando così la sensibilità dei tradizionalisti tanto in fatto di lingua che di morale.

La disinvolta creazione di neologismi e la proliferazione verbale, eccitate in una successiva opera (*La veglia di Finnegan,* 1939) sino alla patologia del linguaggio, interpretano con creatività epica la difficile condizione esistenziale e la difficoltà comunicativa dell'uomo moderno con la sua grande solitudine. Ma il prodigio di Joyce è

Katherine Mansfield.

Virginia Woolf.

nel muovere dalla crisi della realtà e del linguaggio per ricomporre e reinventare una parola e una storia. Ha scritto il critico J. W. Beach: «Nulla più e nulla meno che un poema sinfonico caratterizzato da un rigoroso e insistente sviluppo di temi. Sotto il gioco apparentemente capriccioso della superficie scorre il ritmo continuo di motivi ricorrenti... Una pittura dello stato dell'uomo senza grazia, quale avrebbero potuto offrirci Paolo o Agostino, se si fossero interessati d'arte letteraria».

L'ambiguità del reale è la cifra tipica di VIRGINIA WOOLF (1882-1941): nel suo capolavoro, *Gita al faro* (1927), non accade nulla, in apparenza: ma sono colti gli stati d'animo più umbratili e delicati, quasi barlumi di verità sfuggenti colti in piccoli gesti quotidiani, quasi «fiammiferi che si accendono improvvisamente nel buio». La coscienza della precarietà dei valori, la solitudine delle coscienze sono i requisiti della miglior prosa inglese del tempo, in cui un'altra donna, KATHERINE MANSFIELD (1888-1923), si distingue per racconti intrisi di fine psicologia. KAREN BLIXEN, danese di nascita ma inglese in letteratura, emigrò in Kenia nel 1914, e questa terra, rievocata attraverso il filtro magico della memoria, rivive nell'opera sua più celebre: *La mia Africa* (1937).

In DAVID HERBERT LAWRENCE (1885-1930) agisce invece impetuosa la ricerca di un contatto con la natura e con l'altro. La scoperta gioiosa del sesso restituisce alla vita e alla sanità la donna che nell'amore di un guardacaccia si libera dalla tristezza intellettualistica in cui s'era rinchiusa la sua vita col marito paralitico e impotente (*L'amante di Lady Chatterley,* 1928). Il romanzo, composto in Italia (dove Lawrence soggiornò a lungo) uscì in Inghilterra solo nel 1960, e il ritardo documenta la resistenza del moralismo di ascendenza vittoriana nei confronti di una vicenda narrativa ritenuta oscena o sconveniente. Ma al di là dell'intento polemico nei confronti del puritanesimo sentito come fonte di oppressione e infelicità, la prosa di Lawrence trova il suo fascino nella rappresentazione di personaggi travagliati dal conflitto fra istinto e ragione.

Amante al pari di Lawrence della civiltà mediterranea sentita come libera, solare e vitale in opposizione al cupo paesaggio geografico e psicologico dell'Inghilterra borghese, è EDWARD FORSTER. Nel suo romanzo più celebre, *Passaggio in India* (1924) documentò il contrasto fra l'imperialismo britannico e la civiltà indiana che aspirava ormai alla piena indipendenza.

Altri scrittori attingono al gusto dell'intreccio e del racconto fantastico cha affonda le radici profonde nelle saghe arturiane: e nella contea del re Artù si vantava d'essere nato ARTHUR MACHEN, il cui racconto fantastico *Gli Arcieri,* imperniato su un violento combattimento, uscì in quel 1914 che vide infuriare il primo conflitto mondiale. Una meticolosa reinvenzione di miti celtici e sassoni, con una geografia inventata e intricate vicende generazionali di gnomi ed elfi (gli «hobbits»), regna nei grandi cicli di romanzi fantastici di JOHN TOLKIEN, da *Lo Hobbit* (1937) alla trilogia *Il signore degli anelli* (1954-55). Con Tolkien, che unisce la spinta fantastica alla cultura di un filologo e docente a Oxford, la crisi della realtà si manifesta in una evasione onirica, in cui tuttavia le virtù dominanti non sono l'eroismo e l'ardimento ma quelle quotidiane della tenacia e del buon senso.

Nella narrativa fra le due guerre, si avverte la critica agli intellettuali, e al pregiudizio eurocentrico; ma si sviluppano anche la satira politica e il romanzo di idee, in cui eccelle GEORGE ORWELL: attirato prima dagli ideali del comunismo, denunciò nel romanzo-apologo *La fattoria degli animali* (1945) la piega tirannica e disumana assunta dalla rivoluzione sovietica con lo stalinismo: gli animali che si erano liberati dalle angherie del vecchio fattore (lo zar) si ritrovano in una società tirannica, in cui i maiali (la burocrazia del partito) si arrogano nuovi privilegi ed esercitano coi cani (l'esercito e la polizia) una repressione crudele. In *1984* Orwell dà il prototipo del romanzo di fantapolitica, cioè di fantascienza applicata alla politica, immaginando uno Stato in cui il potere toglie ogni libertà all'individuo, e nel quale si può scorgere tanto la proiezione del comunismo stalinista quanto la prefigurazione della società tecnologica e massificante.

Un intreccio fra spirito satirico (contro la borghesia, contro il fanatismo religioso) e fantascienza si trova anche nell'opera erudita e insieme brillante di ALDOUS HUXLEY, specialmente in *Il mondo nuovo* (1932), che anticipando *1984* immagina un futuro fondato sulla disuguaglianza e sul conformismo in cui non sarà lecito neppure leggere Shakespeare; nel 1958, nel saggio *Ritorno dal mondo nuovo,* Huxley doveva confermare le sue previsioni pessimistiche, denunciando la possibilità di manipolare e condizionare la libertà di pensiero. La sua morte passò inosservata perché cadde lo stesso giorno in cui venne assassinato il presidente Kennedy; nella coincidenza possiamo leggere un sinistro presagio di uno dei momenti più negativi della società moderna, che aveva avuto in Huxley il suo coraggioso profeta e accusatore.

Altro emblema divenuto celebre è uno scrittore anticonformista e «sregolato» anche nella vita quotidiana (e autore di un saggio sull'alcoolismo in letteratura) come ANTHONY BURGESS. Il suo romanzo *Un'arancia a orologeria* (1962), reso noto dal film *Arancia meccanica* del regista Stanley Kubrick, rappresenta con vigore impressionante la vicenda, collocata in un futuro prossimo non troppo lontano, che vede un teppista perpetrare crimini per il solo piacere di compierli: rinchiuso per omicidio in un carcere-modello da una società ipocrita e permissiva, patisce poi la vendetta della sua vittima (un uomo di cultura, che lo tortura con l'*Inno alla gioia* di Beethoven, che il teppista non riesce a sopportare). Ma alla fine l'astuto stupratore riuscirà a cavarsela grazie all'accordo con un altrettanto astuto politico «progressista». *Arancia* è un modo gergale, scanzonato di definire il cervello; *meccanica* (o, secondo la versione originale, *a orologeria*) allude a una bomba. Il cervello impazzito del mondo che può scoppiare. Il grande successo del libro e del film attesta l'inquietudine e la paura in cui Burgess ha buttato il suo sguardo.

Teatro. La lezione del grande drammaturgo norvegese Ibsen e del suo teatro problematico influenza GEORGE BERNARD SHAW (1856-1950) che nel suo teatro di idee, con caustica intelligenza, denuncia la falsa coscienza borghese: eppure, di questo lucido e razionale logico, maestro di dialoghi brillanti, il capolavoro è riconosciuto in *Santa Giovanna,* una rievocazione che voleva essere distaccata, ma in cui l'intensa vicenda umana della martire d'Arco finisce per scaldare la mano dello scettico autore.

Il merito di aver dato il nome al movimento degli «angry young men» o giovani arrabbiati spet-

George Bernard Shaw.

ta al lavoro teatrale di JOHN OSBORNE, *Ricorda con rabbia* (1956): il protagonista, Jimmy Porter, lanciando in scena una violenta invettiva contro i valori del potere costituito («establishment») e contro i pregiudizi borghesi, inaugura un filone protestatario comune ad altri drammaturghi inglesi (da HAROLD PINTER ad ARNOLD WESKER) che alimenterà la protesta della «beat generation» americana.

Ma nel secondo dopoguerra, piuttosto che nel teatro dei «giovani arrabbiati», la crisi dei valori trova uno dei suoi interpreti più lucidi in SAMUEL BECKETT (1906). Irlandese, Beckett sceglierà la Francia e il francese per lanciare il suo ironico disincantato messaggio, così radicato però anche nel mondo spirituale inglese. La sua opera esemplare è *Aspettando Godot* (1953), una «pièce» teatrale in cui non accade nulla, ma che è tutta imperniata sull'attesa di un misterioso personaggio che non verrà. *Aspettando Godot* è diventato un modo quasi proverbiale, il simbolo del modo d'essere dell'animo moderno, la metafora del non-senso, il balbettìo di una civiltà ormai impazzita.

L'area tedesca

La vicenda della Germania dal 1880 al 1945, che vede il grande Reich del Kaiser consumare il sogno dell'egemonia pangermanica sotto le rovine fumanti della disfatta hitleriana, è un periodo di intenso travaglio culturale, ma anche di un costante, quasi drammatico isolamento degli intellettuali dall'opinione pubblica. Si pensi, a riprova del fervore ideologico, ad alcuni dei frutti offerti dall'area tedesca alla scienza e al sapere, dal marxismo alla psicanalisi freudiana, dal relativismo di Einstein alla meccanica quantistica, rammentando — per converso — gli ostacoli che trovarono i fautori di queste e altre nuove idee, costretti spesso all'esilio. Come la solida borghesia aveva avversato i decadenti così la società nazionalsocialista diffiderà degli scrittori e li perseguiterà: e nella stessa nuova Germania rinata dalla seconda guerra col «miracolo della ricostruzione economica» verrà rinnovandosi una tensione fra i valori di una società volta al benessere materiale e gli scrittori testimoni di un perdurante «malessere» spirituale (tedesca è la Scuola di Francoforte dal cui pensiero prese le mosse in America e in Europa la «contestazione» giovanile contro la società dei consumi e la massificazione, sfociata nelle agitazioni giovanili del Sessantotto).

Abbiamo lasciato l'Ottocento nell'età del Naturalismo, attento soprattutto ai contenuti sociali: ma da questo solido tronco, il romanzo si affina nella sua strumentazione psicologica. THOMAS MANN e HERMANN BROCH (1886-1951) danno un ritratto penetrante e corrosivo della borghesia tedesca prima della grande guerra, mentre il praghese e suddito austriaco ROBERT MUSIL (1880-1942) rivela una tagliente, profetica percezione del crollo dell'Impero asburgico: in *L'uomo senza qualità*, lungo il filo dei festeggiamenti preparati per l'anniversario dell'ascesa al trono dell'imperatore (1914), sfila il quadro torbido e malinconico di un mondo che va alla rovina: al tema dell'«Austria felix» succede il nuovo motivo della «finis Austriae».

Splendido declino della Mitteleuropa. Caduto ormai il pregiudizio politico o nazionalista che vedeva l'Impero asburgico come attardato e oscuro relitto di un mondo superato dai tempi nuovi, e crollato giustamente col primo conflitto mondiale, oggi si rivaluta l'Austria-Ungheria della «belle époque» come una delle stagioni più straordinarie della cultura moderna. Praga, Vienna, Trieste, Freud, Kafka, Musil, Joseph Roth, Svevo, Saba... città e scrittori che stanno alle radici della nuova sensibilità novecentesca, che è ancora in parte quella delle nostre generazioni.

Si direbbe che il senso del declino abbia aiutato le intelligenze più acute a uno sforzo analitico-descrittivo per penetrare nel cuore dei valori minacciati o tormentati: la psiche dell'individuo, i valori morali, gli equilibri sociali. Si aggiunga a ciò la commistione di lingue e di culture (austro-tedesca, ungherese, italiana, boema, slovena, ebrea) che doveva favorire, oltre al reciproco arricchimento e confronto (anche se spesso confronto polemico, lacerato da intolleranze politiche ed etniche), quel senso di «alterità», di «diversità» che è un patrimonio essenziale dell'intellettuale moderno, non più etnocentrico, non più chiuso nel grembo rassicurante ma limitativo di una comunità con valori certi e assoluti.

Un cenno particolare va fatto alla cultura ebraica, particolarmente rappresentata nella Mitteleuropa (dove il popolo ebreo era anche numericamente folto, prima del grande sterminio nazista). Ebrei infatti sono moltissimi scrittori di prim'ordine del Novecento (e anche oggi, dall'America e dalla Russia, prove significative vengono dagli scrittori d'origine giudaica). Varie interpretazioni sono state avanzate per spiegare questa attitudine letteraria (e alla cultura in genere): la condizione travagliata ma intellettualmente stimolan-

Robert Musil.

Franz Kafka.

te di diversità; la necessità di trovare nel patrimonio religioso-culturale la salvaguardia della propria identità minacciata dalla millenaria diaspora d'Israele e dalle ricorrenti persecuzioni; il fatto, come suggerì uno scrittore, che l'unico patrimonio che un ebreo poteva trasportare facilmente quand'era costretto ad emigrare o fuggire era il libro; l'esonero dai rischi di censura cui erano soggetti i lettori ebrei nei periodi in cui il potere ecclesiastico o politico vigilava con severità contro i libri eretici o sovversivi; inoltre, pur essendo gli ebrei differenziati per classi, dai ricchi banchieri ai poveri straccivendoli, l'assenza di un'aristocrazia del sangue poteva favorire un'aristocrazia dell'ingegno; infine, ma forse prima di tutto, la radicata sensibilità morale e religiosa, nata dal culto del Libro Sacro (anche negli ebrei non credenti o non osservanti), garantiva una attitudine morale di cui la letteratura moderna, nella crisi di valori della società contemporanea, si fa particolarmente interprete.

Ebrei sono MUSIL, KAFKA, SVEVO, SABA, ROTH, EINSTEIN, ed ebreo è anche ARTHUR SCHNITZLER (1862-1931), psichiatra e letterato, studioso acuto della solitudine umana nella società borghese chiusa a riccio per difendersi dall'imminente crollo; un'abile mescolanza di componenti psicologiche e storiche è presente nel romanzo *Il ritorno di Casanova* (1917), dove immaginando questo personaggio ossessionato dall'eros e invecchiato (la vecchiaia è un vero dramma per il tipo tragico del don Giovanni) Schnitzler dà il sapore amaro di un mondo al tramonto e di un uomo al crepuscolo.

Kafka e l'assurdo quotidiano. Cresciuto in una tipica condizione d'«alterità», FRANZ KAFKA (1883-1924), ebreo-boemo che scrive in tedesco a Praga, è l'interprete forse più caratteristico della «età del malessere»: la malattia del tempo, del resto, lui la provò entro di sé, nel corpo e nell'animo: la tubercolosi che lo condusse a morte precoce, i difficili rapporti familiari, i conflitti col padre, l'incapacità di stabilire durevoli e sereni legami affettivi. Testimone autentico, non intellettualistico, dell'angoscia del suo tempo, pubblicò poco in vita, e un amico stampò postume le opere e i frammenti scampati alla distruzione. Sono celebri i romanzi *Il castello* (1922), in cui si narra come un agrimensore cerchi invano di penetrare nel misterioso palazzo dove il potere cinico governa dispoticamente, e *Il processo* (1914-15), dove il protagonista, l'impiegato Joseph K. (trasparente proiezione dell'autore) è incriminato senza sapere perché, e pensando a un errore giudiziario vede man mano vanificarsi la speranza di potersi spiegare ai giudici, anzi di sapere di cosa lo si ritenga reo: sicché, quando giunge la condanna, l'accetta rassegnato. Nei due romanzi emerge, con grandioso simbolismo, il senso di un'autorità tirannica che schiaccia l'uomo senza ragionevole motivo: è il potere? è la condizione esistenziale? Ma geniale è in Kafka l'assoluta disinvoltura con cui l'assurdo viene mescolato e accettato nella vita quotidiana e narrato con impassibilità, come accade nel racconto autobiografico *La metamorfosi* (1916): qui il protagonista (ancora «alter ego» di Kafka) si sveglia un mattino trasformato in un grande insetto, suscitando vieppiù il fastidio del padre e della famiglia (in cui si incarna il potere chiuso e ostile che *Il processo* e *Il castello* rappresentano nello Stato), finché muore per l'infezione provocata dalla mela scagliata da un familiare irritato e conficcatasi fra le elitre del gigantesco coleottero.

Mann cantore e critico della grande civiltà borghese. Ma se l'impiegato Kafka testimonia l'età del malessere nella sua narrativa dell'assurdo, oscuramente allegorica, è in THOMAS MANN (1875-1955) che apoteosi e crisi della grande società borghese trovano il più acuto e critico interprete, capace di una rappresentazione ancora compiuta di questo mondo incrinato, del quale Mann è con Proust l'interprete più costruttivo, mentre altri (Kafka, Joyce, Gadda) portano dentro la rottura dell'intreccio o la frammentazione della scrittura il carattere distruttivo, disarmonico.

Con uno sguardo penetrante su sé e sul mondo, Mann non annulla le contraddizioni di una società che aveva espresso grandi ipocrisie ma anche grandi valori. L'atteggiamento ambivalente verso le origini borghesi (derivante dall'appartenere a una grande e antica famiglia di Lubecca) agisce già nei *Buddenbrook* (1901), il romanzo che narra attraverso quattro generazioni l'ascesa e il declino di una grande famiglia borghese (trasparente l'autobiografismo). Mann è, soprattutto, lo scrittore che meglio ha saputo cogliere la condizione delicata dell'intellettuale moderno come «diverso» rispetto alla norma, come estraneo ai modelli, ai comportamenti e ai valori dominanti nella società, che gli altri accettano acriticamente come dati di fatto, e che egli con sensibilità acutissima sottopone a dubbi, a revisione critica, demistificandone le ipocrisie, indagandone le pieghe segrete. Lo scrittore paga questa chiaroveggenza col prezzo della solitudine e della sofferenza, dotato di una pelle troppo sensibile per resistere impassibile ai graffi e alle rudezze della vita. Questo stato d'animo emerge, in modi diversi, nei capolavori di Mann: il racconto *La morte a Venezia* (1912), in cui un intellettuale muore di contagio sulla spiaggia della città magnifica ma malata (emblema dello splendore morboso dell'arte opposta alla vita semplice e piena), guardando la bellezza vitale e intatta di un adolescente (e la sensibilità decadente di Luchino Visconti ne ha tratto un film suggestivo); *La montagna incantata* (1924), il romanzo ambientato in un sanatorio, dove la malattia diviene la condizione lucida e insieme febbrile per elaborare valori ideali altrove negati, ma anche per indurre nella tentazione del nichilismo scettico o disperato; il ciclo romanzesco *Giuseppe e i suoi fratelli*, animato dai conflitti ideologici che troveranno un tragico sbocco nella seconda guerra mondiale; il *Doktor Faustus* (1947), in cui si rinnova il mito goethiano nella figura di un musicista che viene a patti col diavolo per assecondare la sua aspirazione al capolavoro perfetto, e che offre una affascinante parabola del rapporto arte-vita.

W. Schulz, copertina per la prima edizione di *I Buddenbrook*. Zurigo, Th. Mann Archiv.

Ma esemplare è il racconto autobiografico *Tonio Kröger* (1903), fonte estrema e limpidissima nel grande fiume europeo del «Bildungsroman». L'adolescente Tonio, la cui «diversità» emerge fin nel colorito bruno, desunto dalla madre di stirpe latina, sensibile e appassionata, vede maturare la sua vocazione di intellettuale a prezzo della separatezza e della solitudine, confrontandosi con l'amico Hans, biondo, «sano», privo di dubbi, sicuro e disinvolto come la bionda Ingeborg, cui somiglia nella normalità, e che finirà per sposare. La doppia delusione di Tonio, la perdita dell'amico, il tradimento dell'amata, sono i primi segni del duro prezzo umano che dovrà pagare chi segua la vocazione ardua e dolorosa dell'intellettuale.

Due facce della borghesia si fronteggiano in Mann: quella economicistica, gretta e positiva; quella della grande cultura, del coraggio intellettuale e della raffinata civiltà. Mann ne ritrae con lucida passione il conflitto, rifiutando di aderire astrattamente a facili ideologie (*Considerazioni di un apolitico*): questo ingegno che fu laureato giovanissimo premio Nobel, che amò visceralmente la sua temperie germanica ma non volle calcare un solo istante il suolo nazista, fu stupidamente avversato dalla critica marxista proprio per l'anti-ideologismo, finché un marxista illuminato come Lukács colse la grandezza di questo grande cantore-critico dell'autunno della civiltà borghese.

La poesia fra Simbolismo ed Espressionismo. In poesia, sulla scia del gusto decadente, si delinea una produzione lirica sospesa fra costellazioni di simboli, di cui i più insigni esponenti sono STEFAN GEORGE (1868-1933) e il primo Rilke. Ma RAINER MARIA RILKE (1875-1926) andò oltre ogni limite di scuola: praghese, si spostò inquieto da Monaco a Berlino, dalla Francia alla Russia con l'amata Lou: dai russi mutuò l'impulso mistico, dall'amicizia del pittore Cézanne (antesignano dei postimpressionisti e persino dei cubisti) e dallo scultore Rodin trasse lo sforzo di una scrittura più rigorosa, che superasse il simbolismo ornamentale per cercare l'essenza delle cose, espressa con una novità di elementi fonico-ritmici. Col suo diario *I quaderni di Malte Laurids Brigge* (1910), con le *Elegie duinesi* composte presso Trieste, e col gioiello della maturità (trascorsa in Svizzera), i *Sonetti a Orfeo*, Rilke si colloca fra i memorabili interpreti lirici della spiritualità moderna.

Alle spalle di Rilke stava anche la stagione decadente, con le eleganti volute «liberty», anzi «Jugendstil» (che è l'equivalente viennese di quel gusto raffinato ed elegantemente morboso che prende anche il nome di «art nouveau» o floreale); essa diede il sigillo a un gusto aristocratico, sostanzialmente antiborghese che, se nei paesi occidentali si incarnò nel dandismo, nell'Impero asburgico poteva riconoscersi nei lustrini e nei valzer di un mondo che sembrava fatato, rapito in un giro di danza sull'orlo del baratro: un senso insieme sontuoso e tragico, fra sesso e morte, brilla ad esempio nella pittura di un Klimt o di uno Schiele; in letteratura ne è portavoce HUGO VON HOFMANNSTHAL (1874-1929), soprattutto nel teatro.

L'Espressionismo: forma moderna di una vocazione antica. Si suole definire «espressionismo» quel movimento culturale che, soprattutto nel periodo fra le due guerre, vede gli scrittori tedeschi accomunati in un messaggio in cui l'esasperazione del linguaggio obbedisce a una volontà di deformazione, ora drammatica ora grottesca, ora angosciosa ora caricaturale. Il termine, in realtà, nasce dalle arti figurative, segnatamente attorno al gruppo di pittori che fu detto del Cavaliere Azzurro, ma si diffuse poi al teatro, all'operetta, al cabaret, al cinema, alla poesia. Proprio la pittura consente di capire come la vocazione espressionistica (opposta cioè tanto alla razionale misura classica che al trasognato idealismo romantico) affondasse profonde radici nella tradizione tedesca: basti pensare al vigore popolaresco dello stesso Lutero o al realismo acceso del romanzo picaresco *Simplizissimus*, o alla pittura fiamminga, dal plebeo Bruegel, che ritrae i contadini goffi e deformi, al sadico Bosch delle visioni infernali, al Grünewald: lo stesso Dürer, campione del Rinascimento nordico, incide con tagliente bulino i suoi «Cavalieri

V. Kandinskij, bozzetto per la copertina della rivista "Der Blaue Reiter".

Poeti salisburghesi riuniti al circolo Minerva (1906). Il primo a sinistra seduto è Georg Trakl.

dell'Apocalisse» con un tratto lontanissimo dal classicismo dei nostri cinquecentisti. Ma la pittura dell'espressionismo (dei Nolde, dei Kirchner, dei Kokoschka) mostra anche le due linee, talvolta intersecantisi, della loro spinta umorale o intellettuale: l'angoscia esistenziale, il senso di una vita torturata dai fantasmi della paura (fermata nel celebre dipinto «L'urlo» del norvegese Munch), e la satira grottesca o caricaturale, che prende a bersaglio non il male di vivere in quanto tale ma l'incarnazione storica del male, la società: Dix e Grosz disegnano i borghesi come grossi maiali col cappello a cilindro, in una danza macabra assieme ai macellai nazisti.

La lirica espressionista (vitale anche in GOTTFRIED BENN) tocca il suo vertice con GEORG TRAKL (1887-1914), che dell'angoscia esistenziale e del conflitto con la società reca le piaghe nella sua stessa vita: l'uso del cloroformio e della droga, il trauma della guerra per cui, dopo una terribile notte in prima linea, perde l'equilibrio psichico che non ritroverà più. La paura e l'orrore sono le muse ossessive di una lirica che resta scolpita con drammatica intensità.

Del resto il dramma delle coscienze riflette il dramma della storia tedesca (e austriaca): la disfatta della prima guerra mondiale, le dure richieste di risarcimento delle potenze vincitrici, la miseria in cui il paese viene precipitato, i travagli delle agitazioni proletarie, la vita incerta della democrazia, l'ascesa al potere del nazismo favorito dallo spirito di rivincita e dal bisogno d'ordine (ma anche dagli interessi dell'industria pesante), la nuova tragedia della seconda guerra mondiale, con gli orrori dei Lager e il bombardamento a tappeto della Germania.

Il teatro, che è in genere lo specchio più sensibile delle tensioni sociali, riflette esemplarmente il dramma del paese. Il teatro espressionista riscopre così la lezione del dimenticato GEORG BÜCHNER (1813-1837), medico-rivoluzionario che aveva lasciato un capolavoro incompiuto nella cruda vicenda di *Woyzeck*, un poveraccio che finisce per ammazzare la moglie e uccidersi. Il teatro espressionista diverrà sempre più uno strumento anticonformista, di implicita denuncia o di scandalo, fino a FERDINAND BRUCKNER (1891-1958), a partire già da FRANK WEDEKIND (1864-1918): resta esemplare, di Wedekind, la storia di *Lulù* (messa in musica da Berg, e trasformata in pietra miliare del cinema dal regista Pabst): l'erotismo represso finisce per manifestarsi in forma abnorme, e la fiorista Lulù ne fa il mezzo di una folle ambizione, che la porterà a macchiarsi di sangue, a ridursi come prostituta sui marciapiedi, a finire assassinata da Jack lo Squartatore. Una versione meno cruenta di Lulù rivive nella Lola del film *L'angelo azzurro* (1930) di von Sternberg, la storia di un austero professore travolto dalla passione per una volubile cantante di varietà: la bionda bellezza e la voce roca e sensuale di Marlene Dietrich incarnarono esemplarmente questo «femminino» espressionista, un fiore del fango che serbava la struggente nostalgia di sentimenti per sempre perduti, calpestati dalla tragedia della vita. Le note di *Lilì Marleen*, la stupenda canzone modulata dalla voce della Dietrich e cantata dai soldati tedeschi nel crepuscolo della guerra ormai perduta (nonostante il divieto delle autorità militari che la ritenevano «disfattista»), segnano di malinconia l'epilogo tragico di una civiltà che dagli antichi sogni romantici e wagneriani aveva toccato l'abisso rovinoso.

Nel teatro di BERTOLT BRECHT (1898-1956), nato dalla matrice espressionistica antiborghese, assistiamo a uno sviluppo decisivo: i fermenti ribellistici, la protesta anarchica, la dissacrazione pessimista dei miti perbenistici vengono convogliati in un sistema di idee marxista, che tende a «demistificare» i falsi valori dell'ideologia borghese che serve da copertura a un mondo di gretti interessi. Brecht va così oltre l'irrazionalismo apocalittico e anarchico, fondando un teatro inizialmente didattico-pedagogico (e dunque alla fine troppo dottrinale), cercando poi una forma che sottoponga allo spettatore i problemi politici cruciali ma salvi lo «specifico» teatrale, evitando che l'espressione scenica coincida col puro trattato o la propaganda dogmatica. Volendo coinvolgere non l'emozione dello spettatore ma la sua ragione, Brecht elabora la teoria del teatro «epico», nel senso che l'aggettivo aveva nella definizione aristotelica: un teatro oggettivo, insomma, in cui ci si trovi in una condizione di «straniamento» e si possa giudicare con lucidità i problemi presentati sul palco senza lasciarsi illudere dalla finzione scenica (per cui i riflettori e le altre macchine devono rimaner visibili, la scenografia e i costumi essere stilizzati, la vicenda procedere per scene staccate, intorno ai concetti-chiave ecc.). Dopo l'esordio espressionista (*L'opera da tre soldi*, 1928, con musica di Kurt Weill) non privo di suggestioni allegoriche (la nave pirata che metterà a ferro e fuoco la città raffigura la rivoluzione cruenta), Brecht tocca i grandi temi politici (in un equilibrio non sempre riuscito con la sua osservanza delle idee comuniste), per cui sarà esule negli USA durante il nazismo, tornando poi nella Germania Est; l'influenza esercitata sul teatro italiano del dopoguerra fu certo favorita dai partiti e dalle forze di sinistra. In *Madre Coraggio* (1939), rappresentando la vicenda di una vivandiera che nella Guerra dei trent'anni si illude di trarre da essa qualche profitto, Brecht sostiene che la guerra non giova mai ai poveri diavoli; nell'*Anima buona di Sezuan* (1938-40) s'interroga se sia possibile e persino giusta la bontà in un mondo diviso in classi, e afferma

Bozzetto del 1958 per *Madre Coraggio e i suoi figli* di B. Brecht. Francoforte, Stadtische Bilmen.

che solo nella lotta rivoluzionaria essa può trovare uno sbocco costruttivo (e fu questo uno dei temi dibattuti nel dopoguerra dai marxisti che vedevano nella carità cristiana, come nel riformismo o nel paternalismo, un ostacolo verso la soluzione violenta e necessaria dello scontro armato). Nella *Vita di Galileo* (1938-1955), trattando il rapporto delicato fra scienziato (o intellettuale) e potere, Brecht toccava un tema drammatico della condizione contemporanea, in cui l'intellettuale si trovava perseguitato (purtroppo non solo nelle dittature avversate da Brecht, ma anche negli Stati in cui si era affermato il marxismo da lui condiviso).

Dalla ricostruzione alla contestazione. Il nazismo aveva spazzato ogni opposizione, costringendola all'esilio. Dopo il 1945, dopo il crollo cui Hitler aveva condannato, con l'intiera Europa, soprattutto la Germania, gli intellettuali si trovarono nella condizione della gente comune. Quella di una ricostruzione da un punto zero, in un paese diviso fra un Ovest legato alle democrazie occidentali (la Germania di Bonn) e un Est comunista filosovietico (la Gemania di Pankow). Un'antitesi divenuta poi tangibile nel muro eretto a Berlino per impedire che l'attrattiva per la libertà o il desiderio di agiatezza economica incentivassero la fuga di tedeschi dall'Est all'Ovest.

Ma nel «miracolo della ricostruzione» economica che caratterizza la Germania Federale, si profila anche il ritorno della mentalità borghese contro cui si rinnova l'antica polemica degli scrittori tedeschi. Un primo vivace movimento è costituito dal Gruppo 47, ispirato a ideali di antifascismo e di socialismo umanitario non dogmatico. HEINRICH BÖLL (e altri) tentano di rivisitare il dramma del nazismo e della guerra, ma senza troppo seguito, quasi che prevalesse nel paese la volontà di dimenticare o di «rimuovere». Böll, che nei suoi racconti lunghi ritrae lo smarrimento della generazione sconvolta dalla guerra e dal dopoguerra, darà il suo capolavoro in *Foto di gruppo con signora* (1971), in cui rappresenta lo scontro fra chi vuol salvare una propria umanità sincera e i vincoli della nuova società ipocrita.

La guerra fredda porta alla drastica divisione delle due Germanie, affossando il problema della riunificazione. Si distinguono intanto gli scrittori svizzero-tedeschi, come DÜRRENMATT e FRISCH, che constatando la rapida metamorfosi del paese alpestre in nazione delle banche e del vetrocemento, indicano con energia i pericoli dell'alienazione provocati dal benessere, dalla società dei consumi, dallo sviluppo spersonalizzante dei mass media.

Le conseguenze del miracolo economico, vertiginoso in Germania, vedono proprio la cultura tedesca indicare i pericoli di massificazione mondiale: la Scuola di Francoforte (HORKHEIMER, ADORNO e soprattutto MARCUSE) diviene il punto di riferimento di una contestazione giovanile che, partita dagli studenti americani e rinvigorita dalla protesta per la guerra del Vietnam, correrà per tutta Europa, politicizzandosi sempre più e modificando i primi idealistici slanci antiautoritari nella spirale oscura e sanguinosa del terrorismo. Fra gli scrittori che contestano le storture consumistiche degli anni Sessanta sono il ricordato BÖLL e GÜNTHER GRASS, che col *Tamburo di latta* (1959) rievoca caricaturalmente la borghesia tedesca di Danzica, attraverso una fantasia e un linguaggio variopinti e barocchi; la sua carica critica però non si imbriglia in schemi ideologici, come ben si vede in *I plebei provano la rivolta* (1966) in cui Grass critica l'atteggiamento di Brecht durante la rivolta di Berlino Est repressa dai comunisti.

Il muro di Berlino, la protesta per l'intervento americano in Vietnam, il moto studentesco, fanno da sfondo al ritorno del teatro documentario e politico di ROLF HOCHHUTH (1931), di PETER WEISS (1916-1982) e di HANS ENZENSBERGER (1929), fautore anche di una poesia impegnata. Dal Gruppo 61 e dal Werkkreis 70 si guarda nuovamente alla letteratura operaia (già manifestatasi nella Repubblica di Weimar).

Col declino del movimento studentesco (legato anche alla fine del mito di Mao, ai nuovi drammi succeduti in Vietnam e Cambogia alla vittoria dei guerriglieri, all'irrigidimento dell'Urss fra la repressione di Praga e l'invasione dell'Afghanistan) assistiamo a un ripiegamento degli scrittori sulla letteratura in sé, anche sperimentale: si riflette sul linguaggio, mentre degna di nota è la cosiddetta prosa di Vienna e di Graz, di nuovo attenta ai temi dell'interiorità (HANDKE, ROTH). Si ritorna anche alla lezione più pacata e complessa di HERMANN HESSE (Nobel nel 1946), che muove dall'analisi manniana della crisi borghese e si apre alle suggestioni contemplative del pensiero orientale, prefigurando tendenze degli anni Settanta.

La Germania comunista, divenuta Repubblica Democratica Tedesca, si distingue fra i paesi dell'Est per una rigida applicazione della dottrina marxista: la cultura è perciò pilotata coi canoni severi del «realismo socialista», incentrato sull'analisi del nazismo, e sulla costruzione dello Stato socialista. La rivolta operaia del '53, repressa dai carri armati, resta un tabù per gli scrittori, come poi l'erezione del muro di Berlino ribattezzato «muro della vergogna». La lirica segue la scia brechtiana: qualche critica del socialismo reale provoca la censura al cantautore Biermann, che rappresenta una delle poche voci di dissenso. Con il «piccolo disgelo» con cui la Germania Orientale segue molto limitatamente i tentativi di liberalizzazione attuati in altri paesi dell'Est, si apre qualche spiraglio alle critiche del socialismo burocratico: ma l'espulsione di Kunze mostra il persistere di una sostanziale intolleranza, incrementando il fenomeno dell'emigrazione degli intellettuali dissidenti.

L'area spagnola

Eclissi nel Sette-Ottocento. Abbiamo lasciato la letteratura spagnola nella grande stagione barocca dei Cervantes, dei Góngora, dei Lope. Da allora l'inarrestabile declino di una grande potenza che nel giro di due secoli impoverisce e decade, fino a veder minacciata la propria indipendenza, coincide con un affievolimento della tensione culturale e letteraria.

Il Settecento registra un movimento neoclassico sostanzialmente debole, contrastato com'è dalla tradizione e dalla propensione barocca degli Iberici. Al giornalismo illuminista d'imitazione anglo-francese e alla stagione delle accademie, subentra anche in Spagna la corrente preromantica: ma degna di nota è solo la poesia di JUAN MELÉNDEZ VALDÉS.

L'Ottocento vede l'arrivo del Romanticismo (1810), un movimento a cui la vena barocca, appassionata e drammatica, popolaresca e religiosa della Spagna sembrava naturalmente predisposta. Il Romanticismo giunge dalla Catalogna, che esalta soprattutto i valori della tradizione (Zorrilla), e dalla Andalusia (Espronceda), che esalta invece i tratti ribellistici. Ribellione, senso del popolo, amore della tradizione nazionale si rafforzano nella guerriglia di resistenza all'invasione napoleonica: la pittura acerba ed espressiva, violenta e drammatica di Francisco Goya ritrae indelebilmente questa stagione eroica, ancor più che scrittori quali ANGEL DE SAAVEDRA, JOSÉ DE ESPRONCEDA e JOSÉ ZORRILLA. La Restaurazione conservatrice segna un nuovo ristagno culturale, rotto dalla narrativa realista di BENITO PÉREZ GALDÓS (1843-1920). Una decisa ripresa si ha verso la fine del secolo, con MARCELINO MENÉNDEZ Y PELAYO (1856-1912), grande erudito e critico, fondatore della storiografia letteraria spagnola. GANIVET anticipa la «generazione del '98», che darà un nuovo impulso idealista e una apertura europea alla cultura spagnola del Novecento.

La perdita delle ultime colonie americane (Cuba, 1898) induce la Spagna ad abbandonare le residue illusioni di grandezza, tramontate con le rovine del sogno imperiale di Carlo V, e a scoprire con disincanto le proprie radici nell'arida Castiglia. Da questo nuovo spirito muove una fervida rinascita letteraria, con AZORÍN, fine lettore di classici, con VALLE-INCLÁN, intonato sulle suggestioni del Decadentismo europeo, e soprattutto con i fermenti morali di MIGUEL DE UNAMUNO (1864-1936), il vero maestro del Modernismo. Saggista (*Vita di Don Chisciotte e Sancio, Del sentimento tragico della vita, Agonia del cristianesimo*), ma anche narratore e poeta, Unamuno conduce la sua riflessione, nutrita delle letture di Agostino, di Pascal e di Kierkegaard, intorno ai grandi temi esistenziali: egli muove da un «sentimento tragico» della vita, ed aspira a una religiosità non esclusivamente cristiana, secondo una tensione di ragione e di sentimento che fa della letteratura la miglior forma di filosofia. Egli compendia dunque la grande tradizione spagnola, fatta di slanci mistici, di senso drammatico, di forte idealismo.

Questo spessore alimenta l'autentica poesia di ANTONIO MACHADO (1875-1939), il maggior rappresentante creativo della «generazione del '98». Machado tende nelle sue raccolte (*Solitudini*, 1903, *Campi di Castiglia*, 1912, *Poesie complete*, 1928) a una lirica limpida, equilibrata fra il paesaggio reale della Castiglia e dell'Andalusia e il paesaggio interiore.

La rinascita novecentesca: due generazioni. La cosiddetta «generazione del '98» e il movimento connesso del Modernismo segnano, in linea con l'orizzonte europeo, la reazione al Naturalismo materialista. I frutti migliori del nuovo atteggiamento si colgono nella poesia, col nicaraguense RUBÉN DARÍO (1867-1916), che trasporta la lirica dal quotidiano all'esotico e al sogno, con ORTEGA Y GASSET, che dalla "Revista de Occidente" guarda decisamente all'Europa, con JUAN RAMÓN JIMÉNEZ, artefice d'una poesia essenziale e metafisica. Nobel nel 1956, influenzò poeti quali Lorca, Alberti, Alonso e Cernuda. Nelle sue raccolte (*Arie tristi*, 1903) la sua sensibilità, formata su Góngora e sui simbolisti francesi, rifugge dall'eccesso estetizzante. La sua seconda fase mira invece a una concezione più essenziale, quasi metafisica. Il racconto poetico *Platero e io* (1914), storia elegiaca di un asinello andaluso, rappresenta uno dei vertici della prosa d'arte spagnola. Con Jiménez può considerarsi

A sinistra: José Caballero, copertina per *Llanto por Ignacio Sánchez Mejías* di F. García Lorca. Ed. 1935, Madrid, Bibl. Nazionale. *A destra:* Pablo Neruda con Quasimodo nel 1960 (Farabolafoto).

ultimata la generazione modernista: essa cede alla successiva, detta del 1927, che di Jiménez accolse la lezione, non estranea neppure agli sviluppi dell'Ermetismo italiano.

Nel gruppo della cosiddetta «generazione del '27» — altrettanto sorprendente per fervore poetico — possiamo distinguere due linee di ricerca: quella dei castigliani, volti alla poesia pura (JORGE GUILLÉN, DÁMASO ALONSO); quella degli andalusi, più corposamente legati alla realtà delle loro radici ma aperti anche alle suggestioni oniriche del Surrealismo (RAFAEL ALBERTI, FEDERICO GARCÍA LORCA e altri). In posizione intermedia possono collocarsi autori come GERARDO DIEGO, LUIS CERNUDA, MANUEL ALTOLAGUIRRE e VICENTE ALEIXANDRE (premio Nobel nel 1977), che nei suoi versi (*Passione della terra, Ombra del paradiso*) ha fuso motivi surrealistici con tendenze mistiche.

FEDERICO GARCÍA LORCA interpreta esemplarmente lo spirito spagnolo, coniugando modernità e tradizione. Pittore e discepolo del grande musicista Manuel de Falla, Lorca versa i colori più accesi e il ritmo musicale in una poesia che guarda tanto alla tradizione folklorica (*Primo romancero gitano,* 1928, *Poema del cante jondo,* 1931), rinnovando sul filo degli antichi *romances* e sul canto popolare l'epopea dei gitani, quanto alle suggestioni del moderno Surrealismo, come in *Poeta a New York* (1930-31) dove vibra l'angoscia dell'esistere. Lorca rinnova dunque, in modo originale, l'antica vocazione spagnola alla romanza lirico-narrativa: ma spagnola è anche la tragicità, versata in drammi quali *Nozze di sangue* e *La casa di Bernarda Alba,* e soprattutto nel sublime *Compianto per Ignazio Sánchez Mejías*: piangendo l'amico torero morto nell'arena, Lorca entra nel vivo dell'anima iberica che, attraverso la corrida, vive in un'atmosfera crudele, fra sangue e morte, che l'uomo affronta con un misto di sgomento e di coraggiosa fierezza. Il *Compianto,* del 1935, sembra prefigurare la tragedia della guerra civile (in cui Lorca trovò la morte, fucilato forse per vendette private), prima vampa della guerra mondiale che trasformerà tutta l'Europa in una arena sanguinosa.

Dopo la guerra civile. Il 1939 segna la fine della guerra civile, che ha conosciuto atrocità d'ogni parte e ha visto il trionfo dei nazionalisti di Franco sostenuti dai nazifascisti. Ma le piaghe lasciate dalla guerra sono tali da indurre la Spagna a rimaner fuori dal secondo conflitto mondiale. La dittatura di Franco rappresenta però, con l'esilio di molti dissidenti, l'inizio di un isolamento durato fino agli anni Cinquanta. Si registrano alcune figure di rilievo, come il critico AMÉRICO CASTRO o il professore-scrittore PEDRO SALINAS. Le esperienze più valide vengono in genere dagli scrittori in esilio, in Sudamerica e anche in Italia, dove soggiornano RAFAEL ALBERTI e JORGE GUILLÉN. Negli anni Cinquanta-Sessanta voci ribelli si infiltrano fra le maglie della censura, come ad esempio i romanzi neorealisti;

si manifesta una critica più incisiva (Castellet), e anche l'editoria si vivacizza, con le pubblicazioni Seix-Barral animate da Carlos Barral. Il ritorno della democrazia toglie ogni vincolo alla libertà di espressione, mentre si va accentuando anche l'influenza dei narratori sudamericani, divulgati in Europa dall'editoria spagnola ormai ridiventata parte attiva nella cultura occidentale.

L'America latina. Un cenno retrospettivo va qui fatto alla letteratura ispano-americana. Innanzitutto la stragrande maggioranza dei parlanti lo spagnolo è nell'America Meridionale e Centrale e questa lingua va estendendosi negli Stati Uniti, dove la minoranza degli «hispanos» provenienti soprattutto dal Messico e da Puerto Rico è in aumento. In secondo luogo la fortuna di alcune grandi personalità di scrittori ispano-americani in tutto il mondo ha collocato in posizione di rilievo letterario questo continente dalle vicende sociali e politiche tanto travagliate (e altro spazio meriterebbe anche la letteratura portoghese d'America, o brasiliana: si pensi a narratori come GUIMARÃES ROSA, JORGE AMADO, o al poeta-cantautore VINICIUS DE MORAES).

Il rinnovamento della letteratura ispano-americana, stimolata dal Modernismo e dall'assimilazione delle avanguardie europee, si registra negli anni Venti-Trenta grazie a poeti come i cileni VICENTE HUIDOBRO e PABLO NERUDA e il peruviano CÉSAR VALLEJO. Essi fondono lo sperimentalismo verbale e le ritrovate radici americane, muovendo dalla sensualità intensa all'impegno sociale (come Pablo Neruda, cui fu conferito il premio Lenin per la sua militanza nella sinistra), o aderendo al mondo dei valori dei meticci e della loro povera condizione (come Vallejo). La recrudescenza dittatoriale dei paesi sudamericani ha accentuato, negli ultimi decenni, l'opposizione e spesso la persecuzione dei poeti (e degli intellettuali) da parte dei regimi polizieschi.

Proprio l'acutezza dei problemi sociali detta il tema dominante agli scrittori di un continente dai problemi economici e politici sempre più gravi (si pensi all'Argentina, che all'inizio del secolo aveva uno dei redditi più alti del mondo, ed è precipitata nella miseria), anche se permane vivissima una linea di accensione fantastica, che a volte trascende i problemi sociali (come in Borges), talvolta li ripercorre in una reinvenzione verisimile (come in Márquez). Nella folta schiera di narratori (JULIO CORTÁZAR, MARIO VARGAS LLOSA, JUAN CARLOS ONETTI ecc.) spiccano l'argentino JORGE LUIS BORGES, il guatemalteco MIGUEL ÁNGEL ASTURIAS, il colombiano GABRIEL GARCÍA MÁRQUEZ (consacrati gli ultimi due dal premio Nobel). Al centro del mondo di Borges, poeta ma soprattutto narratore (*L'Aleph* 1949, *Finzioni* 1944-56) sta il mito di Babele, un caos di sentimento e ragione espresso con uno stile classico e insieme arditamente sperimentale.

L'area russa

Verso la catastrofe. Abbiamo lasciato la letteratura russa nel maturo Ottocento, dominato dai grandi romanzieri Dostoevskij e Tolstoj. In loro abbiamo visto come una complessa tensione umana, psicologica ed etica lieviti su un fondo di problemi politici cui gli scrittori russi si mostrano sensibili in rapporto alla particolare situazione; infatti si era perpetuato un regime autocratico-feudale (la servitù della gleba cade solo nel 1861!) che crollerà rovinosamente nei «dieci giorni che sconvolsero il mondo», la rivoluzione bolscevica del 1917. Già intorno al 1840, stimolata dai cosiddetti romanzi a tesi (come quelli dell'anarco-socialista HERZEN), si era delineata la polemica fra reazionari e radicali, che alimenta nella seconda metà del secolo i romanzi tendenziosi, opera soprattutto di scrittori populisti. Mentre il teatro di OSTROVSKIJ affronta direttamente il problema del dispotismo, col poema *Chi vive bene in Russia?* (1866-77), NEKRASOV esprime un suo pessimismo aperto però a speranze populistico-umanitarie: nessuno vive bene in Russia, per il poeta, ma nel popolo russo esistono le risorse e le energie spirituali per sperare nel futuro.

Il trentennio che precede la rivoluzione vede dapprima un inasprirsi della repressione in seguito all'assassinio dello zar Alessandro II: proprio questa chiusura dell'«ancien régime» accentuata dall'estremismo anarco-rivoluzionario, farà sostanzialmente fallire la via delle riforme, praticata agli inizi del secolo con il movimento democratico-parlamentare (Duma), e favorirà poi il prevalere, nella vicenda rivoluzionaria innescata dalla tragedia della grande guerra, della fazione bolscevica su quella social-democratica e menscevica.

L'atmosfera cechoviana. L'autore più rappresentativo di questo trentennio ripiegato fra brevi illusioni e lunghi disincanti è ANTON ČECHOV, che seppe trasformare il ristagno del suo tempo in una sorta di emblema universale, di allegoria dell'umana condizione. Il suo teatro statico, silenzioso, fatto piuttosto d'atmosfera che d'azione, sembra dipingere il paesaggio morale e psicologico dell'uomo moderno. Valga l'esempio di *Le tre sorelle* (1901), un dramma venato dalla tristezza che si respira nella Russia di fine secolo. Relegate in provincia, le tre sorelle Olga, Maša e Irina, vincono la noia coltivando il mito di Mosca, della città dove brilla l'ingegno e scorre la vita: il passaggio di un reggimento, con giovani e affascinanti ufficiali, accende una sequela di amori e di speranze. Ma «nulla può succedere», nel mondo cechoviano: il reggimento riparte e le tre sorelle rimangono a vivere la loro vita squallida, fatta più amara e rassegnata. Amarezza e rassegnazione sono protagoniste dell'altro grande capolavoro, il dramma *Il giardino dei ciliegi* (1904), reso celebre in Europa dalla grande regia di Stanislavskij (tra «fin-de-siècle» e «belle époque» il genio teatrale russo conquista l'Europa e Parigi, con le coreografie di Djaghilev, i balletti di Nižinskij e della Rubinstein, le scenografie di Bakst, a tacere dei grandi musicisti...). È un dramma quasi senza intreccio, tutto d'atmosfera, dominato dal magnifico giardino dei ciliegi che le donne di una famiglia aristocratica decaduta si rifiutano di abbattere, e che alla fine cadrà sotto i colpi d'accetta del nuovo padrone, un mercante, il rappresentante di un mondo nuovo per cui memorie, sogni, affetti e poesia non contano più.

Nuovi fermenti d'inizio secolo. L'inizio del secolo vede una spiccata rinascita dell'idealismo religioso con SOLOV'ËV, il teologo-scrittore fautore di un misticismo filosofico che affidava alla Russia il compito di costruire una nuova Chiesa che conciliasse i valori positivi delle Chiese storiche (la cattolica, l'ortodossa, la riformata) in una teocrazia populista. Vicini a siffatta sensibilità sono il poeta simbolista TJUTČEV e BELYJ, che vede una fusione fra palingenesi cristiana e rivoluzione, e che nel romanzo *Pietroburgo* (1912), ambientato nella Russia rivoluzionaria del 1905, descrive il clima terroristico nella figura di un figlio che deve per missione uccidere il padre. Si va perfezionando intanto anche la diffusione del marxismo, non estraneo ai moti del 1905, in cui fa la sua prima comparsa la classe operaia che darà un apporto decisivo poi alla rivoluzione del '17 e alla successiva guerra civile.

Il primo decennio del secolo, che vede la Russia distinguersi per uno sviluppo economico senza eguali, è anche un periodo di vivaci e contrastanti fermenti. In poesia, dopo la «prima generazione simbolista», abbiamo una seconda generazione, quella di IVANOV e soprattutto di ALEKSANDR BLOK, vero maestro del simbolismo russo, che nei *Versi della Bella Dama* (1905) rivela influssi di Solov'ëv, celebrando nella figura della Donna,

Foto di scena di *Il Gabbiano* di Čechov al Teatro d'Arte di Mosca nel 1892, regia di Stanislavskij.

Mejerchol'd come Pierrot in *La baracca dei saltimbanchi* di Blok. Disegno di Ulianov, 1908.

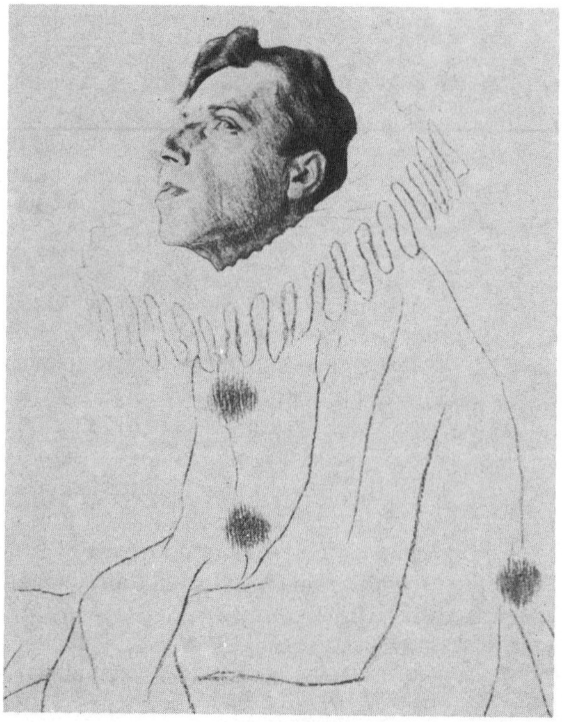

che può incarnarsi nel volto della moglie amata, Sofia o l'Anima del mondo, insomma l'Eterno Femminino adorato dal filosofo-teologo; più avanti, cercando un impegno di solidarietà umana e aderendo alla rivoluzione, invocherà nel poemetto *I dodici* la fusione di spinte religiose e politico-sociali.

In prosa, accanto a qualche suggestione simbolista (ZAMJATIN), si afferma più decisamente la linea realistica di un ANDREEV (che nel racconto *I sette impiccati*, 1908, narra dell'esecuzione di terroristi) o di un GORKIJ, che ne *La madre* (1907) dà il prototipo del romanzo pedagogico-rivoluzionario, narrando la conversione di una povera vecchia alle idee socialiste professate dal figlio operaio, fino a subire il martirio della persecuzione poliziesca. Ma il fervore che prepara lo scoppio rivoluzionario è presentito, e poi seguito con passione, da movimenti culturali d'avanguardia, come gli «acmeisti» (1910), che cercano una nuova concretezza per la letteratura: dalle loro file provengono la poetessa ANNA ACHMATOVA, di intensa ispirazione civile e religiosa, e OSIP MANDEL'ŠTAM, poi perseguitato dalla rivoluzione e morto in prigionia, che lascia con le postume *Vie aeree* il vertice della poesia lirico-tragica russa. Anche i futuristi russi (nelle due varianti di «egofuturisti» e «cubofuturisti», i primi mossi da un programma più individualista, gli altri più oggettivo) reagiscono alle vecchie convenzioni politiche e letterarie: e a differenza dei futuristi italiani (che finirono nel campo nazionalista e poi fascista) accolsero con entusiasmo la rivoluzione. CHLEBNIKOV e MAJAKOVSKIJ ne sono i principali poeti.

Dai fervori rivoluzionari al dogma del realismo socialista. Con il travagliato successo della rivoluzione d'ottobre e la vittoria dell'Unione Sovietica nella successiva guerra civile, si apre il capitolo della letteratura sovietica, che è un filone nel grande corso della letteratura russa. Tale periodo però passa attraverso fasi sensibilmente diverse. C'è un iniziale primato del Futurismo, che identifica nella rivoluzione la forza rinnovatrice che potrà cambiare, con la società e l'uomo, anche la letteratura. Nell'àmbito di questo movimento fervido e libero nasce la scuola del grande Formalismo (si ricordi almeno ROMAN JAKOBSON), poi costretta all'esilio, e che darà vita prima alla Scuola linguistica di Praga, poi, soprattutto in America, allo Strutturalismo e al New Criticism: movimenti importanti e tuttora vitali negli studi letterari, ma che in Urss vennero osteggiati quando sembrò che occuparsi della «forma» fosse deviante rispetto alla linea culturale imposta dal partito, che tendeva a far coincidere la letteratura con i «contenuti» (mondo proletario, realismo ecc.). Tuttavia, l'eredità del Formalismo russo è rimasta anche in Russia, dove ha tratto impulso nel dopoguerra la scuola semiologica (ancorché mal tollerata) dei LOTMAN e degli USPENSKIJ.

Fervido quanto il movimento futurista, è quello «imaginista» di cui l'esponente più noto è ESENIN, cantore di una mitica Russia contadina. Il suo poema *Inonia* (1918) ben indica quanto di febbrile aspettativa, di entusiasmo utopistico era connesso con la giovane rivoluzione. Utopico è anche il titolo (*Inonia* significa «Terra-altrove», quasi come Utopia), e l'altra terra è quella di una campagna sana, poetica, idealizzata, opposta a un'altrettanto mitica terra-delle-macchine, l'America, che diviene l'emblema della società sbagliata. Nella realtà storica, l'Unione Sovietica avrebbe invece privilegiato l'industrializzazione forzata, a spese della campagna.

MAJAKOVSKIJ offre forse l'esempio più tipico del travaglio che accompagnò gli intellettuali nelle vicende turbinose della rivoluzione, fra i primi eroici entusiasmi e la delusione per la piega assunta dagli eventi. Comunista precoce, riesce a dare opere che uniscono l'impegno politico con la fantasia artistica; come il dramma *Mistero buffo* (1918) dove, designando incontri e scontri che in un'arca di Noè oppongono quattordici uomini sporchi a quattordici uomini puliti, l'autore dispiega in esilarante allegoria un cosmico conflitto di classe. Ma le opere della maturità, in cui si tradisce l'insofferenza per la chiusura burocratica che sta spegnendo il genuino afflato rivoluzionario, preludono forse alla crisi che condurrà l'autore al suicidio.

Man mano che il partito unico al potere cerca di organizzare la cultura (e propone il tipo rigido dell'«intellettuale organico» che attua fedelmente la «linea» del partito), si favorisce l'instaurazione di una letteratura proletaria. Nonostante l'opposizione di chi, come Trockij, diffidava di coloro che volevano imporre le scelte culturali e liquidare come negativa la cultura borghese, la linea stalinista venne imponendosi. Al LEF (o Fronte di sinistra delle arti) aperto alla ricerca sperimentale e ai contatti con l'Occidente, arricchito dalle voci non conformiste dei costruttivisti, dei cubofuturisti, di BABEL', di BULGAKOV, di EHRENBURG, si oppone il RAPP (Associazione degli scrittori russi proletari) che attacca i «compagni di strada» del LEF. Nel conflitto fra dogmatici e autonomisti prevalgono i primi, e nel 1932 viene creata l'associazione unica dell'«Unione degli scrittori». Nel 1934, in pieno clima stalinista, si

Sopra: Michail Bulgakov. *A sinistra:* Copertina di *L'armata a cavallo* di Babel', 1ª ed.
A pagina seguente: Copertina della raccolta *Sei racconti su facili fini* di Ilja Ehrenburg, 1ª ed.

afferma la dottrina di ŽDANOV (ždanovismo o realismo socialista), che proclama «realismo nella forma e socialismo nel contenuto». È il momento in cui anche gli intellettuali occidentali che avevano accolto con entusiasmo l'esperienza sovietica ne restano delusi: come Gide, che dopo il viaggio in Russia mutò radicalmente il suo atteggiamento.

La repressione stalinista che coinvolge milioni di vittime sospette di dissenso politico, o di credenze religiose, o persino per motivi etnici, si abbatte con violenza anche sugli intellettuali: occuparsi di psicologia, ambientare una vicenda nella Russia religiosa, non denigrare gli avversari politici di Stalin: tutto può divenire causa di persecuzione. Secondo uno storico moderno della letteratura russa, Jurij Mal'cev, nasce qui la spaccatura fra la letteratura sovietica, che non è vera letteratura ma pura obbedienza burocratica ai dettami del potere, e la letteratura russa, che viene a coincidere con la letteratura dei perseguitati, dei dissidenti, poi del «samizdat» clandestino.

Scrittori sovietici o scrittori russi? Tale posizione è forse troppo estrema nel suo schematismo. Vi sono scrittori che, senza venire a scontri drammatici col potere, riuscirono a esprimersi su alti livelli letterari e con sufficienti margini di libertà. *Il placido Don* (1928-40) di MICHAIL ŠOLOCHOV, narra la guerra civile in Ucraina fra bianchi, rossi e «terza forza» indipendentista: sul romanzo pesò il sospetto di un plagio dallo scrittore cosacco KRJUKOV, che fu prigioniero dei rossi fra cui militava come ufficiale Šolochov; il sospetto, oggi prevalentemente dissipato, indica però una frattura fra la parte più ideologizzata, artisticamente meno valida, e quella letterariamente più felice (e consacrata dal Nobel), in cui viene rievocato l'universo umano dei cosacchi.

È, in fondo, il fascino della vicenda crudele narrata dall'ebreo ucraino ISAAK BABEL', combattente rivoluzionario nella leggendaria cavalleria rossa del generale Budënnyi, che ebbe un ruolo epico e decisivo nella guerra civile, e di cui narrò l'avventura nel romanzo *L'armata a cavallo* (1926); un'avventura violenta e crudele: ecco i figli rossi che torturano il padre bianco; ecco un cosacco che per ingannare il tempo decapita con freddezza d'artista un ebreo... L'ideologia viene superata da un senso di tragica pietà: lo stesso sentimento pietoso con cui, nel film trattone dal regista ungherese Miklós Jancsó (1967), è rappresentato, come in una partita di scacchi, il tragico gioco delle parti continuamente rovesciato fra «bianchi» e «rossi», nel quale la precarietà del destino accomuna vincitori e vinti al di là di una distinzione manichea fra chi è nel giusto della storia e chi no.

E può definirsi «scrittore sovietico» MICHAIL BULGAKOV? Questo ammiratore di Molière si trovò a cimentare la sua satira contro i nuovi bigotti del potere; pericolosamente sospettato, ebbe la fortuna di rivolgersi direttamente a Stalin e di godere della sua benevola protezione. Già il romanzo d'esordio, *La guardia bianca* (1925), sull'occupazione di Kiev, descrivendo lo sgretolarsi del mondo degli ufficiali zaristi, fu bloccato per l'attenzione riservata ai nemici. Più tardi il bersaglio della sua beffa divennero i vizi della burocrazia e la miope censura: ma in questo figlio d'un teologo la vocazione satirica (nata sul grande tronco di Gogol') si carica di una portata universale che oltrepassa l'occasione storica della Russia stalinista. Ne escono libri fantasiosi ed esilaranti, come il racconto *Cuore di cane* (1925), parabola istruttiva di un cane divenuto uomo grazie a un trapianto, e che si comporta in modo volgare e pericoloso, non avendo letto altro che un testo di dottrina marxista, o come l'incompiuto romanzo *Il Maestro e Margherita* (1966), una vera favola filosofica che rinnova l'incontro faustiano fra l'umano e il diabolico venandosi della satira più tagliente e dei divertimenti più fantastici.

Il dissenso fra «gulag» e «disgelo». La conclusione della seconda guerra mondiale, che costa al popolo russo immani sofferenze e perdite umane e conferma però la avvenuta fusione fra l'antico e tenacissimo orgoglio patriottico del popolo e il nuovo regime, cede subito — dopo una breve pausa di buoni rapporti con gli Alleati occidentali — al periodo della «guerra fredda» (colpo

di Stato in Cecoslovacchia, autonomia della Jugoslavia, guerra di Corea). Ne consegue un nuovo irrigidimento tanto in politica estera quanto all'interno, dove l'accusa di «cosmopolitismo», cioè di cedimento ai valori della società occidentale capitalista e borghese, viene formulata contro chi si occupi di problemi formali, di morale, di estetica, di psicologia, derogando dalla linea del realismo socialista.

La morte di Stalin (1953) e il successivo XX Congresso del Partito comunista sovietico, in cui Kruscev denuncia gli errori e gli orrori della tirannia staliniana, aprono un periodo di liberalizzazione che prende nome, da un racconto di Ehrenburg, di *Disgelo*. Si riabilitano scrittori a torto perseguitati, si ammette la critica al burocratismo: TRIFONOV, rappresentante della generazione poststaliniana, tratteggia con pacatezza il passato, mentre si consente finalmente la pubblicazione del *Dottor Živago* (1957) di BORIS PASTERNAK, un romanzo che rievoca la vita russa fra la fine del secolo e la grande guerra: affresco intenso e sensibile (Pasternak fu anche poeta) di una realtà in cui, al di fuori dello schematico realismo socialista, si seguono le vicende umane degli individui; opera piuttosto asovietica che antisovietica, venne consacrata dal Nobel che l'autore fu costretto a rifiutare. La poesia degli anni Sessanta, in cui spicca l'anticonformismo un po' opportunista di EVTUŠENKO, segna piuttosto il recupero di grandi personalità poetiche, come MARINA CVETAEVA, osteggiata in vita e morta suicida nel '41. Nel 1962 *Una giornata di Ivan Denisovič* di ALEKSANDR SOLŽENICYN rompe il silenzio sul «gulag», patito dall'autore per otto anni a causa di un'allusione a Stalin. Emulo dell'alta vena dostoevskiana, Solženicyn scrive una serie di romanzi in cui dà una grande rievocazione della storia russa recente, mentre dalla denuncia dei crimini staliniani estende la sua critica all'intiero sistema sovietico come radice di grandi patimenti: consacrato dal Nobel nel 1970, è costretto all'esilio in Occidente in seguito alla pubblicazione del grande romanzo-testimonianza *Arcipelago Gulag* (1973-78) e al nuovo giro di vite imposto nell'età di Breznev.

Con la nuova chiusura, ricomincia una triste esperienza per gli intellettuali del dissenso: la reclusione in un «gulag» o in un manicomio. Notevoli i processi a ANDREJ SINJAVSKIJ (condannato e poi esule in Occidente, saggista colto e scrittore di vena fantastica, gogoliana), al poeta BRODSKIJ, al grande fisico Sacharov, padre dell'atomica russa e fautore del rispetto dei diritti dell'uomo. Ma, per dirla col titolo di un roman-

Aleksandr Solženicyn.

zo di Sinjavskij, quella del dissidente è *Una voce dal coro*; il coro è dato da un movimento di stampa clandestina (il «samizdat») che attraverso manoscritti e dattiloscritti diffonde, accanto a testi sui problemi politici, religiosi, nazionali e civili, anche testi letterari.

Nel cuore degli anni Ottanta, l'energica liberalizzazione attuata da Gorbaciov (e il rilascio del leader degli intellettuali sovietici, Sacharov) apre nuove speranze per la cultura russa, che non ha del resto mancato di far pervenire la sua voce viva con l'opera di grandi pittori e musicisti, in patria o esuli. E basterebbe pensare al cinema russo: ieri la descrizione epica delle speranze rivoluzionarie nelle pellicole di Ejzenštejn (dalla *Corazzata Potëmkin*, 1925, che rievoca gli esordi della rivoluzione, ad *Aleksandr Nevskij*, 1938, che nella lotta medievale dei contadini russi contro i Cavalieri teutonici raffigura allegoricamente la resistenza al nazismo), oggi i film di Andrej Tarkovskij, in cui la grande spiritualità, la malinconia della natura e dell'anima russa rivivono nel grande simbolo della costruzione di una campana (*Andrej Rublëv*, 1969), fino al suo testamento spirituale dal titolo emblematico: *Nostalgija*.

L'area nordamericana

Verso l'Europa. Nel passaggio fra il vecchio e il nuovo secolo, gli scrittori americani si orientano in direzioni diverse: alcuni guardano indietro, alle radici indigene, cercando di definire una propria identità americana, una propria storia (mentre il paese brucia le tappe avviandosi a diventare la prima potenza economica del mondo); altri guardano all'Ovest, alla «nuova frontiera» che, da mèta concreta dei pionieri, diventa il simbolo dello sforzo ottimistico americano di costruire una società sempre migliore, il cosiddetto «sogno americano»; altri infine guardano all'Est, all'Europa in cui riconoscono la matrice civile e culturale.

Di famiglia colta, HENRY JAMES contrasse, com'egli disse, il «virus» europeo; in Europa conobbe scrittori come Flaubert e Turgenev e il confronto America-Europa brilla nei suoi romanzi, fra cui spiccano *Ritratto di signora* (1879) e *I bostoniani* (1886) — sul nascente femminismo — mentre il polo europeo viene in lui configurandosi come una sorta di malattia intellettualistica; modernissima è la tecnica del punto di vista narrativo, così come lo studio dei processi della coscienza che aprono la via a quella dissoluzione del reale, a quel senso di ambiguità e di relativismo tipici della grande prosa del Novecento.

Dopo il 1918 si afferma la «generazione perduta», scossa dal trauma della guerra in cui per la prima volta gli Stati Uniti s'erano affacciati sul proscenio mondiale. Ma la generazione degli sradicati che circolano in Europa, soprattutto nella Parigi anni Venti, fugge anche dal materialismo capitalista che si sta sviluppando vertiginosamente oltreoceano. Sono gli anni di quella che fu definita *L'età del jazz* (come una raccolta di racconti di Fitzgerald), o degli Anni ruggenti. FRANCIS SCOTT FITZGERALD è insieme il critico acuto e il cantore di questa età, in un romanzo che ha il ritmo di scrittura e le ardite dissonanze della musica di origine negra, *Il grande Gatsby* (1925): il ritratto del sogno americano si trasforma nella fotografia dell'arrivismo spregiudicato e del fasto newyorkese che convive con la polverosa miseria.

Eroe tipico del sogno americano è quel Topolino che nei fumetti di Walt Disney lotta contro Gambadilegno, animato dallo spirito dell'America democratica: il senso di giustizia, la razionalità, l'ottimismo. Esemplare invece del fecondo connubio Europa-America è il geniale at-

Francis Scott Fitzgerald, uno dei principali scrittori degli «anni ruggenti».

Daisy Miller, l'eroina dell'omonimo romanzo di H. James, in viaggio verso l'Europa.

tore-regista Charlie Chaplin: venuto dall'Inghilterra nel Nuovo Mondo, egli dà con la figura ora comica ora malinconica di Charlot un poeticissimo ritratto di nobile straccione, costretto a battersi con il grosso prepotente e a dar tutto per un fiore. In lui lo squisito Pierrot decadente sa unirsi alla gioia tutta yankee di vivere alla giornata (l'America delle ville e dei bassifondi), mentre l'intelligenza satirica non esita a rappresentare profeticamente l'assurda vita della società industriale (con Charlot operaio che in *Tempi moderni* lotta contro... la catena di montaggio) o la grottesca ascesa di Hitler (*Il grande dittatore*).

Fra le due guerre la narrativa americana, in gran parte emigrata in Europa (e raccolta a Parigi nel salotto d'avanguardia di Gertrude Stein), si afferma proprio per un vigore nel raccontare che sembrava mancare nella ormai estenuata e cerebrale prosa romanzesca europea. Il grande impulso dato dagli americani alle lettere è sancito da una sequenza di premi Nobel (Lewis, Pearl S. Buck, Faulkner, Hemingway, Steinbeck, Bellow).

La generazione perduta. Con la caduta della Borsa a Wall Street (1929) e la grande Depressione economica, gli scrittori americani passano a un esame più chiaroscurato e drammatico della storia e dell'esistenza, arricchendo il bagaglio tematico della «generazione perduta»: studiano i mutamenti del Sud, fra drammi sociali e familiari (Faulkner), le dissipazioni dei ricchi e la miseria (Dos Passos), il mondo dei vagabondi (Steinbeck)...

Figlio della «generazione perduta», gettato con un vitalismo audace tanto nella vita che nella letteratura (la guerra, la caccia grossa, la pesca, la corrida, l'alcool, le donne escono dalle sue pagine come dalle cronache della sua vita arrischiata), ERNEST HEMINGWAY è l'esponente tipico di questa energia narrativa tesa alla ricerca di valori vitali con cui colmare il vuoto di Dio: una ricerca conclusa alla fine con un tragico suicidio. Reporter e soldato nelle due guerre mondiali, combattente nella guerra civile di Spagna, disperso in Africa, Hemingway versa nelle sue pagine il senso del rischio, con cui si mescola la passione amorosa, spettatrice di una gara ossessiva fra vita e morte: già il primo romanzo (*Fiesta,* 1926) si apre emblematicamente con la pericolosa corsa dei tori nelle strade di Pamplona e un verso dell'Ecclesiaste; i luoghi del cimento fra vita e morte sono la guerra (*Addio alle armi,* del 1929, si ispira autobiograficamente alle vicende del reduce ferito; *Per chi suona la campana,* pure autobiografico, narra della guerra di Spagna), la corrida (come nei *49 racconti,* del 1938), la caccia (*Verdi colline d'Africa,* 1935) o la pesca. Nel 1952 esce il capolavoro emblematico del mondo di Hemingway, *Il vecchio e il mare.* Nella lotta titanica del vecchio che cattura un gigantesco pescespada e se lo vede poi ridotto a spolpata carcassa dagli squali, è il senso di una vita sentita come lotta e votata allo scacco.

La grande crisi economica e la Depressione, con le conseguenze della disoccupazione e del gangsterismo, e la faticosa ripresa realizzata dal coraggioso New Deal del presidente democratico Roosevelt, sembrano coincidere con una più spregiudicata autocritica dell'America, ad opera di scrittori come WILLIAM FAULKNER (col romanzo più noto *L'urlo e il furore* del 1929), che affonda la lama acuminata e indagatrice nella vita del Sud, mettendo a nudo i conflitti che esplodono dentro le famiglie, fra le razze, fra le generazioni, con una prosa potente e barocca. È questa la tensione drammatica che anima anche il teatro di autori come EUGENE O' NEILL e di TENNESSEE WILLIAMS.

Lo scrittore che più acutamente testimonia la crisi del «sogno americano» è JOHN DOS PASSOS. Volontario in guerra, ne esce amareggiato: *Tre soldati,* del 1921, è già una lucida testimonianza di antimilitarismo, prima manifestazione delle idee radicali che animeranno la trilogia di romanzi *U.S.A.*, rievocazione anticelebrativa dei primi trent'anni del secolo, operata con un taglio nuovo, inglobando nella narrazione documenti quali pezzi di giornali o canzonette, assumendo la tecnica dell'occhio fotografico o cinematografico, e giocando su cambi di scena e sulla rappresentazione simultanea di più personaggi.

Vitalità della poesia. L'energia americana celebrata nel rilancio seguito alla Depressione, nel mito ricorrente della Nuova Frontiera (da Roosevelt a Kennedy), è alla base del vitalismo che anima le grandi «storie» narrative o cinematografiche (quel cinema che crea un epos nazionale attraverso il western di John Ford).

Ma anche in poesia l'apporto americano alla cultura moderna è notevolissimo. Si pensi al grande impatto esercitato da EDGAR LEE MASTERS. La sua *Antologia di Spoon River* (1915) è una raccolta di epigrammi poetici, al modo dell'*Antologia Palatina,* in cui i morti di un piccolo immaginario borgo della provincia americana narrano la loro storia: la storia vera, fatta di rancori e di dolori, di piccole gioie e di tenerezze quotidiane. Levando la menzogna che dopo la morte non ha ragione d'essere, Masters dava alla poesia una carica di sincerità affatto nuova.

Forza innovatrice è anche nella poesia di due amici, che collaborarono fra loro: Thomas S. Eliot ed Ezra Pound, che avendo vissuto prevalentemente in Inghilterra il primo, in Europa il secondo, abbiamo trattato nell'area inglese, associandoli nella creazione di quell'«imagismo» poetico che tanti riflessi ha avuto sul rinnovamento della lirica novecentesca.

Il rapporto fra potere e immaginazione (così tragicamente sperimentato da Pound) è toccato anche da altri poeti americani di vaglia: FROST, CUMMINGS, e soprattutto WILLIAM CARLOS WILLIAMS: legato all'imagismo poundiano, detestò le radici puritane della cultura americana e i valori dei neoricchi; per il suo poema su *Paterson,* la

Disegno di W. Faulkner riproducente la jazz band di W. Handy.

sgangherata città che si trasforma riflettendo la crescita disordinata della società americana, fu riconosciuto come maestro della «beat generation» che leverà la sua protesta contro il conformismo e il consumismo.

L'America delle contraddizioni. La seconda guerra mondiale, che vede l'impegno americano reggere il peso principale nel conflitto contro i tedeschi e contro i giapponesi, segna l'affermazione degli Stati Uniti come massima potenza mondiale, presto contrastata dall'Unione Sovietica in un equilibrio teso, ma che non sfocerà in uno scontro frontale. Legato allo sforzo di propaganda bellica è, con molti film, il genere del romanzo di guerra, d'impostazione tardonaturalistica. Fa eccezione *Il nudo e il morto* (1948) di NORMAN MAILER, un romanzo che descrive la guerra nel Pacifico con una crudezza tale da sortire effetti di sostanziale antimilitarismo: lo stesso ingenerato più tardi dalla guerra del Vietnam, in cui l'opinione pubblica americana non riconobbe le motivazioni ideali che avevano richiesto l'intervento nel secondo conflitto mondiale e nella guerra di Corea. Mailer, che si unì alla protesta contro l'intervento in Vietnam (punto di passaggio della «beat generation» dalla musica all'impegno politico), fu anche biografo di Marilyn Monroe e di Cassius Clay. Egli incarna il doppio volto dell'America, anche intellettuale, sospesa fra «best-seller» e contestazione: due fenomeni che possono talora anche fondersi in letteratura (si pensi a *Lolita* di NABOKOV, il libro d'un grande romanziere d'origine russa baciato dal successo per lo scandalo suscitato descrivendo la passione di un uomo maturo per una adolescente) come nella musica — grande risorsa dell'espressività americana, dai blues agli spirituals, dal jazz al country e al rock — dove un cantautore come Bob Dylan sapeva ad un tempo guidare le classifiche dei dischi venduti, mobilitare masse di giovani contro la guerra e offrire prodotti espressivamente originali. L'America delle contraddizioni è anche quella che, nel periodo della guerra fredda, scatena una «caccia alle streghe» contro gli intellettuali vagamente sospetti di filocomunismo, ma che sa anche trovare gli anticorpi che pongono fine a quella caccia. L'America del cinema hollywoodiano di consumo e l'America dell'Actors' Studio che presta al volto del coraggio democratico i visi di Henry Fonda, di Marlon Brando, di Paul Newman. È l'America che può decretare il trionfo di un presidente come Kennedy e procurarne l'assassinio; che può acclamare Nixon presidente e costringerlo poi a dimettersi per un arbitrio.

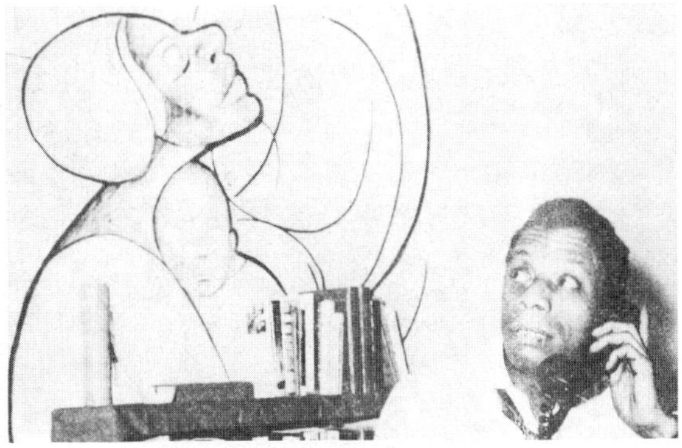

James Baldwin nella sua casa di New York (1967).

L'America cosmopolita. È comunque da dire che il carattere cosmopolita degli USA viene accentuandosi, anche nella cultura, nel secondo dopoguerra. Sorgono nuovi narratori ebrei e neri, che propongono ormai la loro minoranza come «americana» a tutti gli effetti. Si pensi ai saggi di JAMES BALDWIN e di tutti gli scrittori neri che rifiutano l'immagine e il ruolo del buono e rassegnato Zio Tom dell'omonimo romanzo ottocentesco di HARRIET BEECHER STOWE. Gli scrittori ebrei sembrano invece privilegiare il settore comico-patetico: il protagonista di *Herzog* (1964) di SAUL BELLOW salva dalla follia cui è costretto l'uomo nella metropoli moderna grazie a un continuo colloquio mentale con i grandi, vivi o morti, della cultura occidentale. Da Malamud a Philip Roth, al SALINGER di *Il giovane Holden* (un Huck Finn del nostro tempo, un caso di innocenza violata), fino all'esilarante e malinconica comicità del regista-attore Woody Allen, la cultura ebraico-americana arricchisce di un grande patrimonio le lettere. Ci si ricorda che New York è la più popolosa città ebrea del mondo: e sembra meno paradossale la battuta di Woody Allen che «la letteratura è quella cosa che fanno certi ebrei scrivendo cose già scritte su libri da altri ebrei».

La «beat generation»: dall'Atlantico al Pacifico. Nei secondi anni Cinquanta, in rapporto polemico con lo sviluppo del capitalismo avanzato, nasce la «beat generation», un movimento giovanile che piglierà poi vari nomi («hippies», «figli dei fiori») e che mescolerà in forme piuttosto irrazionali idee pacifiste, libero amore, senso dei diritti civili e della parità razziale, uso di stupefacenti, forme di religiosità mistico-orientaleggiante. Alle origini di questo fenomeno è anche un movimento culturale — la «rinascenza di San Francisco» — che sembra anticipare lo spostamento dell'asse dall'Atlantico al Pacifico (uno

Allen Ginsberg al raduno internazionale dei poeti svoltosi a Londra nel 1973.

spostamento che, per complesse cause economiche, si farà sensibile negli anni Ottanta con la presidenza Reagan). Alla costa atlantica, al New England rimasto più colto ed europeo, si oppone l'iniziativa più spregiudicata e spettacolare, spesso esteriore ma dinamica, della California. Fra i profeti della «beat generation» si colloca ALLEN GINSBERG, autore del poemetto «osceno» *Urlo,* e alfiere volta a volta di diritti civili, pacifismo, libertà nell'uso della marijuana e del sesso, poi di idee e abbigliamenti indiani. Con Ginsberg vanno ricordati BURROUGHS, CAPOTE, FERLINGHETTI e JACK KEROUAC, che con *Sulla strada,* 1957, esalta il tipo dello sradicato «on the road», specie di pìcaro moderno che incarna l'inquieta mobilità degli Americani (fermata anche sugli schermi da eccellenti film); capofila della cultura «underground», così detta perché svolta nelle cantine ma anche per l'opposizione al mondo ufficiale dell'America, Kerouac finì preda dell'alcoolismo. Con la «beat generation» San Francisco e New York diventano veri centri mondiali. Insieme al jazz e agli allucinogeni, danno al mondo nuovi modelli di controcultura e di sperimentalismo, sfociati poi nella ricerca di riti e miti orientali come alternative mistiche all'Occidente. Nata da un impulso affine ai «beats» è la maggior esperienza teatrale degli anni Sessanta, estesa anche in Europa: quel Living Theatre (diretto da Julian Beck) che propone di drammatizzare situazioni di «vissuto» coinvolgendo anche il pubblico in un'unica esperienza scenica-vitale insieme agli attori.

Negli anni Sessanta l'espressione delle diverse etnìe passa dalla ricerca individuale allo sforzo di un movimento comune. I neri (organizzati nel «Black Power», che ha rifiutato la posizione non-violenta del reverendo Luther King, martire della lotta per la parità razziale), i pellirosse («red power), più tardi gli immigrati d'origine messicana o di lingua ispanica («chicanos») cercano il recupero del proprio passato, di proprie radici; dall'indiano SCOTT MOMADAY al nero REED, si delinea una ricerca delle *Radici* sancita più tardi dal «best-seller» romanzesco e televisivo di ALEX HALEY, che ripercorre là storia dei neri d'America risalendo lungo le generazioni fino a ritrovare la tribù africana d'origine. Accanto alle rivendicazioni dei gruppi etnici si registra il movimento del femminismo (che alimenta soprattutto la critica, attraverso i «Women Studies», e riscopre la straordinaria poetessa SYLVIA PLATH, morta suicida a trent'anni). Più recente è il movimento gay, che alimenta una vivace cultura.

Certo, accanto alla cultura critica, capace però di insorgere volta a volta col recupero di un autentico spirito democratico e moralistico che riesce a porre in crisi le scelte del governo (dal Vietnam al Watergate all'Irangate), esiste un'America dei consumi e del pragmatismo, che sembra prevalere negli anni Ottanta col trionfo del cosiddetto «edonismo reaganiano». È un'America in cui la letteratura può cedere alle esigenze del mercato, e che tuttavia può coniugare successo e qualità, come nella fantascienza del biologo-narratore ISAAC ASIMOV (*Io, robot,* 1950), o nel romanzo poliziesco (che annovera la tradizione eccellente di CHANDLER e HAMMETT). È un paese dove più precoce si profila la fine dell'«era Gutenberg», dove il libro si vede minacciato nel suo esistere dalla concorrenza dei mass media. Ma è anche un paese la cui creatività offre frutti stimolanti nelle arti figurative, nella musica, nel cinema e nella televisione. Forse, nel tramonto dell'era Gutenberg si pongono anche le premesse per una nuova letteratura che ritrovi un suo «specifico» culturale, che possa qualificarsi sul piano intellettuale senza perdere la forza di raccontare storie di uomini: quella forza di umanesimo concreto che è la migliore e più vitale cifra della civiltà americana.

INDICE DEI NOMI

A

D

E

F

L

M

N

O

P

Q

R

S

T

U

V

W

Y

Z

INDICE GENERALE

SECONDO NOVECENTO

CONTESTO

GEOGRAFIA CULTURALE

TERZO NOVECENTO

CONTESTO

GEOGRAFIA CULTURALE

LETTERATURE STRANIERE
NOVECENTO: ETÀ DI CRISI E DI RIVOLUZIONI

Gibellini - Oliva - Tesio

LO SPAZIO LETTERARIO

Antologia della Letteratura Italiana

Vol. 1° Dalle Origini all'Umanesimo
Vol. 2° Dal Rinascimento all'Illuminismo
Vol. 3° Dal Neoclassicismo al Decadentismo
Vol. 4° Il Novecento

*L'**Antologia** dello **Spazio letterario** mantiene i criteri-guida del manuale Storia e geografia della letteratura italiana, di cui conserva anche la chiara e ordinata esposizione. Si articola infatti in tredici età (Tardo Medio Evo, Umanesimo, Rinascimento, Barocco, Arcadia, Illuminismo, Neoclassicismo e Preromanticismo, Romanticismo, Realismo, Decadentismo, Primo Novecento, Secondo Novecento, Terzo Novecento) ciascuna suddivisa in quattro grandi sezioni: 1. il Contesto; 2. i Protagonisti; 3. la Geografia culturale; 4. le Letterature straniere. Ogni sezione è preceduta da una rapida sintesi che riassume i punti-chiave della storia letteraria.*

*1. Il **Contesto** offre una scelta di pagine critico-storiografiche, atte a illustrare in sintesi lo sfondo storico-culturale dell'età, con i problemi di definizione, periodizzazione e interpretazione, e con un riguardo particolare ai rapporti letteratura-società-altre culture (pensiero, arti, gusto, mentalità). I passi dei critici e degli storici sono preceduti ogni volta da un cappello che enuclea i concetti-chiave del brano ed illustra la personalità dello studioso e il metodo a cui si ispira.*

*2. La sezione dei **Protagonisti** offre un'ampia scelta di testi dei grandi autori che caratterizzano ogni età. Ciascun protagonista è preceduto da una cronologia ragionata che sintetizza i dati (e le date) della vicenda biografica e intellettuale. Ogni testo è introdotto da due «cappelli»: uno sull'opera da cui il passo è tratto, l'altro specificatamente dedicato al brano riportato.*

*3. La sezione della **Geografia culturale** allinea i testi di scrittori cosiddetti «minori», atti a illustrare la complessa vicenda della nostra letteratura, secondo due criteri: a) le aree geografiche in cui si produsse cultura letteraria; b) i generi entro i quali venne organizzandosi la tipologia della nostra letteratura. Ogni «minore» è introdotto da un triplice «cappello»: sull'autore, sulla singola opera e sul brano antologizzato (in qualche caso gli ultimi due cappelli sono stati unificati).*

*4. Il panorama delle **Letterature straniere** offre una visione organica dei capolavori delle letterature occidentali, che non possono mancare come punti di riferimento, per lo studente, di una letteratura che si va facendo sempre più senza frontiere. Anche in questa sezione ogni passo è corredato da «cappelli» che mettono a fuoco l'autore, il passo antologizzato e l'opera da cui è tratto.*

La scelta dei testi è assai ampia, ma ampi sono anche gli strumenti che corredano e incorniciano i brani. Alla introduzione si affianca infatti una larga e minuziosa annotazione, che guida a superare le difficoltà di lessico e di sintassi, ma offre anche informazioni storiche, notizie retorico-stilistiche, osservazioni di tipo estetico ed espressivo ed essenziali connessioni intertestuali.
Oltre ai testi introdotti e annotati, l'Antologia propone poi una serie di box, diversamente titolati, che contengono integrazioni critiche e approfondimenti: Letture critiche, Questioni, Giudizi, Analisi, Documenti, Inviti alla lettura.
Una serie a parte di box è quella degli Esercizi e ricerche, concepiti per offrire sussidi e sollecitazioni didattiche e collocati dopo ogni nucleo significativo di testi.
Ogni volume dell'Antologia si conclude con un indice degli autori e dei critici antologizzati.

EDITRICE LA SCUOLA